MÉMORIAL

DU

SIÉGE DE PARIS

MÉMORIAL
DU
SIEGE DE PARIS

PAR

J. D'ARSAC

> Je baise tes pieds, France, l'œil
> plein de flammes et de pleurs.

DEUXIÈME ÉDITION

PARIS

LIBRAIRIE DE SAINT-SULPICE

F. CUROT, éditeur

22, Rue Saint-Sulpice, 22

1871

PRÉFACE

Depuis bientôt un siècle, notre pays ne semble plus fait pour le repos. Gouvernements et institutions, tout est emporté par le flot des tempêtes. Avec les trônes qui croulent, les souvenirs et les traditions disparaissent. La France, qui a été la libératrice des autres nations, parviendra-t-elle enfin à se rendre libre elle-même?

L'Empire nous avait promis la paix. Après vingt ans d'un règne imposé, il nous faut subir l'invasion étrangère, jusque sous les murs de notre glorieuse capitale, jusqu'aux confins des riches contrées arrosées par la Seine, la Loire et la Saône.

Le 4 septembre 1870, la République a été proclamée pour la troisième fois à Paris. Les membres du Gouvernement de la défense nationale, en prenant les rênes du pouvoir, assumèrent l'honneur et le péril de sauver la France.

L'ennemi s'avançait à grandes journées sur Paris; la moitié de notre armée était prisonnière; nos arsenaux étaient vides; nos ressources de tous côtés disséminées. La mobile, accourue pour nous défendre, manquait d'expérience ; notre garde nationale manquait d'armes ; l'enceinte et les forts n'étaient ni fermés ni gardés : tout était à faire, et tout fut fait en quelques jours, malgré d'innombrables difficultés et des dissensions intérieures. Les citoyens secouèrent leur torpeur ; les habitudes de luxe et de mollesse furent abandonnées pour le rude métier de soldat. On forgea des canons ; on construisit des ouvrages avancés sur tous les points ; l'artillerie des forts devint formidable. Quand les Prussiens pénétrèrent dans le département de la Seine, la capitale était défendue, Paris était inviolable.

Restait la tâche d'expulser l'étranger. Cette tâche, qu'il ne nous a pas été donné de conduire jusqu'au bout, a coûté au peuple de Paris et à l'armée des efforts d'un héroïsme poussé jusqu'à l'immolation de soi-même. Les défenseurs de Paris ont acquis de justes titres à la reconnaissance du pays, et une gloire immortelle leur est assurée dans l'histoire. Mais l'histoire ne dira jamais tous les prodiges de bravoure et de dévouement qu'a enfantés le siége de Paris. Ah! si en France l'amour pour le pays natal est si grand, c'est que notre pays est non-seulement la terre de notre berceau et de notre mort, de notre travail, de nos joies et de nos douleurs, mais encore la patrie de la civilisation et des progrès de l'humanité.

Le roi de Prusse ne s'est obstiné au siége de Paris que pour arriver à l'empire d'Allemagne.

Depuis trois cents ans, la monarchie prussienne convoite le sceptre de Charles-Quint. La perfidie, la violence et la force, tout a été employé par les Hohenzollern afin d'arriver à ce but : la domination de l'Allemagne. La Prusse a pris tous les visages, a été successivement catholique, luthérienne, voltérienne, athée, révolutionnaire, absolutiste, féodale, — fourbe toujours.

Autrefois elle exploitait l'idée religieuse; aujourd'hui elle exploite l'idée nationale. A l'aide du pangermanisme, elle espère achever l'œuvre ténébreuse qu'elle a commencé à l'aide du luthéranisme. Au nom de cette unité mensongère, elle a triomphé à Sadowa et médité la ruine de Paris. Les Allemands qui nous ont assiégés ont mis leur patriotisme au service de l'ambition prussienne; ils ont fondé dans le sang le plus pur, non la grandeur germanique, mais le despotisme prussien. Le supplice de la France sera l'asservissement de l'Allemagne. Tous ces héros d'outre-Rhin seront fatalement condamnés au remords et à la honte.

En face des Parisiens, résolus à sauver la France en défendant leur cité, les Prussiens prirent toutes les mesures pour s'assurer le résultat du siége de la grande métropole. Ils commencèrent contre nous ces immenses travaux de fortifications, de redoutes, de retranchements, considérés comme un chef-d'œuvre du génie militaire.

Plusieurs tentatives ont été faites pour briser les lignes d'investissement; des victoires ont été remportées, et si la bravoure et les sacrifices de nos soldats n'ont pas été couronnés du succès décisif, c'est que ce succès n'était pas possible.

Notre jeune armée, formée en moins de deux mois, a montré ce que peuvent les soldats d'un pays libre, cerné par un ennemi retranché derrière de formidables défenses; mais les guerriers ne se font qu'avec le temps. Il faut des années pour organiser une armée solide; la raison ne demande pas aux hommes des miracles, même dans l'intérêt de l'humanité. Si les Allemands, très-aguerris, n'ont pu prendre pendant cent trente jours, ni un fort, ni la redoute des Hautes-Bruyères, comment exiger davantage de nos soldats? Paris eût été débloqué avec le secours des armées de province; mais nos frères des départements n'ont rien pu pour nous. La famine seule a fait tomber les armes de nos mains. Pendant six semaines nous n'avons mangé, par jour, que 30 grammes de viande de cheval, et depuis le 18 janvier chaque homme n'a touché que 300 grammes d'un pain noir, dans lequel le froment n'entrait que pour un tiers.

Nous sommes tombés sans défaillance. Un peuple patricien grandit et mûrit dans l'adversité; il se multiplie comme le blé sous le fléau.

Paris a résisté cinq mois à l'armée la plus forte, la mieux équipée, la plus instruite — et la moins scrupuleuse — qui se soit encore mise en campagne.

La barbarie gratuite du bombardement, trouant nos maisons, assassinant, de nuit, nos vieillards, nos enfants, une foule d'êtres inoffensifs et innocents, n'a servi qu'à rendre plus ferme l'attitude des assiégés. L'espoir de la délivrance nous faisait supporter sans plainte cette pluie d'obus qui a excité dans l'Univers entier un mouvement de réprobation et d'horreur. Nous sentons les larmes couler de nos yeux en pensant à ce que nous avons vu faire et souffrir pendant de longs mois, non par les hommes seulement, mais par les enfants et par les femmes. La lutte a été terrible et sanglante, difficile et glorieuse à la fois.

Le défaut d'organisation a seul trahi nos offorts; mais ce que la valeur native d'un sang généreux a jamais produit d'héroïque et de beau, on l'a trouvé par milliers d'exemples dans les rangs de nos jeunes milices et de ces foules de citoyens courant ensemble aux remparts et aux avant-postes devant le danger commun.

Le sort de la France est meilleur depuis qu'elle a sombré. Notre unité, notre nationalité, on les connaît aujourd'hui, et l'on sait qu'elles ne peuvent périr.

Le siége a déposé dans les cœurs des semences

régénératrices qui produiront leurs fruits. Nos misères ont été illuminées par des trésors de charité active du jour et de la nuit. Les salons dorés se sont transformés en ambulances. Les grands se sont rapprochés des petits, et les petits se sont élevés par leurs souffrances et leur résignation jusqu'aux grands. Nos vieux noms ont servi sous les drapeaux dans l'honneur de leur antiquité et dans l'égalité du sang français. Ce qui était séparé s'est trouvé réuni dans un commun sentiment de patriotisme. L'amour de la patrie a présagé le règne de la concorde auquel nous ne nous lasserons jamais de travailler.

MÉMORIAL

DU

SIÉGE DE PARIS

CHAPITRE PREMIER.

Proclamation du Conseil des Ministres.

La nouvelle du désastre de Sedan fut connue à Paris dans la soirée du 3 septembre. A minuit, la proclamation suivante était adressée, par le conseil des ministres, au peuple français :

Français,

Un grand malheur frappe la patrie.
Après trois jours de luttes héroïques soutenues par l'armée du maréchal Mac-Mahon contre trois cent mille

ennemis, quarante mille hommes ont été faits prisonniers.

Le général Wimpffen, qui avait pris le commandement de l'armée en remplacement du maréchal Mac-Mahon grièvement blessé, a signé une capitulation.

Ce cruel revers n'ébranle pas notre courage. Paris est aujourd'hui en état de défense.

Les forces militaires du pays s'organisent ; avant peu de jours une armée nouvelle sera sous les murs de Paris, une autre armée se forme sur les rives de la Loire.

Votre patriotisme, votre union, votre énergie sauveront la France.

L'Empereur a été fait prisonnier dans la lutte.

Le Gouvernement, d'accord avec les pouvoirs publics, prend toutes les mesures que comporte la gravité des événements.

Le Conseil des Ministres,

Comte DE PALIKAO ; — HENRI CHEVREAU ; — Amiral RIGAULT DE GENOUILLY ; — JULES BRAME ; — Prince DE LA TOUR D'AUVERGNE ; — GRANDPERRET ; — CLÉMENT DUVERNOIS ; — MAGNE ; — BUSSON-BILLAULT ; — JÉRÔME DAVID.

Séance du Corps législatif (4 septembre 1870, une heure un quart).

L'ennemi s'avance sur Paris. De grands efforts vont être tentés pour assurer le salut de la France.

Les députés sont réunis au Corps législatif, sous la présidence de M. Schneider.

. . . .

M. le comte de Palikao, ministre de la guerre. — Je viens, au milieu des circonstances douloureuses dont je vous ai rendu compte hier, — circonstances que l'avenir peut encore aggraver, bien que nous espérons qu'elles ne le seront pas, — vous dire que le Gouvernement a cru devoir porter certaines modifications aux conditions actuelles du Gouvernement, et qu'il m'avait chargé de vous soumettre un projet de loi ainsi conçu :

« Article 1er. — Un conseil de gouvernement et de défense nationale est institué. Ce conseil est composé de cinq membres. Chaque membre de ce conseil est nommé à la majorité absolue par le Corps législatif.

« Article 2. — Les ministres sont nommés sous le contre-seing des membres de ce conseil. »

M. Jules Favre. — Par qui nommés ?

M. le Ministre. — Par les membres du conseil.

« Article 3. — Le général comte de Palikao est nommé lieutenant général du conseil.

« Fait au palais des Tuileries. »

Un membre a gauche. — Qu'est-ce que cela veut dire ?

Plusieurs membres. — L'urgence !

M. le Ministre de la guerre. — Je demande l'urgence !.

M. le marquis d'Andelarre. — Nous demandons l'urgence et le renvoi immédiat dans les bureaux.

M. Barthélemy Saint-Hilaire. — J'avais demandé la parole sur l'incident.

M. le président Schneider. — M. le ministre de la guerre vient de demander l'urgence sur son projet.

M. Jules Favre. — Je demande la parole sur la question d'urgence.

M. le président Schneider. — Une demande d'urgence vient d'être faite, mais M. Barthélemy Saint-Hilaire avait demandé la parole sur l'incident..... (Mouvements en sens divers) : je la lui donne avant de consulter la Chambre sur l'urgence.

M. Barthélemy Saint-Hilaire. — J'y renonce ; les circonstances sont trop graves. Discutons le projet.

M. le président Schneider. — Alors la parole est à M. Jules Favre.

M. Jules Favre. — Je demande à la Chambre la permission de préciser la situation qui lui est faite par le dépôt du projet de loi soumis à ses délibérations.

Dans la séance de cette nuit, nous avons eu l'honneur d'en déposer un sur le même sujet. Si la Chambre veut voter l'urgence en ce qui concerne le projet de loi du Gouvernement, nous demandons également l'urgence avec priorité pour notre projet, puisque le dépôt de notre projet a précédé celui du projet du Gouvernement. Il semble que la logique le veut ainsi à un double titre : d'abord parce que, prévoyant la situation exceptionnelle que reconnaît aujourd'hui après nous le Gouvernement ; et en second lieu, nous avons déposé notre projet les premiers, parce que notre projet donne à la Chambre un pouvoir plus étendu que celui qui lui serait conféré par le projet du Gouvernement.

C'est là, Messieurs, le double motif qui me fait demander à la Chambre qu'il soit procédé à un vote sur l'urgence de notre projet avant qu'elle ne soit consultée sur l'urgence du projet de loi du Gouvernement. (Assentiment à gauche.)

Plusieurs membres. — Il faut les renvoyer tous deux à la même commission.

M. le président Schneider. — Avant de consulter la Chambre sur l'urgence de l'un ou l'autre de ces deux projets, je crois devoir donner la parole à M. Thiers, qui, je pense, a une autre proposition à soumettre également à la Chambre. (Écoutez ! écoutez !)

M. Thiers. — Je demande, Messieurs, que la proposition que je vais avoir l'honneur de vous lire soit traitée comme le sera celle de M. Jules Favre et celle du Gouvernement. Mes préférences personnelles étaient pour le projet présenté par mes honorables collègues de la gauche, parce que, à mon avis, il posait nettement la question, dans un moment où le pays a besoin d'une très-grande clarté dans la situation...

A gauche. — C'est vrai ! — Très-bien ! très-bien !

M. Thiers. — Mais comme je mets au-dessus de mes opinions personnelles le grand intérêt de l'union qui, au milieu du grand péril où nous sommes placés, peut seul améliorer notre situation..., (Très-bien ! très-bien !) peut seul nous donner, devant l'ennemi qui s'approche, l'attitude qu'il convient d'avoir devant lui..., (Très-bien !) j'ai fait abstraction de mes préférences, et quoique je n'aie jamais fait de propositions, j'ai présenté une rédaction à plusieurs membres pris dans toutes les nuances de cette Chambre — la lecture des noms vous le prouvera.

La rédaction que j'ai préparée et qui est appuyée, autant que je puis en juger au premier coup d'œil, par quarante-six ou quarante-sept députés de toutes les parties de la Chambre, cette rédaction la voici :

« Vu les circonstances, la Chambre nomme une commission de Gouvernement national.

« Une Constituante sera convoquée dès que les circonstances le permettront.

« *Signé* : Thiers, de Guiraud, Lefèvre-Pontalis, marquis d'Andelarre, Gévelot, Millet, Josseau, baron de Benoist, Martel, Mangini, Bournat, Baboin, duc de Marmier, Johnston, Le Joindre, vicomte Monnier de la Sizeranne, Chadenet, Goerg, Quesné, Houssard, comte de Durfort de Civrac, de la Monneraye, Mathieu (Corrèze), Chagot, baron Alquier, baron d'Yvoire, Terme, Boduin, Dessaignes, Paulmier, baron Lesperut, Carré-Kérisouët, Monjaret de Kerjérac, Rolle, Roy de Loulay, Vieillard-Migeon, Germain, Le Clerc d'Osmonville, Pinart... »

M. PINARD (du Nord). — Pinart, du Pas-de-Calais !

M. GLAIS-BIZOIN. — Oh ! pas vous, nous le savons !

M. THIERS, *continuant*. « ... Perrier, Guillaumin, Calmètes, Planat, Buisson, baron Eschasseriaux, Durand, baron de Barante, Descours. »

M. DE GUIRAUD. — Monsieur le président, je demande la priorité pour cette proposition.

M. GLAIS-BIZOIN. — Non, non ; elle porte : « Vu les circonstances..., » au lieu de prononcer formellement la déchéance.

M LE PRÉSIDENT SCHNEIDER. — La parole est à M. le ministre de la guerre.

M. le Ministre de la guerre. — Je n'ai qu'un mot à dire, c'est que le Gouvernement admet parfaitement que le pays sera consulté lorsque nous serons sortis des embarras pour lesquels nous devons réunir tous nos efforts. (Mouvements divers.)

M. le président Schneider. — Trois propositions sont soumises à la Chambre, qui toutes trois ont trait aux circonstances actuelles. Elles ont au moins cela de commun que, sur les unes et sur les autres, l'urgence est demandée, et je crois devoir consulter la Chambre successivement sur l'urgence des trois. (Interruptions sur quelques bancs.)

M. Gambetta. — Non! non! je demande la parole sur la position de la question.

M. le président Schneider. — Permettez, monsieur Gambetta; je craindrais qu'il n'y eût confusion, et si le président laissait s'établir cette confusion, il manquerait à son devoir. Il est évident que la Chambre doit être consultée successivement sur chacune des propositions...

M. Gambetta. — Je demande la parole sur la position de la question.

M. le président Schneider. — Vous avez la parole sur la position de la question.

M. Gambetta. — Il est certain que la proposition que nous avons eu l'honneur de déposer hier sur le bureau de la Chambre, qui est la proposition de déchéance pure et simple, ne saurait, sans un véritable déni de justice et de surprise parlementaire, manquer d'être admise au même titre que les deux autres propositions à la déclaration d'urgence. (Mouvements en sens divers.)

Par conséquent, ce que je demande à la Chambre, c'est de prononcer l'urgence en bloc sur les trois propositions.

Voix nombreuses. — Oui! oui!

M. le président Schneider. — Du moment que, par son assentiment, la Chambre consent à être consultée sur les trois propositions simultanément, la responsabilité du président est dégagée, et dès lors, il peut consulter la Chambre sur l'urgence des trois propositions par un seul vote. (Très-bien! Très-bien!)

M. Jules Favre. — Je demande à faire une observation. (Bruit.)

M. le président Schneider. — M. Jules Favre a la parole.

M. Jules Favre. — Voici l'observation que je voulais faire, et je suis sûr qu'elle est conforme au sentiment de la Chambre. Ce n'est pas seulement sur l'urgence que je demande que la Chambre soit consultée, mais sur le renvoi collectif. (Approbation.)

M. le président Schneider. — C'est une question qui sera posée comme conclusion du vote sur l'urgence.

Je consulte la Chambre sur l'urgence.

(La Chambre, consultée, prononce l'urgence des trois propositions.)

M. le président Schneider. — Je consulte maintenant la Chambre pour le renvoi collectif des trois propositions dans les bureaux.

(La Chambre, consultée, prononce le renvoi des trois propositions à une même commission.)

M. le président Schneider. — Les trois propositions sont renvoyées dans les bureaux pour nommer une commission.

Un membre. — De combien de membres sera la commission ?

M. le Président. — Je crois qu'il y a lieu, à raison de l'urgence, de nommer une commission de neuf membres... (Oui ! oui !), et je propose à la Chambre de se réunir immédiatement dans les bureaux. La séance publique serait reprise quand le président aurait été informé que la commission a terminé son travail.

(La séance est suspendue. Il est une heure quarante minutes.)

La Déchéance.

Reprise de la séance tenue au Corps législatif le 4 septembre.

(Le texte que nous donnons est celui qui a été recueilli par les sténographes du Corps législatif.)

Pendant que les députés se sont réunis dans leurs bureaux pour délibérer sur les trois propositions de constitution provisoire du gouvernement : celle de M. Jules Favre, celle de M. Thiers et celle du ministère, le bruit se répand dans l'intérieur du Palais législatif que la foule, rassemblée depuis midi sur le quai d'Orsay et le pont de la Concorde, grossit incessamment, et que les idées de déchéance et de changement de gouvernement s'y manifestent avec une énergie croissante.

L'escadron de gendarmerie qui garde les abords du palais Bourbon du côté du quai, et barre l'entrée du pont de la Concorde, cède la place à la garde nationale qui arrive.

Une députation de gardes nationaux se présente à la grille et parlemente avec les gardiens du palais pour que les portes lui en soient ouvertes. Ceux-ci s'y refusent énergiquement. Un député de la gauche, M. Steenackers, intervient. Sur sa demande, plusieurs personnes sont introduites et la grille se referme; mais peu d'instants après elle cède sous la pression de la masse populaire.

La cour du palais, du côté du quai d'Orsay, est envahie.

Cependant quelques députés luttent éperdument pour obtenir des envahisseurs qui ont pénétré dans la salle des Pas-Perdus qu'ils veuillent bien se retirer.

Des gardes nationaux se placent devant la porte qui conduit à la salle des séances, et en défendent l'entrée. M. le comte de Palikao se hisse derrière eux sur un tabouret et harangue la foule. Il réussit momentanément à la contenir. Mais, pendant ce temps, d'autres groupes restés dans la cour forcent l'entrée des couloirs, s'élancent dans les escaliers, arrivent aux tribunes publiques, et s'y établissent à côté des spectateurs admis sur billets, qui, après avoir assisté à l'ouverture de la séance, en attendent la reprise.

Dans la salle des séances, tous les bancs sont inoccupés. Seuls sont assis à leurs tables de travail les sténographes du Corps législatif et les secrétaires du compte rendu analytique. Des gardes nationaux défendent les entrées de la salle. Dans la foule même, des citoyens s'associent à leurs efforts pour empêcher qu'on n'y pénètre et pour qu'elle soit laissée libre aux délibérations de l'assemblée.

La plupart des députés de la gauche viennent s'asseoir à leurs bancs.

Il est deux heures et quelques minutes.

C'et alors que M. Gambetta, à la prière de plusieurs de ses collègues, monte à la tribune et se dispose à haranguer le public des galeries.

Un député de la gauche. — Écoutez! laissez parler Gambetta.

M. Gambetta. — Messieurs, vous pouvez tous comprendre que la première condition de l'émancipation populaire, c'est la règle, et je sais que vous êtes résolus à la respecter.

Vous avez voulu manifester énergiquement votre opinion; vous avez voulu ce qui est dans le fond du cœur de tous les Français, ce qui est sur les lèvres de vos représentants, ce sur quoi ils délibèrent, la déchéance.

Cris nombreux dans les tribunes publiques — Oui! oui!

Plusieurs voix. — La déchéance et la République!

D'autres voix. — Silence! silence! écoutez!

M. Gambetta. — Ce que je réclame de vous, c'est que vous sentiez comme moi toute la gravité suprême de la situation, et que vous ne la troubliez ni par des cris ni même par des applaudissements. (Très-bien ! — Parlez ! parlez !)

Mais à l'instant même vous violez la règle que je vous demande d'observer. (On rit.)

Un citoyen dans les tribunes. — Pas de phrases ! des faits ! Nous demandons la République.

Cris prolongés. — Oui ! oui ! Vive la République !

M. Gambetta. — Messieurs, un peu de calme ! il faut de la régularité.

Nous sommes les représentants de la souveraineté nationale. Je vous prie de respecter cette investiture que nous tenons du peuple.

Voix dans les tribunes. — La gauche seule ! Pas la droite ! (Bruit.)

M. Gambetta. — Écoutez, messieurs, je ne peux pas entrer en dialogue avec chacun de vous. Laissez-moi exprimer librement ma pensée.

Ma pensée, la voici : c'est qu'il incombe aux hommes qui siégent sur ces bancs de reconnaître que le pouvoir qui a attiré sur le pays tous les maux que nous déplorons est déchu. (Oui ! oui ! — Bravo ! bravo !) Mais il vous incombe également à vous de faire que cette déclaration qui va être rendue n'ait pas l'apparence d'une déclaration dont la violence aurait altéré le caractère. (Très-bien ! très-bien !)

Par conséquent, il y a deux choses à faire : la première, c'est que les représentants reviennent prendre leur place sur ces bancs ; la seconde, c'est que la séance ait lieu dans les conditions ordinaires, (Très-bien ! très-bien !) afin que, grâce à la liberté de discussion, la décision qui va être rendue soit absolument de nature à satisfaire la conscience française. (Très-bien ! — Bravo ! bravo !)

Une voix. — Pas de discussion ! Nous voulons la déchéance !

Une autre voix. — La déchéance ! on ne la discute pas ! nous la voulons. (Bruit.)

M. Gambetta. — Si vous m'avez bien compris, et je n'en doute pas..., (Oui ! oui !) vous devez sentir que nous nous devons tous et tout entiers à la cause du peuple, et que le peuple nous doit aussi l'assistance régulière de son calme, sans quoi il n'y a pas de liberté. (Interruption.)

Écoutez ! Nous avons deux choses à faire : d'abord, reprendre la séance et agir suivant les formes régulières; ensuite donner au pays le spectacle d'une véritable union.

Songez que l'étranger est sur notre sol. C'est au nom de la patrie comme au nom de la liberté politique — deux choses que je ne séparerai jamais — c'est au nom de ces deux grands intérêts, et comme représentant de la nation française qui sait se faire respecter au dedans et au dehors, que je vous adjure d'assister dans le calme à la rentrée de vos représentants sur leurs siéges. (Oui ! oui ! — Bravo ! bravo !)

(M. Gambetta descend de la tribune. Le calme qui s'est un instant établi à la suite de son allocution fait bientôt place à une nouvelle agitation dans les deux rangées de tribunes circulaires. (Recrudescence des cris : La déchéance ! la République !)

M. Jules Simon, de son banc. — Un peu de patience, messieurs !

Un citoyen dans une des tribunes hautes. — Nous voulons la république démocratique. Voilà vingt ans que nous attendons ! Dépêchez-vous !

Quelques instants s'écoulent pendant lesquels M. Gambetta va s'entretenir dans les salles contiguës avec des groupes nombreux de députés qui sortent des bureaux.

La commission nommée pour l'examen des trois propositions est en délibération dans le local du 5e bureau. Les membres sont : MM. le comte Le Hon, Gaudin, Genton, Dupuy de Lôme, Buffet, Josseau, Jules Simon, Martel et le comte Daru.

Le bruit se répand que M. Martel est nommé rapporteur, qu'il travaille à la rédaction immédiate de son rapport, et que ce rapport va être sans retard apporté à la tribune.

A deux heures et demie, M. le président Schneider entre dans la salle et monte au fauteuil.

M. Magnin, l'un des députés secrétaires, l'accompagne, et prend place à sa gauche au bureau.

M. le comte de Palikao, ministre de la guerre, s'assied au banc du gouvernement.

Quelques députés de la majorité, parmi lesquels MM. de Plancy (de l'Oise), Stéphen Liégeard, Cosserat, Léopold Le Hon, Jubinal, Dugué de la Fauconnerie, etc., viennent également prendre séance.

Le tumulte et le bruit règnent dans les galeries envahies et de plus en plus encombrées par la foule.

De plus, on entend, dans l'intérieur de la salle, les

coups de crosse de fusil assénés sur la seconde porte d'entrée de la salle des Pas-Perdus, le bruit des panneaux qui s'effondrent et le fracas des glaces qui se brisent. On raconte que de l'intérieur, M. Cochery, par l'ouverture béante, harangue et cherche à contenir la foule agglomérée dans la salle des Pas-Perdus.

M. Crémieux paraît à la tribune.

Les huissiers réclament vainement le silence.

M. le président Schneider se tient longtemps debout, et, les bras croisés, au fauteuil, attendant que le calme se rétablisse.

M. Crémieux, s'adressant au public des tribunes. — Mes chers et bons amis, j'espère que vous me connaissez tous, ou qu'au moins il y en a parmi vous qui peuvent dire aux autres que c'est le citoyen Crémieux qui est devant vous.

Eh bien ! nous nous sommes engagés, tous les députés de la gauche... (Bruit), nous nous sommes engagés, les membres de la gauche et moi...

Une voix dans les tribunes. — Et la majorité ?

M. le marquis de Grammont. — La majorité, elle est aveugle !

M. Gambetta, qui est rentré dans la salle presque en même temps que M. le président, se présente à la tribune à côté de M. Crémieux, dont la voix ne parvient pas à dominer le bruit qui se fait dans les galeries.

Cris redoublés. — La déchéance ! Vive la République !

M. Gambetta. — Citoyens..., (Silence ! silence !) dans le cours de l'allocution que je vous ai adressée tout à l'heure, nous sommes tombés d'accord qu'une des conditions premières de l'émancipation d'un peuple, c'est l'ordre et la régularité. Voulez-vous tenir ce contrat? (Oui! oui!) Voulez-vous que nous fassions des choses régulières? (Oui! oui!)

Puisque ce sont là les choses que vous voulez, puisque ce sont les choses qu'il faut que la France veuille avec nous, (Oui! oui!) il y a un engagement solennel qu'il vous faut prendre envers nous et qu'il vous faut prendre avec la résolution de ne pas le violer à l'instant même. Cet engagement, c'est de laisser la délibération qui va avoir lieu se poursuivre en pleine liberté. (Oui! oui! — Rumeurs.)

Une voix dans la tribune. — Pas de rhétorique!

Une autre voix. — Pas de trahison! à bas la majorité!

De nouveaux groupes pénètrent dans la tribune du premier rang, et notamment dans celle des sénateurs.

Un drapeau tricolore portant l'inscription: « 73ᵉ bataillon, 6ᵉ compagnie, 12ᵉ arrondissement », est arboré et agité par un des nouveaux venus.

M. Gambetta. — Citoyens, un peu de calme! dans les circonstances actuelles...

Quelques voix. — La République! la République!

M. Gambetta. — Dans les circonstances actuelles il faut que ce soit chacun de vous qui fasse l'ordre, il faut que dans chaque tribune chaque citoyen surveille son voisin. (Bruit.) Vous pouvez donner un grand spectacle et une grande leçon: le voulez-vous? Voulez-vous que l'on puisse attester que vous êtes à la fois le peuple le plus pénétrant et le plus libre? (Oui! oui! — Vive la République!) Eh bien! si vous le voulez, je vous adjure d'accueillir ma recommandation. Que dans chaque tribune il y ait un groupe qui assure l'ordre pendant nos délibérations. (Bravos et applaudissements dans presque toutes les tribunes.)

Le travail de la commission s'apprête, et la Chambre va en délibérer dans quelques instants.

Un citoyen, à la tribune. — Le président est à son poste, il est étrange que les députés ne soient pas au leur. (Bruit. — Écoutons! écoutons!)

M. le président Schneider. — Messieurs, M. Gambetta, qui ne peut être suspect à aucun de vous, et que je tiens, quant à moi, pour un des hommes les plus patriotes de notre pays, vient de vous adresser des exhortations au nom des intérêts sacrés du pays. Permettez-moi de vous faire, en termes moins éloquents, les mêmes adjurations. Croyez-moi, en ce moment la Chambre est appelée à délibérer sur la situation la plus grave; elle ne peut que délibérer dans un esprit conforme aux nécessités du moment et de la situation, et, s'il en était autrement, M. Gambetta ne serait pas venu vous demander de lui prêter l'appui de votre attitude. (Approbation mêlée de rumeurs dans les tribunes.)

M. Gambetta. — Et j'y compte, citoyens!

M. le président Schneider. — Si je n'ai pas, quant à moi, la même notoriété de libéralisme que M. Gambetta, je crois cependant pouvoir dire que j'ai donné à la liberté assez de gages pour qu'il me soit permis de vous adresser du haut de ce fauteuil les mêmes recommandations que M. Gambetta. Comme lui, je ne saurais trop vous dire qu'il n'y a de liberté vraie que celle qui est accompagnée de l'ordre... (Très bien ! — Rumeurs nouvelles dans les tribunes.) Je n'ai pas la prétention de prononcer ici des paroles qui conviennent à tout le monde.

Une voix dans les tribunes. — On vous connaît...

M. le président Schneider. — Mais j'accomplis un devoir de citoyen... (Interruption.) en vous conjurant de respecter l'ordre, dans l'intérêt même de la liberté qui doit présider à nos discussions... (Assentiment dans plusieurs tribunes. — Exclamations et bruits dans d'autres.)

Un député. — Si vous ne pouvez obtenir le silence des tribunes, suspendez la séance, monsieur le président.

(En ce moment, M. le comte de Palikao, ministre de la guerre, se lève et quitte la salle après avoir fait au président un geste explicatif de sa détermination.)

Plusieurs des députés qui étaient rentrés en séance imitent son exemple et sortent par le couloir de droite.

M. le président Schneider se couvre et descend du fauteuil.

M. Glais-Bizoin, se tournant vers la tribune. — Messieurs, on va prononcer la déchéance. Prenez patience! Attendez! (Agitation en sens divers.)

M. le président Schneider, sur les instances de plusieurs députés, reprend place au fauteuil et se découvre.

M. Girault. — Je demande à dire deux mots... (Tumulte dans les tribunes.)

(Un député de la gauche monte les degrés de la tribune et s'efforce de déterminer M. Girault à renoncer à la parole, en lui disant: « Ils ne vous connaissent pas! vous ne serez pas écouté ! »)

M. Girault (s'adressant toujours au public des tribunes). — Vous ne me connaissez pas? Je m'appelle Girault (du Cher); personne n'a le droit de me tenir en suspicion.

Je demande qu'il n'y ait aucune tyrannie. Le pays a sa volonté, il l'a manifestée. Les représentants viennent de l'entendre, ils sont d'accord avec le pays. Laissez-les délibérer, vous verrez que le pays sera content. Ce sera la nation tout entière se donnant la main... Le voulez-vous ? Je vais les aller chercher. Ils vont venir, et le pays tout entier ne fera qu'un.

Il ne faut plus de partis politiques devant l'ennemi qui s'approche ; il faut qu'il n'y ait aujourd'hui qu'une politique, qu'une France qui repousse l'invasion et qui garde sa souveraineté, voilà ce que je demande.

(M. Girault descend de la tribune, qui reste inoccupée durant quelques minutes. — L'agitation et le tumulte vont croissant dans les galeries.)

MM. Steenackers et Horace de Choiseul montent auprès du président et s'entretiennent avec lui.

MM. Gambetta et de Kératry paraissent un instant à la tribune.

Le bruit se répand qu'un gouvernement provisoire vient d'être proclamé au dehors.

Plusieurs députés, MM. Glais-Bizoin, Planat, le comte d'Hézecques, Marion, le duc de Marmier, le comte Le Hon, Wilson, etc., quittent leurs places, et, du pourtour, s'adressent aux citoyens qui sont dans les galeries.

Quelques voix des tribunes. — Écoutons Gambetta.

M. Gambetta. — Citoyens...(Bruits), il est nécessaire que

tous les députés présents dans les couloirs ou réunis dans les bureaux où ils ont délibéré sur la mesure de la déchéance aient repris place à leurs bancs et soient à leur poste pour pouvoir la prononcer.

Il faut aussi que vous, citoyens, vous attendiez, dans la modération et dans la dignité du calme, la venue de vos représentants à leur place. On est allé les chercher; je vous prie de garder un silence solennel jusqu'à ce qu'ils rentrent. (Oui! oui!) Ce ne sera pas long. (Applaudissements prolongés. — Pause de quelques instants.)

Citoyens, vous avez compris que l'ordre est la plus grande des forces. Il y va de la bonne réputation de la cité de Paris. On délibère et on va apporter le résultat de la délibération préparatoire.

Il va sans dire que nous ne sortirons pas d'ici sans avoir obtenu un résultat affirmatif. (Bravos et acclamations.)

(En ce moment — il est trois heures — un certain nombre de personnes pénètrent dans la salle par la porte du fond qui fait face au bureau. Des députés essayent en vain de les refouler, la salle est envahie. On crie : Vive la République! Le tumulte est à son comble.)

M. LE COMTE DE PALIKAO, qui est revenu dans la salle et qui avait repris sa place au banc des ministres, sort de nouveau.

M. LE PRÉSIDENT SCHNEIDER. — Toute délibération dans ces conditions étant impossible, je déclare le séance levée.

(Un grand nombre de gardes nationaux avec ou sans

uniforme entrent dans la salle par les couloirs de droite et de gauche et par les portes du pourtour. Une foule bruyante et agitée s'y précipite en même temps, occupe tous les bancs, remplit tous les couloirs des travées de l'amphithéâtre et descend dans l'hémicycle en masse compacte, entourant la table des secrétaires-rédacteurs ainsi que les pupitres des sténographes, en criant : « La déchéance ! la déchéance ! Vive la République ! »)

M. le président Schneider quitte le fauteuil et se retire.

A peine a-t-il descendu les premières marches de l'escalier de droite du bureau, que deux jeunes gens, se dégageant de la foule répandue dans l'hémicycle, s'élancent sur l'escalier de la tribune et de là sautent, en se cramponnant au rebord de marbre blanc du bureau, sur les pupitres des secrétaires-députés (côté droit — places ordinairement occupées par M. Bournat et M. Terme), et arrivent presque simultanément au fauteuil de la présidence, où ils s'assoient tous deux en même temps. L'un d'eux, après avoir posé la main comme par hasard sur le levier de la sonnette présidentielle, l'agite vivement et longuement.

Presque au même instant, les gardes nationaux entrés par les portes latérales de droite et de gauche prennent possession du double escalier de la tribune et du double escalier du bureau, se placent derrière le chef du service sténographique et derrière les sièges des secrétaires-députés, et jusque sur l'estrade où sont, en arrière du fauteuil et du bureau présidentiel, les tables du secrétaire général du Corps législatif et du chef de bureau du secrétariat.

M. Jules Ferry passe alors à travers les rangées des gardes nationaux installés sur les degrés de l'escalier de gauche du bureau, et, avec l'aide de quelques-uns d'entre eux, fait sortir du fauteuil présidentiel les deux jeunes gens qui s'y sont assis, et interrompt le bruit de la sonnette, toujours agitée par celui qui s'en est emparé.

On peut remarquer que la plupart des gardes nationaux qui portent des shakos en ont arraché les aigles en cuivre fixées au-dessus de la visière.

M. Gambetta, qui, après avoir conféré avec quelques-uns de ses collègues de la gauche, est revenu à la tribune et s'y rencontre d'abord avec M. Steenackers, puis avec M. de Kératry, s'efforce d'en dégager les abords en conjurant les citoyens non gardes nationaux de s'en écarter.

Voyons, citoyens, dit-il, il ne faut pas violer l'enceinte. Soyez calmes ! Avant un quart d'heure la déchéance sera votée et proclamée. Voyons, reculez ! Est-ce que vous n'avez pas confiance en vos représentants ? (Si ! si ! nous avons confiance !)

Eh bien ! reculez quand je vous le demande, et soyez sûrs que nous allons prononcer la déchéance.

Un citoyen. — Et la République ?

(Scène de confusion et d'agitation devant laquelle M. Gambetta descend encore de la tribune, cause avec quelques-uns de ses collègues des premiers bancs de la gauche, et y remonte de nouveau, accompagné de M. de Kératry, qui se tient à côté de lui.)

Il se fait un instant de silence.

M. Gambetta. — Citoyens... (Chut ! Chut ! — Écoutez !)

Attendu que la patrie est en danger ;

Attendu que tout le temps nécessaire a été donné à la représentation nationale pour prononcer la déchéance ;

Attendu que nous sommes et que nous constituons le pouvoir régulier issu du suffrage universel libre ;

Nous déclarons que Louis-Napoléon Bonaparte et sa dynastie ont à jamais cessé de régner sur la France. (Explosion de bravos et salve générale d'applaudissements. — Bruyante et longue approbation.)

Un citoyen, agitant le bras. — Et la République ?

Un autre citoyen, debout sur un banc de la salle, a droite. — Nous voulons deux choses, la déchéance d'abord, la République ensuite.

Une voix. — Et surtout plus d'Empire !

Un jeune homme qui parait être un étudiant. — Il est tombé, tombé pour toujours, (Oui ! oui ! — Vive la République !) tombé avec son chef qui n'a pas même su mourir !

(Le tumulte, tant dans l'intérieur de la salle que dans les tribunes publiques, est général et indescriptible.)

Des groupes se forment, les uns très-agités, les autres très-calmes, et, dans les conversations plus ou moins bruyantes que quelques-uns des envahisseurs engagent, soit entre eux, soit avec les sténographes et les secrétaires-rédacteurs, on peut saisir des exclamations et des épiphonèmes tels que ceux-ci : « Un Napoléon ! allons donc ! dites un pseudo-Napoléon, un Smerdis, un Dimitri ! »

En ce moment, M. Jules Favre, entré par la porte du côté de la salle des Conférences, parvient dans l'enceinte. M. Gambetta va au-devant de lui, et tous deux, fendant la foule des gardes nationaux et du peuple, qui s'efface pour les laisser passer, montent à la tribune au milieu des cris : Vive Jules Favre ! vive Gambetta!

Un garde national. — Tambours, battez aux champs!

M. Jules Ferry. — Laissez parler Jules Favre.

(Pendant quelques instants, aux adjurations que MM. Gambetta et Jules Favre adressent à la foule pour obtenir le silence, la foule répond par les cris répétés de : Vive Jules Favre! vive Gambetta!)

Le tambour bat à la porte du couloir de droite.

Une intermittence de silence se fait.

M. Jules Favre. — Voulez-vous ou ne voulez-vous pas la guerre civile ?

Voix nombreuses. — Non, non, pas de guerre civile! Guerre aux Prussiens seulement !

M. Jules Favre. — Il faut que nous constituions immédiatement un gouvernement provisoire.

Quelques voix. — A l'Hôtel de Ville, alors !

M. Jules Favre. — Ce gouvernement prendra en mains les destinées de la France ; il combattra résolûment l'étranger, il sera avec vous, et d'avance chacun de ses membres jure de se faire tuer jusqu'au dernier.

Cris nombreux. — Nous aussi ! nous aussi! — Nous le jurons tous ! — Vive la République !

Un citoyen. — Oui, vive la République! mais vive la France d'abord !

M. Jules Favre. — Je vous en conjure, pas de journée sanglante. (Non! non!) Ne forcez pas de braves soldats français qui pourraient être égarés par leurs chefs à tourner leurs armes contre vous. Ils ne sont armés que contre l'étranger. Soyons tous unis dans une même pensée, dans une pensée de patriotisme et de démocratie. (Vive la République!) La République, ce n'est pas ici que nous devons la proclamer.

— Si! si! Vive la République!

Un citoyen. — Et les Prussiens, qu'en faites-vous?

Un jeune homme s'élance à la tribune en criant : La République! la République! ici!

Quelques gardes nationaux veulent le faire descendre. Il se débat en criant toujours : La République! la République ici, tout de suite!

Cris nombreux. — Vive la République!

M. Gambetta. — Oui, vive la République! Citoyens, allons la proclamer à l'Hôtel de Ville!

MM. Jules Favre et Gambetta descendent de la tribune en répétant : A l'Hôtel de Ville! à l'Hôtel de Ville! (Un certain nombre de personnes les suivent, et une partie de la multitude s'écoule par le couloir de gauche.)

Un citoyen. — A l'Hôtel de Ville! Et nos députés à notre tête! (Oui! oui!)

Un autre citoyen. — Non, c'est ici qu'il faut proclamer la République. Nous la proclamons.

« La République est proclamée! »

Un garde national. — Non! non! Il faut dire : « La République est rétablie! »

Cris confus. — A l'Hôtel de Ville! A bas l'Empire! Vive la République! Vive la France! Vive la garde nationale! Vive la ligne!

(Le cri : A l'Hôtel de Ville! qui a déterminé la sortie d'une partie de la foule à la suite de MM. Jules Favre et

Gambetta, n'étant pas entendu ou suffisamment compris de tous, des citoyens étalent en l'air, en élevant les bras, de grandes feuilles de papier qu'ils ont prises sur le bureau ou dans les pupitres des députés et sur lesquelles ils ont écrit à la main en gros caractères) :

A L'HOTEL DE VILLE !

Séance du Sénat (4 septembre).

De son côté, le Sénat s'était également réuni au palais du Luxembourg, sous la présidence de M. Rouher. Dans cette séance, ouverte à midi et demi, on acclama l'Empereur prisonnier ; puis on se sépara à trois heures et demie, après avoir protesté contre l'envahissement du Corps législatif et avoir adopté la proposition de M. Boudet conçue en ces termes :

« Je demande au Sénat de se réunir demain, à son heure ordinaire, à deux heures, sans tenir compte des événements extérieurs, pour recevoir, s'il y a lieu, les communications du Corps législatif, à moins que les circonstances exigent que M. le président nous convoque auparavant. »

Le lendemain, vers deux heures, quelques sénateurs se présentèrent au Luxembourg pour entrer au Sénat. Ils ne purent pénétrer dans le palais qui était gardé par un bataillon de la garde nationale du quartier. Les scellés furent apposés sur les archives du Sénat. M. Rouher et les dignitaires quittèrent le jour même le palais.

Proclamation de la République à l'Hôtel de Ville
(4 septembre).

A l'Hôtel de Ville on s'attend à l'arrivée des députés de Paris.

Un général, envoyé par le gouverneur de Paris, vient dire au secrétaire général, M. Alfred Blanche, de ne point faire de résistance. Vive la ligne ! ce sont nos frères et nos amis ! entend-on de tous côtés ; les soldats mettent les crosses en l'air, et échangent des poignées de main avec le peuple et la garde nationale.

A trois heures les cris redoublent ; une voiture débouche le long du quai, les citoyens acclament et font haie sur son passage ; ce sont MM. Gambetta, Crémieux et de Kératry. Ils montent les degrés de l'Hôtel de Ville ; une grande partie de la foule les suit.

En un clin d'œil, l'immense salle du Trône, la galerie des Souverains et le cabinet du préfet sont envahis.

Les trois membres du gouvernement provisoire s'installent au bureau de l'ex-premier magistrat de la ville.

Peu à peu le bruit et le tumulte s'apaisent. M. Gambetta prend la parole :

— Citoyens, dit-il, nous avons ici une double mission : proclamer la République nationale et assurer la défense du territoire envahi par l'étranger, deux choses qui ne peuvent marcher l'une sans l'autre. Mais le temps presse, il faut agir. Nous vous proposons de mettre à la tête de cette cité que nous avons l'honneur de représenter un citoyen honnête et énergique, le citoyen Etienne Arago, frère de notre collègue Emmanuel.

Longs applaudissements. Etienne Arago est proclamé maire de Paris.

Plusieurs assistants proposent de lui adjoindre M. Mahias comme secrétaire général. La motion paraît admise.

— Nous devons, en outre, reprend Gambetta, pallier les crimes qui ont été commis et mettre en liberté les détenus politiques.

— Vive Rochefort! crient en chœur tous les assistants. Le bureau se constitue; M. de Kératry est nommé préfet de police, chargé d'exécuter les ordres du Gouvernement provisoire.

MM. E. Picard, E. Arago, Glais-Bizoin, J. Favre, J. Ferry font leur entrée au milieu des mêmes acclamations.

Le bruit de la prochaine arrivée de Rochefort se répand; un frémissement de joie parcourt tous les assistants. Gambetta se met à la fenêtre et crie :

— Vive Rochefort!

La foule lui répond.

Il est trois heures quarante : les membres du Gouvernement provisoire se retirent dans le cabinet du secrétaire du préfet pour y délibérer et arrêter la composition d'un comité de défense nationale.

La foule, qui n'occupait que le premier étage, se répand petit à petit dans tout l'Hôtel de Ville ; dans les bureaux, la salle Saint-Jean et les salons de réception, on pérore, on discute, tous crient : Vive la République !

Dans la salle du Conseil municipal, on lacère un panneau d'Yvon, représentant M. Haussmann remettant à l'Empereur le décret d'annexion des communes suburbaines.

Dans la salle du Trône, le portrait de Napoléon III par Horace Vernet a le même sort.

Ce sont là les seules dévastations qu'on ait à regretter.

A quatre heures un quart, les membres du Gouvernement provisoire reviennent dans le cabinet du préfet.

M. Gambetta proclame membres du comité de défense nationale :

MM. Arago ; — Crémieux ; — Jules Favre ; — Jules Simon ; — Gambetta ; — Ferry ; — Glais-Bizoin ; — Garnier-Pagès.

— Et Rochefort ! réclame-t-on de toutes parts. Oui ; Rochefort, Rochefort, nous voulons Rochefort !

Et le comité ajoute sur la liste le nom du député de la première circonscription.

Le général Trochu est à la fois maintenu dans ses pouvoirs de gouverneur de Paris et nommé président du conseil.

2.

Départ de l'Impératrice (4 septembre).

A l'issue de la séance du Corps législatif, partout la foule se livre à des manifestations hostiles contre le gouvernement impérial. On détruit les aigles placées sur les magasins des fournisseurs brevetés ; la grille du jardin des Tuileries, qui fait face à l'obélisque, est brisée ; les fossés sont franchis ; le jardin est envahi.

A la nouvelle de ces événements, l'Impératrice dut songer à la fuite. Nous donnons, à titre de document, le récit détaillé de la journée du 4 septembre aux Tuileries. Ce récit, attribué à l'un des aumôniers de l'Impératrice, a été publié dans le *Figaro* du 24 novembre 1870 :

. . . .
. . . .
. . . .

La dernière régence de l'Impératrice n'avait pas manqué de difficultés de toute sorte ; mais personne n'avait dit que l'Impératrice eût ajouté aux embarras de la situation par des fautes personnelles, et son nom n'avait été attaché à aucune violence.

Néanmoins, c'était une lourde charge que celle de la régence. Les inquiétudes domestiques venaient s'ajouter aux deuils publics. Séparée des siens, l'Impératrice n'en recevait que de rares et tristes nouvelles. Joignez à ces tristesses morales les fatigues d'un travail incessant (pendant un mois et demi l'impératrice n'a pu dormir une heure de suite sans être réveillée pour des communications urgentes) et des souffrances de poitrine surexcitées par l'oubli de toute précaution médicale.

Les grands malheurs du commencement de septembre rendirent à ce caractère tout son ressort. Pendant la nuit du 3 au 4, l'Impératrice reçut les grands dignitaires de l'Empire, et présida un conseil des ministres. Le général Trochu ne manqua pas de se rendre au château. Il n'était ni des moins empressés, ni des moins encourageants. L'Impératrice eut lieu de croire qu'elle pouvait toujours compter sur le concours dévoué du gouverneur de Paris.

Elle prit à peine, cette nuit-là, quelques instants de repos.

Le 4, l'Impératrice était sur pied à six heures du matin. Elle visitait l'ambulance établie par ses soins aux Tuileries, et arrêtait, avec les sœurs de charité, les mesures à prendre pour donner un plus grand développement à cette œuvre secourable.

Ce jour-là était, on s'en souvient, un dimanche. Outre le service de la grande chapelle, un service spécial était établi dans un oratoire ménagé au milieu des appartements privés. Un chapelain venait y célébrer la messe quatre fois par semaine, et, depuis la déclaration de guerre, cet acte religieux s'y répétait chaque jour.

Après l'office, l'Impératrice faisait sa recommandation à son aumônier ; il s'agissait ordinairement de bonnes œuvres, d'une famille à secourir, d'un malade à visiter, d'un abandonné à recueillir. Le 4 septembre, les instructions furent plus longues et plus minutieuses, et le prêtre qui venait de remplir les fonctions sacrées devant l'Impératrice passa la plus grande partie de la journée à accomplir ses prescriptions charitables.

De l'oratoire, Sa Majesté passa immédiatement dans la salle du conseil. Les ministres et les membres du conseil privé y étaient réunis. On dit que la séance présenta le plus grand intérêt, non-seulement par la gravité des sujets qui y furent traités, mais aussi par l'attitude ferme et résolue des conseillers de la couronne. « On ne dira pas de nous, disait l'un d'eux quelques jours plus tard, que nous avons été indécis et divisés à l'heure suprême. » Si un jour, peut-être, on publie l'analyse de cette dernière délibération, on y verra que rien de ce qui pouvait activer et fortifier la résistance à l'ennemi n'avait été oublié. Il n'y a que justice à le dire.

Le jour même, devait être présenté au Corps législatif un ensemble de mesures « propres à développer la puissance de l'organisation française. »

Lorsque les membres du conseil privé et M. Rouher, qui était présent, demandèrent quelles précautions avaient été prises en vue des mouvements populaires, l'Impératrice répondit : « qu'il ne fallait penser qu'à sauver la France. Prenons des mesures sages et vigoureuses, ajouta-t-elle, et on verra qu'il n'y a pas d'intérêt à rien bouleverser à l'approche des Prussiens. Ne pensons à sauvegarder la dynastie qu'après avoir pensé au salut de la France. » L'envahissement subit du Corps législatif ne permit pas la réalisation de cette pensée, d'une certaine grandeur à la vérité, mais non dépourvue d'illusions.

L'Impératrice sortit du conseil vers onze heures et demie du matin, et présida au déjeuner avec une aisance pleine de naturel. Les commensaux étaient nombreux. La table comptait vingt-huit couverts. Il n'y avait pas d'autre invité que M. de Lesseps ; mais le service d'honneur était doublé, car les officiers se renouvelaient tous les dimanches, et les *allants* et les *venants* se rencontraient au déjeuner. Rien ne fut changé à l'étiquette ordinaire, et à voir la tranquillité générale, on ne se fût pas douté des inquiétudes qui tourmentaient chacun des assistants.

Mais bientôt des indices venus du dehors, présages d'une prochaine tempête, apportèrent un léger trouble dans les habitudes. L'Impératrice recevait de minute en minute les dépêches de la préfecture de police, du ministère de l'intérieur, de l'administration de la guerre. Le flot de la révolution était déjà gros. De toutes parts on informait l'Impératrice qu'on se disposait à organiser la résistance et la répression : que l'entreprise était malaisée, car Paris ne renfermait que quelques tronçons de régiments, mais qu'avec de l'activité et de l'habileté on pourrait sauver la situation, etc.

Il faut rendre cette justice à l'Impératrice qu'elle n'hésita pas une seconde : « Toutes les calamités, excepté la guerre civile. » Ce fut son unique réponse aux dépêches qui lui demandaient des ordres. Ces messages, elle les lisait d'un visage impassible, sans rien communiquer de ce qu'ils contenaient. Au milieu d'une conversation qui se traînait péniblement sur des banalités, l'Impératrice, rentrée dans son salon, lisait, écrivait, faisait appeler tour à tour l'aide de camp de service, ou M. Conti, ou une des dames d'honneur, leur parlait à voix basse et signait des ordres.

Les minutes étaient des siècles. Quelques visiteurs entraient, saluaient, et, sans émotion apparente, nous jetaient à voix basse des demi-mots vite compris. Puis on attendait avec une anxiété déguisée de nouveaux venus pour recevoir d'autres renseignements.

C'est ainsi que nous apprîmes que la foule descendait des faubourgs vers la place de la Concorde ; que les mots de *déchéance* et de *république* se faisaient entendre de toutes parts ; que les agents de la force publique étaient maltraités. A travers les glaces des fenêtres on voyait les troupes prendre position dans la cour du Carrousel et devant la façade qui regarde le jardin. Ces précautions militaires avaient un air sinistre. On sentait dans l'atmosphère ce je ne sais quoi de poignant qui se dégage à l'heure des grandes catastrophes.

Des compagnies de la garde nationale passaient sur le quai en se rendant au Corps législatif. L'Impératrice se levait de temps en temps, s'approchait de la fenêtre comme pour mieux lire quelque dépêche, jetait un regard furtif sur l'agitation du dehors et se remettait bientôt à son travail. Quelques-uns des assistants disaient qu'il aurait fallu une pluie diluvienne ; mais le temps était splendide, et c'était, pour cette fois, le *soleil de l'empereur*.

Vers midi et demi, il fut impossible de méconnaître que la crise se déclarait à l'état aigu. Les députés du tiers-parti, sous la conduite de M. Daru, firent leur apparition aux Tuileries. Quelques minutes se passèrent avant que les formalités de l'introduction fussent remplies, car jusqu'au dernier moment tout s'est passé au château sans désordre ni confusion, comme en temps régulier ; ce que je fais remarquer, non dans un esprit ridiculement formaliste, mais pour rétablir l'exactitude de faits dénaturés.

En accueillant les députés du centre gauche, l'Impératrice souriait tristement. L'entrevue se prolongea. Il était facile d'en deviner le sujet. L'abdication ! tel était le mot que M. Daru et ses amis s'étaient chargés de faire entendre à la régente. Il fut répondu très-catégoriquement que les ministres étaient au gouvernement pour proposer les mesures utiles à la France ; que s'ils jugeaient l'abdication nécessaire, l'abdication serait signée. Peu à peu l'Impératrice s'échauffa en présence de ces conseillers timides et de ces discoureurs indécis.

De temps en temps, lorsque la porte du salon était ouverte, on entendait la voix émue de l'Impératrice qui cherchait à affermir les résolutions ébranlées.

Mais à tout instant les nouvelles du dehors contrariaient les efforts de la souveraine.

L'un des préfets du palais arrivait du Corps législatif et annonçait « que des agitateurs tramaient ouvertement « dans la salle des Pas-Perdus contre la sécurité de « l'Assemblée. » Le chambellan de service rendait compte de l'attitude des masses qui couvraient la place de la Concorde et déclarait qu'elles allaient se porter aux extrémités. Les clameurs de la multitude arrivaient jusqu'à la salle du conseil et la remplissaient de cris significatifs.

De temps en temps quelqu'un de ces messieurs du tiers-parti ne manquait pas d'appuyer ces considérations d'un glacial : « N'entendez-vous donc pas, madame ? » ou bien : « Ce que l'on vient d'annoncer à Votre Majesté, n'est-ce pas ce que nous lui disions ? »

Pourquoi ne pas le dire? Plusieurs, parmi les personnes présentes, trouvaient la démarche des députés du tiers-parti tout au moins superflue. « Si l'abdication, disait-on, pouvait servir à quelque chose, que ne prenaient-ils sur eux de prononcer la déchéance ? Pourquoi ce souci de faire supprimer la dynastie par la régente ? » — Mais le tiers-parti ressemblera toujours... à lui-même.

Ils sortirent enfin, troublés et décontenancés. Nous trouvâmes l'Impératrice appuyée contre le chambranle d'une cheminée. Elle paraissait vivement attristée. Nous l'entourions avec cette émotion que l'on sent à l'approche d'un sombre dénoûment.

Quelques-uns de ses serviteurs, pour la dernière fois, venaient respectueusement baiser sa main. Elle laissait faire avec bienveillance, et parlait en termes entrecoupés de ce qui venait de se passer.

« Ils veulent l'abdication !... Oh ! cela n'est rien si la France est sauvée... Mais ne vont-ils pas affaiblir la résistance ?... Ce que je leur ai demandé, c'est de me conserver l'autorité nominale, afin d'empêcher la désorganisation du pays au moment où l'étranger envahit notre territoire... Après, on fera de nous tout ce qu'on voudra ; maintenant, on n'a pas le loisir de faire des changements

politiques : il ne faut songer qu'aux mesures militaires...
Je leur ai dit : Soyez sûrs que je ne gênerai en rien la
défense du pays. J'aiderai, au contraire, les hommes qui
auront la confiance de la nation. Puis, je me mettrai à
la tête des sociétés de secours aux blessés, je visiterai les
hôpitaux, je donnerai l'exemple du dévouement, j'irai
aux avant-postes ; oh ! par exemple, je les ai rassurés,
je ne ferai rien de ridicule. Est-ce que je ne sais pas
éviter le ridicule ? Mais non, ils n'ont rien voulu entendre. Ah ! en France, il ne faut jamais être malheureux. »

En s'exprimant ainsi, l'Impératrice en arrivait à cette
exaltation propre à sa race et à son caractère, que les
intimes désignaient sous ces mots : *les moments de Chimène*. Ce fut comme un éclair rapide pendant lequel elle
sembla entrevoir l'avenir avec une lucidité singulière.

Une courte dépêche de M. Piétri arrêta le cours des
réflexions de la régente : « ON ABAT LES AIGLES. » Ces
quatre mots la ramenèrent aux événements qui s'accomplissaient dans Paris.

On a dit et imprimé que l'Impératrice, pendant les
dernières heures de son séjour aux Tuileries, avait été
délaissée par ses officiers. Rien n'est moins conforme à
la réalité des faits.

A deux heures, c'est-à-dire au moment où l'émeute
grondait autour du Corps législatif, toute la maison de
l'Impératrice était presque au grand complet rassemblée
aux Tuileries. Les dames d'honneur présentes à Paris
s'étaient rendues auprès de la régente. Plusieurs dames

qui tenaient un haut rang à la cour s'étaient jointes à elles. Les maréchales Pélissier et Canrobert étaient arrivées des premières. Pas un officier de service n'était absent. Les officiers de la maison de l'Empereur, qui n'étaient pas en mission, arrivaient les uns après les autres et remplissaient les salons des appartements réservés. M. le marquis de Contades, dans une lettre adressée au *Figaro*, a affirmé que tout le monde, parmi les officiers de Leurs Majestés, avait fait son devoir. Personne ne pourra démentir cette parole.

Le général Trochu ne parut pas.

Tout ce monde était grave et parlait à peine. L'attitude de l'Impératrice ne permettait pas d'ailleurs de mines consternées : elle recevait chacun avec bonté, faisait semblant de ne pas entendre les essais de consolation et n'abandonnait rien de sa ferme contenance.

Puis, vinrent quelques membres du corps diplomatique. Le prince de Metternich ne dissimulait pas son émotion. Le chevalier Nigra semblait tout à l'aise.

— Eh bien ! chevalier, lui dit une dame d'honneur, avez-vous traversé la foule ?

— Oui, répondit-il fort placidement ; il y a quelque peu de monde.

On n'en put tirer autre chose.

Ce fut une scène attendrissante que l'arrivée de la princesse Clotilde. La pieuse cousine de l'Impératrice n'avait rien perdu de sa douce sérénité : sa visite de la dernière heure fut d'une simplicité touchante, et l'Impératrice l'accueillit avec beaucoup de tendresse.

Pendant ce temps, quelques jeunes hommes du service

d'honneur s'entretenaient dans un coin des événements qui pouvaient se produire d'un moment à l'autre. Une même pensée leur était venue à tous. Ils ambitionnaient l'honneur d'accompagner l'Impératrice dans le cas où elle se déciderait à quitter les Tuileries. Ils étaient prêts au départ et munis de toutes les sommes dont ils avaient pu disposer. Mais si l'Impératrice était surprise par l'émeute, ils rêvaient déjà une mort glorieuse, comme celle des mousquetaires de Marie-Antoinette. « Quant à moi, disait l'un d'eux, je ferai payer cher le passage; » et il montrait un énorme révolver. Mais il ne tarda pas à se séparer de son arme, ses compagnons lui ayant fait remarquer que s'il avait le devoir de sacrifier sa vie, l'Impératrice avait défendu l'usage de quelque arme que ce fût.

Vers deux heures, l'Impératrice s'entretenait avec les ambassadeurs d'Autriche et d'Italie, lorsque coup sur coup arrivèrent, du Corps législatif, des députés, des ministres, annonçant que la Chambre venait d'être envahie. Le comte de Palikao avait compté sur la fidélité des troupes, et il avait eu raison : aucune n'avait trahi. Mais elles étaient en nombre trop restreint pour pouvoir résister sans faire usage de leurs armes, et les ordres de l'Impératrice étaient formels : il ne fallait pas qu'une seule goutte de sang coulât dans Paris.

Puis, à l'intérieur du Corps législatif, les questeurs se reprenaient à vouloir faire usage de leurs priviléges et à être seuls à donner les ordres concernant la sécurité de l'Assemblée. Il y eut de la part de la foule une menace d'attaque. L'un des questeurs, le général Lebreton, racontait-on, avait intimé aux troupes l'ordre de laisser champ libre au peuple. On sait ce qui arriva.

Le gouvernement tout entier était au Corps législatif. Pendant que le comte de Palikao et les autres ministres conféraient avec les députés, la foule inonda le palais. Véritable inondation qui noya le pouvoir. Les ministres ne purent ni se dégager ni se reconnaître. L'eau avait éteint les feux et paralysé les mouvements de la machine : le navire ne pouvait plus marcher.

M. Chevreau, le premier, put fendre le flot populaire et arriver à grand'peine jusqu'aux Tuileries. Bientôt après arriva M. Jérôme David, qui traversa les salons en souriant, avec le calme et la désinvolture des jours de gala. Mais sa présence seule suffisait à indiquer la gravité de la situation.

On commença à se demander si quelqu'un avait pensé à tenir une voiture à la disposition de l'Impératrice. Naturellement, tout le monde y avait pensé, mais personne n'avait réalisé la pensée, car chacun s'était dit le sacramentel : « Cela ne me regarde pas. » Maintenant, il était trop tard, et il fallait, comme toujours, laisser à la Providence le soin de protéger et de sauver l'Impératrice.

Les dernières minutes me rappellent de vifs souvenirs. Il arriva un groupe attardé de serviteurs de l'Empire. Enfin, M. Piétri, aussi calme et aussi réservé que d'habitude, qui salua profondément Sa Majesté, — lui dit à peine quelques mots à voix basse et s'éclipsa sur-le-champ.

L'Impératrice fit aussitôt appeler le général Mellinet,

qui commandait les troupes chargées de la défense des Tuileries.

— Général, pouvez-vous défendre le château sans faire usage des armes?

— Madame, je ne crois pas.

— Dès lors, dit l'Impératrice, tout est fini. Il ne faut pas ajouter à nos désastres l'horreur de la guerre civile.

Et elle donna rapidement ses derniers ordres. Le vieux général traversa presque en courant les salons pour aller rejoindre ses soldats, non cependant sans s'arrêter brusquement de temps en temps pour baiser galamment la main à quelque belle dame de sa connaissance.

L'Impératrice alla serrer la main sans mot dire aux personnes qui n'avaient pas encore reçu son adieu. Puis, se tournant vers les dames, elle leur dit :

— Ne restez plus ici : le temps presse.

Ce fut le signal des larmes. Les dames se pressaient autour d'elle et couvraient ses mains de baisers.

— Mais, partez, partez donc! je vous en supplie! répétait l'Impératrice, qui contenait avec peine son émotion.

Elle parvint à se dégager doucement de ces étreintes affectueuses, et, s'étant reculée jusqu'au fond du salon, toute pâle et frémissante, elle nous fit son plus grand salut, celui des grandes circonstances, et disparut dans ses appartements intimes, accompagnée du prince de Metternich, du chevalier Nigra et de Mme Lebreton.

Je m'étais enfoncé dans l'embrasure d'une croisée pour cacher mon émotion, lorsqu'un curieux spectacle se présenta à mon attention.

J'avais sous les yeux le jardin des Tuileries. Des fantassins, l'arme au pied, étaient rangés devant la façade du palais. Le jardin était morne et désert. Néanmoins, dans le lointain, des ombres se détachaient de temps en temps des troncs d'arbre pour se dissimuler de nouveau. C'étaient les envahisseurs qui s'approchaient discrètement. La vue des troupes leur inspirait une médiocre confiance. Ils s'enhardirent peu à peu. Les ombres éparses devinrent une fourmilière, la fourmilière se changea en un océan de têtes, noir, bruyant et compacte. Une clameur confuse, dominée quelquefois par le chant de la *Marseillaise*, s'élevait de cette masse sombre qui s'accumulait lentement contre l'enceinte extérieure du jardin réservé.

Je me demandais comment il aurait été possible de détourner ou d'endiguer cet océan immense qui avait franchi ses barrières, lorsque M. de Cossé-Brissac, chambellan de l'Impératrice, rentra dans le salon de service et nous dit à haute voix : « Sa Majesté vous remercie et vous invite à vous retirer. » Il y eut un moment d'indécision. Les officiers de service s'approchèrent de M. de Cossé-Brissac : « Notre devoir est de rester ici tant que l'Impératrice y sera. Nous donnez-vous l'assurance que notre présence n'a plus d'objet ? — Messieurs, répondit-il, vous avez congé de Sa Majesté, et je puis vous dire que tout va pour le mieux. »

Les mains se serrèrent en silence ; on se souhaita le revoir en des temps meilleurs, et on quitta les lieux où il n'y avait plus rien à faire.

Arrivé sous le passage du pavillon de l'Horloge, j'ai voulu savoir ce que ferait la foule qui ébranlait la grille qui ferme l'accès du jardin, et je me suis arrêté près de la grande porte des Tuileries qui regarde l'arc de triomphe de l'Étoile.

La foule ne se décidait pas à franchir le dernier obstacle. Elle apercevait trop distinctement les allées et les venues du général Mellinet, qui disposait ses soldats avec un soin extrême. Tout à coup, deux « voyous », arborant, en guise de drapeaux parlementaires, deux malpropres mouchoirs blancs et suivis d'un monsieur en paletot, les deux mains dans ses poches, débouchent dans l'allée du milieu et viennent droit au général :

— « Tiens, tiens, que fait donc là cet escogriffe? » C'est ainsi qu'à mes côtés M. de Laferrière qui, en qualité de surintendant des théâtres impériaux, connaissait les siens, saluait l'apparition du monsieur, qui n'était autre que Victorien Sardou. Le général s'aboucha avec les parlementaires, puis alla haranguer le peuple. On sait le reste. Il fut bien entendu que l'Impératrice n'était plus aux Tuileries, et le peuple s'engagea à être « gentil ».

Une minute après, nous quittions les Tuileries par le guichet de l'Échelle. Au moment où le concierge nous ouvrait la porte, nous vîmes défiler devant nous une épaisse et bruyante colonne de citoyens, ayant à sa tête un bourgeois barbu, mal coiffé d'un képi de garde national, portant un fusil sur l'épaule d'une façon peu martiale et emboîtant le pas d'une manière fort gauche. C'était, paraît-il, M. Jules Favre allant faire sacrer à l'Hôtel de Ville le gouvernement de la défense nationale.

A ce moment je tirai ma montre : il était trois heures moins cinq minutes.

J'appris que l'Impératrice, après nous avoir quittés, s'était tranquillement revêtue d'habits de deuil. Mme Lebreton l'aidait dans ses préparatifs de départ. La souveraine n'avait voulu appeler aucun de ses officiers au danger de l'accompagner, et elle s'était confiée à MM. de Metternich et Nigra, que leur caractère diplomatique mettait à l'abri des insultes.

Avant de quitter sa demeure, l'Impératrice alla jeter un dernier regard sur les portraits de l'Empereur et du Prince impérial ; puis elle s'agenouilla dans son oratoire, fit, au pied de l'autel, une courte prière et se dirigea sans aucun trouble ni précipitation vers la galerie du bord de l'eau. Les portes qui mettent en communication les Tuileries et le Louvre étaient fermées. Il fallut quelque temps pour trouver les clefs. Le passage fut enfin libre, et l'Impératrice et son petit cortége arrivèrent sans encombre sur la place Saint-Germain-l'Auxerrois, par l'un des deux escaliers de la colonnade du Louvre.

M. de Metternich alla à la recherche de deux fiacres. M. Nigra était resté avec Sa Majesté et Mme Lebreton. Ses vêtements de veuve ne déguisaient pas assez bien l'Impératrice pour qu'un gamin ne pût la reconnaître et crier à tue-tête :

— Voilà l'Impératrice !

La place était couverte d'une partie des envahisseurs du Corps législatif qui se rendaient à l'Hôtel de Ville, après avoir traversé les Tuileries et le Louvre. Le diplomate italien ne perdit pas sa présence d'esprit en une situation aussi critique. Il envoya une vigoureuse taloche au jeune indiscret : il le prit ensuite par l'oreille en ayant soin d'appuyer fortement, afin de ne laisser au petit bonhomme que la faculté de se débattre et de se plaindre :

— Ah ! polisson, disait de son côté l'impitoyable chevalier, tu cries : « Vive la Prusse ! » Je t'apprendrai à être meilleur patriote !

Et il l'entraînait, sans désemparer, du côté opposé à l'endroit où se trouvait la voiture dans laquelle l'Impératrice venait de prendre place avec Mme Lebreton. M. Nigra ne lâcha l'enfant et ne cessa ses imprécations que lorsque le cocher eut enlevé ses chevaux. L'Italien avait si bien ménagé son jeu, que M. de Metternich et lui étaient déjà loin lorsque les spectateurs se rendirent compte de ce qu'ils venaient de voir.

Séance du soir (4 septembre 1871).

A 8 heures du soir, une réunion de députés eut lieu dans la salle à manger de la Présidence.

Voici le compte rendu de cette séance :

En l'absence du président et des vice-présidents, M. Thiers est prié de présider la réunion.

Il s'assied, ayant à ses côtés les secrétaires du Corps législatif : MM. Martel, Peyrusse, Josseau.

M. THIERS. — Messieurs, j'ai une présidence d'un moment.

On m'annonce l'arrivée de MM. Jules Favre et Jules Simon, qui viennent nous apporter la réponse aux paroles de conciliation qui leur ont été portées par vos délégués. Nous allons entendre ces messieurs.

MM. Jules Favre et Jules Simon sont introduits.

Ils prennent place vis-à-vis de M. Thiers.

M. Jules Favre. — Nous venons vous remercier de la démarche que vos délégués ont faite auprès de nous.

Nous en avons été vivement touchés. Nous avons compris qu'elle était inspirée par un sentiment patriotique. Si, dans l'Assemblée, nous différons sur la politique, nous sommes certainement tous d'accord lorsqu'il s'agit de la défense du sol et de la liberté menacée.

En ce moment, il y a des faits accomplis : un gouvernement issu de circonstances que nous n'avons pas pu prévenir, gouvernement dont nous sommes devenus les serviteurs. Nous y avons été enchaînés par un mouvement supérieur qui a, je l'avoue, répondu au sentiment intime de notre âme. Je n'ai pas aujourd'hui à m'expliquer sur les fautes de l'Empire. Notre devoir est de défendre Paris et la France.

Lorsqu'il s'agit d'un but aussi cher à atteindre, il n'est certes pas indifférent de se rencontrer dans les mêmes sentiments avec le Corps législatif. Du reste, nous ne pouvons rien changer à ce qui vient d'être fait. Si vous voulez bien y donner votre ratification, nous vous en serons reconnaissants. Si, au contraire, vous la refusez, nous respecterons les décisions de votre conscience, mais nous garderons la liberté entière de la nôtre.

Voilà ce que je suis chargé de vous dire par le gouvernement provisoire de la République, dont la présidence a été offerte au général Trochu, qui l'a acceptée.

Vous connaissez sans doute les autres noms. Notre illustre collègue qui vous préside n'en fait pas partie, parce qu'il n'a pas cru pouvoir accepter cette offre. Quant à nous, hommes d'ordre et de liberté, nous avons cru, en acceptant, accomplir une mission patriotique.

M. Thiers. — Le passé ne peut être équitablement apprécié par chacun de nous à l'heure qu'il est. C'est l'histoire seule qui pourra le faire.

Quant au présent, je ne peux vous en parler que pour moi. Mes collègues ici présents ne m'ont pas donné la mission de vous dire s'ils accordent où s'ils refusent leur ratification aux événements de la journée.

Vous vous êtes chargés d'une immense responsabilité.

Notre devoir à tous est de faire des vœux ardents pour que vos efforts réussissent dans la défense de Paris, des vœux ardents pour que nous n'ayons pas longtemps sous les yeux le spectacle navrant de la présence de l'ennemi.

Ces vœux, nous les faisons tous par amour pour notre pays, parce que votre succès serait celui de notre patrie.

Une voix. — Quels sont les noms des personnes qui composent le nouveau gouvernement?

M. Jules Simon. — Les membres choisis l'ont été pour composer une commission chargée de la défense de la capitale ; c'est vous dire que ce sont tous les députés de

Paris, excepté le plus illustre d'entre eux, parce qu'il n'a pas accepté les offres qui lui ont été faites ; mais il vient de vous dire la grandeur de la responsabilité dont nous sommes chargés, et il fait des vœux pour notre succès.

Dans ce choix, il n'y a pas eu de préoccupations individuelles : il y a eu l'application d'un principe. S'il en était autrement, on verrait figurer dans cette commission les noms d'autres personnes que ceux des députés de Paris. Nous n'avons qu'une pensée, celle de faire face à l'ennemi.

M. PEYRUSSE. — Paris fait encore une fois la loi à la France !

MM. JULES FAVRE et JULES SIMON ensemble. — Nous protestons contre cette assertion.

M. JULES FAVRE. — Le Gouvernement provisoire se compose donc de MM. Arago, Crémieux, Jules Favre, Jules Ferry, Gambetta, Garnier-Pagès, Glais-Bizoin, Pelletan, Rochefort. Ce dernier ne sera pas le moins sage : En tout cas, nous avons préféré l'avoir dedans que dehors. Je remercie M. le président de ce qu'il a bien voulu nous dire en exprimant des vœux devant vous pour le succès de notre entreprise. Ces paroles patriotiques nous relient à vos départements, dont le concours nous est nécessaire pour l'œuvre de la défense nationale.

M. LE COMTE LE HON. — Quelle est la situation du Corps législatif vis-à-vis du Gouvernement provisoire ?

M. JULES FAVRE. — Nous n'en avons pas délibéré.

M. THIERS. — Je n'ai pas adressé de question à nos collègues sur le sort du Corps législatif, parce que si nous avons quelque chose à nous communiquer sur cette situation, il me paraît que nous devons attendre que ces messieurs se soient retirés.

MM. Jules Favre et Jules Simon se retirent.

M. Thiers. — Messieurs, nous n'avons plus que quelques instants à passer ensemble. Mon motif pour ne pas adresser de question à MM. Jules Favre et Simon a été que si j'en faisais, c'était reconnaître le gouvernement qui vient de naître des circonstances. Avant de le reconnaître, il faudrait résoudre des questions de fait et de principe qu'il ne nous convient pas de traiter actuellement.

Le combattre aujourd'hui serait une œuvre antipatriotique. Ces hommes doivent avoir le concours de tous les citoyens contre l'ennemi. Nous faisons des vœux pour eux, et nous ne pouvons actuellement les entraver par une lutte intestine. Dieu veuille les assister! Ne nous jugeons pas les uns les autres. Le présent est rempli de trop amères douleurs.

M. Roulleaux-Dugage. — Quel rôle devons-nous jouer dans nos départements?

M. Thiers. — Dans nos départements, nous devons vivre en bons citoyens, dévoués à la patrie. Aussi longtemps qu'on ne nous demandera rien de contraire à notre conscience et aux vrais principes sociaux, notre conduite sera facile. Nous ne nous dissolvons pas; mais, en présence de la grandeur de nos malheurs, nous rentrons dignement chez nous, car il ne nous convient ni de reconnaître ni de combattre ceux qui vont lutter ici contre l'ennemi.

Une voix. — Mais comment saura-t-on ce qui s'est dit ici ?

M. Thiers. — Veuillez vous en rapporter à moi, vous qui m'avez fait l'honneur de me donner une présidence de quelques minutes dans ces douloureuses circonstances. Je m'entendrai avec M. Martel et vos secrétaires pour la rédaction d'un procès-verbal.

M. Buffet. — Ne devons-nous pas rédiger une protestation ?

M. Thiers. — De grâce, n'entrons pas dans cette voie. Nous sommes devant l'ennemi, et, pour cela, nous faisons tous un sacrifice aux dangers que court la France : Ils sont immenses. Il faut nous taire, faire des vœux et laisser à l'histoire le soin de juger.

M. Pinard (du Nord). — Nous ne pouvons pas garder le silence devant la violence faite à la Chambre ; il faut la constater !

M. Thiers. — Ne sentez-vous pas que si vous opposez ce souvenir comme une protestation, il rappellera aussitôt celui de la violation d'une autre Assemblée? Tous les faits de la journée ont-ils besoin d'une constatation?

M. le comte Daru. — Les scellés ont été mis sur la porte de la Chambre.

M. Thiers. — Y a-t-il quelque chose de plus grave que les scellés sur les personnes? N'ai-je pas été à Mazas ? Vous ne m'entendez pas m'en plaindre.

M. Grévy. — Le Gouvernement provisoire, auprès duquel vous m'aviez fait l'honneur de me déléguer avec la mission de lui parler comme à des collègues, n'avait pu nous donner sa réponse définitive. Il nous avait promis de délibérer pour nous la transmettre en nous indiquant neuf heures du soir. Je ne comptais pas que cette heure aurait été devancée ; c'est pourquoi je ne suis pas venu ici plus tôt.

Nous sommes arrivés trop tard à l'Hôtel de Ville. Il y avait déjà un Gouvernement provisoire qui s'y était installé. Nous y avons lu l'épreuve qu'on nous a montrée d'une proclamation qui nous a convaincus que notre mission était devenue sans objet.

M. ALFRED LE ROUX. — Je n'ai pu aussi venir ici plus tôt, parce que, ayant été chargé par vous de voir M. le général Trochu, j'ai dû me rendre auprès de lui. Je m'y suis rendu avec M. Estancelin. Là aussi nous avons reconnu qu'il était trop tard.

Mon devoir est maintenant de vous dire que j'ai été en cette circonstance, autant qu'il était en moi, votre fidèle interprète.

M. LE DUC DE MARMIER. — Vous me permettrez à moi, dont le père a longtemps commandé la garde nationale de Paris, de vous exprimer une pensée consolante, c'est celle que nos envahisseurs n'appartenaient pas à cette garde nationale, mais à celle de la banlieue.

M. BUQUET. — Je proteste contre les actes qui viennent de s'accomplir, particulièrement contre toute idée de séparation. Je suis d'accord complétement avec les paroles de protestation que M. Buffet a fait entendre tout à l'heure dans notre séance de quatre heures contre la violence dont la représentation nationale a été l'objet. (Mouvement et agitation.)

MM. Buquet, Pinard, de Saint-Germain et quelques autres déclarent qu'ils protestent.

M. Thiers. — De grâce, ne rentrons pas dans la voie des récriminations; cela nous mènerait trop loin, et vous devriez bien ne pas oublier que vous parlez devant un prisonnier de Mazas. (Mouvement.)

J'espérais que nous nous séparerions profondément affligés, mais unis. Je vous en supplie, ne nous laissons pas aller à des paroles irritantes ! suivez mon exemple. Je réprouve l'acte qui s'est accompli aujourd'hui; je ne peux approuver aucune violence, mais je songe que nous sommes en présence de l'ennemi, qui est près de Paris.

M. Girault. — Je partage l'opinion de M. Buffet quand il a protesté dans la séance de quatre heures. Nous ne devons pas faire de politique ni nous diviser. Amenons le gouvernement à s'entendre avec la Chambre. De cette façon, nous serons d'accord avec les départements. Soutenons-nous et soutenons la France. Je vais aller à l'Hôtel de Ville. Si on ne veut pas m'écouter, je protesterai.

M. Thiers. — Voulez-vous renouveler toutes les discussions des dernières années? Je ne crois pas que ce soit convenable.

Je proteste contre la violence que nous avons subie aujourd'hui, mais ce n'est pas le moment de donner cours aux ressentiments. Est-il possible de nous mettre en hostilité avec le Gouvernement provisoire en ce moment suprême?

En présence de l'ennemi, qui sera bientôt sous Paris, je crois que nous n'avons qu'une chose à faire : nous retirer avec dignité. (L'émotion profonde de M. Thiers se communique à toute l'assemblée.)

La séance est levée à dix heures.

CHAPITRE II.

Proclamations.

La République est décrétée au nom du salut public. En même temps que la cité est confiée à la garde des citoyens, les proclamations suivantes sont affichées sur les murs de la capitale :

A LA GARDE NATIONALE.

Ceux auxquels votre patriotisme vient de confier la mission redoutable de défendre le Pays vous remercient du fond du cœur de votre courageux dévouement.

C'est à votre résolution qu'est due la victoire civique rendant la liberté à la France.

Grâce à vous, cette victoire n'a pas coûté une goutte de sang.

Le pouvoir personnel n'est plus.

La nation tout entière reprend ses droits et ses armes. Elle se lève prête à mourir pour la défense du sol.

Vous lui avez rendu son âme, que le despotisme étouffait.

Vous maintiendrez avec fermeté l'exécution des lois, et, rivalisant avec notre noble armée, vous nous montrerez ensemble le chemin de la victoire.

Le Gouvernement de la défense nationale,

Emmanuel Arago ; — Crémieux ; — Jules Favre ; — Jules Ferry ; — Gambetta ; Garnier-Pagès ; — Glais-Bizoin ; — Pelletan ; — Picard ; — Rochefort ; — Jules Simon ; — général Trochu.

HÔTEL DE VILLE DE PARIS.

Citoyens,

Je viens d'être appelé par le peuple et par le Gouvernement de la défense nationale à la mairie de Paris.

En attendant que vous soyez convoqués pour élire votre municipalité, je prends, au nom de la République, possession de cet Hôtel de Ville, d'où sont toujours partis les grands signaux patriotiques, en 1792, en 1830, en 1848.

Comme nos pères ont crié en 1792, je vous crie : Citoyens, la patrie est en danger ! Serrez-vous autour de cette municipalité parisienne, où siége aujourd'hui un vieux soldat de la République.

Vive la République !

Le Maire de Paris,
Étienne ARAGO.

PRÉFECTURE DE POLICE.

Aux habitants de Paris,

Après dix-huit ans d'attente, sous le coup de cruelles nécessités, les traditions interrompues au 18 brumaire et au 2 décembre sont enfin reprises. Les députés de la gauche, après la disparition de leurs collègues de la majorité, ont proclamé la déchéance. Quelques instants après, la République était acclamée à l'Hôtel de Ville.

La révolution qui vient de s'accomplir est restée toute pacifique; elle a compris que le sang français ne devait couler que sur le champ de bataille. Elle a pour but, comme en 1792, l'expulsion de l'étranger.

Il importe donc que la population de Paris, par son calme, par la virilité de son attitude, continue de se montrer à la hauteur de la tâche qui lui incombe, à elle et à la France.

C'est pour cette raison que, investi par le Gouvernement provisoire de pouvoirs dont on a tant abusé sous les régimes antérieurs, j'invite la population parisienne à exercer les droits politiques qu'elle vient de reconquérir dans toute leur plénitude, avec une sagesse et une modération qui soient de nature à montrer à la France et au monde qu'elle est vraiment digne de la liberté.

Notre devoir à tous dans les circonstances où nous sommes est surtout de nous rappeler que la Patrie est en danger.

Au moment où, sous l'égide des libertés républicaines, la France se dispose à vaincre ou à mourir, j'ai la certitude que mes pouvoirs ne me serviront que pour nous défendre contre les menées de ceux qui trahiraient la Patrie.

Paris, le 4 septembre 1870,

Le Préfet de police,

Comte DE KÉRATRY.

A l'Armée.

Quand un général a compromis son commandement, on le lui enlève.

Quand un gouvernement a mis en péril, par ses fautes, le salut de la patrie, on le destitue.

C'est ce que la France vient de faire.

En abolissant la dynastie qui est responsable de nos malheurs, elle a accompli d'abord, à la face du monde, un grand acte de justice.

Elle a exécuté l'arrêt que toutes vos consciences avaient rendu.

Elle a fait en même temps un acte de salut.

Pour se sauver, la Nation avait besoin de ne plus relever que d'elle-même et de ne compter désormais que sur deux choses : sa résolution qui est invincible, votre héroïsme qui n'a pas d'égal, et qui, au milieu de revers immérités, fait l'étonnement du monde.

Soldats ! en acceptant le pouvoir dans la crise formidable que nous traversons, nous n'avons pas fait œuvre de parti.

Nous ne sommes pas au pouvoir, mais au combat.

Nous ne sommes pas le Gouvernement d'un parti, nous sommes le Gouvernement de la défense nationale.

Nous n'avons qu'un but, qu'une volonté : le salut de la Patrie, par l'Armée et par la Nation, groupées autour du glorieux symbole qui fit reculer l'Europe il y a quatre-vingts ans.

Aujourd'hui, comme alors, le nom de République veut dire :

Union intime de l'Armée et du Peuple pour la défense de la Patrie !

> Général TROCHU, *président;* — EMMANUEL ARAGO ; — CRÉMIEUX ; — JULES FAVRE ; — FERRY ; — GAMBETTA ; — GARNIER-PAGÈS ; — GLAIS-BIZOIN ; — PELLETAN ; — PICARD ; — ROCHEFORT ; — JULES SIMON.

GOUVERNEUR DE PARIS AUX DÉFENSEURS DU PAYS

L'ennemi est en marche sur Paris.

La défense de la capitale est assurée.

Le moment est venu d'organiser celle des départements qui l'environnent.

Des ordres sont expédiés aux préfets de la Seine, de Seine-et-Oise et de Seine-et-Marne pour réunir tous les défenseurs du pays.

Ils seront appuyés par les compagnies franches de Paris et par les nombreux corps de cavalerie réunis aux environs.

Les commandants des corps francs se rendront immédiatement chez le président du gouvernement, gouverneur de Paris, pour y recevoir des instructions.

Chaque citoyen s'inspirera des grands devoirs que la patrie lui impose.

Le Gouvernement de la défense nationale compte sur le courage et le patriotisme de tous.

6 septembre 1870.

Le Président du Gouvernement de la défense nationale, gouverneur de Paris,

Général Trochu.

Circulaire du Ministre de l'intérieur.

A peine installé à l'Hôtel de Ville, le Gouvernement de la défense nationale se met en communication avec la province. Voici la circulaire adressée aux administrateurs provisoires et aux préfets des départements par le membre délégué au ministère de l'intérieur :

Monsieur le préfet,

En acceptant le pouvoir dans un tel danger de la patrie, nous avons accepté de grands périls et de grands devoirs. Le peuple de Paris qui, le 4 septembre, se retrouvait, après une si longue absence, ne l'a pas entendu autrement, et ses acclamations veulent dire clairement qu'il attend de nous le salut de la patrie.

Notre nouvelle République n'est pas un gouvernement qui comporte les dissensions politiques, les vaines querelles. C'est, comme nous l'avons dit, un gouvernement de défense nationale, une République de combat à outrance contre l'envahisseur.

Entourez-vous donc des citoyens animés, comme nous-mêmes, du désir immense de sauver la Patrie et prêts à ne reculer devant aucun sacrifice.

Au milieu de ces collaborateurs improvisés, apportez le sang-froid et la vigueur qui doivent appartenir au représentant d'un pouvoir décidé à tout pour vaincre l'ennemi.

Soutenez tout le monde par votre activité sans limites dans toutes les questions où il s'agira de l'armement, de l'équipement des citoyens et de leur instruction militaire.

Toutes les lois prohibitives, toutes les restrictions si funestement apportées à la fabrication et à la vente des armes ont disparu.

Que chaque Français reçoive ou prenne un fusil et qu'il se mette à la disposition de l'autorité : « La Patrie est en danger ! »

Il vous sera donné jour par jour des avis concernant les détails du service. Mais faites beaucoup par vous-mêmes, et appliquez-vous surtout à gagner le concours de toutes les volontés, afin que, dans un immense et unanime effort, la France doive son salut au patriotisme de tous ses enfants.

Recevez, etc.

Léon GAMBETTA.

Circulaire du Ministre des affaires étrangères.

De son côté, le ministre des affaires étrangères s'adressait aux agents diplomatiques de France en ces termes :

« Monsieur,

« Les événements qui viennent de s'accomplir à Paris s'expliquent si bien par la logique inexorable des faits qu'il est inutile d'insister longuement sur leur sens et leur portée.

« En cédant à un élan irrésistible, trop longtemps contenu, la population de Paris a obéi à une nécessité supérieure, celle de son propre salut.

« Elle n'a pas voulu périr avec le pouvoir criminel qui conduisait la France à sa perte.

« Elle n'a pas prononcé la déchéance de Napoléon III et de sa dynastie : elle l'a enregistrée au nom du droit, de la justice et du salut public.

« Et cette sentence était si bien ratifiée à l'avance par la conscience de tous, que nul, parmi les défenseurs les plus bruyants du pouvoir qui tombait, ne s'est levé pour le soutenir.

« Il s'est effondré de lui-même sous le poids de ses fautes, aux acclamations d'un peuple immense, sans qu'une goutte de sang ait été versée, sans qu'une personne ait été privée de sa liberté.

« Et l'on a pu voir, chose inouïe dans l'histoire, les citoyens auxquels le cri du peuple conférait le mandat périlleux de combattre et de vaincre, ne pas songer un instant aux adversaires qui la veille les menaçaient d'exécutions militaires. C'est en leur refusant l'honneur d'une répression quelconque qu'ils ont constaté leur aveuglement et leur impuissance.

« L'ordre n'a pas été troublé un seul moment ; notre confiance dans la sagesse et le patriotisme de la garde nationale et de la population tout entière nous permet d'affirmer qu'il ne le sera pas.

« Délivré de la honte et du péril d'un gouvernement traître à tous ses devoirs, chacun comprend que le premier acte de cette souveraineté nationale, enfin reconquise, est de se commander à soi-même et de chercher sa force dans le respect du droit.

« D'ailleurs, le temps presse : l'ennemi est à nos portes ; nous n'avons qu'une pensée : le repousser hors de notre territoire.

« Mais cette obligation que nous acceptons résolûment, ce n'est pas nous qui l'avons imposée à la France ; elle ne la subirait pas si notre voix avait été écoutée.

« Nous avons défendu énergiquement, au prix même de notre popularité, la politique de la paix. Nous y persévérons avec une conviction de plus en plus profonde.

« Notre cœur se brise au spectacle de ces massacres humains dans lesquels disparaît la fleur des deux nations qu'avec un peu de bon sens et beaucoup de liberté on aurait préservées de ces effroyables catastrophes.

« Nous n'avons pas d'expression qui puisse peindre notre admiration pour notre héroïque armée, sacrifiée par l'impéritie du commandement suprême, et cependant plus grande par ses défaites que par les plus brillantes victoires.

« Car, malgré la connaissance des fautes qui la compromettaient, elle s'est immolée, sublime, devant une mort certaine, et rachetant l'honneur de la France des souillures de son gouvernement.

« Honneur à elle ! La Nation lui ouvre ses bras ! Le pouvoir impérial a voulu les diviser, les malheurs et le devoir les confondent dans une solennelle étreinte. Scellée par le patriotisme et la liberté, cette alliance nous fait invincibles.

« Prêts à tout, nous envisageons avec calme la situation qui nous est faite.

« Cette situation, je la précise en quelques mots : je la soumets au jugement de mon pays et de l'Europe.

« Nous avons hautement condamné la guerre, et protestant de notre respect pour le droit des peuples, nous avons demandé qu'on laissât l'Allemagne maîtresse de ses destinées.

« Nous voulions que la liberté fût à la fois notre lien commun et notre commun bouclier : nous étions convaincus que ces forces morales assuraient à jamais le maintien de la paix. Mais, comme sanction, nous réclamions une arme pour chaque citoyen, une organisation civique, des chefs élus; alors nous demeurions inexpugnables sur notre sol.

« Le gouvernement impérial, qui avait depuis longtemps séparé ses intérêts de ceux du pays, a repoussé cette politique. Nous la reprenons, avec l'espoir qu'instruite par l'expérience la France aura la sagesse de la pratiquer.

« De son côté, le roi de Prusse a déclaré qu'il faisait la guerre, non à la France, mais à la dynastie impériale.

« La dynastie est à terre. La France libre se lève.

« Le roi de Prusse veut-il continuer une lutte impie qui lui sera au moins aussi fatale qu'à nous ?

« Veut-il donner au monde du XIXe siècle ce cruel spectacle de deux nations qui s'entre-détruisent, et qui, oublieuses de l'humanité, de la raison, de la science, accumulent les ruines et les cadavres ?

« Libre à lui; qu'il assume cette responsabilité devant le monde et devant l'histoire !

« Si c'est un défi, nous l'acceptons.

« Nous ne céderons ni un pouce de notre territoire ni une pierre de nos forteresses.

« Une paix honteuse serait une guerre d'extermination à courte échéance.

« Nous ne traiterons que pour une paix durable.

« Ici, notre intérêt est celui de l'Europe entière, et nous avons lieu d'espérer que, dégagée de toute préoccupation dynastique, la question se posera ainsi dans les chancelleries.

« Mais fussions-nous seuls, nous ne faiblirons pas.

« Nous avons une armée résolue, des forts bien pourvus, une enceinte bien établie, mais surtout les poitrines de trois cent mille combattants décidés à tenir jusqu'au dernier.

« Quand ils vont pieusement déposer des couronnes aux pieds de la statue de Strasbourg, ils n'obéissent pas seulement à un sentiment d'admiration enthousiaste, ils prennent leur héroïque mot d'ordre, ils jurent d'être dignes de leurs frères d'Alsace et de mourir comme eux.

« Après les forts, les remparts ; après les remparts, les barricades. Paris peut tenir trois mois et vaincre ; s'il succombait, la France, debout à son appel, le vengerait ; elle continuerait la lutte et l'agresseur y périrait.

« Voilà, monsieur, ce que l'Europe doit savoir. Nous n'avons pas accepté le pouvoir dans un autre but. Nous ne le conserverions pas une minute si nous ne trouvions pas la population de Paris et la France entière décidées à partager nos résolutions.

« Je les résume d'un mot devant Dieu qui nous entend, devant la postérité qui nous jugera : nous ne voulons que la paix. Mais si l'on continue contre nous une guerre funeste que nous avons condamnée, nous ferons notre devoir jusqu'au bout, et j'ai la ferme confiance que notre cause, qui est celle du droit et de la justice, finira par triompher.

4.

« C'est en ce sens que je vous invite à expliquer la situation à M. le ministre de la cour près de laquelle vous êtes accrédité, et entre les mains duquel vous laisserez copie de ce document.

« Agréez, monsieur, l'expression de ma haute considération.

Le 6 septembre 1870.

Le Ministre des affaires étrangères,

Jules Favre.

Premiers décrets du Gouvernement de la défense nationale.

Tous les décrets rendus par le gouvernement ne sauraient trouver place dans cet ouvrage ; nous citerons toutefois les plus importants, ceux dans lesquels se révèle surtout le caractère de la situation.

Formation d'un ministère :

Président du conseil.....	Général Trochu.
Affaires étrangères	J. Favre.
Intérieur	Gambetta.
Guerre...............	Général Le Flô.
Marine	Vice-Amiral Fourichon.
Justice...............	Crémieux.
Instruction publique	J. Simon.
Finances	Ernest Picard.
Commerce.............	Magnin.
Travaux publics........	Dorian.

Amnistie pleine et entière est accordée à tous les condamnés pour crimes et délits politiques et pour délits de presse, depuis le 3 décembre 1852 jusqu'au 3 septembre 1870.

Tous les condamnés encore détenus, soit que les jugements aient été rendus par les tribunaux correctionnels, soit par les cours d'assises, soit par les conseils de guerre, seront mis immédiatement en liberté.

Le Corps législatif est dissous.
Le Sénat est aboli.

Les gardes nationaux de Paris, c'est-à-dire tous les électeurs inscrits sur les listes électorales, sont convoqués pour le 6 septembre, à l'effet de procéder à la nomination des sous-officiers et officiers, dans les mairies de leurs arrondissements respectifs.

La fabrication, le commerce et la vente des armes sont absolument libres.

Nomination à Paris de vingt maires provisoires, afin de pourvoir aux nécessités urgentes du service de la cité.

Abolition du serment politique.

Abolition du timbre sur les journaux ou autres publications.

Interdiction, dans Paris, du colportage en quête d'acheteurs de viandes de boucherie.

Nominations d'administrateurs provisoires et de préfets dans les départements.

Suppression du corps des cent-gardes.

Le ministère de la maison de l'Empereur est supprimé.
Les biens, meubles et immeubles, dits biens de la liste civile, feront retour au domaine de l'État.
Les biens du domaine privé seront administrés sous séquestre, sans préjudice des droits de l'État et des droits des tiers.

Le contre-amiral de Dompierre d'Hornoy est nommé ministre de la marine et des colonies, par intérim, jusqu'à l'arrivée de l'amiral Fourichon, ministre titulaire.

Pendant la durée de la guerre, les tribunaux peuvent, selon les circonstances, accorder délai, suspendre toute exécution ou poursuite.

Le corps des sergents de ville est licencié. Il est remplacé par les *gardiens de la paix publique*.

Art. 1er. Toutes prescriptions et péremptions en matière civile, tous les délais impartis pour attaquer ou signifier les décisions des tribunaux judiciaires ou administratifs, sont suspendus pendant la durée de la guerre :

1° Au profit de ceux qui résident dans un département investi ou occupé par l'ennemi, alors même que l'occupation ne s'étendrait pas à tout le département ;

2° Au profit de ceux dont l'action doit être exercée dans ce même département contre les personnes qui y résident.

Art. 2. A dater de la cessation de l'occupation, un nouveau délai égal au délai ordinaire courra au profit des personnes qui se trouveront dans le cas de l'article précédent.

Il est institué, pour centraliser toutes les offres d'armes et munitions de guerre faites au gouvernement une commission spéciale de l'armement par le concours de l'industrie privée.

La prorogation de délais accordée par la loi du 13 août dernier, relative aux effets de commerce, est augmentée de trente jours à compter du 14 septembre.

Les ambassadeurs français près les cours d'Angleterre, de Russie, d'Autriche et d'Espagne sont révoqués.

Les professions d'imprimeur et de libraire sont libres.

La garde de Paris portera le titre de *garde républicaine*.

La taxe de la viande de boucherie est rétablie dans Paris.

M. Crémieux est délégué à Tours pour représenter le gouvernement et en exercer les pouvoirs.

Chaque département ministériel sera représenté près de lui par un délégué spécial chargé du service de ce département.

Les militaires de tout grade, les fonctionnaires de tout rang, révoqués par suite des événements de décembre 1851, sont réintégrés dans leurs droits et titres.

Une indemnité de 1 fr. 50 c. par jour est accordée aux gardes nationaux qui en feront la demande et qui sont dans le besoin.

Un comité de révision, par arrondissement, procédera à la révision de toutes les dépenses accordées aux gardes nationaux mobiles, à titre de soutiens de famille.

Les membres du Conseil d'État sont suspendus de leurs fonctions. Une commission provisoire expédiera les affaires administratives ou contentieuses urgentes.

Il est ouvert au ministère de l'instruction publique un crédit de 50,000 francs pour travaux de préservation à exécuter dans les musées et bibliothèques.

Les bataillons de la garde mobile, actuellement armés et réunis à Paris, sont appelés à élire leurs officiers.

Les commissaires de police cantonaux sont et demeurent supprimés.

M. Glais-Bizoin, membre du gouvernement, et l'amiral Fourichon, ministre de la marine, se rendront à Tours, et y formeront, avec le garde des sceaux, la délégation du Gouvernement de la défense nationale.

Le ministre de l'intérieur est autorisé à payer des subventions, à titre de solde, aux corps de volontaires armés ou équipés pour la défense nationale.

La taxe du pain est rétablie à Paris.

La République Française reconnue par les États-Unis.

Le ministre des affaires étrangères a reçu, le 8 septembre, de la légation des États-Unis, la note suivante :

« Monsieur, j'ai reçu la nuit dernière, à onze heures, la communication que vous m'avez fait l'honneur de m'adresser à la date du 5 courant, et par laquelle vous me faisiez savoir que, en vertu d'une résolution adoptée par les membres du Gouvernement de la défense nationale, le département des affaires étrangères vous avait été confié.

« J'ai à mon tour la satisfaction de vous annoncer que j'ai reçu de mon Gouvernement un télégramme par lequel l me donne mission de reconnaître le Gouvernement de la défense nationale comme le Gouvernement de la France.

« En conséquence, je suis prêt à entrer en relations avec ce gouvernement, et, si vous le voulez bien, à traiter avec lui toutes les affaires ressortissant aux fonctions dont je suis revêtu.

« En faisant cette communication à Votre Excellence, je la prie d'agréer pour elle-même et pour les membres du Gouvernement de la défense nationale les félicitations du gouvernement et du peuple des États-Unis : ils auront appris avec enthousiasme la proclamation de cette République qui s'est instituée en France sans qu'une goutte de sang ait été versée, et ils s'associeront par le cœur et sympathiquement à ce grand mouvement qu'ils espèrent et croient devoir être fécond en résultats heureux pour le peuple français et pour l'humanité tout entière.

« Jouissant depuis près d'un siècle des innombrables bienfaits du gouvernement républicain, le peuple des États-Unis ne peut assister qu'avec le plus profond intérêt aux efforts de ce peuple français auquel le rattachent les liens d'une amitié traditionnelle, et qui cherche à fonder les institutions par lesquelles on assurera à la génération présente, comme à sa postérité, le droit inaliénable de vivre en travaillant au bonheur de tous.

« En terminant, je tiens à dire à Votre Excellence que je me félicite d'avoir pour intermédiaire entre le Gouvernement de la défense nationale et moi l'homme si distingué dont on apprécie tant, dans mon propre pays, le caractère élevé, et qui a consacré avec dévouement toutes les forces de son intelligence à la cause de la liberté humaine et des gouvernements libres.

« Agréez, etc.

« WASHBURN. »

La République française a été également reconnue par la Suisse, l'Italie, le Portugal et l'Espagne.

Au combat (7 septembre).

Debout! debout! toute la vieille Gaule,
   Du Nord, du Sud ou du Couchant,
  Paysan à la large épaule,
Riche bourgeois, gentilhomme élégant.
Trêve et silence aux discordes publiques !
   Et tous armés d'un cœur d'airain,
  Jacobins ou vieux catholiques,
Marchons au pas en nous donnant la main.

Les cris, les chants bruyants ont à peu près cessé. Paris comprend qu'il a quelque chose de mieux à faire que de se livrer à des accès de gaieté; il sent qu'il doit se recueillir et se préparer à la lutte. 12 ou 15,000 soldats, dont la plupart arrivent de Sedan et des environs, campent au Champ-de-Mars et dans l'avenue de la Grande-Armée. Sur le visage noirci de ces braves brille un éclair de colère qui produit le meilleur effet sur la population. Tout ce qui est en âge de porter un fusil est résolu à se battre.

Aujourd'hui le combat, demain le travail et le repos. Partout des hommes de cœur, prêts à verser leur sueur et leur sang. Le sol avant la gerbe. La patrie avant la vie. La France avant tout. Notre mot de ralliement est : Délivrance! Notre journée, c'est le combat. Notre tâche, le salut. Tête, cœur et bras, tout pour la France. L'ennemi est aux portes. Citoyens, aux remparts! Tant que l'ennemi aura le pied sur le sol, sacrifions tout pour défendre le berceau de l'enfant, le tombeau du mort, le foyer du vivant, l'héritage sacré de nos pères, notre France, son droit, son nom, sa langue, sa race, sa vie, sa gloire, son prestige, son passé, son avenir. Debout ! en armes, tout le monde ! Tant qu'il nous restera un souffle dans la poitrine, un cœur pour battre au saint nom de Patrie, un regard pour voir l'ennemi, une main pour le frapper, debout sur le pont ! Le vaisseau de Paris est le vaisseau *le Vengeur !*

La retraite du général Vinoy.

Le général Vinoy est arrivé intact, à Paris, le 7 septembre, à quatre heures du soir, avec treize trains d'artillerie, onze trains de cavalerie, quatorze trains d'infanterie. Le matériel de tout le chemin de fer du Nord, renforcé des matériels des autres compagnies, retourne immédiatement vers le Nord, prendre le reste des troupes du général Vinoy.

Faute d'ordres et d'indications précises, cette division n'a pu arriver sur le champ de bataille, et peu s'en est fallu qu'elle ne fût elle-même taillée en pièces par les forces écrasantes qui se sont mises à vouloir la cerner.

Le général Vinoy accomplit, en cette occasion, un véritable coup de maître. Il feignit d'avoir été surpris et laissa l'ennemi prendre ses positions dans une partie de la forêt de Rethel. Quand il jugea que l'ennemi était bien massé sur un point pour cette nuit-là, il fit lever le camp et engagea résolûment ses troupes dans l'autre partie de la forêt, vierge encore de Prussiens. Si bien que, lorsque le matin ces derniers s'éveillant s'apprêtèrent à attaquer, ils trouvèrent la place vide. Donner la chasse à travers la forêt, ils n'y pensèrent même pas. La division, bien guidée, sortit des forêts près de Marle. Déjà elle se croyait en sécurité, quand le cri « les uhlans ! » se fit entendre. On regarda, et au sommet d'une petite colline on aperçut deux escadrons de uhlans.

Sans faire arrêter la marche des colonnes, le général Vinoy fit placer deux mitrailleuses derrière une compagnie d'infanterie.

Les artilleurs pointèrent de bas en haut et les deux escadrons roulèrent, hommes et chevaux, jusqu'au bas de la colline.

La garde mobile de province à Paris.

A partir du 7 septembre, notre jeune milice arrive de tous les points de la France. Avant le 14 septembre, Paris renfermera 100,000 mobiles accourus à sa défense.

Nous avons vu défiler et nous avons acclamé plusieurs bataillons de ces braves et nobles jeunes gens qu'on prendrait déjà pour de vrais troupiers.

Voici les enfants de l'Aisne et de l'Ile-de-France. A côté d'eux, marchent les Normands athlétiques, les Picards petits et trapus, les nonchalants Berrichons. La belle et vaillante jeunesse d'Auvergne et les vifs garçons du Midi fraternisent avec les gais Bourguignons. Comme chacun porte fièrement sa vie ! Honneur à vous ! chers et bien-aimés jeunes gens ! Et que Dieu vous rende bientôt à tous ceux qui vous aiment et qui vous attendent, assis, soucieux, là-bas, sous les grands arbres du hameau.

VOICI LES BRETONS.

Ils n'ont plus leur casque et leur fier cimier,
Mais ils ont leur front dur comme l'acier.

En avant, Bretons ! en avant toujours !
Notre chant guerrier vaut mille tambours !

Des pleurs ont coulé sur nos ceinturons,
Dans le sang prussien nous les laverons.

Femmes, mères, sœurs, soyez à genoux,
Quand nous combattrons pour vous et pour nous.

L'amour du pays est un bel amour,
Et nous reverrons nos clochers à jour.

Ces chers enfants de la province ont été accueillis à Paris comme des frères. Les habitants leur ont ouvert leurs demeures. Ils seront bientôt casernés dans des baraquements construits à cet effet. Pendant son séjour parmi nous, la mobile des départements va se préparer à soutenir dignement la lutte. Paris va être transformé en un vaste Champ-de-Mars.

Les bataillons de la mobile parisienne ont été appelés à un poste d'honneur : celui de la défense des forts de Paris.

L'incendie des bois autour de Paris.

Bois augustes, salut !

On va brûler les bois qui environnent Paris. Déjà, du haut des buttes Montmartre, on voit flamber une partie des forêts de Montmorency et de Bondy. Demain, ce sera probablement le tour des riants ombrages de Meudon et de Clamart Les bois de Boulogne et de Vincennes viendront ensuite. Nos charmantes charmilles ne doivent pas servir d'abris aux Prussiens. O mes grands arbres, vous repousserez ! Vous ombragerez encore des générations pour lesquelles la guerre sera peut-être un fléau inconnu !

Voici l'arrêté cruel, mais nécessaire, qui oblige à ce sacrifice ;

« Le président du Gouvernement de la défense nationale, gouverneur de Paris, commandant de l'état de siége,

« Considérant que les forêts, bois et portions de bois qui environnent Paris sur toute l'étendue de son périmètre offrent à l'ennemi des couverts dont il se servira infailliblement, pour masquer les mouvements de ses armées, pour arriver à l'abri jusqu'à portée des fortifications, pour préparer des ateliers de fascinage et de gabionnage, en vue du siége de la capitale ;

« Convaincu que la nation ne reculera devant aucun

effort pour faire son devoir, et que Paris voudra donner au pays tout entier l'exemple des grands sacrifices;

« Arrête,

« Seront incendiés, à l'approche de l'ennemi, les forêts, bois et portions de bois qui peuvent compromettre la défense. Les ministres des finances et des travaux publics se concerteront pour que les travaux préparatoires soient immédiatement exécutés sous la direction du service des forêts, des ingénieurs des ponts et chaussées, des ingénieurs civils de la capitale, par des escouades d'ouvriers.

« Toutes les dispositions seront prises pour que les villes, villages, hameaux et habitations soient isolés et mis à l'abri des ravages de l'incendie, et pour que les matières inflammables soient recueillies, transportées et employées sur les lieux avec les précautions nécessaires.

« Par les soins du même personnel d'ingénieurs, le fond des fossés des fortifications sera garni de fagots et de branchages qui recevront des matières incendiaires, et seront livrés aux flammes quand il y aura lieu.

« Habitants de Paris,

« Votre patience, votre résolution apporteront à l'ennemi des obstacles dont il ne soupçonne pas la puissance. Donnez-lui la formidable surprise d'une immense capitale qu'il croit énervée par les jouissances de la paix, et qui, devant les malheurs de la patrie, se redresse tout entière pour le combat.

« Paris, 10 septembre 1870.

« Général TROCHU. »

Revue de la garde nationale sédentaire et mobile
(14 septembre).

Dès l'aube, Paris se met en mouvement. Dans tous les quartiers le tambour bat, le clairon sonne. Les nombreux bataillons de la garde nationale défilent en ordre, avec l'entrain des vieux soldats. Le gouverneur de Paris, un honnête homme, la loyauté personnifiée, va passer la revue des défenseurs de la capitale. Il sort du Louvre, escorté de son état-major et se rend au Champ-de-Mars. Les divers bataillons sont rassemblés sur divers points, et non tous ensemble. Le défilé est supprimé, c'est le général qui passe devant les troupes et se dérange pour ses soldats. Aux Champs-Élysées, sur nos places et sur les boulevards, partout le brave Trochu a été acclamé. L'enthousiasme et la confiance brillent sur tous les fronts, percent par tous les yeux. De toutes parts les chants patriotiques se font entendre et ne sont interrompus que par les cris de : *Vive la mobile! Vive la garde nationale!*

Vers les deux heures, les bataillons rentrent dans leurs quartiers. Les fusils sont ornés de fleurs ou de drapeaux tricolores. Nos mobiles de province, nos chers et bien-aimés compatriotes, se font admirer par leur belle tenue et leur démarche aguerrie. La Bretagne murmure la romance des *Bruyères*; l'Auvergne entonne le chant de ses montagnes; un bataillon de Normandie, celui du *Vengeur*. Sur la place du Château-d'Eau, l'arrivée du général Trochu est saluée par les cris de : *A bas la Prusse! Vive Trochu!* — *A bas la Prusse! Vive la France!* répond le digne gouverneur. A ces mots, mille vivats ont retenti; une marchande de fleurs s'est approchée et a donné une rose au général Trochu, qui a serré la main de cette aimable patriote. La revue d'aujourd'hui restera dans les souvenirs de Paris. 260,000 hommes, formés des bataillons de la garde mobile et de la garde nationale, se sont trouvés réunis dans un même sentiment de patriotisme. Que Dieu sauve la France! Notre devise est: *Dieu et Patrie!*

L'ordre suivant a été publié à l'issue de la revue :

AUX GARDES NATIONAUX ET AUX GARDES MOBILES DE LA SEINE, AUX GARDES MOBILES DES DÉPARTEMENTS.

« Jamais aucun général d'armée n'a eu sous les yeux le grand spectacle que vous venez de me donner: trois cents bataillons de citoyens, organisés, armés, encadrés par la population tout entière, acclamant dans un concert immense la défense de Paris et la liberté.

« Que les nations étrangères qui ont douté de vous;

que les armées qui marchent sur vous ne l'ont-elles entendu ! Elles auraient eu le sentiment que le malheur a plus fait en quelques semaines pour élever l'âme de la nation, que de longues années de jouissances pour l'abaisser. L'esprit de dévouement et de sacrifice vous a pénétrés, et déjà vous lui devez le bienfait de l'union des cœurs qui va vous sauver.

Avec notre formidable effectif, le service journalier de garde dans Paris ne sera pas de moins de 70,000 hommes en permanence. Si l'ennemi, par une attaque de vive force, ou par surprise, ou par la brèche ouverte, perçait l'enceinte, il rencontrerait les barricades, dont la construction se prépare, et ses têtes de colonne seraient renversées par l'attaque successive de dix réserves échelonnées.

« Ayez donc confiance entière, et sachez que l'enceinte de Paris, défendue par l'effort persévérant de l'esprit public et par trois cent mille fusils, est inabordable.

GARDES NATIONAUX DE LA SEINE ET GARDES MOBILES,

« Au nom du Gouvernement de la défense nationale, dont je ne suis devant vous que le représentant, je vous remercie de votre patriotique sollicitude pour les chers intérêts dont vous avez la garde.

« A présent, à l'œuvre dans les neuf sections de la défense ! De l'ordre partout, du calme partout, du dévouement partout ! Et rappelez-vous que vous demeurez chargés, je vous l'ai dit, de la police de Paris pendant ces jours de crise.

« Préparez-vous à souffrir avec constance. A cette condition vous vaincrez.

« A Paris, le 14 septembre 1870.

« *Le Président du Gouvernement de la défense nationale, gouverneur de Paris,*

« Général Trochu. »

CHAPITRE III.

La mission de M. Thiers.

Le Gouvernement de la défense nationale vient de décider que M. Thiers serait chargé d'une mission auprès des cours de Londres, de Vienne et de Saint-Pétersbourg.

M. Thiers n'a pas hésité ; il est parti le 12 septembre. Le choix fait de M. Thiers a une haute importance : il est la preuve que le gouvernement ne négligera rien de ce qui peut préparer la capitale à résister à l'invasion étrangère.

L'attitude de M. Thiers lors des débats parlementaires qui ont précédé la déclaration de guerre, son opposition clairvoyante à une lutte pour laquelle nous n'étions pas prêts, mais aussi son opinion très-arrêtée sur la nécessité d'un équilibre européen, tout cela a contribué à faire de cet éminent et patriotique citoyen l'homme de la situation, et nul certes ne pourrait avec plus d'autorité se faire écouter des gouvernements près desquels il est accrédité. Si l'on connaît sa perspicacité et sa sagesse, on n'ignore pas davantage son patriotisme ; et l'Europe, en prêtant l'oreille à son langage, entendra celui de l'honneur de la France, comme aussi de ses intérêts les plus certains.

Avant son départ, M. Thiers a eu une longue conférence avec M. J. Favre, au ministère des affaires étrangères. Les gouvernements auprès desquels se rend M. Thiers ont été prévenus de sa visite et paraissent disposés à l'accueillir de la manière la plus honorable.

Organisation de la défense.

Væ victis !

L'armée prussienne marche sur Paris. Malheur à nous si nous sommes vaincus! Si nous sommes asservis, tous les peuples seront bientôt avec nous dans les fers. Notre tâche est de sauver le droit nouveau en nous sauvant.

Citoyens et soldats, chacun est prêt à faire son devoir. L'exercice de la garde nationale est obligatoire. Le général Tamisier, dont le dévouement au pays est connu de tous, vient d'être nommé au commandement supérieur de la garde nationale de la Seine; il aidera à l'union si nécessaire contre l'invasion de l'étranger. L'enceinte est mise à l'abri d'un coup de main; les marins et les mobiles de la Seine gardent les forts. Les canonnières qui doivent naviguer sur la Seine et la Marne et puissamment contribuer à la résistance sont arrivées à Paris. L'armement de ces embarcations se composera d'une grosse pièce de 24 établie à l'arrière, de deux mitrailleuses placées à l'avant et de 50 meurtrières à fusils, ouvertes à bâbord et à tribord.

Les travaux du camp retranché de Gennevilliers sont achevés. Derrière la butte Montmartre, un magnifique ballon, de construction très-solide, servira d'observatoire volant durant le siége. Cet aérostat renouvellera les services du ballon qu'employèrent, en 1792, à la bataille de Fleurus, les généraux de la République. Les compagnies de chemins de fer organisent des bataillons composés d'employés et d'ouvriers qui ne tombent pas sous le coup de la loi. La *Guérilla de l'Ile-de-France*, sous la direction d'anciens officiers, est déjà équipée. Les mobiles ont reçu des fusils chassepot. Le jardin des Tuileries est transformé en parc d'artillerie. Les anciens militaires reprennent du service dans l'armée. Les ports de Lorient et de Brest viennent de diriger sur Paris des compagnies de matelots canonniers. Les habitants de la banlieue quittent leurs champs et leurs foyers, sans regarder derrière eux; ils viennent prendre leur place aux remparts, gravement et sans chagrin. Les grands sacrifices se font dignement, et c'est à ce signe qu'on reconnaît les hommes.

A Luzarches, près Paris, sont arrivés 2,000 hommes de tous corps, de tous grades, échappés par hasard à la débandade de Mac-Mahon.

Poursuivis par l'armée ennemie à cinq lieues de distance, ils ont pu cependant arriver à bon port aux extrémités des départements non encore envahis.

Malgré des difficultés sans nombre, à travers des chemins atroces, supportant la pluie et marchant nuit et jour, ces braves soldats ont ramené avec eux 96 pièces de canon.

Pendant la route, ils ont dû en abandonner près du

double, soit en les noyant, soit en les enterrant, par suite des pertes qu'ils éprouvaient dans les chevaux qui les traînaient.

Les cartouches ont été mises à l'abri de toute surprise par l'armement des agents du service des mines chargés de la surveillance ; les anciennes communications, existant entre les catacombes et divers puits de la ville, sont actuellement murées.

C'est un fait accompli, Paris a revêtu son armure de guerre, Paris est prêt au combat.

Les caricatures.

Une ignoble industrie, celle des caricatures, souille, — en dépit de l'autorité qui n'a pas fait son devoir, — nos rues, nos passages, nos boulevards. Sedan et l'Hôtel de Ville nous donnent la physionomie d'un peuple qui a trop hanté la caricature, ses similaires et leurs communs produits. Grâce à une tolérance condamnable, le caricaturiste salit toute chose et toute personne : le vêtement sacré, la toge et l'épée, le nom, le visage du prêtre, du magistrat, du soldat et du citoyen. La pudeur et la conscience publiques souffrent de ce vomissement de caricatures, de ces ignobles affiches, effrontément attachées à la porte des cabinets de lecture et aux coins des rues. C'est obscène, c'est stupide. Le clou qui sert aujourd'hui de burin pourra servir demain de stylet. L'honnête homme dont on insulte ainsi le regard en a le cœur plus flétri que des succès du Prussien.

Un écrivain d'un talent incontestable et vigoureux, M. Louis Veuillot, s'élève en ces termes, sous forme de lettre adressée à M. J. Favre, contre l'ignoble industrie des dessins infâmes qui soulèvent la conscience publique :

« Le Prussien n'a pas pris la ville, et s'il la prend, un intarissable flot de sang généreux le forcera de la rendre ; mais ces natifs et ces naturalisés de l'égout, ils l'ont prise, et quand leur sera-t-elle arrachée ? Ils y possèdent leurs retraites inviolables, où l'esprit révolutionnaire les couve et les multiplie. Ils en sortent à l'heure opportune ; vous savez qui leur ouvre la porte ! Ils surgissent, ils sont les maîtres. Un jour l'ennemi du dehors reviendra par ce chemin immonde sans cesse élargi — Paris nous sera ouvert par votre populace, — nous disait M. de Bismark.

« Vous avez répondu qu'il n'existait pas de populace à Paris. Le diriez-vous encore ? Et comment donc appelez-vous ceci ? Ceux qui font ces choses, ceux qui les vendent, ceux qui les achètent et s'en amusent, et jusqu'à un certain point ceux qui les tolèrent, est-ce un peuple, est-ce le peuple français ? Ce peuple alors serait pire qu'une populace ! Mieux vaut encore être la populace crue et sauvage que cette lâche multitude de prétendus gens de bien docile à toutes les violences du mal.

« Et si vous n'avez pas oublié tout ce qu'a dû savoir un membre des conférences de Saint-Vincent de Paul, vous avez compris mieux que le ministre prussien lui-même combien il disait vrai en un sens. Le crime social qui a créé cette populace impie et qui vous a mis sous le joug peut ne pas suffire encore pour qu'il soit permis au Prussien de briser nos portes ; mais ce sont les conséquences de ce crime qui l'ont attiré, qui lui ont frayé le chemin, qui nous ont divisés, qui nous châtient.

« Vous faites écrire sur les murs : *République démocratique, indivisible ; liberté, égalité, fraternité,* et sous ces mots, vous laissez afficher ces œuvres de division, de licence, d'oppression et de haine ! Je vois les traits de nos concitoyens affichés au pilori, dessinés sous le couperet de la guillotine « en attendant que ce soit pour de bon ; » je vois l'image d'une femme qui a régné vingt ans, et dont la réputation d'honneur n'a reçu aucune atteinte. Elle est souillée des injures auxquelles toute femme préférerait la mort.

« Et il nous faut voir cela accroché sous les portiques du palais où vous lui portiez vos hommages, où habite aujourd'hui le chef de votre gouvernement ! N'avez-vous pas honte de vous laisser ainsi dégrader vous-mêmes ? Car l'infâme affront fait à cette femme et à la pudeur retombe plus encore sur vous. Vous vous rendez complice de cette sauvagerie lâche, corrompue et corruptrice. Ce fut par ce procédé surtout qu'on assassina Marie-Antoinette, après son honneur. Grâce aux diffamations de la caricature, le Paris de vos pères de 93 encourut cet irréparable opprobre. A travers les hurlées de la canaille, en plein jour, une femme auguste et innocente fut traînée lentement au bourreau, et il ne se trouva pas un Français qui essayât au moins de se faire écraser sous les roues de la charrette ! Voulez-vous recommencer un tel peuple et de tels jours ? Vous n'avez pas beaucoup à faire : leur caricature a déjà cet accent de cannibales altérés.

« Ils y joignirent pendant trop longtemps des pamphlets du même goût. Ils n'ont pas que leurs crayons ; ils ont de pareilles plumes, chargées de je ne sais qu'elle putride matière, à répandre toutes les pestes à la fois. Comme il ne faut pas permettre que leur industrie soit gênée, ils levaient des troupes d'aboyeurs de tout genre et de tout sexe : des enfants, des filles, d'effroyables vieilles, des ruffians à face jaune dont vous ne feriez pas des électeurs, bande pouilleuse et lépreuse du diable autorisée à se payer par ses mains. La horde inondait les promenades, criant et récitant ces obscénités qu'elle semblait seule capable d'écrire. En vain le passant détournait la tête et fermait les yeux. L'insolent aboyeur se donnait au moins le plaisir de l'insulter en lui décrivant sa marchandise : « *La femme Bonaparte, ses amants, ses orgies!* » Ce n'est que le titre, et le truand insistait davantage si vous conduisiez un enfant ou une femme. Il savourait alors sa puissance, il faisait déborder sa purulente majesté. Quel membre du Gouvernement de la défense nationale n'a dû avaler cet outrage, et quel profit en a-t-il espéré pour la « défense nationale? » Je me suis senti exproprié de la patrie, livré, vaincu, avili ; j'ai senti sur mon visage le soufflet qui tue plus sûrement que l'épée. Et je me suis dit qu'heureux ou malheureux, vous ne feriez rien d'illustre, vous autres qui souffrez ces choses contre la justice, l'honnêteté et l'honneur. Dites ce que vous voudrez, on ne supporte point cela ; il y a des lois qui le défendent ; on en appelle au peuple.

« J'ajoute que vous avez su personnellement vous mettre à couvert. Par un ordre formel ou par connivence tacite avec ces artisans hideux, les membres du Gouvernement échappent aux caricatures insultantes et diffamantes. M. Gambetta n'est montré que de profil, courant à la victoire; et vous, monsieur Favre, vous êtes représenté comme quelque chose au fond d'assez sublime, une sorte de justicier en robe rouge écrasant le monstre Bismark, hélas! Ou l'on a un faible pour vous dans ce monde-là, ou l'on y est doué de tant de vaillance naturelle que l'on craint de vous fâcher. Enfin, vous êtes ménagé et vous abandonnez le reste. Vous livrez les absents, les dépopularisés, les vaincus; vous laissez assassiner l'honneur des femmes.

« Au nombre de ces victimes attachées au poteau des tortures, il y a la religion, il y a le pape. Vous laissez insulter Pie IX! par ces sauvages! Jusqu'à présent, le seul gouvernement de Florence avait autorisé pareille ignominie. Vous êtes le second, vous prenez ce rang et cette note. Et maintenant que le Piémontais repus s'apaise, il se peut que la république parisienne se trouve seule dans le monde à insulter le vicaire de Jésus-Christ sur son Calvaire. Le propre rôle du mauvais larron!... Oh! que vous faites honte et pitié!

« Vous avez pu mettre un terme au scandale de la criée des pamphlets, vous avez su vous préserver vous-même, vous sauriez interdire tout outrage envers vos puissants et utiles alliés les souverains étrangers. Pourquoi, ministre des affaires étrangères, permettez-vous qu'on insulte Pie IX? Est-ce parce qu'il n'est plus que souverain pontife? ou ne le trouvez-vous pas encore assez malheureux? ou vous est-il importun comme étant seul entre ces princes à demander à Dieu que la France ne périsse pas?

« Je cherche ce qui peut valoir aux caricaturistes la complicité que vous prenez avec eux contre Pie IX, et à vos concitoyens catholiques ce surcroît d'ignominie et de douleur! Car c'est nous surtout qui sommes insultés. Et qui vous sollicitait de nous insulter de cette façon particulièrement révoltante? Personne n'achète ces ignobles représentations, l'avidité même des marchands refuse en général d'y chercher un gain; j'ai vu des *mobiles* bretons qui pleuraient en les regardant et qui disaient : Pour quelle canaille risquons-nous notre vie?

« En bonne foi, que voulez-vous que nous pensions de vous, nous à qui vous demandez tant et qui vous donnons tout, et que vous abreuvez de telles avanies? Comment! ce n'est pas assez de votre ambassadeur Sénart, de votre généralissime Garibaldi, de votre intime Mazzini, de votre maître d'école Simon et de tout le reste, et il faut encore que nous recevions ces crachats?

« Vous avez tant dit que Napoléon avait lassé la France! Et vous donc? quelle rage de verser les dernières gouttes, de désespérer ceux qui voudraient à tout prix faire quelque chose, fût-ce avec vous! Il y a de vos actions dont on serait tenté de vous plaindre, et qui passeraient pour des traits de démence si l'on y reconnaissait moins le conseil de la peur.

« Réserve faite de vos personnes et de l'honorable soldat que vous devez fort embarrasser et qui a bien le droit de demander qu'on attende avant de le juger, je vous dirai toute ma pensée. Ce n'est pas la plus dure parmi celles qui s'élèvent contre vous.

« Politiquement, vous êtes empêtrés d'un vice d'origine, et particulièrement incapables de reprendre les armes que vous avez données contre vous, armes d'ailleurs que l'orgueil ne reprend jamais. Le mauvais pacte a été signé, vous en subirez les clauses. Vous avez mal commencé, mal continué, vous finirez plus mal. Ce pouvoir subtilement pris dans un corridor, la baïonnette au fourreau, vous sera enlevé dans un carrefour, à poings fermés. Vous servirez une fois de plus à prouver que les peuples ne pardonnent jamais à ceux qui les laissent corrompre et ne savent pas les contraindre à respecter la justice et à garder la pudeur. Même victorieux de l'ennemi du dehors, vous entendrez ce formidable cri qui ne tolère point de réplique, ce cri d'indignation et d'inanition morale qu'ont entendu tour à tour Louis-Philippe, la République et Bonaparte : Allez-vous en ! quoi qu'il arrive, quoi qu'il en coûte, allez-vous en ! »

La statue de Strasbourg sur la place de la Concorde.

Le bombardement de Strasbourg par les Prussiens, l'énergique résistance de la ville et du brave général Uhrich, son commandant, ont enflammé le cœur des Parisiens, qui veulent, eux aussi, résister héroïquement à l'envahisseur.

Le 10 septembre, au pied de la statue de la ville de Strasbourg, un registre a été ouvert sur lequel les citoyens sont invités à venir apposer leur signature. On lit sur la première page :

« LES PARISIENS,

HONNEUR A NOS FRÈRES, DÉFENSEURS DE STRASBOURG, ET A LEUR BRAVE GÉNÉRAL UHRICH. »

Suivent les signatures des membres du Gouvernement de la défense nationale.

Ce registre sera richement relié aux armes de la ville de Strasbourg et envoyé à la municipalité de cette vaillante cité.

Le 11 septembre, plus d'un million de personnes ont défilé devant l'image de pierre de la grande cité, qui disparaît aujourd'hui complétement sous les fleurs, les bouquets et les couronnes.

Le socle est littéralement couvert d'inscriptions à la main en l'honneur des Strasbourgeois.

Le registre sur lequel Paris doit incruster sa reconnaissance en caractères ineffaçables se couvre de signatures du matin au soir.

Victor Hugo est venu y apposer son nom.

Le grand poëte ayant été reconnu, la foule l'a vivement applaudi. En réponse à cette ovation, Victor Hugo, très-ému, a prononcé de fort belles paroles patriotiques qui ont eu un grand retentissement dans tous les cœurs.

Plusieurs bataillons de la garde nationale et des francs-tireurs sont allés inscrire leurs noms sur ce beau livre.

On nous cite même un trait de patriotisme qui peut hardiment se passer de commentaires.

Un monsieur venait de prendre la plume des mains d'un garde national. Il l'essuie tranquillement, retrousse la manche de son habit, et enfonce la plume dans son bras.

Le sang jaillit. Il trempe la pointe d'acier dans la liqueur rouge, trace son nom sur le registre, rend la plume, et disparaît dans la foule, qui se découvre sur son passage.

A la tombée de la nuit, l'illumination de la statue a commencé. Jamais elle ne fut plus brillante.

Vers huit heures, une dame a fendu la foule et a déposé sur le support du registre un groupe en bronze représentant Napoléon Ier à cheval.

Aussitôt des murmures violents éclatent de toutes parts.

Mais la dame, sans s'émouvoir, dit simplement aux personnes qui l'entouraient :

— Veuillez, citoyens, prendre la peine de lire l'inscription suivante qui accompagne ce bronze.

Voici cette inscription, qui changea l'hostilité des masses en une profonde sympathie :

OFFRANDE DE MADAME RAM
HOLLANDAISE
POUR FAIRE FONDRE UN JOUR UN MONUMENT
A L'HÉROÏQUE VILLE DE STRASBOURG.

Une immense acclamation suivit cette lecture, et la dame fut entourée, fêtée et acclamée.

Vers neuf heures, des gardes mobiles de la Bretagne sont venus déposer au pied de la statue deux couronnes immenses et une lanterne vénitienne d'un volume prodigieux.

La foule, qui était énorme sur la place de la Concorde, applaudissait à chaque offrande de ce genre, et nous devons ajouter que ces offrandes se sont renouvelées toute la soirée.

Le troisième fils.

A Saint-Germain, petite commune des environs de Meaux, le capitaine de la garde mobile du canton se présente dans une chaumière pour faire le recensement de ses hommes. La vieille femme qui l'habite pâlit à la vue de l'uniforme... Elle pressent le sacrifice qu'on va lui demander.

— Vous venez pour la mobile? dit-elle.
— Oui, madame.
— Mon mari est mort, et j'ai déjà deux fils à l'armée.
— Je me retire alors.
— Mais il m'en reste encore un.
— Soyez tranquille pour lui : j'ai le droit de le porter sur ma liste comme soutien de famille. Il restera avec vous.
— Eh bien! non! s'écrie l'héroïque femme, qu'il parte aussi. Tout, plutôt que de revoir les Prussiens!

Avec des dévouements comme ceux-là, il y a loin encore de Reischoffen à Paris.

Le patriotisme.

Parmi tous les faits émouvants qu'on raconte, il en est peu, dit le *Journal de Rouen,* qui nous semblent plus admirables de patriotisme, dans son émouvante simplicité, que celui-ci, qui s'est passé dans notre ville et dont on nous garantit l'authenticité.

Deux gardes nationaux faisaient une quête à domicile pour les blessés de notre armée. En passant dans une petite rue du quartier Saint-Nicaise, les gardes aperçurent une pauvre vieille qui, assise sur le seuil de sa porte, grignotait une croûte de pain.

Cette vieille interpelle un de nos quêteurs, et, fouillant dans sa poche :

— Tenez, monsieur, lui dit-elle, voici vingt sous pour nos soldats.

Et elle se remet tranquillement à manger son morceau de pain, sans prêter l'oreille aux remercîments qui lui sont adressés.

A quelque temps de là, leur mission remplie, nos gardes repassent par la même rue et retrouvent au même endroit la vieille qui les aborde cette fois avec un certain embarras :

— Mon bon monsieur, dit-elle au garde qui avait reçu son offrande, est-ce que cela vous contrarierait de me rendre ma pièce de vingt sous ?

— Mais du tout, répond le quêteur, qui tire un franc de son sac et le remet à la vieille. Vous avez eu le cœur plus grand que la bourse, ajoute-t-il, cela ne vous empêche pas d'être une brave femme, et je ne saurais vous en vouloir.

Mais la vieille, en échange de la pièce de vingt sous, lui tendait une pièce de cinq francs. Cette fois notre concitoyen fut ému et hésita à prendre l'écart.

— Ne craignez-vous pas, dit-il avec douceur, que cette somme ne soit lourde pour vous? Je crains, la mère, que vous ne fassiez là plus que vous ne pouvez. Réfléchissez.

— Monsieur, répondit simplement la vieille femme, que deviendrions-nous si on ne faisait que ce qu'on peut?

J'ai un petit neveu à l'armée. S'il a la chance de ne pas être blessé, ça servira pour ses camarades.

Marche des Prussiens sur Paris.

— Sedan a capitulé. L'ennemi s'avance sur Paris en trois corps d'armée. L'un est arrivé à Sissonne, dans le département de l'Aisne ; l'avant-garde de ce corps a sommé Laon qui a fermé ses portes et résiste.

— Au 8 septembre, Saint-Dizier, dans la Haute-Marne, est occupé par l'ennemi au nombre d'environ 2,000 hommes.

— A la même date, les Prussiens ont passé à Vitry, au nombre de 4,000 environ. Leurs éclaireurs ont fait de fortes réquisitions dans les communes voisines. Au nom du roi de Prusse, ils déclarent par affiches et à son de caisse la conscription abolie.

— Au 10 septembre, les Prussiens sont à Château-Thierry et prennent la direction de la Ferté-sous-Jouarre. Ils sont également à Montmirail et à Sézanne ; ils approchent de Crespy et Compiègne.

— Le 11, les uhlans entrent à Coulommiers. Nos gendarmes et nos mobiles se replient sur la capitale. Les ponts et les routes ont été coupés.

— A la même date, les Prussiens sont autour de Meaux, en force à Crécy. La place de Toul a été bombardée avec une extrême vigueur ; les tentatives d'assaut ont été repoussées. La citadelle de Laon a sauté, après que la capitulation avait eu lieu ; 300 de nos gardes mobiles ont été tués ainsi qu'une soixantaine de Prussiens. Un parlementaire prussien s'est présenté sous les murs de Soissons. Le commandant de place a refusé de se rendre.

— Le 12 septembre, les Prussiens entrent à Nogent-sur-Seine ; ils arrivent également à Provins et se dirigent vers Nangis, Courtevrouse ou Vieux-Champagne. Soissons va être assiégé.

— Au 30 septembre, un corps de 30 à 40,000 hommes est signalé à Crespy-en-Valois (62 kil. de Paris). De fortes avant-gardes sont à Nanteuil (49 kil.), ainsi qu'à Villers, Saint-Genest et Le Plessis.

— Le 14, les uhlans sont entrés à Nangis. Les troupes ennemies campent aux environs de la Croix-aux-Bois, Gastins et Clos-Fontaine.

— Les Prussiens sont à Senlis. Des uhlans sont entre Créteil et Neuilly-sur-Marne ainsi qu'à Joinville.

— Le 15 septembre, l'ennemi occupe Villers-Cotterêts,

Nanteuil, Villeneuve, Dammartin et le Plessis-aux-Bois. Le bombardement de Toul continue. Montereau est menacé par les Prussiens.

— Le 16, les communications télégraphiques ont été rompues entre Ablon-sur-Seine et Juvisy. De ce côté l'ennemi a traversé la Seine à gué. Il paraît vouloir établir une batterie près de Juvisy. On se bat à Athis.

— Le 17, l'ennemi commence un pont près Villeneuve-Saint-Georges. L'armée prussienne s'avance sur une large ligne d'une quinzaine de lieues sur la rive droite de la Seine, depuis Villeneuve-Saint-Georges jusqu'à Herblay et Pontoise, à l'extrême gauche ; c'est le corps d'armée du général de Vogel de Falkenstein. Au centre, plusieurs brigades occupent Chelles, Montfermeil, Livry, Gonesse. A droite, les avant-gardes vont jusqu'à Pontoise par les hauteurs de Montmorency, de Cormeilles et les coteaux d'Herblay. La forêt de Saint-Germain est intacte encore ; la Seine, à cause de sa largeur à Poissy, offre en cet endroit un véritable obstacle à l'invasion. Nos communications avec l'extérieur sont détruites; des reconnaissances peuvent seules nous éclairer sur les forces amenées aux environs.

Jules Favre à Ferrières.

Avant que le siége de Paris commençât, le ministre des affaires étrangères a voulu connaître les intentions de la Prusse, jusque-là silencieuse. Il s'est rendu au quartier général des armées ennemies, pour arrêter, s'il était possible, la lutte barbare qui décime deux peuples. Les ouvertures de notre ministre des affaires étrangères ont été repoussées. L'ennemi nous place entre le devoir et le déshonneur. Notre choix est fait. Le rapport de M. Jules Favre nous donne les détails d'une entrevue que chacun doit connaître. Que l'Europe soit juge !

A Messieurs les membres du Gouvernement de la défense nationale.

Mes chers collègues,

L'union étroite de tous les citoyens, et particulièrement celle des membres du Gouvernement, est plus que jamais une nécessité de salut public. Chacun de nos actes doit la cimenter. Celui que je viens d'accomplir de mon chef m'était inspiré par ce sentiment; il aura ce résultat. J'ai eu l'honneur de vous l'expliquer en détail. Cela ne suffit point. Nous sommes un gouvernement de publicité. Si, à l'heure de l'exécution, le secret est indispensable, le fait, une fois consommé, doit-être entouré de la plus grande lumière. Nous ne sommes quelque c··· que par l'opinion de nos concitoyens, il faut qu'elle nous juge à chaque heure, et pour nous juger elle a le droit de tout connaître.

J'ai cru qu'il était de mon devoir d'aller au quartier général des armées ennemies; j'y suis allé. Je vous ai rendu compte de la mission que je m'étais imposée à moi-même; je viens dire à mon pays les raisons qui m'ont déterminé, le but que je me proposais, celui que je crois avoir atteint.

6.

Je n'ai pas besoin de rappeler la politique inaugurée par nous et que le ministre des affaires étrangères était plus particulièrement chargé de formuler. Nous sommes avant tout des hommes de paix et de liberté. Jusqu'au dernier moment nous nous sommes opposés à la guerre que le gouvernement impérial entreprenait dans un intérêt exclusivement dynastique, et quand ce gouvernement est tombé, nous avons déclaré persévérer plus énergiquement que jamais dans la politique de la paix.

Cette déclaration, nous la faisions, quand, par la criminelle folie d'un homme et de ses conseillers, nos armées étaient détruites ; notre glorieux Bazaine et ses vaillants soldats bloqués devant Metz ; Strasbourg, Toul, Phalsbourg écrasés par les bombes ; l'ennemi victorieux en marche sur notre capitale. Jamais situation ne fut plus cruelle ; elle n'inspira cependant au pays aucune pensée de défaillance, et nous crûmes être son interprète fidèle en posant nettement cette condition : pas un pouce de notre territoire, pas une pierre de nos forteresses.

Si donc, à ce moment, où venait de s'accomplir un fait aussi considérable que celui du renversement du promoteur de la guerre, la Prusse avait voulu traiter sur les bases d'une indemnité à déterminer, la paix était faite : elle eût été accueillie comme une immense bienfait ; elle fût devenue un gage certain de réconciliation entre deux nations qu'une politique odieuse seule a fatalement divisées.

Nous espérions que l'humanité et l'intérêt bien entendus remporteraient cette victoire, belle entre toutes, car elle aurait ouvert une ère nouvelle, et les hommes d'Etat qui y auraient attaché leur nom auraient eu comme guides : la philosophie, la raison, la justice ; comme récompense : les bénédictions et la prospérité des peuples.

C'est avec ces idées que j'ai entrepris la tâche périlleuse que vous m'aviez confiée. Je devais tout d'abord me rendre compte des dispositions des cabinets européens et chercher à me concilier leur appui. Le gouvernement impérial l'avait complétement négligé, ou y avait échoué. Il s'est engagé dans la guerre sans une alliance, sans une négociation sérieuse ; tout, autour de lui, était hostilité ou indifférence ; il recueillait ainsi le fruit amer d'une politique blessante pour chaque Etat voisin, par ses menaces ou ses prétentions.

A peine étions-nous à l'Hôtel de Ville qu'un diplomate, dont il n'est point encore opportun de révéler le nom, nous demandait à entrer en relations avec nous. Dès le lendemain, votre ministre recevait les représentants de toutes les puissances. La République des Etats-Unis, la République helvétique, l'Italie, l'Espagne, le Portugal reconnaissaient officiellement la République française. Les autres gouvernements autorisaient leurs agents à entretenir avec nous des rapports officieux qui nous permettaient d'entrer de suite en pourparlers utiles.

Je donnerais à cet exposé, déjà trop étendu, un développement qu'il ne comporte pas, si je racontais avec détail la courte mais instructive histoire des négociations qui ont suivi. Je crois pouvoir affirmer qu'elle ne sera pas tout à fait sans valeur pour notre crédit moral.

Je me borne à dire que nous avons trouvé partout d'honorables sympathies. Mon but était de les grouper, et de déterminer les puissances signataires de la ligue des neutres à intervenir directement près de la Prusse, en prenant pour base les conditions que j'avais posées. Quatre de ces puissances me l'ont offert, je leur en ai, au nom de mon pays, témoigné ma gratitude, mais je voulais le concours des deux autres L'une m'a promis une action individuelle dont elle s'est réservé la liberté, l'autre m'a proposé d'être mon intermédiaire vis-à-vis de la Prusse. Elle a même fait un pas de plus : sur les instances de l'envoyé extraordinaire de la France, elle a bien voulu recommander directement mes démarches. J'ai demandé beaucoup plus, mais je n'ai refusé aucun concours estimant que l'intérêt qu'on nous montrait était une force à ne pas négliger.

Cependant, le temps marchait ; chaque heure rapprochait l'ennemi. En proie à de poignantes émotions, je m'étais promis à moi-même de ne pas laisser commencer le siége de Paris sans essayer une démarche suprême, fussé-je seul à la faire. L'intérêt n'a pas besoin d'en être démontré. La Prusse gardait le silence et nul ne consentait à l'interroger. Cette situation était intenable ; elle permettait à notre ennemi de faire peser sur nous la responsabilité de la continuation de la lutte ; elle nous condamnait à nous taire sur ses intentions. Il fallait en sortir. Malgré ma répugnance, je me déterminai à user des bons offices qui m'étaient offerts, et, le 10 septembre, un télégramme parvenait à M. de Bismark, lui demandant s'il voulait entrer en conversation sur des conditions de transaction. Une première réponse était une fin de non-recevoir tirée de l'irrégularité de notre gouvernement. Toutefois le chancelier de la Confédération du Nord n'insista pas, et me fit demander quelles garanties nous présentions pour l'exécution d'un traité. Cette seconde difficulté levée par moi, il fallait aller plus loin.

On me proposa d'envoyer un courrier, ce que j'acceptai. En même temps on télégraphiait directement à M. de Bismark, et le premier ministre de la puissance qui nous servait d'intermédiaire disait à notre envoyé extraordinaire que la France seule pouvait agir ; il ajoutait qu'il serait à désirer que je ne reculasse pas devant une démarche au quartier général. Notre envoyé, qui connaissait le fond de mon cœur, repondit que j'étais prêt à tous les sacrifices pour faire mon devoir, qu'il y en avait peu d'aussi pénibles que d'aller au travers des lignes ennemies chercher notre vainqueur, mais qu'il supposait que je m'y résignerais. Deux jours après, le courrier revenait. Après mille obstables, il avait vu le chancelier, qui lui avait dit être disposé volontiers à causer avec moi.

J'aurais voulu une réponse directe au télégramme de notre intermédiaire, elle se faisait attendre. L'investissement de Paris s'achevait. Il n'y avait plus à hésiter, je me résolus à partir.

Seulement, il m'importait que pendant qu'elle s'accomplissait, cette démarche fût ignorée ; je recommandai le secret, et j'ai été douloureusement surpris en rentrant hier soir d'apprendre qu'il n'a pas été gardé. Une indiscrétion coupable a été commise. Un journal, l'*Electeur libre*, déjà désavoué par le Gouvernement, en a profité ; une enquête est ouverte, et j'espère pouvoir réprimer ce double abus.

J'avais poussé si loin le scrupule de la discrétion que je l'ai observée même vis-à-vis de vous, mes chers collègues. Je ne m'y suis pas résolu sans un vif déplaisir. Mais je connaissais votre patriotisme et votre affection ; j'étais sûr d'être absous. Je croyais obéir à une nécessité impérieuse. Une première fois je vous avais entretenus des agitations de ma conscience et je vous avais dit qu'elle ne serait en repos que lorsque j'aurais fait tout ce qui était humainement possible pour arrêter honorablement cette abominable guerre. Me rappelant la conversation provoquée par cette ouverture, je redoutais des objections, et j'étais décidé ; d'ailleurs, je voulais, en abordant M. de Bismark, être libre de tout engagement, afin d'avoir le droit de n'en prendre aucun. Je vous fais ces aveux sincères, je les fais au pays pour écarter de vous une responsabilité que j'assume seul. Si ma démarche est un faute, seul j'en dois porter la peine.

J'avais cependant averti M. le ministre de la guerre, qui avait bien voulu me donner un officier pour me conduire aux avant-postes. Nous ignorions la situation du quartier général. On le supposait à Grosbois. Nous nous acheminâmes vers l'ennemi par la porte de Charenton.

Je supprime tous les détails de ce douloureux voyage, pleins d'intérêt cependant, mais qui ne seraient point ici à leur place. Conduit à Villeneuve-Saint-Georges, où se trouvait le général en chef commandant le 6e corps, j'appris assez tard dans l'après-midi que le quartier général était à Meaux. Le général, des procédés duquel je n'ai qu'à me louer, me proposa d'y envoyer un officier porteur de la lettre suivante, que j'avais préparée pour M. de Bismark :

« Monsieur le comte,

« J'ai toujours cru qu'avant d'engager sérieusement les hostilités sous les murs de Paris, il était impossible qu'une transaction honorable ne fût pas essayée. La personne qui a eu l'honneur de voir Votre Excellence, il y a deux jours, m'a dit avoir recueilli de sa bouche l'expression d'un désir analogue. Je suis venu aux avant-postes me mettre à la disposition de Votre Excellence. J'attends qu'elle veuille bien me faire savoir comment et où je pourrai avoir l'honneur de conférer quelques instants avec elle.

« J'ai l'honneur d'être, avec une haute considération,
 « de Votre Excellence,
  « le très-humble et très-obéissant serviteur,

    « JULES FAVRE.

« 18 septembre 1870. »

Nous étions séparés par une distance de 48 kilomètres. Le lendemain matin, à six heures, je recevais la réponse que je transcris :

  « Meaux, 18 septembre 1870.

« Je viens de recevoir la lettre que Votre Excellence a eu l'obligeance de m'écrire, et ce me sera extrêmement agréable, si vous voulez bien me faire l'honneur de venir me voir, demain, ici à Meaux.

« Le porteur de la présente, le prince Biron, veillera à ce que Votre Excellence soit guidée à travers nos lignes.

« J'ai l'honneur d'être, avec la plus haute considération,
  « de Votre Excellence,
   « le très-obéissant serviteur,

       « DE BISMARK. »

A neuf heures, l'escorte était prête, et je partais avec elle. Arrivé près de Meaux vers trois heures de l'après-midi, j'étais arrêté par un aide de camp venant m'annoncer que le comte avait quitté Meaux avec le roi pour aller coucher à Ferrières. Nous nous étions croisés : en revenant l'un et l'autre sur nos pas, nous devions nous rencontrer.

Je rebroussai chemin, et descendis dans la cour d'une ferme entièrement saccagée comme presque toutes les maisons que j'ai vues sur ma route. Au bout d'une heure, M. de Bismark m'y rejoignait. Il nous était difficile de causer dans un tel lieu. Une habitation, le château de la Haute-Maison, appartenant à M. le comte de Rillac, était à notre proximité ; nous nous y rendîmes. Et la conversation s'engagea dans un salon où gisaient en désordre des débris de toute nature.

Cette conversation, je voudrais vous la rapporter tout entière, telle que le lendemain je l'ai dictée à un secrétaire. Chaque détail y a son importance. Je ne puis ici que l'analyser.

J'ai tout d'abord précisé le but de ma démarche. Ayant fait connaître par ma circulaire les intentions du Gouvernement français, je voulais savoir celles du ministre prussien. Il me semblait inadmissible que deux nations continuassent, sans s'expliquer préalablement, une guerre terrible qui, malgré ses avantages, infligeait au vainqueur des souffrances profondes. Né du pouvoir d'un seul, cette guerre n'avait plus de raison d'être quand la France redevenait maîtresse d'elle-même ; je me portais garant de son amour pour la paix, en même temps de sa résolution inébranlable de n'accepter aucune condition qui ferait de cette paix une courte et menaçante trêve.

M. de Bismark m'a répondu que, s'il avait la conviction qu'une pareille paix fût possible, il la signerait de suite. Il a reconnu que l'opposition avait toujours condamné la guerre. Mais le pouvoir que représente aujourd'hui cette opposition est plus que précaire. Si, dans quelques jours, Paris n'est pas pris, il sera renversé par la populace...

Je l'ai interrompu vivement pour lui dire que nous n'avions pas de populace à Paris, mais une population intelligente, dévouée, qui connaissait nos intentions, et qui ne se ferait pas complice de l'ennemi en entravant notre mission de défense. Quant à notre pouvoir, nous étions prêts à le déposer entre les mains de l'Assemblée déjà convoquée par nous.

« Cette Assemblée, a repris le comte, aura des desseins que rien ne peut nous faire pressentir. Mais si elle obéit au sentiment français, elle voudra la guerre. Vous n'oublierez pas plus la capitulation de Sedan que Waterloo, que Sadowa qui ne vous regardait pas. » Puis il a insisté longuement sur la volonté bien arrêtée de la nation française d'attaquer l'Allemagne et de lui enlever une partie de son territoire. Depuis Louis XIV jusqu'à Napoléon III, ses tendances n'ont pas changé, et quand la guerre a été annoncée, le Corps législatif a couvert les paroles du ministre d'acclamations.

Je lui ai fait observer que la majorité du Corps législatif avait, quelques semaines avant, acclamé la paix ; que cette majorité, choisie par le prince, s'était malheureusement crue obligée de lui céder aveuglément, mais que, consultée deux fois, aux élections de 1869 et au vote du plébiscite, la nation avait énergiquement adhéré à une politique de paix et de liberté.

La conversation s'est prolongée sur ce sujet, le comte maintenant son opinion, alors que je défendais la mienne ; et comme je le pressais vivement sur ses conditions, il m'a répondu nettement que la sécurité de son pays lui commandait de garder le territoire qui la garantissait. Il m'a répété plusieurs fois : « Strasbourg est la clé de la maison, je dois l'avoir. » Je l'ai invité à être plus explicite encore : « C'est inutile, objectait-il, puisque nous ne pouvons nous entendre ; c'est une affaire à régler plus tard. » Je l'ai prié de le faire de suite ; il m'a dit alors que les deux départements du Bas et du Haut-Rhin, une partie de celui de la Moselle avec Metz, Château-Salins et Soissons lui étaient indispensables, et qu'il ne pouvait y renoncer.

Je lui ai fait observer que l'assentiment des peuples

dont il disposait ainsi était plus que douteux, et que le droit public européen ne lui permettait pas de s'en passer. « Si fait, m'a-t-il répondu. Je sais fort bien qu'ils ne veulent pas de nous. Ils nous imposeront une rude corvée; mais nous ne pouvons pas ne pas les prendre. Je suis sûr que dans un temps prochain nous aurons une nouvelle guerre avec vous. Nous voulons la faire avec tous nos avantages. »

Je me suis récrié, comme je le devais, contre de telles solutions. J'ai dit qu'on me paraissait oublier deux éléments importants de discussion : l'Europe, d'abord, qui pourrait bien trouver ces prétentions exorbitantes et y mettre obstacle; le droit nouveau ensuite, le progrès des mœurs, entièrement antipathique à de telles exigences. J'ai ajouté que, quant à nous, nous ne les accepterions jamais. Nous pouvions périr comme nation, mais non nous déshonorer; d'ailleurs, le pays seul était compétent pour se prononcer sur une cession territoriale. Nous ne doutons pas de son sentiment, mais nous voulons le consulter. C'est donc vis-à-vis de lui que se trouve la Prusse. Et, pour être net, il est clair qu'entraînée par l'enivrement de la victoire, elle veut la destruction de la France.

Le comte a protesté, se retranchant toujours derrière des nécessités absolues de garantie nationale. J'ai poursuivi : « Si ce n'est pas de votre part un abus de la force, cachant de secrets desseins, laissez-nous réunir l'Assemblée; nous lui remettrons nos pouvoirs; elle nommera un gouvernement définitif qui appréciera vos conditions. »

« Pour l'exécution de ce plan, m'a répondu le comte, il faudrait un armistice, et je n'en veux à aucun prix. »

La conversation prenait une tournure de plus en plus pénible. Le soir venait. Je demandai à M. de Bismark un second entretien à Ferrières, où il allait coucher, et nous partîmes chacun de notre côté.

Voulant remplir ma mission jusqu'au bout, je devais revenir sur plusieurs des questions que nous avions traitées, et conclure. Aussi, en abordant le comte vers neuf heures et demie du soir, je lui fis observer que les renseignements que j'étais venu chercher près de lui étant destinés à être communiqués à mon gouvernement et au public, je résumerais, en terminant, notre conversation pour n'en publier que ce qui serait bien arrêté entre nous. « Ne prenez pas cette peine, me répondit-il, je vous la livre tout entière, je ne vois aucun inconvénient à sa divulgation. » Nous reprîmes alors la discussion, qui se prolongea jusqu'à minuit. J'insistai particulièrement sur la nécessité de convoquer une Assemblée. Le comte parut se laisser peu à peu convaincre, et revint à l'armistice. Je demandai quinze jours Nous discutâmes les conditions. Il ne s'en expliqua que d'une manière très-incomplète, se réservant de consulter le roi. En conséquence, il m'ajourna au lendemain onze heures.

Je n'ai plus qu'un mot à dire ; car, en reproduisant ce douloureux récit, mon cœur est agité de toutes les émotions qui l'ont torturé pendant ces trois mortelles journées et j'ai hâte d'en finir. J'étais au château de Ferrières à onze heures. Le comte sortit de chez le roi à midi moins le quart, et j'entendis de lui les conditions qu'il mettait à l'armistice ; elles étaient consignées dans un texte écrit en langue allemande et dont il m'a donné communication verbale.

Il demandait pour gage l'occupation de Strasbourg, de Toul et de Phalsbourg, et comme, sur sa demande, j'avais dit la veille que l'Assemblée devrait être réunie à Paris, il voulait, dans ce cas, avoir un fort dominant la ville... celui du Mont-Valérien, par exemple.

Je l'ai interrompu pour lui dire : « Il est bien plus simple de nous demander Paris. Comment voulez-vous admettre qu'une Assemblée française délibère sous votre canon? J'ai eu l'honneur de vous dire que je transmettrais fidèlement notre entretien au Gouvernement ; je ne sais vraiment si j'oserai lui dire que vous m'avez fait une telle proposition. »

« Cherchons une autre combinaison, » m'a-t-il répondu. Je lui ai parlé de la réunion de l'Assemblée à Tours, en ne prenant aucun gage du côté de Paris.

Il m'a proposé d'en parler au roi, et, revenant sur l'occupation de Strasbourg, il a ajouté : « La ville va tomber entre nos mains, ce n'est plus qu'une affaire de calcul d'ingénieur. Aussi je vous demande que la garnison se rende prisonnière de guerre. »

A ces mots j'ai bondi de douleur, et, me levant, je me suis écrié : « Vous oubliez que vous parlez à un Français, monsieur le comte : sacrifier une garnison héroïque qui fait notre admiration et celle du monde serait une lâcheté ; — et je ne vous promets pas de dire que vous m'avez posé une telle condition. »

Le comte m'a répondu qu'il n'avait pas l'intention de

me blesser, qu'il se conformait aux lois de la guerre; qu'au surplus, si le roi y consentait, cet article pourrait être modifié.

Il est rentré au bout d'un quart d'heure. Le roi acceptait la combinaison de Tours, mais insistait pour que la garnison de Strasbourg fût prisonnière.

J'étais à bout de forces et craignis un instant de défaillir. Je me retournais pour dévorer les larmes qui m'étouffaient, et, m'excusant de cette faiblesse involontaire, je prenais congé par ces simples paroles :

« Je me suis trompé, monsieur le comte, en venant ici; je ne m'en repens pas, j'ai assez souffert pour m'excuser à mes propres yeux ; d'ailleurs, je n'ai cédé qu'au sentiment de mon devoir. Je reporterai à mon Gouvernement tout ce que vous m'avez dit, et s'il juge à propos de me renvoyer près de vous, quelque cruelle que soit cette démarche, j'aurai l'honneur de revenir. Je vous suis reconnaissant de la bienveillance que vous m'avez témoignée, mais je crains qu'il n'y ait plus qu'à laisser les événements s'accomplir. La population de Paris est courageuse et résolue aux derniers sacrifices; son héroïsme peut changer le cours des événements. Si vous avez l'honneur de la vaincre, vous ne la soumettrez pas. La nation tout entière est dans les mêmes sentiments. Tant que nous trouverons en elle un élément de résistance, nous vous combattrons. C'est une lutte indéfinie entre deux peuples qui devraient se tendre la main. J'avais espéré une autre solution. Je pars bien malheureux et néanmoins plein d'espoir. »

Je n'ajoute rien à ce récit, trop éloquent par lui-même. Il me permet de conclure et de vous dire quelle est à mon sens la portée de ces entrevues. Je cherchais la paix, j'ai rencontré une volonté inflexible de conquête et de guerre. Je demandais la possibilité d'interroger la France représentée par une Assemblée librement élue, on m'a répondu en me montrant les fourches caudines sous lesquelles elle doit préalablement passer. Je ne récrimine point. Je me borne à constater les faits, à les signaler à mon pays et à l'Europe. J'ai voulu ardemment la paix, je ne m'en cache pas, et en voyant pendant trois jours la misère de nos campagnes infortunées, je sentais grandir en moi cet amour avec une telle violence que j'étais forcé d'appeler tout mon courage à mon aide pour ne pas faillir à ma tâche. J'ai désiré non moins vivement un armistice, je l'avoue encore, je l'ai désiré pour que la nation pût être consultée sur la redoutable question que la fatalité pose devant nous.

Vous connaissez maintenant les conditions préalables qu'on prétend nous faire subir. Comme moi, et sans discussion, vous avez été unanimement d'avis qu'il fallait en repousser l'humiliation. J'ai la conviction profonde que, malgré les souffrances qu'elle endure et celles qu'elle prévoit, la France indignée partage notre résolution, et c'est de son cœur que j'ai cru m'inspirer en écrivant à M. de Bismark la dépêche suivante qui clôt cette négociation :

« Monsieur le comte,

« J'ai exposé fidèlement à mes collègues du Gouvernement de la défense nationale la déclaration que Votre

Excellence a bien voulu me faire. J'ai le regret de faire connaître à Votre Excellence que le Gouvernement n'a pu admettre vos propositions. Il accepterait un armistice ayant pour objet l'élection et la réunion d'une Assemblée nationale, mais il ne peut souscrire aux conditions auxquelles Votre Excellence le subordonne. Quant à moi, j'ai la conscience d'avoir tout fait pour que l'effusion du sang cessât, et que la paix fût rendue à nos deux nations, pour lesquelles elle serait un grand bienfait. Je ne m'arrête qu'en face d'un devoir impérieux, m'ordonnant de ne pas sacrifier l'honneur de mon pays, déterminé à résister énergiquement. Je m'associe sans réserve à son vœu ainsi qu'à celui de mes collègues. Dieu, qui nous juge, décidera de nos destinées. J'ai foi dans sa justice.

« J'ai l'honneur d'être, monsieur le comte,
  « de Votre Excellence,
    « le très-humble et très-obéissant serviteur.

« JULES FAVRE.

« 21 septembre 1870. »

J'ai fini, mes chers collègues, et vous penserez comme moi que, si j'ai échoué, ma mission n'aura pas été cependant tout à fait inutile. Elle a prouvé que nous n'avons pas dévié. Comme les premiers jours, nous maudissons une guerre par nous condamnée à l'avance ; comme les premiers jours aussi, nous l'acceptons plutôt que de nous déshonorer. Nous avons fait plus : nous avons tué l'équivoque dans laquelle la Prusse s'enfermait et que l'Europe ne nous aidait pas à dissiper.

En entrant sur notre sol, elle a donné au monde sa

parole qu'elle attaquait Napoléon et ses soldats, mais qu'elle respectait la nation. Nous savons aujourd'hui ce qu'il faut en penser. La Prusse exige trois de nos départements, deux villes fortes, l'une de cent, l'autre de soixante-quinze mille âmes, huit à dix autres également fortifiées. Elle sait que les populations qu'elle veut nous ravir la repoussent, elle s'en saisit néanmoins, opposant le tranchant de son sabre aux protestations de leur liberté civique et de leur dignité morale.

A la nation qui demande la faculté de se consulter elle-même, elle propose la garantie de ses obusiers établis au Mont-Valérien et protégeant la salle des séances où nos députés voteront. Voilà ce que nous savons, et ce qu'on m'a autorisé à vous dire. Que le pays nous entende et qu'il se lève, ou pour nous désavouer quand nous lui conseillons de résister à outrance, ou pour subir avec nous cette dernière et décisive épreuve. Paris y est résolu.

Les départements s'organisent et vont venir à son secours. Le dernier mot n'est pas dit dans cette lutte où maintenant la force se rue contre le droit. Il dépend de notre constance qu'il appartienne à la justice et à la liberté.

Agréez, mes chers collègues, le fraternel hommage de mon inaltérable dévouement.

Le Vice-Président du Gouvernement de la défense nationale, ministre des affaires étrangères,

JULES FAVRE.

Paris, ce 21 septembre 1870.

CHAPITRE IV.

Le premier combat sous Paris (17 septembre).

Le commandant Franchetti avait reçu du général Trochu l'ordre de faire une reconnaissance du côté de Créteil, où l'ennemi était signalé.

Le samedi, 17 septembre, l'escadron des éclaireurs à cheval s'est dirigé de bonne heure vers Maisons-Alfort, et s'est mis à la disposition du commandant du fort.

Dirigé vers le carrefour de Pompadour (1,500 mètres de Choisy-le-Roi), en longeant la route de Villeneuve-Saint-Georges, l'avant-garde des éclaireurs a rencontré les hussards bleus de la garde royale. Après une charge très-brillante et un combat corps à corps, l'ennemi a été dispersé. Les éclaireurs se sont repliés sur le fort après avoir ramassé les armes prussiennes que les ennemis avaient abandonnées sur le champ du combat. L'ennemi a perdu sept hommes.

Un détachement d'artillerie à pied était venu de Maisons-Alfort protéger la reconnaissance des éclaireurs à cheval. Un des artilleurs a reçu à la tête une balle : seul homme touché par une décharge de l'infanterie prussienne, qui, cachée dans le talus du chemin de fer, venait secourir la cavalerie ennemie.

Les éclaireurs à cheval ont eu trois chevaux tués.

Ont été blessés :

Le comte E. de Kerghariou, quatre coups de sabre à la tête, une contusion au bras gauche ; l'adjudant Joly de Marval, trois coups de sabre et une blessure à la jambe.

Le vicomte de Bedé, une blessure à la main.

A quatre heures, les troupes engagées dans ce combat d'avant-postes s'étaient repliées sur le fort de Maisons-Alfort, et les colonnes prussiennes s'avançaient en colonnes serrées.

L'escadron des éclaireurs à cheval, rentré à Paris par les boulevards, ses blessés en tête, a été acclamé par la foule.

Rencontre de Mesly (18 septembre).

Dans la matinée du 18 septembre, une reconnaissance d'environ 10,000 hommes, commandés par le général Vinoy, s'est dirigée sur Créteil. Près de Bonneuil, dans les bois qui couronnent le plateau de Mesly, l'avant-garde de cette reconnaissance, déployée en tirailleurs, a été reçue par une forte décharge d'artillerie du corps Vogel de Falkenstein. La canonnade a duré deux heures. Dans la nuit, les Prussiens étaient parvenus à établir des batteries fixes sur ce plateau. Le général Vinoy, n'ayant d'autre mission que de reconnaître la force de l'ennemi, fit immédiatement avancer de l'artillerie et quelques mitrailleuses, pour protéger la retraite de ses troupes qu'il dirigea sur Charenton. Nos pertes peuvent être évaluées à 20 morts et 30 blessés. Les pertes de l'ennemi sont considérables. L'état-major prussien s'étant avancé pour examiner la position; il y a eu plusieurs officiers de tués dans les rangs.

Combat de Châtillon (19 septembre).

Le 18 septembre, à partir de dix heures du soir, le corps du général Ducrot exécuta des mouvements importants. Ses troupes furent massées aux alentours de Châtillon. Elles étaient campées sur les hauteurs, en avant du fort de Montrouge. Dans la nuit, elles descendirent sur un second plan, à 5 ou 6 kilomètres au delà de Châtillon, sur une ligne qui s'étend à peu près de Bagneux à Clamart. On touchait presque à la lisière des bois, dans lesquels les Prussiens étaient embusqués.

Le 19, vers les cinq heures du matin, quelques feux de tirailleurs furent engagés. A sept heures, notre artillerie prit position et ouvrit une vigoureuse canonnade dans la direction des bois. Rien ne remuait du côté des Prussiens. A sept heures et demie, l'artillerie ennemie apparut et commença à riposter. De notre côté, plusieurs détachements poussaient en avant et entraient dans les clairières, surtout sur notre gauche, à Bagneux. Les cuirassiers, tombés sur un gros d'ennemis, subirent de grandes pertes. A ce moment, nos troupes avancées se sont trouvées engagées presque à bout portant avec les Prussiens.

L'avantage de ces derniers était grand : ils étaient en quelque sorte chez eux ; chaque arbre leur servait de rempart, et ils tiraient à coup sûr contre nos troupes, qui ne pouvaient profiter de leur nombre, se présentant à l'ennemi en lignes profondes.

La fusillade était extrêmement vive, les balles coupaient les branches et c'était un sifflement perpétuel.

A ce moment il y eut même un malentendu déplorable. Le 16e était en tirailleur sous bois. Arrive un bataillon des mobiles de la Seine ; il commence le feu sur le même bois. De là, désordre et recul précipité.

Le gros des forces adverses s'empara, sur notre gauche, d'une hauteur qui domine le plateau sur lequel notre infanterie était étendue. L'artillerie y fut installée, et aussitôt elle nous envoya une grêle de boulets et d'obus.

Nos fantassins étaient serrés en longues colonnes sur leur plateau ; cette pluie de feu portait coup. Les régiments en grande partie sont composés de réserves et de jeunes recrues. Cette épouvantable canonnade les ébranla. En voyant passer quelques bandes de soldats qui étaient ramenés hors des bois, ils suivirent ce mouvement de recul.

Les Prussiens avançaient toujours, mais en se couvrant sans presque se montrer. Assaillis par une grêle de projectiles, nos soldats étaient obligés de se coucher, afin de laisser passer par-dessus leurs têtes les balles et les boulets.

A neuf heures, la première ligne se replia ; puis, la

seconde qui vint se ranger sous le feu des forts de Montrouge et de Vanves. On ne laissa en arrière ni un caisson, ni un cheval.

Les troupes, en descendant les hauteurs, défilaient avec une précipitation qui menaçait de tourner à la déroute.

Cependant, neuf batteries remontèrent la côte de Châtillon. Elles allèrent se réinstaller sur le plateau, en avant de la redoute inachevée. Elles recommencèrent le feu et tuèrent beaucoup d'ennemis qu'elles atteignaient dans leur mouvement d'ascension sur Châtillon.

Mais les Prussiens tournaient nos positions ; ils montaient toujours et aucune infanterie n'étant là pour protéger les pièces, il fallut une seconde fois se replier. Dans ce recul, la redoute de Châtillon était abandonnée.

Notre artillerie a fait éprouver aux Prussiens des pertes considérables : environ 3,000 hommes hors de combat. De notre côté, les pertes sont presque nulles. Le général Ducrot a relevé en moins d'une heure ses morts et ses blessés. Cependant quelques fuyards vinrent jeter la consternation dans la cité.

Le lendemain du combat de Châtillon, la proclamation suivante était adressée à l'armée :

« A LA GARDE NATIONALE,
« A LA GARDE MOBILE,
« AUX TROUPES EN GARNISON A PARIS,

« Dans le combat d'hier, qui a duré presque toute la journée, et où notre artillerie, dont la solidité ne peut être trop louée, a infligé à l'ennemi des pertes énormes, des incidents se sont produits que vous devez connaître dans l'intérêt de la grande cause que nous défendons en commun.

« Une injustifiable panique que n'ont pu arrêter les efforts d'un excellent chef de corps et de ses officiers s'est emparée du régiment provisoire des zouaves qui tenait notre droite. Dès le commencement de l'action, la plupart des soldats se sont repliés en désordre dans la ville, et s'y sont répandus en semant l'alarme.

« Pour excuser leur conduite, ces fuyards ont déclaré qu'on les avait menés à une perte certaine, alors que leur effectif était intact et qu'ils étaient sans blessures ; qu'ils avaient manqué de cartouches, alors qu'ils n'avaient pas fait usage, je l'ai constaté moi-même, de celles dont ils étaient encore pourvus ; qu'ils avaient été trahis par leur chefs, etc. La vérité, c'est que ces indignes ont compromis, dès son début, une affaire de guerre dont, malgré eux, les résultats sont considérables. D'autres soldats d'infanterie de divers régiments se sont joints à eux.

« Déjà les malheurs que nous avons éprouvés dans le commencement de cette guerre avaient fait refluer vers Paris des soldats indisciplinés et démoralisés qui y portent l'inquiétude et le trouble et échappent, par le fait des circonstances, à l'autorité de leurs chefs et à toute répression.

« Je suis fermement résolu à mettre fin à de si graves désordres. J'ordonne à tous les défenseurs de Paris de saisir les hommes isolés, soldats de toutes armes ou gardes mobiles, qui errent dans la ville en état d'ivresse, répandent des propos scandaleux et déshonorent, par leur attitude, l'uniforme qu'ils portent.

« A Paris, le 20 septembre 1870.

« *Le Président du Gouvernement,*
gouverneur de Paris,

« Général T<small>ROCHU</small>. »

Les Bretons au combat de Châtillon.

Lorsque le général Ducrot vit le moment opportun pour lancer ses mobiles bretons, il se tourna vers eux et leur dit :

« Allons, mes enfants, à vous !

— « Pardon, mon général, — fit l'aumônier qui les accompagnait, — une seconde. »

Et tous les mobiles mirent genou en terre, leur fusil armé, et reçurent la bénédiction de leur aumônier. Ils firent tous le signe de la croix, un grand signe de croix, et, se relevant précipitamment, ils se jetèrent au feu baïonnette en avant.

La Bretagne est la province de la foi.

La garde des remparts.

Paris ne tardera pas à être en butte aux entreprises directes de l'ennemi. Le général Trochu croit nécessaire de dire à ses défenseurs par quels moyens il est possible d'en atténuer les effets :

L'ennemi continue ses mouvements d'investissement. En opérant contre les forts, et avant d'en arriver à une attaque sur le corps de place, il essayera de déterminer des incendies sur les points de la ville qui seraient accessibles à son artillerie. Plus tard, il dirigera ses projectiles sur la rue de rempart où est actuellement réuni le personnel de la défense.

Pour les incendies, il sera beaucoup plus facile qu'on ne le pense généralement de les arrêter dès leur origine. Le feu provoqué par l'explosion d'un projectile creux couve très-longtemps avant de se propager. Aussitôt l'explosion entendue, on peut arriver à temps sans aucun danger, et, à l'aide de quelques seaux d'eau, le commencement de l'incendie est éteint. Il suffit, par conséquent, pour écarter le péril que je signale, de surveiller la chute des projectiles, d'accourir après l'explosion, et de se servir des approvisionnements d'eau que chaque habitant a le devoir de tenir en réserve pour cet objet dans les étages supérieurs des maisons.

Pour assurer la sécurité du personnel chargé de la dé-défense de l'enceinte, les précautions ci-après indiquées sont nécessaires :

Pendant la nuit, les défenseurs peuvent et doivent être groupés, sur les terre-pleins, dans la rue de rempart et aux abords, afin de repousser les attaques que l'ennemi tenterait par surprise.

Dans le jour, au contraire, le rempart ne doit être occupé que par le nombre d'hommes nécessaire pour le service des pièces et pour la mousqueterie. La rue de rempart, où tomberont les projectiles rejetés par les maisons qui la bordent, doit être vide. Les postes, les réserves et tous les groupes de service devront être formés derrière ces maisons, dans les rues parallèles aux remparts, à l'abri du feu de l'ennemi.

Là où la rue de rempart n'est pas bordée de maisons, seront établis des abris formés avec des madriers et des planches recouverts d'un mètre de terre. En un mot, il faut que dans un siége auquel les habitants s'associent directement, chacun s'industrie en vue de servir autant qu'il est en lui les intérêts de la défense et de la sécurité commune.

Je dirai encore quelques mots des paniques imprévues qui s'emparent des foules, particulièrement la nuit, et qui donnent lieu toujours à une dangereuse confusion, quelquefois à de grands malheurs. Quelques coups de fusil tirés mal à propos, des clameurs subites, de faux bruits répandus par l'ignorance ou par la malveillance suffisent à déterminer ces paniques. Il faut que chacun des défenseurs, se pénétrant des avertissements que je donne ici, sache se soustraire, par un effort de sa volonté propre, à ces impressions irréfléchies. Dans ces conditions, la panique disparaît comme elle est venue, et son plus redoutable effet, qui consiste ordinairement en une fusillade désastreuse pour les défenseurs eux-mêmes, est écarté.

Enfin, je recommande aux préoccupations de tous le soin des cartouches, qui, par leur nature même, sont si facilement détériorées. C'est là un objet d'importance capitale devant la grande consommation que nous sommes appelés à en faire pour la défense, et je considère tout abus ou tout gaspillage de munitions de canon ou de fusil comme l'un des actes les plus coupables qui se puissent commettre pendant la durée de la crise.

Je répète ici, en terminant, que si l'esprit public, sans se laisser intimider par les souffrances du siége, soutient les défenseurs, la ville ne pourra pas être prise. Tous les efforts de l'ennemi tendront à frapper les imaginations, à troubler les cœurs, à soulever contre la défense les sentiments de la population qui ne combat pas.

J'adjure tous les bons citoyens de réagir énergiquement autour d'eux, par leurs conseils et par leurs exemples, contre de tels entraînements ; de relever par leur attitude les courages chancelants, et de persuader à tous que seule la constance peut abréger la durée de l'épreuve et assurer le succès.

Paris, le 22 septembre 1870.

Le Président du Gouvernement,
gouverneur de Paris,
Général TROCHU.

L'anniversaire du 21 Septembre.

L'affiche suivante se lit sur les murs de Paris :

Citoyens,

C'est aujourd'hui le 21 septembre.

Il y a soixante-dix-huit ans, à pareil jour, nos pères fondaient la République, et se juraient à eux-mêmes, en face de l'étranger qui souillait le sol sacré de la patrie, de vivre libres ou de mourir en combattant.

Ils ont tenu leur serment ; ils ont vaincu, et la République de 1792 est restée dans la mémoire des hommes comme le symbole de l'héroïsme et de la grandeur nationale.

Le Gouvernement installé à l'Hôtel de Ville aux cris enthousiastes de vive la République ! ne pouvait laisser passer ce glorieux anniversaire sans le saluer comme un grand exemple.

Que le souffle puissant qui animait nos devanciers passe sur nos âmes , et nous vaincrons.

Honorons aujourd'hui nos pères, et demain sachons comme eux forcer la victoire en affrontant la mort.

Vive la France ! vive la République !

Paris, le 21 septembre 1870.

Le Ministre de l'intérieur,

Léon GAMBETTA.

Combat de Villejuif (23 septembre).

Le matin du 23 septembre, une reconnaissance fut poussée sur Villejuif qu'on croyait occupé par les Prussiens. A leur grand étonnement, nos soldats trouvèrent cette position complétement abandonnée par l'ennemi. Une partie de la troupe s'y installa. En même temps des forces se portèrent à la redoute des Hautes-Bruyères, à un kilomètre de Villejuif. Les Prussiens parurent alors et tentèrent de reprendre leurs positions. Accueillis par une vive fusillade et par le feu de nos canons, ils durent battre en retraite. Ils repassèrent le bas-fond, en arrière de Villejuif, et remontèrent vers le versant opposé. Là, ils établirent leurs batteries et tirèrent sur Villejuif et sur les Hautes-Bruyères. Nos canonniers ripostaient énergiquement. A deux reprises, nos artilleurs quittèrent et reprirent leurs positions. Les Prussiens éteignirent leurs feux les premiers. A dix heures, la canonnade avait cessé. A midi, nous étions maîtres des positions occupées la veille par l'ennemi. Nos jeunes troupes ont acquis le sang-froid et l'aplomb de vieux soldats. Le succès de Villejuif, meurtrier pour les Prussiens, a été surtout un succès d'artillerie. Nos pertes sont insignifiantes : quelques morts et une quarantaine de blessés. Nous avons visité le champ de combat. Nous avons planté une croix de bois à l'endroit où venait d'être enterré un canonnier de vingt ans, dont la tête avait été emportée par un obus.

Pendant l'action qui a eu lieu à Villejuif, les chirurgiens et les pères dominicains de l'ambulance établie au magnifique collége d'**Albert-le-Grand**, à Arcueil, sont allés bravement, sous une nuée de projectiles, ramasser les blessés gisant sur le sol. Le dévouement des chirurgiens de la 8e ambulance et des dignes fils du Père Lacordaire avait déjà été signalé au combat de Châtillon. Nous avons été témoin des soins touchants dont nos blessés sont entourés au collége des dominicains. Que les religieux d'Albert-le-Grand, **nos maîtres et nos amis**, reçoivent l'expression de notre patriotique admiration !

Le même jour, une reconnaissance sur Pierrefitte a eu un plein succès. Les Prussiens ont pris la fuite dans la direction de Montmorency. Nous avons vu revenir nos soldats, portant les armes et les casques enlevés à l'ennemi. Ils étaient joyeux et fredonnaient des airs patriotiques interrompus, par le cri de :

Vive la France !

Un fils vengé par son père.

Simple, laborieux, justement estimé, le nommé Brant, exerçait à Clamart la profession de peintre en bâtiments. Patriote ardent, dès qu'il connut la marche des Prussiens sur Paris, il demanda un fusil, et, malgré ses soixante ans, il marchait encore fièrement dans les rangs de la garde nationale.

Le 19 septembre dernier, sans ordre et par un sentiment que la suite du récit explique, il prenait part à la malheureuse défense de Châtillon. Là, encourageant les soldats et leur donnant l'exemple de l'héroïsme, on le vit debout sur le parapet, tirant sur l'ennemi, au milieu des balles qui sifflaient de toutes parts.

Un homme ainsi trempé ne bat pas en retraite.

Après la fuite des troupes il resta seul à son poste de combat avec le brave capitaine Robert de Saint-Vincent, commandant du génie au fort de Vanves.

Le lendemain matin un officier de sa compagnie le

rencontrant dans la rue de Vaugirard lui dit cordialement :

— Où allez-vous à cette heure?

— Je vais me battre avec les Prussiens à Clamart.

— Mais vous êtes donc fou, reprit l'officier; seul, que pouvez-vous faire?

— Venger mon fils tué à Sedan, répondit Brant, et une larme coula de ses yeux où brillait l'éclair du désespoir.

L'officier, visiblement ému, n'ajouta plus un seul mot. Il serra la main du brave homme et disparut. — Quelques instants après, le malheureux vieillard sortant par la porte de Versailles, franchissait les avant-postes au delà d'Issy et prenait le chemin de Clamart.

Que fit Brant après avoir pénétré dans le village occupé par l'ennemi depuis la veille? Des prodiges! Embusqué, tantôt dans les maisons, tantôt dans les jardins, pendant toute la journée, il fit aux Prussiens une guerre terrible.
— Six de nos ennemis tombèrent successivement frappés par ses balles.

Traqué par l'ennemi, que tant d'audace avait irrité, épuisé, brisé de fatigues, notre héros se découvrit enfin et présenta héroïquement la poitrine, brûlant la dernière cartouche. — Presque aussitôt, un coup de feu retentit, et Brant tombait mortellement frappé.

Mais il avait vengé son fils!

Le concert aux remparts.

On se rappelle ce fameux théâtre des zouaves, improvisé par nos soldats devant les murs de Sébastopol et où nos vieux chacals d'Afrique égayèrent les longueurs du siége en jouant devant leurs camarades, souvent sous le feu de l'ennemi, *la Corde sensible*, *Passé minuit* et autres joyeusetés du répertoire du Palais-Royal et des Variétés.

Nos gardes nationaux, qui se piquent d'amour-propre et deviennent de jour en jour de véritables soldats, viennent d'avoir aussi leur théâtre militaire improvisé

C'était au bastion 78. La 6ᵉ compagnie du 83ᵉ bataillon, placée en poste de réserve dans l'ancien théâtre Cochery, venait en arrivant à ses cantonnements de constater qu'il était de toute impossibilité de dormir là.

En effet, avec la pluie glacée qui tombait à torrents, vous pénétrant jusqu'aux os, malgré cabans et couvertures, il était impossible de coucher sur la terre nue. Il y avait bien eu de la paille jadis, mais elle était depuis longtemps réduite en poussière et disparue; quant aux lits de camp... on allait les commencer.

— La nuit sera longue! disaient quelques-uns. — Eh! parbleu, citoyens, s'écrie tout à coup le sous-lieutenant T..., un des boute-en-train de la compagnie, il y a un moyen de la trouver courte. Puisqu'on nous loge dans une salle de spectacle, jouons la comédie.

La motion fut accueillie avec enthousiasme, et, sans perdre une seconde, voilà nos gardes nationaux, mettant bas sacs et vareuses et improvisant leur théâtre en un clin d'œil.

C'était simple ; quelques madriers et quelques planches formèrent la scène. Comme manteau d'arlequin, des couvertures de campement. Décors : des faisceaux d'armes, fusils, sabres, poignards, révolvers et baïonnettes diversement et habilement disposés. Pour musique, les roulements du tambour et de temps en temps, la voix plus grave du canon qui tonnait dans la campagne.

Quant aux artistes, c'était tout le monde et la bonne volonté suffisait, ce qui n'a pas empêché quelques-uns de nos virtuoses improvisés de déployer un réel talent dans les morceaux qu'ils ont chantés. Le prix des places était *à la générosité d'un chacun*, comme disent les boniments, c'est-à-dire qu'au milieu de la soirée une quête a été faite au profit de la caisse de secours mutuels de la compagnie.

Nous n'entreprendrons pas le compte rendu détaillé de ce concert, concert original si jamais il en fût, où toutes les musiques et toutes les écoles étaient confondues, où Paul Henrion cédait la place à Désaugiers et où Emile Debraux donnait la réplique à Rouget de L'Isle. Qu'il nous suffise de dire que les chants patriotiques ont eu leur large place ; la soirée a commencé et fini par les mâles strophes de la *Marseillaise* et du *Chant du Départ*. Pour le reste, vous comprenez qu'entre neuf heures du soir et cinq heures du matin, on a eu le temps d'en dire assez pour qu'il me soit impossible de donner ici les titres, même des principaux morceaux.

C'est comme pour les artistes, il faudrait citer tout le monde, et ceux qui nous ont fait rire et ceux qui nous ont fait pleurer. Nous préférons les remercier en masse, rendant à chacun ce qui lui est dû.

A cinq heures la diane a réuni la compagnie pour le tir.

Plusieurs officiers d'une compagnie voisine avaient bien voulu répondre à l'invitation qui leur avait été faite. L'un d'eux, le brave capitaine F..., a même pris part à la représentation en lisant une belle pièce de vers de sa composition.

Les gardes ont vivement regretté que les exigences du service ne permissent pas à leur commandant, M. Audbourg, de venir passer un instant à leur soirée.

Un mot en terminant à ceux qui ont trouvé mauvais qu'on puisse chanter et rire ainsi quand l'ennemi est à nos portes. Nous sommes Français, messieurs, et le caractère distinctif du soldat français est la philosophie et la gaieté quand même. Que les Prussiens le sachent bien, ils pourront nous tuer et nous vaincre, mais nous démoraliser, jamais. Et quand, bravade insolente, ils enverront leurs musiques jouer devant nos forts pour que le vent du soir nous apporte leur harmonie, nous chanterons bien fort, nous autres, pour que le vent leur retourne en revanche les strophes épicées de nos vieux refrains gaulois.

CHAPITRE V.

Combat de Chevilly (30 septembre).

Le plateau de Villejuif, qui sépare la vallée de la Seine au levant, de la vallée de la Bièvre au couchant, a 5 ou 6 kilomètres de large. Vers le levant et la vallée de la Seine, c'est le village de Thiais; plus bas dans la même vallée, Choisy-le-Roi. Au couchant et dans la vallée de la Bièvre, c'est l'Hay; au centre, c'est Chevilly.

A la suite de l'occupation, par la division de Maud'huy, des positions voisines de Villejuif, l'ennemi était resté maître des villages de l'Hay, Chevilly, Thiais et Choisy-le-Roi, protégeant ainsi sa ligne de communication sur Versailles. On lui voyait faire sur cette ligne des travaux de terrassement et créneler les villages. Il fut alors décidé par le Gouverneur qu'une action combinée sur les deux rives de la Seine serait tentée pour reconnaître exactement les forces établies dans ces positions. Dans ce but, des troupes aux ordres du général Vinoy se massèrent, pendant la nuit, vers les forts d'Ivry, de Bicêtre et de

Montrouge, en arrière de nos positions avancées. A la pointe du jour, le mouvement se fit avec un ordre admirable. La droite suivait un chemin qui longe la crête de la colline au-dessus de la vallée de la Bièvre, entre la redoute des Hautes-Bruyères et le village de l'Hay; le centre s'avançait, à travers champs, directement sur Chevilly; la gauche suivait, au delà de Villejuif, la route de Paris à Fontainebleau, à quelque distance du Moulin-Saquet. Les tirailleurs s'abritaient habilement derrière les accidents de terrain, les fossés de la route qui va de Villejuif à l'Hay, et derrière les jeunes plantations des pépinières. Le 12e d'artillerie envoyait par delà le front de notre ligne d'artillerie des volées dans Chevilly.

Le hameau de Chevilly est composé d'un grand établissement agricole et de quelques fermes. L'établissement agricole est un ancien château qui appartenait, avant la Révolution, aux Rohan-Guéménée, qui, plus tard, a passé au banquier M. Outrequin, et était, il y a quelques années, la propriété d'un autre banquier, celui-là Prussien, M. Schickler. Les Pères du Saint-Esprit l'ont acheté de M. Schickler et créé un noviciat pour leur élèves là où le baron prussien avait un haras. Le parc, qui a une étendue de trente hectares, est entouré de sauts-de-loup, avec des terrasses couvertes par des allées de vieux tilleuls.

Dans une autre partie du hameau se trouve un grand clos, ancienne dépendance du château; ce clos est entouré de murs très-forts, comme on les construisait au siècle dernier.

Les Prussiens s'étaient fortifiés, tant dans l'établissement des Pères du Saint-Esprit que dans le clos. Des terrasses du parc, où les troncs de tilleuls les couvraient et d'où ils dominaient la campagne, des murs du clos qu'ils avaient crénelés, ils dirigeaient sur nos troupes un feu meurtrier ; mais l'élan de nos hommes était excellent, et leur intelligence avisée les inspirait on ne peut mieux; ils tiraient tantôt couchés, tantôt à genoux, et faisaient reculer l'ennemi. Vers huit heures, le village de Chevilly fut occupé par le 35e de ligne.

L'aile droite de notre ligne s'était avancée vers l'Hay, en suivant le chemin qui figure dans les cartes très-détaillées sous le nom de voie des Sablons. En approchant du village, elle rencontra les feux de l'ennemi, qui, à la sortie des maisons, a établi une redoute presque vis-à-vis de la redoute des Hautes-Bruyères. Le brave général Maud'huy commandait de ce côté; il put reconnaître que la canonnade dirigée la veille du fort de Montrouge sur le village de l'Hay n'avait pas fait à l'ennemi autant de mal qu'on aurait pu l'espérer, car il s'y trouvait en forces, soit qu'il eût tenu bon malgré la canonnade, soit que des renforts y fussent venus de Bourg-la-Reine et de Sceaux.

Pendant que notre aile droite était forcée de s'arrêter devant la redoute de l'Hay, que le centre occupait Chevilly, l'aile gauche poursuivait hardiment son mouvement vers Thiais : une batterie placée en avant de ce village fut un instant prise par les hommes du 12e régiment de marche avec un aplomb merveilleux. Mais, à Thiais comme à l'Hay, il fallait reconnaître que l'ennemi était en forces, et qu'il défendrait opiniâtrément la position qui couvre la vallée de la Seine vers Choisy, comme celle qui à l'Hay couvre la vallée de la Bièvre.

8.

Le général Vinoy, jugeant que l'entreprise ne devait pas être poussée plus loin, ordonna la retraite. Elle s'est effectuée sous le feu avec un calme qui fait honneur à nos troupes. Les chasseurs d'Afrique sont arrivés pour la soutenir. De son côté, le fort de Bicêtre a envoyé, par-dessus la tête de nos régiments, dans le village de Chevilly qu'ils évacuaient, plusieurs volées de canon.

Nos pertes ont été considérables pour les brigades qui ont directement attaqué les positions fortifiées de l'ennemi. Nous avons à regretter la mort du général Guilhem, qui a bien mérité du pays.

Le général d'Exéa, qui a marché à l'extrême gauche sur Créteil avec une seule brigade, bien que très-vivement engagé, n'a eu qu'une trentaine d'hommes hors de combat. Là, comme sur le plateau de Villejuif, l'ennemi a fait des pertes importantes.

Après le combat de Chevilly, le gouverneur de Paris a publié l'ordre du jour suivant:

« ORDRE,

« Dans la journée d'hier, le 13ᵉ corps s'est hautement honoré devant le pays, qui lui en témoigne, par moi, toute sa gratitude, et hautement honoré devant l'ennemi qui ne dissimule pas l'impression que lui a faite la vaillance des troupes. Elles ont eu la vigueur dans l'attaque de positions préparées de longue main pour la défense; elles ont eu le calme et l'aplomb dans la retraite.

« Soldats !

« Nous sommes engagés dans une lutte suprême où vous n'êtes plus les appuis d'une politique que la France a répudiée. La Prusse avait solennellement déclaré qu'elle ne prenait les armes que pour combattre cette politique. Mais elle a depuis longtemps levé le masque. C'est l'honneur de la nation qu'elle veut humilier et son existence même qu'elle veut détruire.

« Vous l'avez compris. La grandeur de votre mission vous apparaît.

« Vous venez de vous montrer, et vous vous montrerez jusqu'au terme de nos efforts communs, dans l'esprit de dévouement et de sacrifice, les dignes soldats de la nation.

« A Paris, le 1er octobre 1870.

« *Le Gouverneur de Paris,*

« Général Trochu. »

De Villejuif à l'Hay après la bataille.

RÉCIT D'UN AUMÔNIER.

J'étais sur les hauteurs d'un chemin creux. Tout à coup, à nos cris : « Y a-t-il des blessés ? » des gémissements se font entendre. Le porte-drapeau se précipite dans le chemin, où nous le suivons, le directeur de notre escouade et moi. Le chemin est plein de blessés et de morts. Vous dire notre émotion est impossible. C'était navrant.

Tandis qu'avec toute la tendresse de nos cœurs nous nous penchons sur ces héros inconnus, un cheval monté par un Allemand de figure très-distinguée arrive à fond de train sur nous.

— Les uhlans ! crie l'un de nous.
— Levez le drapeau, reprend un autre.
— Ne craignez rien, messieurs, dit le cavalier en s'arrêtant subitement. J'ai l'honneur, monsieur l'abbé, de vous présenter M. le prince de..., aide de camp de Sa Majesté et membre de la Société de Genève. Je venais vous dire à vous tous, messieurs, que vous avez ici, dans le village, un grand nombre de blessés. Nous allons vous les rendre. Envoyez chercher des voitures et on va vous apporter vos soldats sur la route. Vous pourrez les prendre là.

Avant de se retirer, ce Prussien nous présenta d'autres personnages de l'armée, qui approchaient, puis il s'éloigna lentement. A quelques pas de là, je le rejoignis. Il regardait un blessé qui se mourait. Il mit pied à terre, m'aida à le relever et à le coucher dans une meilleure position, puis il assista, chapeau bas, à l'administration du moribond. Un instant après, ayant reçu mes remercîments, il disparut derrière les taillis.

De nombreux soldats prussiens arrivèrent alors pour nous diriger dans nos recherches. Hélas ! qui n'a pas vu un champ de bataille couvert de morts et de blessés ne peut pas comprendre ce que c'est que la guerre. Il faut entendre ces gémissements étouffés ; il faut voir ces larmes couler, silencieuses, sur ces joues pâlies ; il faut étudier ces traits, décomposés par l'affreuse souffrance ; il faut contempler ces corps, naguère si beaux et maintenant tordus, broyés, hachés, sanglants ; oui, il faut voir toutes ces choses pour comprendre combien la guerre est épouvantable, et pour bien se rendre compte aussi de l'effroyable responsabilité qui pèse et qui pèsera à jamais sur ceux qui provoquent ou qui, par ambition, entretiennent de semblables calamités.

Rendons justice à qui de droit. Les Prussiens, ces hommes si cruels pendant le combat, hier se révélèrent à nous sous un jour tout nouveau.

Ils nous conduisaient là où se trouvaient les malades les plus gravement blessés. Ils m'engageaient à donner l'extrême-onction à celui-ci plutôt qu'à celui-là. Ils nous attiraient d'un champ dans une vigne, d'une vigne dans un bosquet, afin que les secours spirituels et temporels ne manquassent à personne.

J'ai été touché aux larmes par le fait suivant : Un mourant que je venais de confesser demande à boire.

— De l'eau ! je guérirais si je buvais de l'eau !

Et là, pas une goutte, une seule goutte d'eau !

Je regarde, je cherche, je plains le pauvre enfant, et ne pouvant autrement le consoler, je l'embrasse de tout mon cœur. Un Prussien qui nous regardait s'avance.

— *Waser*, dit-il. Et il tend sa gourde pour faire boire le pauvre Français.

A côté de ce moribond, un jeune homme de vingt ans

à peine faisait entendre des cris déchirants. Sa jambe était fendue, ses os avaient éclaté et ses douleurs étaient intolérables. Il but aussi l'eau du Prussien, qui lui tenait la tête et qui, peut-être, avait causé sa blessure au moment du combat. Mais, en ce moment, il ne voyait plus dans son ennemi qu'un malade à soulager.

Un soldat ennemi m'appelle avec de grands gestes. Je vole dans la direction qu'il m'indique, abandonnant à droite et à gauche des morts en trop grand nombre.

L'endroit où j'arrivai était rempli de Français affreusement maltraités par les obus, la mitraille et les balles. Le cœur se soulevait à la vue de tant de sang et de chairs labourées par le feu et le fer. Tous étaient blessés à la tête ou aux jambes. Ils étaient bien de quarante à cinquante, entassés sur de la paille et exposés à un soleil brûlant. Les mauvaises mouches volaient déjà autour de ces infortunés.

Pas un de ces hommes ne faisait entendre une plainte. Pas un reproche ne sortait de leurs lèvres blémies. Ils enduraient tout avec courage, et quel courage, Seigneur ! Un seul cria quand on coupa son soulier pour panser son pied traversé par deux balles et extraordinairement gonflé.

Tous reçurent nos paroles avec reconnaissance. Tous furent absous et administrés. Tous donnèrent leurs adresses et leur noms, afin de faire savoir de leurs nouvelles à leurs parents. Tous demandèrent avec instance de revenir à Paris pour y mourir. — Ne nous laissez pas ici, disaient-ils, conduisez-nous loin des Prussiens !

Après avoir accompli notre ministère, les messieurs

de la Convention se séparèrent pour faire des recherches ailleurs, et notre porte-drapeau, homme plein de cœur, de dévouement et de charité, prit les devants pour aller dans un terrain où d'autres blessés avaient dû tomber.

C'est alors que je vis pour la première fois un mort prussien. Il était juste en face d'un Français avec lequel il avait dû échanger le coup de feu. C'est le seul que je vis. Et pourtant l'engagement avait été trop meurtrier pour que les Allemands n'eussent eu a déplorer des pertes considérables. Mais, plus empressés que nous, ils avaient déjà recueilli leurs blessés et enterré leurs morts.

Au milieu d'une plaine, nous vîmes le cheval du général tué pendant l'action. Plus loin, un officier, blessé à la jambe, était mort après avoir cherché à se panser lui-même sans pouvoir arrêter l'écoulement du sang. Il était dévalisé : par les Prussiens ou par les maraudeurs ?

M. l'abbé B..., guidé par son bon ange, arriva sur ces entrefaites. Il m'apportait mon manteau, que j'avais perdu en courant et que les soldats prussiens lui avaient remis. Nous fûmes bien heureux de nous rencontrer dans ce lieu désolé, et il se dirigea aussitôt dans une direction opposée à la mienne, afin de confesser et d'administrer. J'étais fatigué et très-ému. On l'eût été à moins. Je n'avais rien à boire, et moi aussi, mais à un degré bien moindre que nos pauvres blessés, je commençais à souffrir ce supplice intolérable de la soif.

Un officier prussien passa à cheval. Il avait une gourde à laquelle il buvait. Je lui demandai l'aumône d'une goutte d'eau. Il me donna à boire dans le creux de la main en m'offrant tout ce qu'il possédait, si je le voulais accepter. Je refusai. Je crois que je me serais évanoui si je n'avais pas eu ce léger secours en ce moment.

Les blessés furent apportés vers deux heures ou deux heures et demie et couchés sur des couvertures, à l'ombre, le long du chemin. Il nous était défendu d'aller dans le village retranché des ennemis. M. l'abbé... a pu s'y rendre cependant et faire beaucoup de bien aux Français qui s'y trouvaient prisonniers.

Quant à moi, je confessai encore beaucoup de mourants, et entre autres le brave commandant Martin (2e bataillon, 2e compagnie), blessé au ventre et au pied par deux balles. Il en avait reçu dans tous ses vêtements. Il se tenait immobile, au milieu de la pluie de projectiles, donnant à tous des ordres, quand il tomba.

Les voitures des ambulances arrivèrent enfin. On put charger les malades et les diriger vers Paris, qu'ils désiraient tant revoir.

Des officiers prussiens à cheval surveillaient l'opération. Ils ont tous été très-convenables, d'une grande politesse, d'une urbanité et d'une charité vraiment françaises. Je crois que personne, parmi les 150 messieurs des ambulances qui étaient accourus au bruit qu'il y avait encore des blessés sur le champ de bataille, ne me contredira. Ils ont causé avec les médecins, avec les chirurgiens, leurs aides, les prêtres et les infirmiers, et je crois que l'impression générale de ces messieurs a été celle-ci : Comment se fait-il que nous soyons en guerre avec des hommes dont le commerce semble devoir être si facile ?

Un colonel prussien me faisait, du reste, lui aussi, cette même réflexion.

— Croyez-vous, me disait-il, que nous nous battons pour notre plaisir? Je suis notaire dans mon pays. J'ai un château, ma femme et mes enfants. J'aimerais mieux être chez moi que de coucher sur la paille, exposé au chaud et au froid. *Fiat pax!* Je désire, nous désirons la paix comme vous, plus que vous!

— Eh bien, lui répondis-je, faites la paix! Vous retournerez dans votre maison et vous nous ferez grand plaisir.

— Le roi Guillaume ne veut pas la paix, lui; tant qu'il n'aura pas Paris, il n'y aura pas de paix possible. Ouvrez-nous vos portes.

Je souris à cette demande, lui faisant entendre qu'il es condamné, le malheureux, à coucher sur la paille longtemps encore à cause de son roi.

L'abbé....

Strasbourg.

Sinistre nouvelle! Strasbourg vient de succomber. Cinquante jours durant, cette héroïque cité a essuyé, avec la plus mâle constance, une véritable pluie de boulets et d'obus. Épuisée de munitions et de vivres, elle défiait encore l'ennemi. Elle n'a capitulé qu'après avoir vu ses murailles abattues, crouler sous le feu des assaillants. Elle a, en tombant, jeté un regard vers Paris pour affirmer une fois de plus l'intégrité de la Patrie, avec le devoir de la délivrer, l'honneur de la venger!

Toul est tombée comme Strasbourg.

Le Gouvernement a fait suivre la communication de ces douloureuses nouvelles du décret suivant :

« Le Gouvernement de la défense nationale,

« Considérant que la noble cité de Strasbourg, par son héroïque résistance à l'ennemi pendant un siége meurtrier de plus de cinquante jours, a resserré les liens indissolubles qui rattachent l'Alsace à la France ;

« Considérant que, depuis le commencement du siége de Strasbourg, la piété nationale de la population parisienne n'a cessé de prodiguer autour de l'image de la capitale de l'Alsace le témoignage du patriotisme le plus touchant et de la plus ardente reconnaissance pour le grand exemple que Strasbourg et les villes assiégées de l'Est ont légué à la France,

« Voulant tout à la fois perpétuer le souvenir du glorieux dévouement de Strasbourg et des villes de l'Est à l'indivisibilité de la République et des généreux sentiments du peuple de Paris,

« Décrète :

« Art. 1ᵉʳ. La statue de la ville de Strasbourg, qui se trouve actuellement sur la place de la Concorde, sera coulée en bronze et maintenue sur le même emplacement, avec inscription commémorative des hauts faits de la résistance des départements de l'Est.

« Art. 2. Le ministre de l'instruction publique est chargé de l'exécution du présent décret.

« Fait à Paris, à l'Hôtel de Ville, le 3 octobre. »

Paris couronne de fleurs la statue de Strasbourg. Paris, la belle cité, résiste en grandissant; bientôt elle pourra entonner l'hymne de la délivrance. Les enfants chantent, la garde nationale se prépare pour le combat; la mobile est magnifique d'intrépidité et d'allure. Les tours de Notre-Dame sont superbes, sous le soleil couchant, et le Panthéon se demande comment il fera pour recevoir tout ce peuple qui veut avoir droit à la sépulture des grands hommes.

1er octobre, 7 heures du soir.

Aujourd'hui il n'y a pas eu d'hostilités en avant de nos positions de Villejuif. Ce matin, le général chef d'état-major général s'est présenté en parlementaire au village de l'Hay pour régler les conditions de la convention à intervenir pour la remise des blessés et l'enterrement des morts. Il n'a pu obtenir une entrevue avec un général quelconque, et il reste convaincu que les Prussiens avaient à cacher une évacuation considérable de leurs blessés sur ce point. Il lui a été répondu à plusieurs reprises que, par ordre du roi, on ne pouvait parlementer que sur la route de Créteil.

Le corps du général Guilhem a été remis à la Société internationale de secours aux blessés, et les derniers honneurs lui ont été rendus hier par l'ennemi avec une grande solennité; son cercueil était recouvert de branchages et de fleurs, au moment où les membres de cette Société l'ont reçu.

En avant de nos forts du nord-est, il y a eu plusieurs reconnaissances poussées très-brillamment, de Noisy sur Bondy, par quatre compagnies des 3ᵉ et 4ᵉ bataillons des éclaireurs de la Seine (commandant Poulizac), et de Romainville sur Drancy et le chemin de fer de Soissons, par les francs-tireurs des Lilas (commandant Anquetil). La première de ces reconnaissances a dépassé Bondy et s'est avancée vers la Maison-Blanche, forçant ainsi l'ennemi à découvrir, en ce point, une batterie de quatre pièces qui a lancé sur elle cinq ou six obus. L'infanterie ennemie s'était retranchée fortement dans les maisons environnantes, et une attaque prolongée aurait pu être payée chèrement sans grand résultat. La retraite s'est faite en bon ordre. Nous n'avons eu qu'un blessé; l'ennemi doit avoir perdu une quinzaine d'hommes.

La reconnaissance des francs-tireurs des Lilas a traversé Bobigny et enlevé Drancy sous le feu des tirailleurs. Le sous-lieutenant Lebesley a été, en ce moment, atteint à l'épaule. Au delà de Drancy, l'ennemi a été poursuivi jusqu'à la ligne du chemin de fer, où il s'est retranché dans une maison de garde; des forces sérieuses se montrant du côté du Bourget et d'Aunay, le commandant Anquetil fit replier ses troupes, rapportant des casques, fusils et révolvers abandonnés sur le terrain; de ce côté, l'ennemi a perdu une dizaine d'hommes.

Hier, pendant le combat de Chevilly, la brigade Susbielle, sous les ordres du général Blanchard, a fait, en avant d'Issy et sur le Bas-Meudon, une brillante reconnaissance qui a duré cinq heures et demie : nos troupes ont rencontré trois régiments de la garde prussienne, fortement soutenus, qui ont été forcés de se replier, laissant sur le terrain nombre d'armes et de casques.

Un bataillon de la Côte-d'Or a pris part à l'action ; son attitude a été très-bonne, il a eu une quarantaine d'hommes hors de combat, dont huit officiers. La flottille du commandant Thomasset a soutenu cette opération de la manière la plus efficace en couvrant de ses obus les positions de l'ennemi.

Le Gouverneur a été visiter les troupes du 13e corps qui ont pris part aux combats d'hier ; il a été extrêmement satisfait de leur contenance résolue et de leur excellent esprit.

Obsèques du général Guilhem (5 octobre).

Simple volontaire à dix-neuf ans, en 1834, le général Guilhem gagna tous ses grades à la guerre, en Afrique, en Crimée, au Mexique. Général de brigade depuis 1867, il faisait partie, dernièrement encore, des corps d'occupation des États-Romains. A l'attaque de Chevilly, il est tombé à la tête de sa brigade, frappé de six balles. Son corps a été ramassé sur le champ de bataille par les Prussiens et même enterré provisoirement par eux avec tous les honneurs militaires. Le général laisse une veuve et deux jeunes enfants.

Le service religieux a été célébré à l'hôtel des Invalides par M. le curé Largentier.

Le corps du général Guilhem avait été déposé au Palais de l'Industrie et confié à la garde du haut personnel et des aumôniers de la Société internationale de secours aux blessés.

Le corps a été placé sur un simple char des pompes funèbres.

Son seul ornement était un trophée de drapeaux tricolores.

A droite et à gauche du char marchaient les hommes d'un régiment de ligne.

Derrière les amis, un détachement de cavalerie fermait la marche du cortége.

Le cercueil a été porté à bras par des sous-officiers, depuis la cour de l'hôtel des Invalides jusqu'au catafalque préparé dans la chapelle.

On remarquait, en grande tenue, dans le cortége, tous les généraux sans exception présents à Paris, parmi lesquels nous mentionnerons les généraux Trochu, Vinoy, Schmitz, de Liniers, Tamisier, Blanchard, Lecomte, Renaud d'Ubexi, l'amiral Fleuriot de Langle.

Il y avait également un grand nombre d'officiers et de sous-officiers appartenant soit aux armées régulières, soit à la garde nationale et à la garde mobile. Parmi les membres du Gouvernement de la défense nationale, MM. Garnier-Pagès, Ernest Picard, Gambetta, Emmanuel Arago, etc.

Au moment de la levée du corps, le général Trochu, en proie à une visible émotion, a prononcé les paroles suivantes :

« Messieurs,

« A l'heure présente, l'appareil de la mort n'a rien qui doive nous effrayer. Notre devoir pour la plupart, notre avenir, pour tous, est là. Dans les circonstances où nous nous trouvons, les phrases de tradition et de convenance seraient déplacées.

« Je ne dirai qu'un mot devant le cercueil du général Guilhem : il a bien vécu, il s'est battu comme un brave, il est mort en soldat. Messieurs, je le recommande à votre souvenir ! »

Après la cérémonie, le corps du général Guilhem a dû être transporté à Valence-d'Agen, dans un fourgon des pompes funèbres.

Le sous-lieutenant de Castries.

Le vicomte J.-B-.F. de Castries, sous-lieutenant au 4ᵉ régiment de lanciers, a été blessé à la tête par un éclat d'obus, au combat de Chevilly.

Transporté à l'ambulance Sainte-Marie, rue Saint-Lazare, cet officier de vingt-trois ans est mort, muni des sacrements de l'Église, après quatre jours d'horribles souffrances. Nous t'avons connu et nous t'avons aimé, cher vicomte. Nous avons recueilli avec respect les roses que nous avions déposées sur ta poitrine, et ta mémoire ne périra pas dans notre cœur.

Adieu ! adieu ! noble ami. Ceux que tu laisses derrière toi sont les plus à plaindre. Prie pour eux dans le ciel.

Le clocher de Chevilly.

Le clocher de l'église de Chevilly, qui est au pouvoir des Prussiens, aura sa part dans l'histoire de la guerre de tirailleurs qui se fait dans la vallée de la Bièvre. Ce clocher, que les boulets et les obus de nos forts et de nos redoutes auraient pu ruiner de fond en comble depuis longtemps, sert d'observatoire à l'ennemi, et de plus, de bastion, car il l'a crénelé de manière à nous faire le plus de mal possible.

C'est, au reste, du haut de ce clocher qu'ont été lancées et qu'on lance avec des fusils de rempart ces grosses balles oblongues qui sont venues frapper nos travailleurs dans les ouvrages de défense établis en avant d'Arcueil. Plusieurs terrassiers ont été, les uns tués, les autres grièvement blessés par les Prussiens embusqués sur le clocher.

A propos du clocher de l'église de Chevilly, nous citerons un fait qui s'y rattache. La duchesse du Maine, comme on sait, habitait le château de Sceaux et possédait, entre l'Hay et Chevilly, une superbe maison de campagne qu'elle avait donnée à une de ses dames d'honneur. La duchesse allait y passer quelques jours pendant la belle saison. C'était en 1661 ; Chevilly n'était qu'un hameau très-modeste. Ses habitants, désirant avoir une église, adressèrent une requête à la duchesse; celle-ci envoya sur les lieux son architecte, qui dressa un plan de l'église et le soumit à la princesse. On sait que la duchesse du Maine était très-batailleuse de son naturel et fort mêlée aux intrigues des princes. En voyant le clocher, qui semblait être une forteresse élevée sur une nef de mesquine dimension :

— Mais c'est un fort que vous construisez là, dit-elle à son architecte ; ne pensez-vous pas que mes ennemis pourraient s'en servir contre moi?

— Que Votre Altesse ne craigne rien ; les ennemis de Votre Altesse ne viendront jamais dans ce quartier perdu sur vos terres.

Ce fut d'après cette assurance que le clocher fut construit tel qu'il est aujourd'hui. L'architecte s'est trompé, en ce sens, que ce ne sont pas les ennemis de la duchesse qui ont profité de ce clocher, mais bien les ennemis de la France.

Pas plus malin que ça.

A la suite du combat de l'Hay, la retraite venait d'être sonnée. Un soldat de la ligne, le fusil en main, trouve que l'on a tort de le déranger du poste qu'il avait choisi et d'où il touchait, à chaque coup, un Prussien. Il reste donc et continue le feu.

Un camarade, excité par l'exemple, vient rejoindre

notre tirailleur heureux. A peine a-t-il pris place qu'une balle ennemie atteint et tue le nouvel arrivant.

En ce moment, le tireur avait brûlé sa dernière cartouche. Il voit son camarade mort. Il se penche, lui jette un regard de commisération et lui prend sa cartouchière. Alors il épuise tranquillement les munitions qu'elle contenait, et toujours avec le même succès. Après quoi il met son fusil en bandoulière, et au milieu d'une grêle de balles dont aucune ne l'atteint, il rejoint sa compagnie en disant : « C'est pas plus malin que ça! »

Le capitaine Favre.

A l'attaque de la première barricade, le capitaine Favre reçut deux blessures ; l'ennemi était à dix mètres ; les balles pleuvaient comme grêle. Pourtant un héroïque soldat du 77°, le caporal Pierrot, s'élance et s'efforce de panser son capitaine ; puis, voyant que c'est là une besogne impossible, il charge le blessé sur ses épaules et revient à pas lents, s'appuyant sur son fusil.

Dévouement inutile, le capitaine Favre était mort.

Le malheureux était adoré de son régiment ; il laisse six enfants.

Confiance (5 octobre).

Une des plus grandes souffrances que l'investissement de Paris impose à sa population est certainement l'absence complète de toute espèce de nouvelles. Un malaise indéfinissable s'empare des âmes, et ce n'est pas trop de l'effort continu du patriotisme pour le dominer. Il ne peut toutefois nous préserver de l'inquiétude et du penchant qui nous entraînent vers les extrêmes.

Le bien et le mal sont exagérés; les bruits les plus divers sont accueillis et colportés, et le trouble moral s'en accroît nécessairement. Associé à ces émotions bien naturelles, le Gouvernement voudrait à chaque heure transmettre des informations sûres. Seulement, il ne peut transmettre que celles qu'il reçoit, et celles qu'il reçoit sont nécessairement très-insuffisantes.

Son devoir est de n'en cacher aucune, et il s'y est conformé. On l'a accusé cependant d'avoir gardé pour lui un rapport dataillé de la délégation de Tours. Ce rapport n'existe que dans l'imagination de ceux qui en ont parlé. De même, certains journaux racontent la défaite d'un de nos officiers qui aurait perdu 7,000 hommes. Aucune indication de cette nature n'est parvenue au Gouvernement.

Il sait que les généraux qui opèrent au midi de la Loire et dans l'Ouest ont déjà rassemblé des forces respectables. Quelques-unes sont en mesure d'inquiéter l'ennemi, ce qui nous empêche de dire ce que nous savons de leurs positions. Cette situation n'est certainement pas tout ce que nous voudrions qu'elle fût; elle n'est cependant pas sans valeur. Il dépend de nous de la rendre meilleure encore.

Chaque jour qui s'écoule nous profite et nuit à l'ennemi, à la condition que nous ayons le courage et le bon sens de continuer à être ce que nous sommes. Paris donne à l'Europe, au monde, le plus beau des spectacles, celui d'une population de deux millions d'hommes si divers, si impressionnables, si exposés à des maux de toute nature, et néanmoins inaccessible à l'esprit de division, résolue, calme, patiente, ordonnée, acceptant son épreuve avec une admirable simplicité, et préparée à les subir toutes avec la ferme confiance qu'elles la conduiront au succès.

Dès à présent, Paris a conquis une gloire que rien ne peut lui enlever. Quand il s'est levé pour secouer le joug de l'Empire qui allait consommer sa trahison, tout était ruine dans le pays, et il a fallu sa grande âme pour ne pas désespérer. En l'opposant à la Prusse qui s'y attendait peu, il lui a porté un coup mortel. Il a déjoué ses calculs, mis le droit et l'opinion contre elle. Nous ne lui demandons que de bien se pénétrer de la grandeur et de l'efficacité de sa résistance, et de conserver sa mâle et tranquille attitude.

Les hommes que son acclamation a investis du difficile devoir de marcher avec lui dans cette voie ne peuvent assez dire combien ils sont fiers de ce résultat, combien leur cœur est rempli de reconnaissance et d'espoir. Et comment n'auraient-ils pas cet espoir? L'armée assaillante, déconcertée en rencontrant devant elle un peuple armé, n'a encore ni attaqué nos forts, ni approché notre enceinte ; la garde nationale, frémissante d'impatience et d'ardeur, demande à sortir des remparts et à se joindre à l'armée pour repousser les Prussiens.

Il est facile de comprendre ces sentiments et il faut s'en féliciter ; ils sont le présage d'une délivrance, mais la garde nationale sait que toute force militaire doit attendre, pour agir efficacement, le signal de ses chefs et compter sur leur vigilance et leur sollicitude. Le temps qui s'écoule n'est pas perdu pour l'organisation des troupes appelées à combattre. A Paris, chacun s'exerce incessamment, chaque citoyen est devenu un soldat. Dans les départements, des corps d'armée sont déjà en marche, plusieurs généraux les dirigent sur des points que nous ne devons pas signaler.

Ayons donc confiance, restons unis, et nous abrégerons ainsi la durée d'une épreuve que la vaillance de Paris, celle des départements, auront bientôt fait tourner à la confusion de nos ennemis.

Le caporal Ardit.

Un brave du 42ᵉ, médaillé, se faisait remarquer, au combat de Chevilly, par la justesse de son tir ; chaque coup faisait balle et tuait un ennemi. Tout d'un coup, un obus éclate près de lui et lui broie les deux mains d'une manière affreuse. La main droite est emportée ; à la main gauche, il y a deux doigts intacts et les trois autres sont broyés. Ainsi mutilé, il sort des rangs, et, avec un sang-froid héroïque, il demande à son capitaine la permission de se retirer, absolument comme il aurait demandé la permission de l'appel.

Ce soldat, fait caporal la veille, n'en est pas, du reste, à ses premières preuves de courage et d'abnégation. Il se nomme Ardit, et il était à bord de l'*Abbatucci* comme passager lors du naufrage de ce navire. Ardit se signala dans ce désastre en sauvant un grand nombre de passagers. Resté seul et le dernier sur le bâtiment avec un de ses camarades, il eut encore assez de force pour le sauver, et reçut pour ce fait la médaille militaire.

Surprise d'un convoi prussien.

Les marins du fort de Montrouge ont exécuté, dans la nuit du 6 au 7 octobre, une expédition des plus hardies. Informés par les francs-tireurs qu'un convoi de vivres destinés à l'armée ennemie était arrêté, avec escorte, en avant du village de Thiais, les vaillants loups de mer se sont glissés par les vignes et par les champs jusqu'à l'entrée de cette localité, où s'était livré, il y a huit jours, un si sanglant combat.

Cette fois, ce sont les Prussiens qui ont été surpris ; les matelots se sont élancés sur le campement, se sont emparés des fusils en faisceaux, et, pour ne pas donner l'éveil, se sont précipités sur l'ennemi à coups de hache, de poignards et de baïonnettes.

Plus de quatre-vingts Prussiens ont été tués ainsi. Les autres se sont repliés en toute hâte sur le village, fuyant au milieu du plus grand désordre et abandonnant les voitures remplies de vivres, d'eau-de-vie, de café et de lard.

Les marins ont occupé la position jusqu'au matin ;

avant de quitter la place, ils ont traîné avec eux trois fourgons et ont mis le feu aux autres. Il est à remarquer que pendant toute cette expédition, pas un coup de fusil n'a été tiré et que pas un marin n'a souffert, tandis que les pertes des Prussiens ont été considérables.

Le commandant du fort a fait distribuer à ses hommes le contenu d'une des voitures, et ils ne se sont pas fait faute de festoyer avec les provisions des Prussiens.

Manifestations du 8 octobre à l'Hôtel de Ville.

Une affiche placardée sur tous les murs de la capitale et reproduite par quelques journaux invitait les gardes nationaux et les citoyens à se réunir le samedi 8 octobre sur la place de l'Hôtel de Ville pour demander l'élection immédiate de la Commune de Paris.

Le Gouvernement, confiant dans le bon sens et dans le patriotisme de la population parisienne, n'avait cru devoir faire à cette occasion aucun déploiement de force inaccoutumé.

Vers une heure et demie, se formait sur la place de l'Hôtel-de-Ville un groupe de trois ou quatre cents personnes criant : *Vive la Commune!* A deux heures, le 84e bataillon de la garde nationale (commandant Bixio) venait se déployer en cordon sur deux rangs le long de la façade de l'Hôtel de Ville. Ce mouvement provoqua une assez grande affluence de curieux, et les cris prirent une certaine intensité. Mais la masse des assistants restait indifférente à ces provocations; bien plus, tout autour de la place et dans les rues adjacentes, on protestait avec une vive énergie contre les meneurs qui compromettent le succès de la défense nationale par des excitations factieuses.

Sur ces entrefaites, le général Trochu arrivait à cheval. Seul, laissant loin en arrière son état-major, il parcourut la foule et fut accueilli par les cris les plus sympathiques. Un peu plus tard, le général Tamisier était également acclamé.

Cependant le bruit se répandait dans Paris qu'une tentative était faite pour exercer une pression sur le Gouvernement de la défense nationale. On vit alors accourir bataillons sur bataillons. Les groupes hostiles, comprenant leur impuissance, se retirèrent, et la garde nationale ayant occupé la place dans toute son étendue, les membres du Gouvernement présents à l'Hôtel de Ville descendirent pour la passer en revue.

On ne saurait décrire l'enthousiasme des gardes nationaux et de la population. Les cris de *Vive la République! Vive le Gouvernement! Pas de Commune!* sortaient de cinquante mille poitrines.

Après la revue, les officiers se rangèrent en cercle, et M. Jules Favre prononça les paroles suivantes :

« Messieurs,

« Cette journée est bonne pour la défense, car elle affirme une fois de plus et d'une manière éclatante notre ferme résolution de demeurer unis pour sauver la patrie.

Cette union intrépide, dévouée dans une seule et même pensée, elle est la raison d'être du Gouvernement que vous avez fondé le 4 septembre. Aujourd'hui, vous consacrez de nouveau sa légitimité. Vous entendez le maintenir pour qu'avec vous il délivre le sol national de la souillure de l'étranger; de son côté, il s'engage envers vous à poursuivre ce noble but jusqu'à la mort, et, pour l'atteindre, il est décidé à agir avec fermeté contre ceux qui tenteraient de l'en détourner.

« Par un redoutable hasard de la fortune, Paris a l'honneur de concentrer sur lui l'effort des agresseurs de la France : il est son boulevard, il la sauvera par votre abnégation, par votre courage, par vos vertus civiques, et, si quelques téméraires essayent de jeter dans son sein des germes de division, votre bon sens les étouffera sans peine. Tous nous eussions été heureux de donner aux pouvoirs municipaux le fondement régulier d'une libre élection. Mais tous aussi nous avons compris que lorsque les Prussiens menacent la cité, ses habitants ne peuvent être qu'aux remparts, et même au dehors où ils brûlent d'aller chercher l'ennemi. Quand ils l'auront vaincu, ils reviendront aux urnes électorales; et, au moment où je vous parle, entendez-vous l'appel suprême qui m'interrompt? c'est la voix du canon qui tonne et qui nous dit à tous où est le devoir.

« Messieurs, un mot encore. Aux remercîments du Gouvernement, qui est votre œuvre, votre cœur, votre âme, qui n'est quelque chose que par vous et pour vous, laissez-moi mêler un avis fraternel; que cette journée ne fasse naître en nous aucune pensée de colère, ou même d'animosité. Dans cette grande et généreuse population, nous n'avons pas d'ennemis. Je ne crois pas même que nous puissions appeler adversaires ceux qui me valent l'honneur d'être maintenant au milieu de vous. Ils ont été entraînés ; ramenons-les par notre patriotisme. La leçon ne sera pas perdue pour eux ; ils verront, par votre exemple, combien il est beau d'être unis pour servir la patrie, et désormais c'est avec nous qu'ils voleront à sa défense. »

Pendant ce discours les acclamations de la garde nationale se mêlaient au grondement lointain de la canonnade.

Une heure plus tard, malgré une pluie torrentielle et la nuit tombante, de nouveaux bataillons remplissaient la place de l'Hôtel de Ville, et les membres du Gouvernement durent passer une seconde revue au milieu des mêmes démonstrations de sympathie et d'enthousiasme.

Ainsi s'est terminée cette grande journée, qui a tourné à la confusion des agitateurs et qui a démontré que le peuple de Paris est décidé à faire bonne justice de toute tentative de sédition.

M. Jules Favre, vice-président du Gouvernement de la défense nationale, a écrit la lettre suivante au commandant de la garde nationale :

Paris, le 8 octobre 1870.

A monsieur le général Tamisier, commandant en chef des gardes nationales de la Seine.

« Mon cher général,

« Je vous remercie avec effusion, vous et la garde nationale, dont vous êtes le digne chef, du concours que vous venez de nous prêter. Au premier signal, vos bataillons sont accourus, et, par leurs acclamations patriotiques, ont protesté contre les imprudents qui cherchent à nous diviser devant l'ennemi. Vous leur avez prouvé qu'ils n'y réussiront pas. Nous resterons unis pour combattre et pour vaincre. Nous le serons encore après, car tous nous n'avons qu'une volonté : fonder une République durable, décrétée par la nation dans sa souveraineté. C'est pour l'accomplissement de cette double tâche que nous sommes debout, ne formant qu'un faisceau, maintenant avec fermeté le Gouvernement établi le 4 septembre, ne demandant d'autre récompense que l'honneur insigne de remettre à la France délivrée par l'héroïsme de ses enfants les pouvoirs que nous avons reçus pour la défendre.

Agréez, mon cher général, l'expression de mes sentiments affectueux et dévoués.

Le Vice-Président du Gouvernement,
ministre de l'intérieur par intérim,

JULES FAVRE.

Opérations militaires (3 octobre).

La journée, comme celle du 2, s'est passée dans le plus grand calme.

Les canons de nos forts inquiètent les travaux de l'ennemi.

Hier, en avant de Noisy, le commandant Warnet, avec sept compagnies de gardes mobiles (Côtes-du-Nord, Finistère et 8ᵉ bataillon de la Seine), a poussé une reconnaissance au delà de Bondy. Un poste prussien établi dans ce village s'est replié en toute hâte sur la forêt en arrière, pour n'être pas enlevé par nos soldats, qui s'élançaient au pas de course.

(4 octobre.)

Une reconnaissance, faite en avant du fort de Nogent, par trois compagnies du bataillon de la Drôme et un peloton de spahis, s'est heurtée, presque à la sortie du village de Neuilly-sur-Marne, contre des avant-postes prussiens qui se sont repliés vivement sur un petit bois où 500 hommes environ étaient embusqués; accueillis à une petite distance par une fusillade très-nourrie, nos spahis ont chargé jusqu'à la lisière du bois et tiré à bout portant : leur décharge a renversé une vingtaine d'hommes ; nous n'avons eu que deux chevaux tués. Nos forts du sud ont lancé quelques obus sur les travailleurs ennemis.

———

(5 octobre.)

Une reconnaissance faite par quatre compagnies du 5ᵉ bataillon de la mobile de la Seine, dans le village de Clamart, vers une heure de l'après-midi, a très-heureusement réussi.

Nous n'avons pas eu de blessés, et nos soldats ont rapporté deux fusils, un sabre et un fourniment. Les ordres sont donnés sur toute notre ligne pour que l'on tire sur les groupes ennemis et sur les travailleurs.

Ce matin, à la suite du feu du Mont-Valérien, sur les crêtes boisées, entre Saint-Cloud et Bougival, des troupes ennemies ont essayé de se réfugier dans ce dernier village; elles ont été délogées avec quelques gros projectiles de marine.

En avant du fort de Charenton, vers onze heures, une autre reconnaissance, formée de la compagnie des tirailleurs parisiens (capitaine Lavigne), et de la compagnie du 21ᵉ d'infanterie, a été portée en avant pour s'assurer des forces et de la position de l'ennemi en avant et sur la droite de Créteil.

A 1,200 mètres environ des dernières maisons de ce village, nos tirailleurs ont attaqué une barricade fortement défendue par l'ennemi, qu'ils n'ont pu en débusquer; mais, sur la droite, nos soldats l'ont chassé d'un poste établi à une maison de garde du chemin de fer de Lyon, et se sont repliés, en bon ordre, devant des forces considérables qui s'avançaient vers eux. Dans ces rencontres, nous avons eu deux hommes de tués; les pertes de l'ennemi n'ont pu être évaluées.

(6 octobre.)

A Saint-Denis, le général de Bellemare a fait occuper une sorte de camp retranché demi-circulaire où sont établis nos avant-postes dans un rayon d'environ 1 kilomètre au delà des forts. Notre position devient ainsi presque inabordable de ce côté.

Le 8ᵉ bataillon de la garde mobile de la Seine, sous le commandement du commandant Léger, a exécuté un hardi coup de main contre une grand'garde établie au village de Drancy. L'ennemi a été repoussé.

Le capitaine Maury et le lieutenant Bec, de la 6ᵉ compagnie du 8ᵉ bataillon, ont été cités à l'ordre de l'armée par le général Ducrot.

(7 octobre.)

Hier, les francs-tireurs des Lilas ont poussé, matin et soir, deux reconnaissances sur Bondy, et ont rejeté l'ennemi au delà du canal de l'Ourcq par le pont de la Poudrette.

Ces mouvements ont fait reconnaître que les grand'-gardes prussiennes étaient établies en ce point, et qu'un corps de troupes plus considérable campait au Raincy, près de la Maison-Blanche. Les francs-tireurs se sont comportés avec la plus grande énergie; ils ont eu à déplorer la mort de leur lieutenant, M. Mascret, atteint d'une balle au sortir de Bondy.

Dans l'après-midi, les tirailleurs de la Seine, éclaireurs de la Seine, tirailleurs des Ternes et carabiniers de Neuilly, ont poussé une reconnaissance très-hardie sur les bords de la Seine, entre Chatou et Argenteuil; ils ont tiraillé avec les avant-postes ennemis, placés sur l'autre rive.

Cette reconnaissance, conduite par le général Ducrot, était appuyée par cinq escadrons de cavalerie, gendarmes et dragons, et quelques pièces qui ont jeté des obus dans un poste ennemi, au Pont-des-Anglais.

Le général Ducrot se loue beaucoup de la très-bonne attitude de ses troupes; les gendarmes avaient, au préalable, exécuté une reconnaissance en éclaireurs consommés.

Vers huit heures du soir une vive fusillade s'est engagée sur les bords de la Marne entre la grand'garde de

Joinville et les avant-postes prussiens. Deux obus ont déterminé la retraite de l'ennemi sur Champigny.

Ce matin, une reconnaissance en avant du fort de Nogent s'est avancée jusqu'à 600 mètres de Neuilly-sur-Marne, sans découvrir l'ennemi.

Le Mont-Valérien continue à tirer sur les points principaux où l'ennemi est signalé; la portée des pièces de marine permet de l'atteindre à des distances énormes.

Le général Vinoy a fait occuper le village de Cachan, sous la protection des canons de Montrouge et de Bicêtre.

Une reconnaissance a été faite à Clamart par douze compagnies de gardes mobiles de la Seine, sous le commandement du lieutenant-colonel Rambaud : elle a rapporté des armes, des sacs de farine et des outils trouvés dans le bois. Les gardes mobiles se sont très-bien conduits; nous avons eu 1 homme de tué et 3 blessés. L'ennemi a perdu une vingtaine d'hommes.

(8 octobre.)

L'ennemi a été chassé de Bondy et nous avons occupé le village jusqu'à la nuit. Chacun est rentré, selon les ordres de l'amiral Saisset, commandant à Noisy. L'affaire a été conduite par le chef de bataillon d'infanterie de marine du fort de Noisy, M. Barzigon, et par le colonel Lafon, des éclaireurs de la Seine.

(10 octobre.)

Les compagnies de la ligne des redoutes de la Boissière, Montreuil et Noisy, avec un bataillon des mobiles du Nord, ont eu un engagement très-vif avec l'ennemi. Ce dernier n'a pas tardé à exercer, à la sortie des bois, à notre gauche, deux pièces d'artillerie qui ont pu tirer sur nos troupes une dizaine de coups à obus et à mitraille. Ces pièces ont été promptement complétement démontées par le feu bien dirigé de quelques pièces des trois forts, et nous avons pu voir très-distinctement l'une d'elles, sans chevaux, emmenée à bras, les chevaux fuyant ou errant blessés, et, peu après, la seconde pièce retirée péniblement au parc par deux chevaux; puis une quinzaine de blessés remontant l'avenue de la Maison-Blanche vers la grande usine placée dans les bois.

Le feu de l'ennemi cependant, bien abrité près du pont de la Poudrette, s'est éteint successivement sous la précision de celui de la ligne qui s'est avancée jusqu'à la lisière des bois à droite de la Maison-Blanche avec entrain et habileté. La mitraille ennemie a tué un soldat de ligne et blessé six de ses camarades.

(11 octobre.)

Hier, dans la journée, de nombreux mouvements de troupes ont été signalés chez l'ennemi, en avant de nos lignes du sud, hors de portée de nos feux. Le gouverneur de Paris a été visiter le Moulin-Saquet, Villejuif et les Hautes-Bruyères ; toutes ces positions sont en remarquable état de défense. De cette dernière redoute, un obus heureusement lancé a tué une dizaine de Prussiens dans une maison qui leur servait de poste, en avant de Bourg-la-Reine.

Le soir, le général Blanchard a occupé sans coup férir, la maison Millaud ; l'occupation de cet avant-poste ennemi menaçant Cachan s'est opérée hier soir, après un signal donné par cinq coups de canon tirés contre elle, du fort de Montrouge. Nos soldats se sont immédiatement élancés et sont entrés dans la maison ainsi que dans les maisons voisines. Ils y ont trouvé de nombreux débris attestant la présence récente de l'ennemi et les traces de ses blessés.

La mise en défense a commencé immédiatement et s'est poursuivie toute la nuit avec régularité et entrain, sans que l'ennemi songeât à l'inquiéter, bien que ses éclaireurs se soient rapprochés jusqu'à 300 mètres.

Les maisons les plus voisines ont été incendiées ou détruites pour dégager les abords.

Au jour, nos hommes étaient déjà partout abrités ; ce travail s'est poursuivi aujourd'hui.

Le Mont-Valérien, la batterie Mortemart et la canonnière de Suresnes ont entretenu un feu assez vif sur Saint-Cloud. La batterie de Courbevoie a tiré sur Houilles et celle de Saint-Ouen sur Orgemont.

(12 octobre.)

Ce matin, le lieutenant-colonel Reille, commandant le 7ᵉ régiment des gardes mobiles (Tarn), a exécuté une reconnaissance importante, dans le but de s'assurer de la présence des forces ennemies au bois de Neuilly et au plateau d'Avron.

Les postes prussiens se sont repliés vivement devant les spahis, soutenus par nos tirailleurs, et se sont dérobés dans un bois qui s'étend entre Neuilly et Villemomble.

Le village du bois de Neuilly a été occupé et fouillé dans tous les sens.

A la gauche, trois compagnies, sous les ordres du commandant de Faucaut, ont gravi les pentes d'Avron.

Une division du 1ᵉʳ régiment de chasseurs a fouillé la partie dénudée et reconnu le plateau en tous sens sans voir d'ennemis, sauf du côté de Villemomble, en arrière du village.

A l'extrémité du mouvement de terrain, l'infanterie prit à revers le bois que l'ennemi, qui s'y était retiré, n'essaya pas de défendre bien qu'il y eût fait des abattis.

Le lieutenant-colonel Reille se loue beaucoup de l'attitude des mobiles et du concours que lui ont prêté les chasseurs et les spahis.

De son côté, le général Ducrot a poussé, dans la journée, une reconnaissance au delà de la Malmaison. Les éclaireurs Dumas et les éclaireurs de la ligne (commandant Lopez) s'étaient engagés résolùment à la gauche et en avant de Rueil. Les mobiles du Morbihan, après avoir essuyé des feux de peloton partant du parc de la Malmaison, se sont trouvés en présence de batteries prussiennes à la biffurcation des routes de Bougival et de la Jonchère. Ces batteries se sont démasqués à 300 mètres, et leur feu n'a pas atteint un seul des nôtres, les boîtes à mitraille ayant fait balle au lieu de s'écarter. Les mobiles se sont mis à couvert dans les fossés de la route et, de là, ont ouvert le feu sur l'ennemi, qui a été contraint de se retirer. Son artillerie, réduite au silence par la nôtre, a été poursuivie dans sa retraite par les obus du Mont-Valérien jusqu'à Bougival.

Départ de M. Gambetta (7 octobre).

Le gouvernement, considérant qu'en raison de la prolongation de l'investissement de Paris, il est indispensable que le ministre de l'intérieur puisse être en rapport direct avec les départements, décrète que M. Gambetta se rendra sans délai à la délégation de Tours. Le ministre des affaires étrangères est chargé de l'intérim du ministère de l'intérieur.

En exécution de ce décret, M. Gambetta est parti ce matin même par le ballon. Il emporte la proclamation qui suit à l'adresse des départements :

Français,

La population de Paris offre en ce moment un spectacle unique au monde : Une ville de deux millions d'âmes, investie de toutes parts, privée jusqu'à présent, par la criminelle incurie du dernier régime, de toute armée de secours, et qui accepte avec courage, avec sérénité, tous les périls, toutes les horreurs d'un siége.

L'ennemi n'y comptait pas. Il croyait trouver Paris sans défense. La capitale lui est apparue hérissée de travaux formidables, et ce qui vaut mieux encore, défendue par 400,000 citoyens qui ont fait d'avance le sacrifice de leur vie.

L'ennemi croyait trouver Paris en proie à l'anarchie; il attendait la sédition qui égare et qui déprave, la sédition qui, plus sûrement que le canon, ouvre à l'ennemi les places assiégées.

Il l'attendra toujours. — Unis, armés, approvisionnés, résolus, pleins de foi dans la fortune de la France, les Parisiens savent qu'il ne dépend que d'eux, de leur bon ordre et de leur patience, d'arrêter pendant de longs mois la marche des envahisseurs.

Français! c'est pour la Patrie, pour sa gloire, pour son avenir, que la population parisienne affronte le fer et le feu de l'étranger.

Vous qui nous avez déjà donné vos fils, qui nous avez envoyé cette vaillante garde mobile dont chaque jour signale l'ardeur et les exploits, levez-vous en masse et venez à nous : isolés, nous saurions sauver l'honneur; mais avec vous et par vous, nous jurons de sauver la France.

Paris, le 7 octobre 1870.

Manifestation des femmes.

Le 7 octobre, à midi et demi, une colonne de cent cinquante femmes et jeunes filles, marchant par file en bon ordre, et précédée de deux tambours de la garde nationale, s'est présentée devant l'Hôtel de Ville.

Au milieu de la colonne, une grande jeune fille portait le drapeau des ambulances, blanc avec la croix rouge. Toutes ces femmes avaient arboré comme signe distinctif une croix de laine rouge.

Au milieu de la place, les manifestantes se sont rangées en cercle, et la présidente a expliqué à haute voix le but de la réunion.

Il s'agit de demander au Gouvernement provisoire le remplacement des hommes par les femmes dans les ambulances : cette mesure grossira le nombre des défenseurs du rempart.

La manifestation a été très-bien accueillie.

Nos généreuses Parisiennes se sont retirées en chantant les hymnes patriotiques.

Le voyage de Gambetta.

Le 10 octobre, une dépêche, par pigeon, annonçait l'heureuse arrivée en province de M. Gambetta.

Le ballon l'*Armand-Barbès*, victime d'un accident, ayant à lutter contre des vents contraires, a failli tomber au milieu des Prussiens. Heureusement, l'aéronaute a su lutter contre les obstacles.

Les voyageurs sont descendus en forêt à Epineuse, département de la Somme. M. Gambetta écrit de Montdidier qu'il part pour Amiens et Tours. De toutes parts on se lève en masse pour la défense de la patrie.

CHAPITRE VI.

Combat de Châtillon (13 octobre).

Dans la soirée du 12 octobre, le gouverneur de Paris avait prescrit au général Vinoy, commandant en chef le 13e corps, d'opérer une grande reconnaissance sur Bagneux et Châtillon et de tâter fortement l'ennemi vers ces positions.

Le 13, dès six heures du matin, le général Vinoy s'était transporté au fort de Montrouge. Il avait donné ses instructions pendant la nuit. A neuf heures précises toutes les troupes étaient postées aux points qui leur avaient été assignés d'avance. Elles se mettaient en mouvement à un signal convenu : deux coups de canon tirés par le fort de Montrouge.

La 3e division du 13e corps (général Blanchard) était spécialement chargée de l'action ; elle devait être soutenue par la brigade Dumoulin, de la division Maud'huy, et par la brigade de La Charrière, division Caussade.

Deux bataillons du 13ᵉ de marche, avec 500 gardiens de la paix, devaient s'emparer de Clamart, s'y maintenir, surveiller Meudon et pousser les avant-postes jusque sur le plateau de Châtillon.

Le général Susbielle, avec le reste de sa brigade (le 14ᵉ de marche et un bataillon du 13ᵉ), renforcée par 500 gardiens de la paix, devait attaquer Châtillon par la droite; les mobiles de la Côte-d'Or et un bataillon des mobiles de l'Aube devaient forcer Bagneux, s'y établir solidement, tandis que le 35ᵉ de ligne, avec un autre bataillon de la Côte-d'Or, devait aborder Châtillon de front et occuper Fontenay, pour surveiller la route de Sceaux.

Le 42ᵉ de ligne, avec le 3ᵉ bataillon de l'Aube, recevait l'ordre de rester en réserve en arrière de Châtillon, vers le centre des opérations, au lieu dit la Baraque.

La brigade La Charrière avait pour mission de se porter sur la route de Bourg-la-Reine, et de maintenir les forces que l'ennemi dirigerait de ce côté pour essayer de tourner notre gauche.

La colonne de droite s'empare, sans coup férir, de Clamart, s'y maintient, mais trouve près du plateau de Châtillon des positions fortement occupées. Elle s'arrête donc sans pousser plus avant.

Le général Susbielle attaque vigoureusement Châtillon, soutenu par son artillerie de campagne et par celle des forts d'Issy et de Vanves. Mais il est arrêté dès l'entrée du village par des barricades qui se succèdent, et par une vive fusillade partie des maisons crénelées. Il est obligé d'emporter une à une toutes ces maisons et de faire appel à l'énergie de ses troupes, tout en usant d'une extrême prudence, pour continuer cette guerre de siége. Le général reçoit un coup de feu à la jambe, mais sa blessure est heureusement sans gravité; il reste à cheval et continue à commander sa brigade.

La colonne de gauche enlève rapidement Bagneux, après une vive résistance : les mobiles de la Côte-d'Or et de l'Aube, sous la conduite du lieutenant de Grancey, se montrent aussi solides que de vieilles troupes. C'est dans cette attaque que le commandant de Dampierre, chef du bataillon de l'Aube, est tombé à la tête de son bataillon.

Pendant ce temps, le 35e de ligne et un bataillon de la Côte-d'Or, sous les ordres du colonel de la Mariouse, tentent de se frayer un passage entre Bagneux et Châtillon; mais ils sont arrêtés par la mousqueterie et l'artillerie ennemies; ils sont obligés, eux aussi, de faire le siége des maisons et des murs du parc, crénelés et vigoureusement défendus, et ils parviennent jusqu'au cœur du village.

La brigade Dumoulin, qui avait pris position à la grange Ory, reçut ordre de se porter en avant pour appuyer le mouvement du colonel de la Mariouse, elle occupa le bas de Bagneux, tandis que le 35e cheminait par le centre pour forcer la position de Châtillon.

La brigade de La Charrière s'acquittait convenablement de la tâche qui lui avait été confiée. Elle faisait taire, par son artillerie judicieusement dirigée, le feu d'une batterie ennemie, postée vers l'extrémité de Bagneux, et qui s'efforçait d'inquiéter nos réserves, dans le but de tourner notre gauche. Après cinq heures de combat, la retraite, ordonnée par le gouverneur, s'est effectuée dans le plus grand ordre. L'ennemi a essayé de reprendre rapidement ses positions et il a engagé un feu très-vif de mousqueterie et d'artillerie ; mais nos batteries divisionnaires et les pièces des forts de Vanves, de Montrouge et d'Issy l'ont arrêté court dans cette tentative. Les troupes laissées en réserve ont appuyé la retraite avec calme.

Le but proposé a été atteint. L'ennemi, obligé de montrer ses forces, a dû subir de fortes pertes, tandis que les nôtres sont peu sensibles. Nous avons eu une trentaine d'hommes tués et une centaine de blessés. Les Prussiens ayant demandé un armistice pour relever leurs morts, une suspension d'armes a été accordée, le 14 octobre, de onze heures à cinq heures, en avant de nos forts du Sud.

Le lendemain du combat de Châtillon, le gouverneur a fait afficher l'ordre suivant :

« Dans le combat d'hier, la division Blanchard, du 13e corps, les bataillons de la garde mobile et le corps des gardiens de la paix qui y sont attachés, ont acquis de nouveaux droits à la reconnaissance du Gouvernement de la défense nationale et du pays.

« Les troupes ont montré de la vigueur, de l'aplomb, des habitudes d'ordre et de discipline dont j'ai à les féliciter.

« Le 35e régiment d'infanterie et les bataillons de la Côte-d'Or, qui déjà s'étaient brillamment conduits au combat de Villejuif, les bataillons de l'Aube, qui abordaient l'ennemi pour la première fois, les gardiens de la paix, qui ont perdu un officier et plusieurs hommes, se sont hautement distingués.

« Le lieutenant-colonel de Grancey, des bataillons de la Côte-d'Or, a énergiquement contribué, à la tête de la garde mobile, au succès de la journée. Le commandant de Dampierre, des bataillons de l'Aube, entraînant sa troupe à l'attaque de Bagneux, où il est entré le premier, a succombé glorieusement, et je donne ici à ce vaillant officier des regrets que l'armée partagera tout entière.

« Paris, le 14 octobre 1870.

« *Le Gouverneur de Paris,*
« Général TROCHU. »

Le comte Picot de Dampierre.

– Honor fides.

Le combat du 13 octobre nous coûte la vie d'un vaillant soldat. Le comte Picot de Dampierre était, depuis un an environ, chef de bataillon de la mobile de l'Aube. Chasseur émérite, il possédait de magnifiques équipages ; dans les allées de la forêt de Bligny retentissent encore les échos de ses fanfares et les aboiements de ses chiens. Le comte de Dampierre, descendant du général de Dampierre qui mérita d'être enterré au Panthéon, était estimé pour sa bravoure et sa loyauté ; il était l'idole de son bataillon.

Dans le village de Bagneux, sur la première barricade, c'est la première balle qui l'a frappé. Transporté à l'ambulance des dominicains d'Arcueil, il reçut, avec une piété et une résignation touchantes, les secours de la religion. Sa dernière parole fut pour sa femme bien-aimée, morte depuis deux ans. Le R. P. Houlès, sous-prieur du collége Albert-Le-Grand, et le marquis Henri de Rougé, ont fermé les yeux du commandant de Dampierre.

Honor fides.

Les trois blessés.

Voici un épisode touchant du combat du 13 octobre. Le capitaine, le lieutenant et le sergent-major d'une compagnie de ligne avaient été blessés. Quand on a voulu les enlever, le lieutenant et le sergent-major ont demandé avec instance à ne pas être séparés de leur capitaine, plus grièvement blessé, disant qu'ils préféraient mourir tous trois à côté les uns des autres sur le champ de bataille que d'être séparés. Le membre de la Société internationale qui nous a raconté le fait a pu heureusement se procurer au bout de quelques recherches une voiture assez grande pour les y installer tous les trois et les faire conduire dans une même ambulance.

A 4,600 mètres.

Nos marins ont montré, à la journée du 13, ce dont ils étaient capables. Une batterie prussienne était venue du côté de Sceaux se placer de manière à diriger son feu sur nos troupes qui occupaient Bagneux. Aperçue du fort de Bicêtre, on a tiré sur elle à 4,600 mètres, et on l'a forcée à battre en retraite.

A cette distance considérable, un obus de 16 de la marine avait culbuté une des pièces, qui est restée sur place.

La dernière poignée de main.

Au combat de Châtillon, un jeune mobile de la Côte-d'Or reconnut parmi les marins un sergent, son cousin, et il s'approcha pour lui serrer la main avec effusion.

A ce moment même, une balle le frappa à la tête, et il tomba mort, couvrant de son sang les guêtres blanches du marin. Il se nommait Dubreuil, de Marcenay, près Dijon.

La plus enviée des récompenses.

GOUVERNEUR DE PARIS,

Au général commandant supérieur des gardes nationales de la Seine et aux officiers généraux commandant les secteurs ;

Au commandant en chef des 13ᵉ et 14ᵉ corps ; aux commandants supérieurs de l'artillerie et du génie de l'armée de Paris ;

Au contre-amiral commandant en chef les forts et les troupes de la marine ;

Au commandant général de l'armée de Paris ;

Aux commandants des forts et des troupes de l'armée de terre.

Mon cher général,

Je suis absolument résolu à faire cesser les vieux errements, originaires de la guerre d'Afrique, qui consistent à citer, après chaque engagement, une foule de noms qui commencent par ceux des généraux et finissent par ceux de quelques soldats. Ce système a créé la banalité dans un ordre de principes, de sentiments et de faits qui devraient garder une haute valeur aux yeux des troupes comme aux yeux du pays, et qui sont la véritable base de l'état moral des armées.

Je veux qu'une citation à l'ordre de l'armée de Paris soit une récompense qui prime toutes les autres et qui soit enviée par les plus haut placés comme par les plus humbles défenseurs de la capitale. Nous avons à faire pénétrer dans l'esprit de nos officiers et de nos soldats cette grande pensée dont n'ont pas voulu les monarchies et que la République doit consacrer :

« Que l'opinion seule peut récompenser dignement le sacrifice de la vie. »

Dans ces vues, vous m'adresserez, pour les combats

des 19 et 20 septembre et du 13 octobre une liste de quarante noms, sans plus ; et rappelez-vous que si la notoriété publique militaire ne ratifie pas un à un les choix que vous allez faire, vous aurez gravement compromis votre responsabilité devant moi et gravement compromis en même temps le grand principe que je veux faire prévaloir.

Que vos investigations soient lentes et sûres, qu'elles descendent jusqu'aux derniers échelons de la hiérarchie, qu'elles soient contrôlées sévèrement, que ce soit une enquête d'honneur faite avec le temps et avec la maturité nécessaires. Les titres antérieurs doivent disparaître en face des titres spéciaux que le combat a créés et qui font ressortir des individualités qu'il est de notre devoir d'honorer devant le pays et de montrer aux troupes comme un encouragement et comme un exemple.

Recevez, mon cher général, l'assurance de mes sentiments dévoués.

Le Président du Gouvernement, gouverneur de Paris,

Général Trochu.

Paris, 17 octobre.

L'armement de Paris.

Le Gouvernement a répondu au vœu public en résumant l'effort immense et parfois méconnu qui a fait, en quelques semaines, d'une ville jugée hors d'état de se défendre, une place imprenable. Le génie militaire, l'artillerie, le ministère des travaux publics y ont concouru.

§ 1ᵉʳ. — GÉNIE.

Au lendemain des grands désastres de l'armée du Rhin, l'enceinte, dépourvue de tout armement, n'avait ni abris, ni magasins à poudre, ni traverses. Quant aux forts, ils n'étaient pas non plus en état de défense.

L'investissement de la place, à la date du 18 septembre, ne nous permit d'achever que deux redoutes : celle des Hautes-Bruyères et du Moulin-Saquet.

Dans les forts, tout était à faire ; il n'y avait ni abris, ni plates-formes, ni magasins, ni casemates, ni embrasures, ni, à plus forte raison, aucune des défenses accessoires qu'il est nécessaire d'accumuler aux abords des ouvrages. Le génie militaire a accompli tous ces travaux avec une rapidité remarquable.

Dans les six forts occupés par la marine, les travaux d'armement et de terrassement ont été exécutés par les marins avec un entrain au-dessus de tout éloge. Pour fermer les soixante-neuf portes et établir des ponts-levis, plus de 11,000 ouvriers furent employés. Il fallait en même temps barrer les quatre canaux et placer dans la Seine des estacades.

La zone militaire était déblayée, les bois de Boulogne et de Vincennes abattus en partie ; les dehors des forts garnis de palissades sur une ligne d'un développement de 61,000 mètres courants ; enfin, trois batteries tout à fait nouvelles s'élevaient à Saint-Ouen, à Montmartre et aux buttes Chaumont.

Sur les remparts, où, comme dans les forts, tout faisait défaut, le génie militaire a construit des traverses, des abris que chacun peut voir et compter ; deux millions de sacs à terre ont couronné les parapets ; soixante-dix magasins voûtés ont été construits pour recevoir les poudres et le matériel de la défense.

La partie de l'enceinte qui correspond au Point-du-Jour semblait, il y a six semaines, ouverte au feu de l'ennemi ; elle est devenue, grâce aux travaux exécutés en avant dans le village de Billancourt et aux retranchements intérieurs, un des points les plus forts de la place.

Ces travaux ont été complétés par l'exploration de nombreuses carrières qui se développent en tous sens sur notre front et que les dispositions les plus sages, appuyées de la surveillance la plus vigilante, mettent désormais à l'abri de toute tentative de l'ennemi ; par la transformation des égouts en fourneaux de mines sous le sol de Boulogne, de Billancourt, de Neuilly, Clichy, etc.; par la construction d'appareils électriques d'une grande puissance dans tous les forts et d'un système d'observatoires militaires qui se complète de jour en jour ; par la constrution de barrages destinés à maintenir le niveau de l'eau dans la ville, à assurer en amont et en aval l'action des canonnières blindées de la marine et le fonctionnement de la pompe de Chaillot ; enfin par l'occupation très-solide des villages qui avoisinent l'enceinte.

De Vitry à Issy, d'une part ; entre Saint-Denis et le canal de l'Ourcq, d'autre part, les maisons ont été crénelées, les rues barricadées; une ligne continue relie maintenant les redoutes de Gravelle et de la Faisanderie aux forts qui se succèdent jusqu'à Saint-Denis. En avant de cette ligne, les villages de Noisy, Rosny, Nogent ont été également retranchés ; on travaille à une ligne nouvelle qui s'étendra de la Seine (au point correspondant à Port-à-l'Anglais) à la Marne, en passant par Maisons-Alfort.

Plus de 80,000 travailleurs ont coopéré à cette œuvre immense, qui représente des mouvements de terre incalculables.

En même temps que la place se renforçait, le rayon de la défense s'étendait de jour en jour. Ainsi, tandis que le 19 septembre, après l'affaire de Châtillon, nous étions réduits à la ligne des forts, nous avons aujourd'hui reconquis sur l'ennemi, en avant de nos ouvrages, Vitry, Villejuif, Arcueil, Cachan, Issy (dont l'ennemi occupait le parc au 19 septembre, et où nous avons aujourd'hui des défenses formidables), Suresnes, Puteaux, Courbevoie, désormais à l'abri de ses incursions, Asnières, repris depuis trois jours, Villetaneuse, une partie de Pierrefitte, Stains, La Courneuve, Fontenay-sous-Bois et Nogent-sur-Marne, où les assiégeants pénétraient à leur aise et que nous avons couverts de barricades. Enfin nous possédons vers l'Est une tête de pont à Joinville et à l'Ouest nous disposons, dans sa totalité, de la presqu'île de Gennevilliers.

§ 2. — Artillerie.

Théoriquement, d'après les règles établies en 1867, l'armement des forts et de l'enceinte devait se composer de sept pièces par bastion.

Or, au début de la guerre, le matériel de l'artillerie n'était, pour les forts, que de trois pièces par bastion; et il n'existait pas une seule pièce en batterie sur les remparts de l'enceinte.

Jusqu'au 8 août, on se borna à y placer quelques canons, plutôt pour satisfaire l'opinion publique qu'en prévision d'un siége qu'on regardait comme impossible.

A toute place de guerre il faut une réserve : deux parcs d'artillerie, à deux cent cinquante bouches à feu chacun, devaient composer la réserve de Paris ; mais en vue des opérations de la guerre du Rhin, ils avaient été envoyés à Metz et à Strasbourg, et ils y sont encore.

Les munitions confectionnées ne représentaient que dix coups par pièce. On avait des projectiles sphériques en abondance ; mais les obus oblongs, qui sont actuellement presque seuls en usage, étaient en très-petit nombre. Les boîtes à mitraille et les éléments pour en faire manquaient à peu près complétement; l'approvisionnement en poudre à canon n'était que de 540,000 kilogrammes. Le personnel de l'artillerie était plus pauvre encore que le matériel; une dizaine d'officiers tout au plus étaient répartis sur l'immense étendue de l'enceinte. Dans quelques forts, le service de l'artillerie était représenté par un simple gardien de batterie.

Aujourd'hui, grâce au patriotisme des officiers retraités ou démissionnaires rappelés à l'activité, aux batteries prises dans les dépôts, au concours de plus en plus efficace des artilleurs de la garde mobile de la Seine, de Seine-et-Oise, de la Drôme, du Rhône, de la Loire-Inférieure et du Pas-de-Calais, à la création de compagnies de canonniers auxiliaires recrutés parmi les anciens militaires, et par-dessus tout, grâce à l'activité et au dévouement de la marine, qui nous a donné ses amiraux, ses officiers, ses artilleurs, en même temps que 7,000 de ses marins, le personnel de l'artillerie de la place est arrivé au chiffre respectable de 13,000 officiers, sous-officiers et soldats.

Aujourd'hui, l'artillerie a mis en batterie, sur l'enceinte ou dans les forts, 2,140 bouches à feu.

Aujourd'hui, nous avons porté de 540,000 kilogrammes à 3 millions l'approvisionnement des poudres. Le siége de Sébastopol n'a consommé que 1,500,000 kilogrammes, et d'ailleurs la fabrication continue. Les projectiles oblongs ont été développés sur une large échelle. On a fait venir tous ceux qui existaient dans les forges de l'Ouest et du Midi; on a fait appel à l'industrie privée, qui s'est mise en état d'en fournir une production constante et qui dépasse dès aujourd'hui les besoins prévus. De dix coups par pièce, l'approvisionnement a été porté à quatre cents coups, et jusqu'à cinq cents pour les canons des forts.

En même temps, le service de l'artillerie s'occupait de

la fabrication des cartouches d'infanterie. Au début, on était loin d'avoir en magasin les huit cents cartouches par homme jugées nécessaires dans les places de 1re classe. On dut se réduire à deux cent quatre-vingt-dix cartouches. Mais de vastes ateliers ont été installés, et, après les lenteurs inévitables de la mise en train, on est arrivé à une fabrication de deux millions de cartouches par semaine, assurément supérieure aux besoins de la consommation, même la plus étendue.

L'artillerie a rendu à la défense de Paris un service d'un autre genre : elle a, par l'usage des pièces à longue portée, obligé l'ennemi à reporter au loin le rayon d'investissement. En conséquence, tous les forts de la rive droite, à l'exception d'Aubervilliers, de Vincennes et de Nogent, ont reçu des canons d'un puissant calibre. Le Mont-Valérien, Charenton, Gravelle, la Faisanderie, la Double-Couronne, divers points saillants de l'enceinte continue en ont été abondamment pourvus. Les mêmes pièces ont servi à former les magnifiques batteries des buttes Chaumont et des buttes Montmartre, qui battent tout le terrain de Gennevilliers à Romainville, ainsi que les importantes batteries du parc de Saint-Ouen, qui protégent le fort de la Briche et qui portent leurs projectiles jusqu'au versant qui domine la Seine à droite d'Argenteuil.

L'armement des forts de la rive gauche et de l'enceinte qui les avoisine a été fortifié de la même manière, de façon à protéger le Point-du-Jour, la vallée de la Seine en amont, le confluent de la Marne et l'entrée dans Paris du chemin de fer d'Orléans. Enfin les bastions sont tout prêts à recevoir, en très-peu de temps, la réserve nécessaire aux fronts d'attaque. Cette réserve, qu'il a fallu, comme nous l'avons dit, créer tout entière, ne s'élève pas à moins de 350 bouches à feu.

§ 3. — Ministère des travaux publics.

Le ministère des travaux publics a associé à l'œuvre de la défense les forces organisées que représentent le corps des ponts et chaussées, le corps des ingénieurs des mines et les ingénieurs civils. Il a également fait appel aux ressources infinies de l'industrie privée.

Les ingénieurs des ponts et chaussées ont été les auxiliaires actifs du génie militaire et de l'artillerie dans l'exécution des immenses travaux de construction et de terrassement qu'ont nécessités la fermeture des portes de Paris, la mise en état des fossés et des glacis, l'établissement des batteries nouvelles, le déblayement de la zone militaire. Ce sont eux qui ont réuni les bois de toute espèce nécessaires à l'établissement des plates-formes et des embrasures sur les remparts, et il a fallu souvent chercher ces matériaux jusqu'à 30 lieues de Paris, dans les forêts domaniales. Ils ont puissamment concouru à la mise en défense de Saint-Denis par les travaux exécutés le long du canal Saint-Denis, et en amenant dans les fossés de la place les eaux du canal de l'Ourcq ; ils ont également coopéré à la construction des redoutes de la plaine de Gennevilliers, de celles de Charlebourg, d'Asnières et du pont de Clichy.

Le service des ponts et chaussées achève aujourd'hui,

d'accord avec le génie militaire, la seconde enceinte de Paris, dont le chemin de fer de Ceinture est la base. Sur certains points, comme à la Muette, le même service exécute, d'après les plans du génie, ce que l'on peut appeler la troisième enceinte, et il tranforme l'arc de triomphe de l'Étoile en une véritable place d'armes, qui pourrait offrir, même après la rupture des premières lignes, un obstacle à peu près insurmontable. Enfin il a participé aux travaux de la commission des barricades, dont nous parlerons plus loin.

Le corps des ponts et chaussées a construit, en dix-huit jours, le chemin de fer de la rue militaire, cet élément si important de la défense, qui permet le transport rapide des troupes et du matériel sur tout le pourtour de la place. Cette voie ferrée ne représente pas moins de 40 kilomètres de développement. Ce sont également les ingénieurs de l'État qui président, avec la collaboration d'ingénieurs civils et d'architectes, à la construction des baraquements de la garde nationale aux abords de la rue militaire.

A ces divers travaux, il convient d'ajouter : deux barrages sur la Seine, à Suresnes et au nord de l'île de la Grande-Jatte; une estacade au Point-de-Jour; un pont de bateaux en amont du mur d'enceinte; deux barrages incombustibles au pont Napoléon, destinés à arrêter les brûlots incendiaires que la Seine pourrait charrier. Les égoûts et aqueducs ont été mis en défense, tant au moyen de travaux intérieurs que par l'organisation d'une surveillance constante confiés aux égoutiers armés. De leur côté, les ingénieurs des mines ont exploré les carrières souterraines qui se trouvent en si grand nombre dans le sol parisien : les puits ont été comblés ; les galeries murées ; les ouvertures placées à portée des glacis soigneusement détruites ; les carrières à ciel ouvert qu'on n'a pu combler ont été rendues impraticables.

Les ingénieurs des mines ont également construit la vaste poudrière blindée qui doit servir de dépôt aux munitions de l'artillerie, et ce sont eux qui ont présidé à l'œuvre si délicate de la rentrée dans Paris et de l'enfouissement des pétroles et autres matières incendiaires, que nos environs contenaient en si grande abondance.

Le ministère des travaux publics s'est particulièrement préoccupé du service des eaux pendant le siége.

Les hauts quartiers, que l'aqueduc de la Dhuys, coupé par l'ennemi, a cessé d'alimenter, seront pourvus par les grands réservoirs de Belleville et de Ménilmontant ; la zone moyenne, par les machines établies dans l'intérieur de Paris ; enfin, les parties basses, au moyen des locomobiles installées sur la Seine, du puits artésien de Passy et de celui qu'un grand industriel, M. Say, a mis généreusement à la disposition de la ville.

L'administration des travaux publics a institué plusieurs commissions pour l'étude et l'application des moyens de défense :

1° *Commission d'études.* — Cette commission, présidée par M. Reynaud, directeur de l'École des ponts et chaussées, a examiné un grand nombre de projets émanés de l'initiative des citoyens ; elle a résolu, avec le concours des divers services civils et militaires, des problèmes d'un grand intérêt, tels que l'emploi de la lumière électrique pour entraver les travaux de nuit des assiégeants, l'éclairage au magnésium, la fabrication du coton-poudre comprimé, l'emploi des matières inflammables le plus récemment étudiées par la science comme moyen d'arrêter l'ennemi sur la brèche, l'inflammation des mines à distance.

Elle a réalisé un système de boîtes explosibles, ou torpilles terrestres, qui se cachent facilement à la surface du sol et qui éclatent sous la pression du pied ; les abords des forts ont été semés de ces redoutables engins.

La commission d'études a examiné, depuis le 4 septembre, plus de 120 propositions diverses ; elle a toujours répondu à leurs auteurs dans l'espace de quelques jours.

2° *Commission d'armement*. — Cette commission, formée peu après le 4 septembre, pour centraliser l'achat des armes, a dû bientôt se diviser en deux sections, l'une qui s'est rendue à Tours afin de poursuivre les opérations d'achat ; l'autre qui s'occupe à Paris de la transformation, de la réparation et de la fabrication des armes.

Quinze ateliers de réparations gratuites ont pu être ouverts, grâce au concours tout spontané des compagnies de chemins de fer et des industriels. L'atelier central du Louvre a réparé, jusqu'à ce jour, plus de 20,000 fusils de différents modèles.

La transformation des fusils à percussion en fusils à tabatière se poursuit avec rapidité dans les ateliers de

MM. Mignon et Rouart et dans ceux de M. Godwing. Elle fournit régulièrement 800 fusils par jour de travail.

Mais le résultat le plus important à signaler, c'est la solution d'un problème qui paraissait insoluble : la fabrication des fusils chassepot à Paris. Après de laborieuses recherches, on est parvenu à vaincre les énormes difficultés que la question présentait. Les petits armuriers de Paris seront admis à fabriquer les pièces dont l'arme se compose, et l'administration des travaux publics en fera le montage dans un atelier spécial.

Une commission de pyrotechnie, annexée à la commission d'armement, a eu à étudier plus de deux cents propositions présentées par autant d'inventeurs. Elle a fait elle-même un nombre considérable d'expériences, et, entre autres, elle a mis en train la fabrication de la dynamite.

3° *Commission du Génie civil.* — Cette commission avait reçu du ministre la mission de centraliser les offres de concours adressées par le génie civil, par les industriels et par les particuliers. Elle veille à l'exécution des commandes de matériel et de munitions, émanées du ministère des travaux publics, et dont voici les principales :

102 mitrailleuses de divers modèles, commandées dans dix établissements différents, pour être livrées du 13 au 27 octobre.

115 mitrailleuses des systèmes Catling et Christophe, à livrer à partir du 27 octobre ;

312,600 cartouches pour mitrailleuses, livrées ;

50 mortiers et leurs accessoires, avec 50 affûts, livrés ;

400 affuts de siége dont la livraison est commencée ;

500,000 obus de différents calibres, commandés aux différentes fonderies de Paris qui les livrent tous les jours.

5,000 bombes.

Plusieurs grosses pièces de marine à longue portée dont la livraison est prochaine.

Enfin, 300 canons de 7 centimètres, rayés, se chargeant par la culasse, portant à 8,000 mètres, et dont la livraison commencera le 25 octobre. Cette commande, reçue par les principaux fabricants de la capitale, pourra être portée à 600 pièces.

On doit encore à la commission du génie civil l'organisation d'un service spécial d'inspection des secours à prendre contre l'incendie, et dans le voisinage des musées et des établissements publics, l'établissement des appareils les plus propres à dominer, à l'origine, tous les sinistres.

4° *Commission des barricades.* — Cette commission, organisée dans les premiers jours qui ont suivi l'investissement, s'est mise aussitôt en rapport avec le service des ponts et chaussées.

On doit à cette entente et au concours des ingénieurs civils le plan d'une troisième enceinte dont l'exécution est avancée sur plusieurs points, et qui permettrait de rendre, si cela était nécessaire, l'intérieur de la ville inexpugnable.

Tous les accidents des terrains, tous les hasards des constructions ont été utilisés, et la variété même des dispositions prises ne permet pas, on le comprend, d'en faire ici l'analyse.

La commission des barricades a accueilli, comme les autres, un très-grand nombre d'inventeurs, et elle a donné d'efficaces encouragements aux propositions qui lui ont paru dignes d'intérêt.

L'évasion du général Ducrot.

Le général Ducrot a adressé au gouverneur de Paris la lettre suivante :

« Paris, le 17 octobre 1870.

« Monsieur le Gouverneur,

« Je viens de lire l'article du *Standard*, que vous avez bien voulu me communiquer. Il résulte de cet article que la presse allemande, inspirée sans aucun doute par les autorités compétentes, m'accuse de m'être évadé alors que j'étais prisonnier sur parole, d'avoir manqué à l'honneur et de m'être ainsi placé hors la loi, ce qui donnerait à l'ennemi le droit de me faire fusiller, si je venais à retomber entre ses mains.

« Je me soucie peu de la menace : être fusillé par les balles prussiennes sur un champ de bataille, ou à la sortie d'une prison, le résultat sera toujours le même. Je n'en aurai pas moins la conscience d'avoir rempli jusqu'au bout mes devoirs de soldat et de citoyen, et, à défaut d'autre héritage, je laisserai à mes enfants une mémoire honorée par tous les gens de bien, amis ou ennemis. Mais ce qui me touche cruellement, c'est l'accusation de félonie portée contre moi ! contre moi, qui n'ai pas hésité un instant à repousser les clauses d'une capitulation qui séparait mon sort de celui de ma troupe, et me donnait le triste droit de venir me réfugier à mon foyer domestique, alors que mes frères d'armes étaient emmenés dans les prisons de l'ennemi, et que mes concitoyens se levaient en masse pour concourir à la défense du pays. Non-seulement j'ai repoussé pour mon compte personnel ces stipulations, mais encore j'ai exprimé hautement mon mépris pour ceux qui les acceptaient, soit avec l'intention de s'y conformer, soit avec celle de n'en tenir aucun compte.

« Je suis sorti de Sedan à la tête de mon corps d'armée ; je l'ai conduit et installé dans la presqu'île de la Meuse où nous avons été parqués ; pendant plusieurs jours, j'ai partagé ses misères et ses humiliations ; j'ai usé de l'influence morale que me donnait mon titre de commandant de corps d'armée pour chercher à obtenir de l'ennemi quelques ressources alimentaires pour nos malheureux soldats; j'ai présidé moi-même aux distributions et je n'ai abandonné l'infect séjour de Glaire que sur l'ordre réitéré de l'état-major allemand, qui m'avait déclaré avoir besoin, pour cause de service, de la baraque où je m'étais réfugié avec tous mes officiers.

« J'ai accepté alors les conditions qui nous étaient

offertes relativement aux moyens de nous transporter de Sedan à Pont-à-Mousson, c'est-à-dire que j'ai pris l'engagement sur l'honneur de me rendre librement et à mes frais dans cette dernière localité, avec tout mon état-major, un nombre d'ordonnances déterminé, nos bagages et nos chevaux. Un sauf-conduit en règle m'a été délivré, sur lequel j'étais inscrit nominativement, ainsi que mes officiers, avec indication numérique des soldats, chevaux et voitures. Il était stipulé que nous devions être rendus à destination, c'est-à-dire à Pont-à-Mousson, le 11 septembre avant midi, et qu'alors nous devions nous présenter à l'état-major allemand pour nous reconstituer prisonniers.

« Partis de Sedan le 8, nous avons été coucher au delà de Carignan, à Margut, petit village situé à cinq kilomètres de la frontière belge. Au delà de Carignan, la route était complétement libre; nous n'avons rencontré que trois uhlans qui revenaient de Margut et sont passés à côté de nous sans nous adresser un mot. A coup sûr, l'occasion était belle, s'il avait pu nous venir à l'idée de violer notre parole et de nous échapper des mains de l'ennemi. Les communications avec la Belgique étaient si faciles, que nous envoyâmes un habitant nous chercher quelques journaux français pour avoir des nouvelles dont nous étions privés depuis si longtemps. Mais pas un de nous n'a même eu cette coupable pensée. Le lendemain, nous tournions le dos à la Belgique pour reprendre la route de Pont-à-Mousson, où nous arrivions le 11 à dix heures du matin.

« Je m'étais fait précéder par mon officier d'ordonnance, M. le capitaine de Gaston, pour prévenir les autorités prussiennes de notre arrivée, et demander à quelle heure nous devions nous présenter à la gare du chemin de fer. M. de Gaston, de sa propre initiative, avait sollicité du commandant de place allemand l'autorisation, pour moi, personnellement, de me reposer pendant quelques instants dans une maison de la ville, en attendant l'heure de l'embarquement. Cette autorisation avait été accordée et l'on avait fixé à une heure et demie le moment de notre départ. Comme j'étais un peu souffrant et très-fatigué, je profitai de la latitude qui m'était laissée, et je me reposai dans une chambre qui m'était offerte dans la maison même où logeait l'état-major prussien. Pendant ce temps, mon chef d'état-major se présentait avec tout le personnel qui m'accompagnait chez le commandant de la place, et livrait les chevaux et les voitures appartenant à l'État.

« A une heure et quart, je me rendais avec tout mon état-major à la gare du chemin de fer, déjà entourée de postes et de nombreuses sentinelles. Pendant que nous attendions dans la cour de la station, on faisait charger les armes en notre présence au peloton de garde, conformément aux usages de la guerre. Peu d'instants après nous entrions sur le quai de la voie, et faisions transporter nos bagages devant le wagon destiné à les recevoir. A ce moment, M. le capitaine de Gaston remit à l'officier chargé de l'embarquement le sauf-conduit dont il était resté porteur, lui fit constater ma présence, celle de tout le personnel qui m'entourait, et nous cherchâmes à entrer dans un des wagons du train qui allait partir.

Mais tout était rempli par des officiers et des soldats prisonniers arrivés avant nous.

« Je me présentai alors à l'officier chargé de l'embarquement, lui fis observer que nous ne pouvions trouver place dans le train, et qu'il était nécessaire de faire ajouter des voitures. Il me répondit que la chose n'était pas possible, le train étant déjà trop long, mais qu'il en serait formé un autre ultérieurement, dans lequel nous trouverions place.

« J'entre dans ces détails minutieux pour bien constater que j'ai rempli scrupuleusement l'engagement d'honneur que j'avais pris de me reconstituer prisonnier au jour et à l'heure fixés; que c'est à partir de ce moment, c'est-à-dire après avoir repris avec mon état-major le droit qu'a tout prisonnier de guerre de chercher à recouvrer sa liberté à ses risques et périls, que je me suis échappé des mains de l'ennemi. Je ne dirai ni où ni comment, parce que je pourrais compromettre les braves gens qui m'ont aidé. Mais ce que je puis avouer hautement, c'est que j'ai traversé les colonnes et les postes prussiens sous un costume d'ouvrier; qu'en quelques heures j'ai parcouru, soit à pied, soit en charrette, plus de cent kilomètres, et que je suis rentré au cœur de la France par la voie d'Épinal, et à Paris par le chemin de fer d'Orléans, car déjà les communications étaient coupées.

« Ce n'est pas pour vous, monsieur le gouverneur, que je suis entré dans ces explications. Vous connaissez trop mon caractère pour avoir pu douter un seul instant de ma loyauté et de ma scrupuleuse exactitude à remplir un engagement d'honneur. Mais j'ose espérer que vous voudrez bien à l'occasion prendre ma défense et protester, par voie diplomatique, contre une accusation qui porte atteinte à l'honneur d'un officier général investi par vous d'un commandement important, et qui, jusqu'au dernier jour, vous aidera dans la glorieuse tâche que vous avez entreprise avec l'énergie que peuvent inspirer le dévouement le plus absolu et le patriotisme le plus ardent.

« Veuillez agréer, monsieur le gouverneur, etc.

« *Le Général commandant en chef les 13e et 14e corps,*

« DUCROT. »

Pour copie conforme :

Le Gouverneur de Paris,

Général TROCHU.

Réponse du général Trochu.

A la lettre du général Ducrot, réfutant les calomnies qu'ont répandues contre lui les journaux allemands, le gouverneur de Paris a fait la réponse suivante :

« Mon cher général,

« Votre conduite avant et après la capitulation de Sedan ajoute un trait de plus à tous les traits d'énergique fermeté qui ont marqué le cours de votre carrière. Au milieu d'un désastre qui avait ébranlé les âmes les mieux trempées, vous n'avez voulu avoir avec l'ennemi aucun rapport qui eût le caractère d'une transaction.

« Vous avez donné votre parole d'aller vous constituer prisonnier à Pont-à-Mousson, rien de plus. Et là, après vous être officiellement constitué prisonnier, dégageant ainsi votre parole, vous avez conçu et réalisé, au prix des plus évidents périls, une audacieuse évasion dont vous avez voulu que Paris bénéficiât immédiatement.

« L'ennemi sait ce que vaut votre concours, et c'est là, au fond, l'unique grief que le sentiment public ait contre vous en Allemagne. Soyez sûr que celui de l'armée prussienne, dont je vais invoquer le loyal témoignage, en adressant votre lettre au roi lui-même, vous fera la plus complète justice.

« Nous n'avions pas besoin, pour vous la rendre, de vos affirmations. Recevez cette assurance, dont vous n'avez pas besoin non plus, par le plus ancien et le plus affectionné de vos compagnons d'armes.

« *Le Gouverneur de Paris,*

« Général TROCHU. »

Opérations militaires (14 octobre).

Les éclaireurs de la garde nationale ont surpris cette nuit dans Rueil un assez fort détachement de Prussiens occupés à brûler deux maisons pour dégager une de leurs barricades, et ils leur ont tué une vingtaine d'hommes.

(15 octobre.)

Hier, dans l'après-midi, le gouverneur a visité les positions situées à l'est de Vincennes ; il a fait tirer par la redoute de Gravelle des obus à longue portée sur un parc considérable établi par l'ennemi au delà de Montmesly ; les coups ont été très-bien dirigés et ont dû faire d'autant plus de mal à l'ennemi qu'il se croyait, sur ce point, hors de notre atteinte et qu'il y avait accumulé son matériel.

Une reconnaissance a occupé hier Créteil pendant plusieurs heures, pour faciliter le chargement et le transport de quantités considérables de blés, avoines et pailles restées dans des fermes situées en avant de Maisons-Alfort, sur la droite de la route de Lyon. Ces approvisionnements ont été ramenés dans Paris. L'ennemi n'a pas bougé. Il occupe toujours la barricade qu'il a construite sur la route de Bâle, à 1,200 mètres en avant de Créteil.

Le canon tire ce matin sur Bonneuil et en arrière de Montmesly.

(15 octobre, soir.)

Tandis qu'une myriade de gens, de toutes les conditions, recueillaient les fruits de la terre dans toute l'étendue de la plaine de Bondy et aux environs de Bobigny, sous la protection des mobiles du Finistère et du Nord, et sous celle de l'infanterie de marine et de l'infanterie de ligne, l'artillerie de Romainville chassait l'ennemi de la ferme de Graulay. De son côté, l'artillerie de Rosny a contenu l'ennemi dans le village du Raincy, et celle de Noisy l'a foudroyé au camp retranché du pont de la Poudrette et dans la maison grise.

Il faut mentionner les éclaireurs de la Seine, colonel Lafon, qui, profitant de la sûreté de notre tir, sont sortis du village de Bondy et ont engagé une vive fusillade avec l'ennemi embusqué de l'autre côté du canal de l'Ourcq. Une escouade de charpentiers de marine, sous la conduite de M. Germain, enseigne de vaisseau, s'est avancée sous le feu et a coupé, à 500 mètres de l'ennemi, une vingtaine d'arbres qui masquaient, de nos bastions, la vue du camp retranché prussien. A trois heures et demie l'ennemi a arboré le pavillon blanc ; les éclaireurs de la Seine ont cessé le feu et les forts également. A la faveur de l'armistice, l'ennemi a relevé et emporté de ses ouvrages ses morts et ses blessés.

Dans cette rude journée pour les éclaireurs de la Seine, nous avons eu le capitaine Burtin, des éclaireurs, tué à cent mètres des retranchements de l'ennemi ; un éclaireur tué en construisant une barricade en avant du village, et trois éclaireurs blessés grièvement, enfin deux matelots charpentiers blessés légèrement.

A cinq heures et demie du soir, un obus du bastion n° 2 a tué les deux officiers à cheval qui venaient faire mettre en batterie une section d'artillerie ennemie, et tué les cavaliers d'une des pièces qui a été mise hors de service à 4,500 mètres.

Après un seul coup tiré, les chevaux morts restent sur l'avenue ; la pièce a été enlevée à bras dans les bois ; l'autre pièce s'est retirée sans tirer.

Le gouverneur est allé aujourd'hui visiter les ambulances et les hôpitaux ; il a pu constater avec quelle sollicitude nos blessés étaient soignés sur tous les points. Des renseignements certains font connaître que dans la journée du 13 octobre, l'ennemi a eu plus de 1,200 tués ou blessés.

(16 octobre, 11 heures du matin.)

Hier, des obus ont été lancés de la redoute de la Faisanderie sur le poste d'observation des Prussiens au nord de Champigny et sur une autre poste, au four à chaux : deux ont pénétré dans la maison qu'occupait l'ennemi.

Des coups de canon ont été tirés de Gravelle et de Charenton sur Bonneuil, Montmesly et le carrefour Pompadour ; aucun mouvement de troupe n'a été aperçu.

Les éclaireurs placés en embuscade de nuit à Créteil ont été attaqués ce matin vers cinq heures par un peloton de Prussiens qu'ils ont repoussé. Ces hommes ont ramené au fort de Charenton un prisonnier prussien blessé.

(17 octobre.)

Hier, le général Berthaud a porté, en avant de Colombes, une partie de sa brigade avec 8 pièces d'artillerie, dans le but de reconnaître et de canonner les travaux de l'ennemi au pont d'Argenteuil. A 2,000 mètres, nos pièces de douze ont lancé sur le pont même quelques obus dans les retranchements de l'ennemi. Au moment où notre feu cessait, une batterie prussienne est venue au galop se placer dans les vignes d'Argenteuil, et de là a ouvert son feu dans la direction de Colombes. 4 obus lancés par la batterie de Courbevoie ont décidé la retraite de l'ennemi.

(18 octobre.)

Hier, le fort de Nogent a tiré très-heureusement sur un poste prussien établi dans la pépinière de la ville de Paris; deux obus ont pénétré dans la maison qui servait de poste, et, une heure après, une voiture d'ambulance est venue chercher des morts ou des blessés.

Ce matin des obus de Nogent ont porté sur un assez gros peloton ennemi à l'extrémité du plateau d'Avron.

La Faisanderie a tiré sur le poste prussien à la Fourche de Champigny; la maison a été traversée de part en part, et l'ennemi s'est sauvé précipitamment.

Les Prussiens ont complétement évacué Créteil. Notre

reconnaissance de Charenton a poussé jusqu'au moulin de la Marne sans trouver d'obstacles.

Dans l'après-midi, le général Ducrot a fait avancer, à hauteur de Colombes, une partie de la brigade Berthaud. Notre artillerie, placée à gauche du village, a lancé sur deux usines d'Argenteuil, où la présence de tirailleurs ennemis était signalée, un certain nombre d'obus : l'une d'elles a été incendiée.

L'ennemi ne s'est pas présenté en masse ; on voyait seulement une ligne de tirailleurs, derrière un épaulement dans les vignes, et quelques cavaliers ; il a mis en ligne une batterie qui a lancé, sans résultat, quelques obus dans Colombes, mais son feu a été éteint en quelques minutes par une batterie de 12.

Nos troupes d'infanterie n'ont pas été engagées. La batterie de Courbevoie a soutenu le mouvement par quelques obus de marine, qui allaient éclater dans les pentes de Sannois, empêchant ainsi toute offensive de l'ennemi.

Le Mont-Valérien, la batterie Mortemart et quelques pièces du 6ᵉ secteur (Point-du-Jour) ont inquiété les travaux de l'ennemi à Montretout.

Vanves et Issy ont agi de la même manière sur Châtillon.

(19 octobre.)

Hier matin, une reconnaissance très-hardie a été exécutée en avant des forts de Rosny et de Nogent par les mobiles de la Drôme (commandant Balète), de la Côte-d'Or (commandant Dupuy) et du Tarn (commandants Faure, de Faucaut et de Faramond), sous la direction du lieutenant-colonel Reille.

Notre gauche s'est avancée dans le parc du Raincy jusqu'à la porte de Paris, et, de là, s'est rabattue sur Villemomble qui a été fouillé en tous sens. L'ennemi a été ensuite débusqué du parc de Launay, où il a eu un homme tué. Pendant ce temps, quelques compagnies ont gravi les pentes d'Avron, occupé tout le plateau et tiraillé à son extrémité est sur le poste avancé de la Maison-Blanche.

Notre centre, aussitôt Avron occupé, est entré dans le village du Bois-de-Neuilly qui était évacué. Nos tirailleurs l'ont ensuite dépassé et se sont portés sur Neuilly-sur-Marne, où l'ennemi était retranché en forces considérables.

Cette reconnaissance a permis de constater que les avant-postes prussiens occupent aujourd'hui Launay, la Maison-Blanche et Neuilly-sur-Marne, c'est-à-dire qu'ils sont à 4 kilomètres de Nogent.

Cette nuit, à deux reprises, l'ennemi a tenté des attaques sur un poste des mobiles à Cachan; elles ont été aisément repoussées et ont donné lieu à une vive canonnade de nos forts, dont les obus ont été fouiller les positions ennemies de Châtillon jusqu'à Bourg-la-Reine et l'Hay.

(20 octobre.)

La Faisanderie a continué hier de tirer avec succès sur plusieurs maisons servant de postes à l'ennemi ; le fort de Charenton a canonné plusieurs positions en avant de Choisy-le-Roi et particulièrement la batterie de Thiais qui incommodait nos travailleurs en avant de Villejuif ; son feu a été éteint au sixième coup.

Cette nuit, comme hier, la fusillade s'est fait entendre à deux reprises ; l'ennemi a cherché, mais sans résultat, à attaquer nos avant-postes à Cachan et à la maison Millaud. Les obus des forts ont été atteindre ses réserves, jusqu'à l'Hay, Bourg-la-Reine et Bagneux.

Mobilisation de la garde nationale sédentaire.

(14 octobre.)

Le général Trochu a adressé à M. le maire de Paris, une lettre relative à l'organisation des bataillons mobilisables de la garde nationale parisienne.

Une liste sera ouverte dans chaque arrondissement pour le recrutement des compagnies de volontaires. Chaque compagnie comprendra, autant que possible, 150 hommes par bataillon.

Quatre compagnies formeront un bataillon de marche. Ces bataillons de marche seront placés sous les ordres des généraux commandant les divisions actives de l'armée.

Le général Trochu termine sa lettre par cet éloquent appel à la confiance et à la patience de la population parisienne :

« Je déclare ici que, pénétré de la foi la plus entière dans le retour de fortune qui sera dû à la grande œuvre de résistance que résume le siége de Paris, je ne céderai pas à la pression de l'impatience publique. M'inspirant des devoirs qui nous sont communs à tous, et des responsabilités que personne ne partage avec moi, je suivrai jusqu'au bout le plan que je me suis tracé, sans le révéler, et je ne demande à la population de Paris, en échange de mes efforts, que la continuation de la confiance dont elle m'a jusqu'à ce jour honoré. »

M. de Kératry est parti en ballon, chargé d'une mission importante. La foule a salué le départ au cri de : Vive la République !

Quinze jours au fond d'une carrière.

A l'époque où les Prussiens opéraient leur mouvement tournant pour cerner la capitale et faisaient fuir les populations, une famille de jardiniers de Bagneux, composée du père, de la mère et de deux enfants, ne voyant pas d'autres chances de salut que de se cacher dans les carrières, descendit au moyen de cordages les objets qu'elle avait le plus à cœur de sauver : la literie et quelques meubles, les choses indispensables à la vie, telles que provisions de toute espèce, viande de boucherie, basse-cour, pain, farine, légumes, etc., des ustensiles de cuisine, du bois, du pain et des aliments.

Ensuite, chacun effectua la descente périlleuse par l'échelle à pic qui donnait accès dans les entrailles de la terre.

Le lendemain, l'ennemi arrivait à Bagneux, où il s'établissait, prenant possession des maisons abandonnées. Au bout de quelques jours, il apprenait par des indiscrétions locales que des personnes s'étaient réfugiées dans les catacombes.

Les soldats, qui s'imaginaient qu'on y avait enfoui des valeurs précieuses, un trésor peut-être, se penchaient au-dessus de l'orifice et cherchaient à en pénétrer les ténèbres. Ils avaient bien envie de descendre, mais en réfléchissant qu'ils pouvaient être attaqués sur l'échelle, qu'on les verrait sans qu'ils puissent rien distinguer, qu'on les tuerait sans qu'il leur fût possible de faire usage de leurs armes, ils hésitaient, bien que l'entreprise parût tentante à leur esprit aventureux.

La famille, qui les apercevait sur l'appui de l'échelle, était dans la plus vive anxiété. Elle pensait avec effroi que s'ils descendaient, c'en était fait d'elle, et que la carrière où elle avait cherché son salut deviendrait son tombeau.

Cependant le temps s'écoulait, et les denrées alimentaires s'épuisaient. Le chef de la famille n'osait pas remonter. Toute tentative pour renouveler ses provisions lui paraissait insensée. D'ailleurs sa femmes et ses enfants s'y opposaient.

Un jour, à l'affaire de Châtillon, les détonations du canon se répercutent sourdement dans les cavités souterraines. L'espoir renaît dans leur âme abattue. Ils comprennent que nos troupes ont attaqué les Prussiens. Mais comment savoir qui sera le vainqueur ? Le jardinier monte un échelon, puis deux, puis cinq. Il s'arrête, écoute, et s'enhardissant, gravit encore. Des cris frappent ses oreilles : ce sont des voix françaises. Il monte jusqu'à l'orifice, et là, mû par la crainte de révéler sa présence, il explore prudemment les environs. La vue de l'unforme français dilate sa poitrine. Les Prussiens ont été chassés ; l'espoir rayonne sur son front.

Sa famille, qu'il appelle, l'a bientôt rejoint, malgré son état de faiblesse et de délabrement. Ils revoient tous la lumière.

Depuis plusieurs jours les malheureux, qui n'avaient plus ni pain ni farine, mangeaient des pommes de terre avec des lapins, dont un certain nombre est resté dans la carrière.

Six heures après, les Prussiens reprenaient Bagneux, abandonné par nos troupes.

CHAPITRE VII.

Combat de Rueil (21 octobre).

Rueil ferme à gauche la presqu'île de Gennevilliers; la porte de droite, c'est le Mont-Valérien. En arrière de Rueil, les Prussiens s'appuient sur toute la profondeur de leurs lignes, occupant tous les bois jusqu'à Saint-Germain et jusqu'à Versailles. Si Rueil est la porte à gauche de la presqu'île, c'est la Jonchère qui est la clef de cette porte.

La Jonchère est un petit hameau d'une vingtaine de maisons, hissé tout au bout d'une pente, sur un plateau, lequel forme le dernier contre-fort de deux lignes de hauteur qui, de Versailles et de Saint-Germain, se rejoignent à Marly et côtoient la Seine en s'aplanissant, puis se relèvent à partir de Buzenval, jusqu'au point culminant du Mont-Valérien. Du côté de Rueil, le mamelon est tapissé de vignes; à gauche, il décline sur une petite vallée assez profonde, dite d'Hudré.

Des bois de Cucufa, plus en arrière sur la gauche, par

les accidents du terrain, ravinés, coupés d'eaux vives, sort une Suisse en miniature. C'est charmant au point de vue pittoresque; mais pour les opérations militaires, c'est plein de difficultés.

Sur l'extrême gauche, le château de Buzenval termine l'horizon de Rucil.

A droite, la Malmaison se présente au pied de la Jonchère, à la lisière des bois, à quelques centaines de mètres de la route, qui longe la Seine et aboutit à Bougival.

Jusqu'à ce point, la plaine va en se rétrécissant, bornée des deux côtés par la rivière et par les hauteurs boisées.

Tel est, en somme, le plan de l'engagement exécuté par le général Ducrot.

Les troupes d'attaque étaient formées en trois groupes :

PREMIER GROUPE, GÉNÉRAL BERTHAUD ; 3,400 hommes d'infanterie, 20 bouches à feu, 1 escadron de cavalerie : destiné à opérer entre le chemin de fer de Saint-Germain et la partie supérieure du village de Rucil.

DEUXIÈME GROUPE, GÉNÉRAL NOËL ; 1,350 hommes d'infanterie, 10 bouches à feu : destiné à opérer sur la côte sud du parc de la Malmaison et dans le ravin qui descend de l'étang de Saint-Cucufa à Bougival.

TROISIÈME GROUPE, COLONEL CHOLLETOU ; 1,600 hommes d'infanterie, 18 bouches à feu, 1 escadron de cavalerie : destiné à prendre position en avant de l'ancien moulin au-dessus de Rueil, à relier et à soutenir la colonne de droite et la colonne de gauche.

En outre, deux fortes réserves étaient disposées, *l'une à gauche, sous les ordres du général Martenot*, composée de 2,600 hommes d'infanterie et de 18 bouches à feu ; — *l'autre au centre, commandée par le général Paturel*, composée de 2,600 hommes d'infanterie, de 28 bouches à feu et de 2 escadrons de cavalerie.

A une heure, tout le monde était en position et l'artillerie ouvrait son feu sur toute la ligne, formant un vaste demi-cercle de la station de Rueil à la ferme de la Fouilleuse ; elle concentrait son feu, pendant trois quarts d'heure, sur Buzenval, la Malmaison, la Jonchère et Bougival. Pendant ce temps, nos tirailleurs et nos têtes de colonnes s'approchaient des objectifs à atteindre, c'est-à-dire la Malmaison pour les colonnes Berthaud et Noël, Buzenval pour la colonne Cholletou.

A un signal convenu, l'artillerie a cessé instantanément son feu et nos troupes se sont élancées avec un admirable entrain sur les objectifs assignés ; elles sont arrivées promptement au ravin qui descend de l'étang de Saint-Cucufa au chemin de fer américain, en contournant la Malmaison. La gauche du général Noël a dépassé ce ravin et a gravi les pentes qui montent à la Jonchère ; mais elle s'est trouvée bientôt arrêtée sous un feu violent de mousqueterie partant des bois et des maisons, où l'ennemi était resté embusqué malgré le feu de notre artillerie. En même temps quatre compagnies de zouaves, sous les ordres du commandant Jacquot, se trouvaient acculées dans l'angle que forme le parc de la Malmaison, au-dessous de la Jonchère, et auraient pu être très-compromises, sans l'énergique intervention du bataillon de Seine-et-Marne, qui est arrivé fort à propos pour les dégager; ce bataillon s'est porté résolument sur les pentes qui dominent Saint-Cucufa, sa droite appuyée au parc de la Malmaison; il a ouvert un feu très-vif sur l'ennemi qu'il a forcé de reculer, et a permis ainsi aux quatre compagnies de zouaves d'entrer dans le parc.

Dès le commencement de l'action, quatre mitrailleuses, sous les ordres du capitaine de Grandchamp, et la batterie de quatre du capitaine Nismes, le tout sous la direction du commandant Miribel, s'étaient portées, avec une remarquable audace, très en avant pour soutenir l'action de l'infanterie. Ses positions étaient, d'ailleurs, très-bien choisies, et les résultats ont été très-satisfaisants.

En même temps, les francs-tireurs de la deuxième division, commandés par le capitaine *Faure-Biguet* (colonne Cholletou), se précipitaient sur Buzenval, y entraient et se dirigeaient, sous bois, vers le bord du ravin de Saint-Cucufa.

Vers cinq heures, la nuit arrivant et le feu ayant cessé partout, ordre fut donné aux troupes de rentrer dans leurs cantonnements respectifs.

Nous avions eu devant nous, pendant le combat, la neuvième division du cinquième corps prussien, une fraction du quatrième corps et un régiment de la garde. Ces troupes ne nous ont opposé qu'une force d'artillerie inférieure à la nôtre.

En résumé, le but a été atteint, c'est-à-dire que nous avons enlevé les premières positions de l'ennemi, que nous l'avons forcé à faire entrer en ligne des forces considérables, qui, exposées pendant presque toute l'action au feu formidable de notre artillerie, ont dû éprouver de grandes pertes ; le fait est d'ailleurs constaté par les récits de quelques prisonniers que nous avons pu ramener.

Mais ce qu'il faut surtout reconnaître avec un sentiment de grande satisfaction, c'est l'excellente attitude de nos troupes : zouaves, gardes mobiles, infanterie de ligne, tirailleurs Dumas, francs-tireurs des Ternes, francs-tireurs de la ville de Paris, tout le monde a fait son devoir. — Les batteries du commandant Miribel ont poussé l'audace jusqu'à la témérité, ce qui a amené un incident fâcheux : la batterie de quatre du capitaine Nismes a été surprise tout à coup près de la porte du Longboyau par une vive fusillade qui, presque à bout portant, a tué le capitaine commandant de la compagnie de soutien, dix canonniers et quinze chevaux ; il en est résulté un instant de désordre pendant lequel deux pièces de quatre sont tombées entre les mains de l'ennemi.

L'état de nos pertes consiste en : trente hommes tués, deux cent trente blessés et cent cinquante-trois disparus.

Le lendemain du combat de Rueil, le général Trochu a publié l'ordre suivant :

« Le gouverneur de Paris félicite le quatorzième corps de la régularité parfaite avec laquelle il a exécuté, dans la journée d'hier, ses marches préparatoires et pris ses positions de combat; de la vigueur avec laquelle il a attaqué; de l'ordre dans lequel, à la nuit close, il a rallié ses cantonnements.

« C'est par de telles opérations bien conduites et bien exécutées que les troupes se préparent aux grands efforts de la guerre.

« Je dois des éloges particuliers à l'artillerie, dont quelques batteries ont marché à l'ennemi avec beaucoup d'audace, trop d'audace en certains cas.

« A dater du combat d'hier, le quatorzième corps a conquis sa place parmi les meilleures troupes de l'armée de la défense. »

Les prisonniers du lieutenant Haas.

Le lieutenant Haas, éclaireur volontaire dans la légion du commandant Joinville, jeune et hardi, part seul du campement des éclaireurs, à Courbevoie, et se rend à Bezons où les Prussiens ont un poste avancé. Il réussit à pénétrer dans une habitation connue sous le nom de Maison-Rouge, où il soupçonnait la présence de l'ennemi. Pour toute arme il n'avait qu'un révolver à six coups. Il ouvre brusquement la porte et se trouve en présence de quatre soldats allemands occupés à raccommoder leurs habits. Ces soldats allaient sauter sur leurs armes ; mais l'officier menace de tirer sur le premier qui bouge. Le doigt sur la détente, prêt à faire feu, sa résolution les intimide, et ils se rendent. C'étaient des Badois. En route, ils ont dit à l'officier qu'ils étaient las de la guerre et heureux d'en avoir fini.

Le lieutenant Haas est arrivé triomphalement, avec ses quatre Badois, chez le général Trochu, qui, après avoir interrogé les prisonniers, les a fait conduire à la Roquette.

Une mère.

La mère des Gracques, Cornélie, n'est pas morte ! Lisez ce fait authentique :

Au moment de se mettre à table, une dame du faubourg Saint-Germain apprend la mort de son fils unique, simple mobile, tué à l'ennemi.

La douleur l'oppresse, et, les yeux grands ouverts, elle tombe inerte dans un fauteuil.

Tous les assistants l'entourent et cherchent par tous les moyens possibles à la faire revenir à elle.

Rien ! on eût dit une morte...

Ce que voyant, un vieux domestique, perdant la tête, s'écrie :

— Ah ! si, au lieu d'être un brave jeune homme qui ne demandait qu'à aller se battre, monsieur avait été un lâche, nous pourrions l'embrasser encore !...

A ces mots, la mère se redresse brusquement, ses larmes tarissent, un noble sourire éclaire sa physionomie, et, marchant vers la salle à manger :

— Joseph, dit-elle à un domestique, vous mettrez des fleurs sur la table...

Châteaudun.

La dépêche suivante a été expédiée au gouvernement :

Dans la journée du 18 octobre, la ville de Châteaudun (Eure-et-Loir) a été assaillie par un corps de 5,000 Prussiens. L'attaque a commencé à midi sur tout le périmètre de la ville, dont les rues intérieures étaient barricadées. La résistance s'est prolongée jusqu'à 9 h. 1/2 du soir. Les francs-tireurs de Paris, la garde nationale de Châteaudun ont rivalisé de courage et d'énergie.

A un moment, la place de la ville était couverte de cadavres prussiens ; on estime les pertes de l'ennemi à plus de 1,800 hommes. La ville n'a pas été occupée, elle a été bombardée, incendiée, et les Prussiens ne se sont établis que sur des ruines. L'incendie dure encore.

Le commandant de la garde sédentaire, M. Testanières, a été tué à la tête de son bataillon.

La ville de Châteaudun a bien mérité de la Patrie.

Bords paisibles du Loir, aviez-vous jamais vu pareilles journées ?

L'an passé, les paysans et les paysannes passaient, se tenant par la main. L'eau courante reflétait leurs ombres et doucement répétait leurs chansons. Pays heureux, pays fortuné, qui t'eût dit, pays d'Eure-et-Loir, que tes rivières rougiraient de sang et qu'on les verrait charrier des cadavres ?

Le convoi du capitaine.

Le 26 octobre douze Prussiens, précédés d'un parlementaire qui montrait le drapeau blanc, marchaient dans la direction du Mont-Valérien. Une première escouade de six hommes portait sur un brancard le cadavre d'un capitaine de l'infanterie française. Le corps était littéralement couvert de fleurs et de branchages.

Par là passait un vieux bonhomme qui a vu les Prussiens en 1815, le père Waterloo. Il flaira quelque ruse. « Ces gaillards-là, disait-il, m'avaient des airs d'officiers de leurs *nobles*, vous savez ? — sous leurs grosses capotes. »

— Où allez-vous donc, les enfants ? demanda le vieux.

— Porter le corps de cet officier au Mont-Valérien.

— Bon ! se dit le père Waterloo, voilà des gaillards qui veulent faire une bonne reconnaissance sans risquer une prune !... Attendez, les renards !...

Et le vieux bonhomme reprit, tout effaré :

— Malheureux ! et les francs-tireurs !

— Il y a donc des francs-tireurs par ici ?

— Là, à gauche, des loups qui ne respectent rien, qui ne connaissent rien, ni drapeau blanc, ni convoi funèbre... Pourvu qu'ils fusillent !...

Les Prussiens s'arrêtèrent.

— Laissez-moi le pauvre jeune homme, dit le père

Waterloo, nous l'enterrerons proprement, nous autres de par ici !

Et les officiers prussiens, qui s'en allaient en reconnaissance au Mont-Valérien, laissèrent le mort couvert de fleurs au père Waterloo.

Le capitaine Rondet.

Le 29 octobre, un convoi, suivi de quelques militaires blessés et de quelques employés du ministère des affaires étrangères mêlés aux membres de la famille du défunt, a conduit à l'église Sainte-Clotilde le corps d'un brave officier mort à l'ambulance que M. Jules Favre a fait établir dans les salons de l'hôtel.

Le capitaine Rondet, du 19e régiment de marche, atteint d'une balle à la jambe à l'affaire du 21 et tardivement recueilli par les habitants de Rueil, avait été amené à Paris dans un état qui ne laissait plus aucun espoir. Les circonstances qui se rattachent à ce triste événement méritent d'être connues. Le récit en a été recueilli de la bouche même du capitaine.

Cet officier, qui marchait en avant des hommes de sa compagnie développés en tirailleurs près de la Malmaison, avait été blessé au moment même où le signal de la retraite était donné. Se trouvant ainsi à l'extrême arrière-garde, il tomba sans être aperçu de ses soldats. Malheureusement il n'échappa pas aux regards de l'ennemi.

Les Prussiens accoururent en poussant des hourrahs sur le terrain abandonné, et les hommes mêmes avec lesquels sa compagnie échangeait des coups de fusil quelques instants auparavant, enlevèrent au capitaine Rondet sa montre, sa chaîne et sa bourse, sans s'occuper de sa blessure.

Le fait a été itérativement affirmé par le mourant, qui a donné les indications les plus précises sur les objets qui lui ont été pris Si l'autorité militaire prussienne désirait connaître les auteurs de cet attentat, on pourrait lui fournir des renseignements qui permettraient de retrouver les pièces de conviction entre les mains des coupables.

On comprend pourquoi les hommes qui avaient dépouillé le blessé sur le champ de bataille ne se souciaient pas de rapporter ce dangereux témoin à leurs ambulances.

Le capitaine Rondet, sans secours, dans l'impossibilité d'arrêter le sang qui s'échappait de sa plaie et de se garantir du froid, passa donc la nuit du 21 au 22 sur le terrain où il était tombé, nuit de cruelles souffrances, qui ont donné à sa blessure une gravité qu'elle ne présentait pas d'abord.

Comme il se traînait sur ses genoux vers les lignes françaises, il fut aperçu par un blessé allemand, qui lui demanda secours en français. C'était, si nous avons bien entendu le récit du capitaine, un militaire badois, également oublié, mais par les siens, sur le champ de bataille.

« Je ne veux plus retourner chez les Prussiens, dit-il

à son compagnon, ils nous ont rendus trop malheureux ; je n'ai que de bons sentiments pour la France, je veux vous suivre. »

Et s'aidant l'un l'autre de leur mieux, ces deux malheureux se dirigèrent vers les feux français, jusqu'à ce que l'Allemand, épuisé, demanda à son compagnon de s'arrêter et de lui laisser reposer la tête sur son bras.

C'est dans cette situation qu'ils perdirent connaissance l'un et l'autre, et quand le capitaine Rondet reprit ses sens, l'ennemi auquel il avait prêté cette suprême assistance avait succombé. Ce n'est que vers dix heures du matin que l'officier français fut aperçu par un paysan et ramené à Rueil dans une brouette.

Les Prussiens artistes.

Il y avait à Fontainebleau, dans un petit salon attenant à la salle des bains, un petit tableau bien connu en Europe et chèrement estimé. Il représentait un bouquet ou plutôt un paquet de grappes de lilas. Pour rendre l'illusion plus frappante encore, le maître hollandais Spaëndonck avait placé vers le centre une mouche qui était un chef-d'œuvre de nature.

Les Prussiens, dont les espions avaient depuis longtemps, à l'abri de notre hospitalité, fait l'inventaire de nos richesses, connaissent bien ce tableau.

Eh bien ! veut-on savoir ce que ces vandales en ont fait ?

Ils l'ont transporté ou transplanté dans la grande galerie et l'ont accroché pour en faire une cible.

— Messieurs, dit une de ces brutes allemandes, dix bouteilles de champagne au premier qui fera mouche !

Et il creva la toile d'un coup de révolver.

Ce genre de plaisanterie, à peu près ignoré en Allemagne, obtint un grand succès, et bientôt la toile du maître tombait en lambeaux sous les pistolets de ces sauvages.

Une heure après, le perdant offrait à ses dignes collègues, à l'hôtel de l'Aigle-Noir, les dix bouteilles de champagne. Mais ce qu'elles lui coûtèrent ne diminua pas ses petites économies, car il les paya à la prussienne, et l'on sait que ce n'est pas en portant la main à leur bourse que les Prussiens effectuent leurs payements en campagne.

Le plan de Bazaine (28 octobre).

Le *Journal officiel* relève, dans les termes dignes et mesurés qu'on va lire, la nouvelle publiée hier par le *Combat*, et qui a soulevé dans Paris une si vive et si unanime indignation.

Le Gouvernement a tenu à honneur de respecter la liberté de la presse, malgré les inconvénients qu'elle peut parfois présenter dans une ville assiégée. Il aurait pu, au nom du salut public et de la loi, la supprimer ou la restreindre. Il a mieux aimé s'en référer à l'opinion publique, qui est sa vraie force. C'est à elle qu'il dénonce les lignes odieuses qui suivent, et qui sont écrites dans le journal *le Combat*, dirigé par M. Félix Pyat :

Le plan Bazaine.

« Fait vrai, sûr et certain, que le Gouvernement de la défense nationale retient par devers lui comme un secret d'État, et que nous dénonçons à l'indignation de la France comme une haute trahison.

« Le maréchal Bazaine a envoyé un colonel au camp du roi de Prusse pour traiter de la reddition de Metz et de la paix, au nom de S. M. l'empereur Napoléon III.

« LE COMBAT. »

L'auteur de ces tristes calomnies n'a pas osé faire connaître son nom. Il a signé *le Combat*. C'est à coup sûr le combat de la Prusse contre la France, car à défaut d'une balle qui aille au cœur du pays, il dirige contre ceux qui le défendent une double accusation, aussi infâme qu'elle est fausse.

Il affirme que le Gouvernement trompe le public en lui cachant d'importantes nouvelles, et que le glorieux soldat de Metz déshonore son épée par une trahison.

Nous donnons à ces deux inventions le démenti le plus net. Dénoncées à un conseil de guerre, elles exposeraient leur fabricateur au châtiment le plus sévère. Nous croyons celui de l'opinion plus efficace. Elle flétrira comme ils le méritent ces prétendus patriotes dont le métier est de semer les défiances en face de l'ennemi, et de ruiner par leurs mensonges l'autorité de ceux qui le combattent.

Depuis le 17 août, aucune dépêche directe du maréchal Bazaine n'a pu franchir les lignes. Mais nous savons que, loin de songer à la félonie qu'on ne rougit pas de lui imputer, le maréchal n'a cessé de harceler l'armée assiégeante par de brillantes sorties. Le général Bourbaki a pu s'échapper, et ses relations avec la délégation de Tours, son acceptation d'un commandement important démentent suffisamment les nouvelles fabriquées que nous livrons à l'indignation de tous les honnêtes gens.

L'occupation du Bourget (28 octobre).

Le Bourget est le point des lignes d'investissement par lequel l'ennemi tient la route du nord par Senlis et la route de Metz par Soissons.

La plaine d'Aubervilliers est traversée par un certain nombre de petits cours d'eau qui la coupent de l'est à l'ouest, viennent prêter leur force motrice aux usines de Saint-Denis, et se jettent dans la Seine en aval de la ville de Saint-Denis et en avant du fort de la Briche.

De ces cours d'eau, le plus important est la Morée, qui sort des étangs de Blanc-Ménil, reçoit à Dugny l'affluent de la Croupe et traverse, avant d'atteindre Saint-Denis, une sorte de vallée peu profonde, marécageuse, connue dans le pays sous le nom de la Vieille-Mer. En deçà de la Morée et sur un point plus rapproché de Paris, on trouve le Moleret, la Melotte et le ru de Montfort, petits ruisseaux presque secs durant l'été, peu abondants même en hiver, et qui ont le caractère de canaux d'irrigation dans une plaine tout entière occupée par la culture maraîchère.

La route de Paris à Senlis sort de Paris par la droite, passe sous le fort d'Aubervilliers, coupe pendant 3 kilomètres la plaine du même nom, puis descend par une pente assez douce dans le val au fond duquel coule le Moleret. C'est là précisément que se trouve le Bourget.

Par delà le Bourget, la route remonte sur un plateau qu'elle traverse sur une longueur de 2 kilomètres, puis redescend assez brusquement pour traverser le cours d'eau de la Morée sur un pont connu sous le nom de pont Iblon.

C'est au delà du pont Iblon que se trouve le village de Gonesse, sur la gauche, et plus à droite la bifurcation de la route qui se dirige vers Senlis par Louvres, et de la route qui se dirige vers Soissons par le Mesnil-Amelot.

Le général de Bellemare, établi à Saint-Denis, désirait depuis plusieurs semaines faire occuper le Bourget, et tous les mouvements, toutes les reconnaissances étaient dirigés dans ce dessein : il n'avait pu obtenir de renseignements assez précis sur les moyens de défense qu'il rencontrerait de ce côté de la part de l'ennemi, lorsque mercredi une reconnaissance des mobiles de la Seine, énergiquement conduite sur le Bourget, constata la présence de l'ennemi en forces assez considérables.

A la suite de cette reconnaissance, dans la soirée de mercredi, le fort de Romainville couvrit d'obus le Bourget : le fort de Romainville, situé sur les hauteurs qui dominent la plaine d'Aubervilliers, peut diriger un feu plongeant sur les différents points de l'espace qui domine.

Le vendredi, 28 octobre, à cinq heures du matin, le général de Bellemare dirigea sur le Bourget les francs-tireurs de la presse ; en même temps il appelait sur le même point le 8e bataillon des mobiles de la Seine, qui avait passé la nuit aux grand'gardes de Bobigny, sur la droite du champ d'opération, et le 15e bataillon établi depuis plusieurs jours au fort même d'Aubervilliers.

L'ennemi fut surpris par notre attaque matinale vigoureusement conduite ; les barricades élevées par lui dans le Bourget, défendues mal et avec confusion, furent emportées par nos troupes avec un entrain remarquable. Quand le jour s'éleva, l'ennemi non-seulement avait été délogé du Bourget, mais poursuivi sur le plateau qui, du côté du nord, commande le Bourget, et il n'avait pu se reformer en ligne et opposer une résistance que derrière la Morée, au pont Iblon.

La surprise avait parfaitement réussi, mais la difficulté devait être de garder une position dont l'ennemi comprenait assurément la valeur et qu'il s'efforcerait de reprendre à tout prix.

Vers dix heures du matin, une formidable artillerie et des forces considérables vinrent du côté de l'ennemi pour réparer la surprise essuyée le matin. Les réserves du prince royal de Saxe paraissaient de ce côté établies vers Gonesse et le Thillay. Ce fut de Gonesse et des hauteurs entre Pierrefitte et Ecouen que déboucha l'artillerie : des batteries, établies à la hâte, commencèrent sur le Bourget un feu qui, durant toute la journée, ne s'interrompit que pendant deux heures. Au moment où le canon cessa de tonner, les lignes ennemies s'avancèrent intrépidement jusque sous les murs des dernières maisons du Bourget : les tirailleurs du prince de Saxe vinrent jusqu'à huit mètres de l'entrée du village vers le nord ; ils ne reculèrent que grâce aux feux de peloton parfaitement nourris de nos troupes. Les francs-tireurs et les bataillons de ligne, envoyés pour soutenir la position, tinrent bon avec une remarquable solidité durant toute la journée, et commencèrent sous le feu même de l'ennemi à établir des défenses propres à empêcher un retour offensif.

Reprise du Bourget (journée du 30 octobre).

La journée du 29 octobre fut fortement accidentée au Bourget. L'ennemi, massé en arrière de Dugny, tenta de reprendre le Bourget. Dès huit heures du matin, les batteries de Garges et de Dugny ouvrirent un feu très-vif, qui, jusqu'à quatre heures de l'après-midi ne s'est ralenti qu'à de rares intervalles. Nos troupes n'ont pas abandonné leurs postes et ont pu repousser par un feu rapide les colonnes ennemies. Le 30, point de trêve ; les Prussiens reprennent la lutte avec plus d'acharnement ; leurs projectiles tombent partout, éclatent dans les rues et dans les maisons; ils dispersent nos soldats et les écartent de leur poste de combat ; cependant les colonnes d'attaque avançaient rapidement à portée de fusil, et à la canonnade se joignait une fusillade non moins vive. L'infanterie ennemie était disposée en équerre, cernant de deux côtés le village, entre Dugny et le chemin de fer. La cavalerie manœuvrait de façon à couper et à sabrer nos soldats, disséminés et désorientés.

Que faire ? Quelques hommes du génie, aidés par des escouades de mobiles, avaient, dès la veille, improvisé à la hâte quelques barricades sur les avenues donnant au nord : mais ces barricades étaient incomplètes, et, de plus, d'une construction déplorable ; rien que des pavés et des moëllons. On ne les avait pas liées et fortifiées par un épaulement en terre ; aussi, à chaque obus, elles faisaient brèche, et les éclats de pierre, se mêlant à la mitraille, forçaient les défenseurs à s'éloigner. Cependant les soldats essàyèrent, à plusieurs reprises, de les rétablir.

Nos malheureuses pièces tentaient vainement de lutter ; elles s'étaient réunies sur le côté est du village, du côté de la balle, afin d'arrêter les Prussiens, de protéger la grande route et de laisser la retraite libre aux nôtres. Elles envoyaient des boîtes à balles sur les masses ennemies ; à chaque coup, on voyait celles-ci s'ouvrir et se séparer sur un angle d'au moins 30 mètres.

Mais ce ne fut qu'un instant : à leur tour, nos pièces tombèrent sous la pluie des canons ennemis. Un obus piqua droit sur une d'elles, renversa les quatre chevaux et deux servants. La trombe enveloppait nos artilleurs, qui se hâtèrent de réatteler la pièce, et on enfila au grand trot la route d'Aubervilliers.

L'infanterie ne pouvait plus tenir. Les postes, dispersés dans le village, dans les enclos, la tête sous la mitraille, les flancs resserrés de chaque côté par le feu des tirailleurs, se hâtaient de se replier, voyant bien qu'une minute de plus allait fermer le cercle autour d'eux.

Quelques-uns, soit parmi les mobiles, soit parmi le 28e de marche, pour se garer des éclats, avaient eu l'idée de descendre dans les caves; ceux-là ont été pris. D'autres détachements des mêmes régiments, placés en tête du village, ne purent en gagner à temps l'extrémité : ils ont été enveloppés.

Le 35e de marche, les chasseurs à pied et les turcos du 28e, qui venaient relever la garnison du Bourget, servirent à protéger la retraite. Les obus du fort d'Aubervilliers sifflaient sur la droite du Bourget, afin d'ouvrir un chemin à nos malheureux soldats, restés dans le village; car on entendait encore la fusillade : c'étaient nos braves qui luttaient avec rage au milieu de l'ennemi.

Mais les tirailleurs prussiens avançaient toujours sur la droite, en s'abritant derrière les nombreuses maisons qui s'élèvent dans la plaine. Bientôt, ils furent à portée de fusil. Le cercle était complet, et comment rompre cette masse lointaine de maisons?

Le fort tirant toujours, les pièces se rabattirent plus bas, sur la grande route, au point de jonction du chemin de la Courneuve. Là était une barricade; les soldats du génie, sortant du fort, travaillaient à la hâte pour continuer la tranchée, tout le long de ce chemin, afin de couper l'espace entre la Courneuve et la grande route. Des renforts de mobiles se rangèrent derrière l'épaulement et s'engagèrent dans les maisons crénelées, au bord du chemin.

Mais ils n'eurent pas à tirer. Nos lignes avancées de tirailleurs contenaient les Prussiens, qui, du reste, ne s'aventuraient pas en plaine. Ils se contentèrent d'occuper, à droite et à gauche de la route de Lille, les bâtiments formant redoute contre nous, en arrière du Bourget.

On ne voyait s'échapper des embrasures que quelques rares flocons de fumée. L'ennemi renonçait à inquiéter notre retraite.

Toutes les troupes rentrèrent en bon ordre sur Saint-Denis, par la route de la Courneuve et par la voie ferrée. Aubervilliers tirait toujours : nos pièces de campagne défilèrent les dernières. Le général de Bellemare, installé avec son état-major sur le chemin de la Courneuve, dirigeait la retraite.

Voici le rapport officiel militaire sur notre défaite au Bourget :

(30 octobre, 5 h. 1/2 du soir.)

Le Bourget, village en pointe en avant de nos lignes, qui avait été occupé par nos troupes, a été canonné pendant toute la journée d'hier sans succès par l'ennemi. Ce matin, de bonne heure, des masses d'infanterie, évaluées à plus de 15,000 hommes, se sont présentées de front, appuyées par une nombreuse artillerie, pendant que d'autres colonnes ont tourné le village, venant de Dugny et de Blanc-Ménil. Un certain nombre d'hommes, qui étaient dans la partie nord du Bourget, ont été coupés du corps principal et sont restés entre les mains de l'ennemi. On n'en connaît pas exactement le nombre en ce moment. Il sera précisé demain.

Le village de Drancy, occupé depuis vingt-quatre heures seulement, ne se trouvait plus appuyé à sa gauche, et le temps ayant manqué pour le mettre en état respectable de défense, l'évacuation en a été ordonnée, pour ne pas compromettre les troupes qui s'y trouvaient.

Le village du Bourget ne faisait pas partie de notre système général de défense ; son occupation était d'une importance très-secondaire, et les bruits qui attribuent de la gravité aux incidents qui viennent d'être exposés sont sans fondement.

Ajoutons que dans cette malheureuse journée du Bourget, plusieurs centaines de soldats français sont restés entre les mains de l'ennemi.

CHAPITRE VIII.

Journée du 31 Octobre. — La Commune. — Envahissement de l'Hôtel de Ville.

La reprise du Bourget, par les Prussiens, a profondément affligé la population parisienne. Une douloureuse nouvelle nous est annoncée le matin du 31 octobre. Le parti avancé lève la tête. Les partisans de la Commune vont envahir l'Hôtel de Ville et essayer de renverser le gouvernement. Voici les affiches qui ont servi de prétexte à cette tentative d'anarchie :

Paris, 31 octobre 1870.

Le Gouvernement vient d'apprendre la douloureuse nouvelle de la reddition de Metz. Le maréchal Bazaine et son armée ont dû se rendre, après d'héroïques efforts, que le manque de vivres et de munitions ne leur permettait plus de continuer. Ils sont prisonniers de guerre.

Cette cruelle issue d'une lutte de près de trois mois

causera dans toute la France une profonde et pénible émotion. Mais elle n'abattra pas notre courage. Pleine de reconnaissance pour les braves soldats, pour la généreuse population qui ont combattu pied à pied pour la patrie, la ville de Paris voudra être digne d'eux. Elle sera soutenue par leur exemple et par l'espoir de les venger.

M. Thiers est arrivé aujourd'hui à Paris ; il s'est transporté sur-le-champ au ministère des affaires étrangères.

Il a rendu compte au Gouvernement de sa mission. Grâce à la forte impression produite en Europe par la résistance de Paris, quatre grandes puissances neutres, l'Angleterre, la Russie, l'Autriche et l'Italie se sont ralliées à une idée commune.

Elles proposent aux belligérants un armistice, qui aurait pour objet la convocation d'une Assemblée nationale. Il est bien entendu qu'un tel armistice devrait avoir pour conditions le ravitaillement, proportionné à sa durée, et l'élection de l'Assemblée par le pays tout entier.

Le Ministre des affaires étrangères, chargé par intérim du département de l'intérieur,

JULES FAVRE.

A midi, des groupes commencent à se former sur la place de l'Hôtel-de-Ville. Ils ne sont pas très-nombreux à cette heure, mais ils vont sans cesse en grossissant. A une heure et demie, la foule est compacte. A deux heures, on peut l'évaluer de sept à huit mille personnes. Des députations arrivent et pénètrent à l'Hôtel de Ville et en ressortent. Au passage de chacune des députations, la foule crie : Pas d'armistice ! La Commune ! La levée en masse ! MM. Jules Simon et Henri Rochefort essayent en vain de haranguer la foule ; ils ne parviennent pas à se faire écouter ; on crie : Pas d'armistice ! la Commune ! La levée en masse ! M. le général Trochu reçoit une députation sous le vestibule de l'Hôtel de Ville et s'adresse à la foule en ces termes :

« Citoyens, voulez-vous entendre la parole d'un soldat ? (Oui ! oui !)

« C'est en vain que vous suspectez mon patriotisme, qui me conduira à la mort pour la défense de la République.

« J'ai trouvé Paris sans défense ; il pouvait être envahi en quarante-huit heures sans difficulté.

« J'ai consacré tous mes efforts à le rendre imprenable ; il l'est aujourd'hui. — (*La Commune!*) — Aucun ennemi, aussi puissant qu'il soit, ne peut y entrer. (Interruption.)

« Ne voyez-vous pas que pour nous défendre nous avons besoin de tous les moyens ?

« Si nos armées ont été vaincues, c'est qu'elles n'avaient pas ce qu'il faut pour vaincre ; elles manquaient d'artillerie.

« Nous faisons tous les plus grands efforts pour triompher.

« Nous avons réuni des forces capables de lutter avec l'ennemi. »

La parole du général est à peine entendue. On crie toujours : « *La Commune ! la Commune !* » Dix fois, le général est interrompu. « *Saluez le peuple ! criez : vive la République !* » hurle la multitude. « *Vous n'êtes qu'un royaliste ! A bas les royalistes !* » Le général Trochu ne pouvant tenir tête à la foule qui l'interpelle, remonte dans la salle du Conseil. Il est environ deux heures. Une députation de divers bataillons se présente ; elle est reçue par le gouverneur, MM. Jules Favre et Jules Ferry, dans le salon qui précède la salle du Conseil. On demande des explications sur la reddition de Metz ; on prétend que le Gouvernement a caché cette nouvelle au peuple pendant trois jours. Le gouverneur répond que toutes les nouvelles officielles ont été publiées et que la capitulation de Metz n'est que du 27, au soir. Un délégué reproche ensuite au général de n'avoir pas pris les précautions nécessaires pour conserver le Bourget.

Le gouverneur de Paris réplique par quelques paroles, en quelque sorte un rapport militaire dont voici le sens :

« Nous occupons un développement périmétrique de près de douze lieues, car nous sommes non pas uniquement autour des murs de Paris, mais aussi bien en avant des forts, à 3,000 mètres environ.

« Il y a sur ce périmètre des points qu'il faut occuper et d'autres qu'il ne faut point occuper.

« Ceux qu'il faut occuper sont ceux qui sont appuyés par les forts, et ils ont été occupés par nos troupes.

« Mais il est des compagnies de corps francs qui agissent sans ordres et qui peuvent nuire aux mouvements de l'armée.

« Il y a environ quarante-deux de ces corps, et nous avons été obligés déjà d'en licencier trois.

« Ainsi, j'ai appris avant-hier que le village de Bondy était occupé par un de ces corps, et comme j'en manifestais mon étonnement à l'amiral commandant ce point, il me répondit que les francs-tireurs ne voulaient point abandonner le poste qu'ils avaient acquis au prix des plus valeureux efforts, et qu'ils avaient voulu fusiller leur commandant qui voulait les diriger sur un autre point. J'ai donc autorisé l'occupation de Bondy... »

A ce moment de sa déclaration, le général est interrompu par les citoyens Chassin et Lefrançais, qui s'écrient :

« Ceci est un rapport militaire et nous sommes ici pour une question politique !

« Le peuple demande la déchéance complète du Gouvernement. Depuis deux mois, vous n'avez voulu que la paix, vous n'avez travaillé qu'à la paix, il nous faut la Commune et la levée en masse. »

Ces paroles furent le commencement du tumulte devant lequel toute explication devint impossible.

Le général ayant repris sa place dans la salle du Conseil, une balle tirée d'en bas brisa un carreau et l'on entendit un vacarme immense sous les voûtes, dans les cours, dans les salons et dans les couloirs de l'Hôtel de Ville que l'on venait d'envahir par la porte du milieu.

Des misérables avaient tenté de massacrer le commandant d'Auvergne, un vieux soldat, qui voulait faire exécuter la consigne transmise par le colonel ; ils lui avaient arraché sa croix d'officier de la Légion d'honneur, sa croix gagnée au champ de bataille, ils l'auraient tué peut-être, si ses soldats, qui le chérissent, ne l'avaient arraché à ce groupe furieux.

Pendant que la foule s'étouffait dans la cour vitrée, des citoyens, réunissant leurs efforts, essayaient de se cramponner à ceux qui étaient suspendus en grappes humaines à tous les barreaux de l'escalier et à toutes les fenêtres de la salle du Conseil municipal, où les maires agitaient en vain la sonnette pour délibérer en silence ; pendant ce temps, la fureur était à son comble, dans le salon où venait de parler le général Trochu.

Jules Favre essayait vainement de se faire entendre.

« Citoyens, disait-il, il est bien évident que si vous venez nous dire : « Vous n'avez plus notre confiance ! » nous n'avons qu'à laisser à d'autres le soin d'accomplir la tâche que nous nous sommes imposée ; mais êtes-vous bien certains, en venant ici, de manifester la volonté de la population tout entière ? (Cris : Oui ! oui ! tout le monde veut la Commune). Je ne doute pas un seul instant de votre sincérité, mais laissez-moi vous dire.... »

Cette fois encore, le membre du Gouvernement de la défense nationale est obligé de renoncer à se faire entendre ; on entend au dehors quelques détonations, quelques-uns des gardes nationaux présents et un mobile de la Seine, en permission sans doute, tracent ces mots : « LA COMMUNE ET DORIAN » sur des feuillets de papier qu'ils jettent par les fenêtres.

Puis Rochefort paraît de nouveau dans cette salle et monte sur un bureau du haut duquel il prononce les paroles suivantes, que nous avons pu recueillir :

« Citoyens,

« Je vous déclare qu'une affiche sera posée ce soir dans Paris pour annoncer la date des élections municipales. (*Pas d'élections ! la Commune !*) Le mot élections municipales est le terme technique ; je suis pour la Commune autant que vous, je suis un enfant de Paris. » (*Pas d'armistice ! pas d'armistice !*)

A partir de deux heures et demie, des bataillons non armés débouchaient par le quai Pelletier, l'avenue Victoria et la rue de Rivoli, et se massaient tant bien que mal sur la place.

Avenue Victoria, nous entendons battre aux champs, c'est le 118ᵉ bataillon qui arrive. Plusieurs gardes nationaux de ce bataillon tiennent les coins d'un énorme drapeau tricolore sur lequel on lit en gros caractères ces mots :

Vive la République !
Pas d'armistice !
Résistance à mort !

Par cette même avenue Victoria débouchent successivement les 249e, 83e 178e, 20e bataillons, tous sans armes.

Les portes de la mairie se ferment. Il est deux heures trois quarts, trois ou quatre détonations se font entendre. La panique est générale : 9 à 10,000 gardes nationaux ou curieux, massés sur la place, s'enfuient dans toutes les directions. Le Gouvernement est accusé de faire tirer sur le peuple désarmé.

Les boutiques se ferment rue de Rivoli, avenue Victoria, place du Châtelet et quai de la Mégisserie, jusqu'à la hauteur de la rue du Pont-Neuf. Ce flot de fuyards jette la perturbation dans ce quartier par l'interprétation erronée qu'ils donnent aux coups de fusil entendus place de l'Hôtel de Ville.

Boulevard Saint-Michel, rue Dauphine, sur le Pont-Neuf, quai des Orfévres, place Dauphine, quai des Grands-Augustins, on ne parle rien moins que d'un bombardement dont aurait été l'objet la mairie de Paris.

De tous côtés on entend répéter ces mots : « Nous sommes trahis ! on vient de tirer sur le peuple ! il faut descendre en armes ! » A ces ridicules inventions, des individus ne craignent pas d'ajouter que des barricades sont commencées dans les alentours de l'Hôtel de Ville.

Les boutiquiers ne sachant que penser s'apprêtent à fermer les devantures de leurs boutiques.

A trois heures et demie, plus de la moitié de la place de l'Hôtel-de-Ville se trouve dégarnie. Mais une demi-heure plus tard, d'autres bataillons de la garde nationale qui ignorent ce qui vient de se passer arrivent sans armes et ne tardent pas à regarnir complétement la place et ses alentours.

Un certain nombre des fuyards de tout à l'heure reviennent sur leurs pas, désireux de connaître la véritable cause, ainsi que le résultat de l'échauffourée.

On apprend alors que l'individu, qui a le premier tiré un coup de pistolet, a été arrêté, et que le Gouvernement est complétement étranger à tout ce qui s'est passé.

Vers quatre heures, M. Etienne Arago paraît à une fenêtre de l'aile gauche de l'Hôtel de Ville, et il donne lecture d'un décret convoquant, à bref délai, les électeurs pour la nomination des membres de la Commune. Au même moment, M. Gustave Flourens arrive à cheval, suivi de son bataillon, qui défile la crosse en l'air sous les fenêtres de l'Hôtel de Ville. M. Flourens s'arrête à la porte de l'aile gauche, qui est fermée. Bientôt elle s'ouvre, et elle donne passage à un officier supérieur de la garde nationale, qui monte sur la croupe du cheval de M. Flourens, et de là annonce à la foule que la levée en masse est décrétée. (Acclamations dans la foule.) Pendant ce temps, les fenêtres du milieu de la façade sont occupées par des gardes nationaux appartenant aux bataillons de Belleville et par des ouvriers.

Un garde national, juché sur le rebord en saillie du premier étage, déroule une écharpe rouge qu'il agite aux yeux de la foule. D'autres lancent sur la place des morceaux de papier roulé, renfermant soit de simples indications, telles que : *la Commune est acceptée*, soit des listes de membres d'une Commune révolutionnaire. Une de ces listes porte les noms suivants : Dorian, président; Félix

Pyat, Ledru-Rollin, Schœlcher, Joigneaux, Louis Blanc, Victor-Hugo, Martin Bernard, Mottu, Greppo, Delescluze, Bonvallet. D'autres listes portent aussi les noms de MM. Blanqui et Gustave Flourens. Pendant ce temps les bataillons de la garde nationale continuent à défiler sur la place, la crosse en l'air. Des groupes animés remplissent la place. On y remarque, comme d'habitude, un grand nombre de simples curieux.

A huit heures du soir, M. Blanqui, installé à l'Hôtel de Ville, attend l'arrivée de ses amis pour constituer un Comité provisoire de salut public.

Les membres du Gouvernement sont déclarés en état d'arrestation et gardés à vue par Flourens. MM. Trochu et Jules Favre gardent un extérieur calme et digne. Ils sont assis l'un près de l'autre devant la table des délibérations.

Vers neuf heures, le bruit se répand que le général Trochu est libre. Cette nouvelle est accueillie par des acclamations sur les boulevards. De toutes parts on entend les cris de : *Vive Trochu ! A bas la Commune ! A bas Blanqui !* l'enthousiasme augmente encore quand on entend battre le rappel, et quand on voit la garde nationale accourir pour marcher sur l'Hôtel de Ville.

MM. Ernest Picard, Jules Ferry et Pelletan sont également en liberté. C'est le 106e bataillon de la garde nationale, ayant à sa tête son brave chef, le commandant Ibos, qui a eu l'insigne honneur de délivrer le général Trochu.

Ce bataillon a pu entrer, clairon en tête, dans la cour intérieure de l'Hôtel de Ville, et une compagnie est montée dans la salle où se trouvaient les membres du gouvernement, a entouré le général et l'a entraîné. Quelques tirailleurs de Belleville, le chassepot chargé, ont alors couché le général en joue. Mais le Gouverneur de Paris, protégé par les braves du faubourg Saint-Germain, avait déjà disparu.

Vers onze heures et demie, la place de l'Hôtel-de-Ville était entièrement investie par la garde nationale et par la garde mobile. Bientôt les émeutiers, voyant leur tentative échouer devant l'énergique manifestation de la volonté de Paris, déclarent par une des fenêtres du palais qu'ils fusilleront les membres du Gouvernement restés en leur pouvoir (MM. Jules Favre, Jules Simon et Garnier-Pagès) si une attaque de vive force est dirigée contre l'Hôtel de Ville.

On leur répond aussitôt que 80 des leurs, déjà aux mains de la garde nationale, sont une garantie suffisante de la vanité de cette menace.

Au bout de quelque temps, les mobiles et les gardes nationaux pénètrent dans l'Hôtel, qu'ils font évacuer non sans peine.

Le général Trochu arrive, suivi d'un nombreux état-major. On bat aux champs. Il passe devant le front des roupes massées sur le quai. Il est accueilli aux cris de : *Vive Trochu ! Vive la République !*

Sur un ordre, un bataillon des mobiles bretons s'avance, l'arme au bras, et pénètre dans l'Hôtel de Ville, dont les portes s'ouvrent devant les sommations.

Les gardes nationaux renfermés dans la place, et dont la plupart avaient obéi à un mouvement dont ils n'avaient pas calculé la portée, se retirent, la crosse en l'air, en criant : *Vive la République !*

Plus un cri de *Vive la Commune !* Il paraîtrait d'ailleurs que c'était là une des conditions de leur impunité.

Le général Trochu reprend aussitôt possession de l'Hôtel de Ville, et délivre ceux de ses collègues qui étaient encore prisonniers.

Dans la réalité, la démagogie n'a point de peuple. Elle n'a que des chefs. Ce n'est pas une société, c'est une conspiration. Dans leurs forums où ne pénètre rien du fond de l'âme humaine et de la véritable vie des peuples, encrassés de mille systèmes ineptes ou fous, livrés aux furies de l'ambition personnelle, que savent-ils des besoins du monde, ces conspirateurs? Ils vivent dans le factice, depuis la sortie du berceau jusqu'au bord de la tombe. Il y a deux choses qu'ils n'ont jamais vues : l'une est la voûte du ciel, l'autre est l'herbe des champs. Il y a deux êtres qu'ils ignorent : le premier est le vrai Dieu, et le second est l'homme vrai.

Le 31 Octobre, d'après MM. Blanqui et Flourens.

Les deux personnages les plus importants de la tentative du 31 octobre ont publié chacun leur récit de cette déplorable journée. Ces deux documents, remplis d'assertions hardies et contraires à la vérité, méritent d'être connus. On nous saura gré de n'avoir rien négligé pour montrer dans tout son jour la gravité de la situation :

LE 31 OCTOBRE, D'APRÈS M. BLANQUI :

« Les journaux de la réaction ont fait de la nuit du 31 octobre un récit complétement mensonger.

La calomnie est leur habitude. On ne change pas les habitudes.

Cependant, comme la crédulité publique accueille indifféremment tout ce qu'on lui offre, le citoyen Blanqui se croit tenu de dire sa participation aux faits du 31 octobre.

Le citoyen Blanqui n'ayant point de bataillon sous ses ordres, depuis son remplacement à la tête du 169e, n'a point marché sur l'Hôtel de Ville.

Il a été informé vers cinq heures et demie que son nom figurait sur la liste du nouveau Pouvoir proclamé à l'Hôtel de Ville.

A six heures, il s'est rendu au poste où l'appelait la volonté populaire et n'a pu pénétrer qu'avec beaucoup de peine dans l'intérieur du palais.

Il a été accueilli avec une vive satisfaction par les citoyens réunis dans une salle où se trouvait une table chargée de papiers.

On l'a invité aussitôt à entrer en fonctions comme membre de l'autorité nouvelle. Sur sa demande où se trouvait le citoyen Flourens, on lui a répondu qu'il gardait à vue les membres de l'ancien gouvernement et ne pouvait quitter son poste.

Il a essayé de se rendre auprès de son collègue pour conférer avec lui. Il n'a pu y parvenir, par suite de l'opposition obstinée faite à son passage, par des gardes nationaux du 106ᵉ bataillon qui occupaient la porte d'entrée.

Comprenant le danger de cette situation, il est rentré dans la salle où il avait été reçu d'abord et s'est occupé exclusivement de pourvoir à la sûreté de l'Hôtel de Ville et des fortifications.

Il a rédigé et signé *seul* les ordres suivants :

Ordre de fermer toutes les barrières et d'empêcher toutes communications qui pourraient informer l'ennemi des dissensions soulevées dans Paris.

Ordre aux commandants des forts de surveiller et repousser avec énergie toutes les tentatives que feraient les Prussiens.

Ordre à divers chefs de bataillon, — une vingtaine environ, — de rassembler leurs soldats et de les conduire sur-le-champ à l'Hôtel de Ville.

Ordre à des bataillons, déjà réunis sur la place, d'entrer immédiatement dans le palais pour en garder les portes et l'intérieur.

Ordre à ces mêmes forces de faire sortir de l'Hôtel de Ville le 106ᵉ bataillon, composé de légitimistes et de cléricaux du faubourg Saint-Germain.

Ordre de faire occuper la préfecture de police par un bataillon républicain actuellement stationné sur la place.

Ordre à plusieurs citoyens de s'installer dans diverses mairies à la place des maires présents.

Il est inutile de désigner ces mairies. Elles sont au nombre de trois ou quatre.

Une partie de ces ordres fut exécutée. Les autres ne purent l'être.

Le citoyen Blanqui, averti que des bataillons hostiles agissaient avec violence dans l'intérieur contre le pouvoir populaire, voulut de nouveau rejoindre le citoyen Flourens dont il demeurait séparé, à son grand déplaisir.

Il se rendit auprès de lui, et revenant en sa compagnie vers la salle qu'il avait quittée, il dut traverser une pièce qui venait d'être envahie par le 17e bataillon, composé aussi de gardes nationaux du faubourg Saint-Germain. Ces gardes nationaux se débattaient avec des citoyens formant l'entourage de Flourens.

Reconnu par eux, le citoyen Blanqui devint à l'instant même l'objet spécial de leurs attaques. Une lutte violente s'ensuivit entre les deux partis. Elle se termina par l'enlèvement de Blanqui, qui fut horriblement maltraité et rejeté à demi étranglé dans un corridor où se trouvaient d'autres gardes du 17e.

Plus humains, ceux-ci le déposèrent sur un banc où il put recouvrer la respiration. Il se trouva là près de Tibaldi qui avait été également arrêté et accablé de coups. On lui avait arraché les cheveux et la barbe qu'il porte luxuriante.

Lorsque Blanqui eut repris ses sens, les gardes du 17e, qui l'avaient traité avec humanité, l'emmenèrent prisonnier entre deux haies de soldats des 17e et 15e bataillons, jusqu'à une grande porte fermée, au bout d'un vestibule pavé de cailloux.

Devant cette porte se trouvaient sept ou huit citoyens armés qui interpelèrent le 17e sur le prisonnier qu'ils conduisaient. Un des gardes de ce bataillon, d'une stature colossale et d'une vigueur herculéenne, se précipita aussitôt sur l'intervenant, le saisit à la gorge et le cloua sur la porte avec une force irrésistible. En ce moment, un coup de pistolet éclata dans ce groupe en lutte.

Les gardes nationaux du 17e se retirèrent précipitamment par tous les escaliers qui aboutissaient au vestibule, en levant la crosse en l'air, et le citoyen Blanqui resta seul, au milieu de la salle, entre les deux partis en présence.

Après quelques mots sur la nécessité de ne point répandre le sang, il rejoignit ses libérateurs. C'étaient les tirailleurs de Flourens. Il leur devait la liberté, peut-être la vie. Car, à la rage que les sacristains du 17e laissaient éclater, alors même qu'ils se sentaient enveloppés et contenus par les forces populaires, on peut deviner qu'ils auraient mis en pièces l'objet d'une haine si farouche, s'ils l'avaient tenu loin de tout péril.

Blanqui était resté vingt minutes prisonnier entre leurs mains.

De retour dans la salle des délibérations, il trouva, assis autour de la table, les citoyens Flourens, Delescluze, Millière, Ranvier, ses collègues. Le citoyen Mottu ne s'était pas assis. Ni lui ni le citoyen Delescluze ne donnèrent de signatures.

Aucun autre membre de la Commission provisoire n'a

paru dans la salle et n'a pris part aux travaux de la Commission, depuis six heures jusqu'à l'évacuation de l'Hôtel de Ville.

Après l'investissement complet de l'Hôtel de Ville par les forces du général Trochu, il s'agissait de délibérer sur le parti à prendre.

Le citoyen Delescluze proposa la déclaration suivante :

« Les citoyens, soussignés, désignés dans les réunions de l'Hôtel de Ville pour présider aux élections de la Commune de Paris et pourvoir aux nécessités du présent;

« Sur la déclaration faite par le citoyen Dorian que les formalités préliminaires de l'élection de la Commune étaient accomplies déjà, qu'elle aurait lieu demain mardi, sous sa présidence et celle du citoyen Schœlcher, et que, le jour suivant, il serait également procédé à l'élection du Gouvernement provisoire ;

« Dans l'intérêt de la patrie en danger, et en vue d'éviter un conflit qui pourrait ensanglanter le baptême de nouvelle République ;

« Déclarent que, réserve faite des droits du peuple, ils attendent le résultat des élections qui doivent avoir lieu demain. »

A son tour, le citoyen Blanqui donna lecture de la proclamation ci-après :

« Citoyens de Paris,

« En présence des nouvelles désastreuses qui arrivent de Metz et des projets d'armistice qui livreraient la France aux Prussiens, la population de Paris a jugé nécessaire de remplacer le Gouvernement qui a si gravement compromis la République.

« Elle a élu une commission provisoire, chargée de prendre les premières mesures de sûreté et de convoquer les élections de Paris pour nommer une municipalité.

« Cette commission invite tous les citoyens à appuyer ces mesures d'ordre et à attendre paisiblement les résultats du scrutin.

« Toutes les précautions sont prises pour veiller à la sûreté des forts et les mettre, ainsi que l'enceinte, à l'abri d'une attaque de l'ennemi.

« La commission provisoire résignera ses pouvoirs aussitôt après la manifestation du scrutin. »

Cette adresse aux Parisiens n'ayant pas été appuyée, Blanqui dut se rallier à la proposition Delescluze.

C'est alors que les six membres de la commission provisoire se rendirent dans le cabinet de M. Dorian.

Acclamé par le peuple et membre de la défense nationale, le citoyen Dorian n'avait pas quitté l'Hôtel de Ville, mais s'était abstenu de prendre aucune part aux délibérations de ses récents collègues.

Une convention fut conclue entre lui et les nouveaux élus, sur les bases suivantes :

1° Election de la Commune ou municipalité, le mardi 1er novembre;

2° Réélection des membres du Gouvernement provisoire, le mercredi 2 novembre.

3° Séparation à l'amiable des deux autorités siégeant

à l'Hôtel de Ville. Nulles représailles, nulles poursuites, à l'occasion des faits accomplis.

A cet effet, les membres de la défense nationale, alors retenus dans le palais, et les républicains suivis de leurs forces, sortiraient ensemble du palais, et se sépareraient après avoir passé dans les rangs des troupes rangées sur la place.

Cette convention, acceptée par MM. Jules Favre, Garnier-Pagès, Jules Simon et Tamisier, alors dans l'Hôtel de Ville, et par M. Jules Ferry, qui, en ce moment même, à la tête d'un bataillon de mobiles, cherchait à enfoncer une des portes du palais, ne put être mise à exécution qu'après plusieurs heures de débats.

Une première tentative échoua, par suite de l'attitude des mobiles qui croisèrent la baïonnette, et les républicains se montrèrent disposés à se maintenir dans l'Hôtel de Ville, si on prétendait violer la convention.

Il faut dire que, durant cette nuit tumultueuse, les membres de la commission provisoire ne purent conférer entre eux paisiblement de leur situation commune. Ils étaient noyés dans une foule bruyante et irritée qui rendait impossible tout concert suivi.

Flourens a toujours ignoré la présence sur la place, dans l'Hôtel de Ville et à ses portes, de plusieurs bataillons républicains requis par Blanqui pendant qu'il était séparé de Flourens, et seul dans l'une des deux salles de délibération, où il a donné des ordres nombreux, portés au dehors avant l'investissement.

Blanqui, de son côté, ne savait pas que les tirailleurs de Flourens étaient au rez-de-chaussée, et ne l'a appris qu'au moment où ils l'ont tiré des mains des troupes contre-révolutionnaires.

Les récits des journaux rétrogrades ne sont qu'un tissu de mensonges et de calomnies. Ils ne reculent devant aucune indignité. Il faut citer au premier rang la feuille qui ose imprimer les lignes suivantes :

« Les envahisseurs de l'Hôtel de Ville se sont fait servir à dîner d'abord ; puis, entre la poire et le fromage, ils ont envoyé au ministère des finances deux délégués porteurs d'un bon signé : Blanqui. *Un bon de quinze millions !*

Et plus loin : « On introduisit chez le secrétaire général (des finances) un lieutenant, qui présenta un bon de réquisition signé : *Blanqui*, sommant le caissier central d'avoir à remettre au porteur *quinze* millions. »

Le citoyen Blanqui n'a pas seulement pris à l'Hôtel de Ville un morceau de pain, ni un verre d'eau, sauf les deux gorgées qu'il a avalées sur les instances d'un garde national du 17e après son assommement. Que les camarades de ce garde ne lui en veuillent pas trop de cette humanité : elle ne l'a pas empêché de faire son service comme escorte du prisonnier.

Le citoyen Blanqui n'a envoyé personne au ministère des finances, ni dans aucun autre ministère. La demande des quinze millions est une misérable fable, comme en sait faire la réaction. Elle n'a jamais eu d'autres armes. »

BLANQUI.

LE 31 OCTOBRE D'APRÈS M. FLOURENS :

« Le Gouvernement, obligé par la révélation que j'en avais faite, à ne pas tenir plus longtemps cachée l'odieuse nouvelle de la trahison de Bazaine, l'avait fait placarder sur les murs.

En même temps, il annonçait par une autre affiche que la mission de M. Thiers aboutissait à une proposition d'armistice. Cet armistice nous a semblé et nous semble encore un moyen déguisé de reddition de Paris, trahison aussi infâme que celles de Sedan et de Metz.

Donc, la colère nous bouillonna au cœur. Les chefs des cinq bataillons que j'ai formés à Belleville et commandés jusqu'à ma démission du 5 octobre me demandèrent à délibérer sous ma présidence.

A neuf heures et demie du matin, nous nous réunîmes dans les bureaux de l'un d'eux. Là, je fus d'avis de marcher de suite. Cet avis fut partagé par deux de ces citoyens ; les trois autres jugèrent plus convenable, afin que Belleville ne parut pas s'arroger le privilége du patriotisme, de connaître l'avis de nos collègues.

Vingt-trois chefs de bataillon, connus de nous comme ayant des sentiments vraiment démocratiques, furent convoqués au café de la Garde nationale, place de l'Hôtel-de-Ville, pour quatre heures. Le point était central, et il était difficile de les convoquer plus tôt vu l'éloignement de leurs habitations.

Quant à moi, je ne voulus pas descendre seul à cette réunion, et afin de pouvoir, au moins en partie, exécuter ses décisions aussitôt prises, je donnai ordre de rassembler immédiatement mes tirailleurs restés sous mon commandement direct, et qui forment, au nombre de cinq cents, le premier bataillon de marche de Paris.

Bien que les moments fussent pressants, je préférai donner aux hommes le temps de manger et de se bien armer, afin de pouvoir marcher en bon ordre et agir sérieusement. A tout risque, et contre tout danger, je fis distribuer des cartouches.

Vers trois heures un quart, nous commençâmes à marcher. Sur la route nous rencontrâmes des citoyens qui nous dirent que la levée en masse et l'élection de la Commune avaient été décrétées ; que Dorian et Schœlcher avaient été chargés de présider les élections, de gouverner dans l'intérim entre les deux pouvoirs.

Nous ne pouvions nous en tenir à ces affirmations. Arrivé à l'Hôtel de Ville vers quatre heures, je vis une foule compacte de citoyens sur la place, j'avançai avec mes tirailleurs jusqu'à la grille. L'ayant franchie, je vis venir à moi le commandant de place qui monta sur la croupe de mon cheval pour annoncer les nouvelles ci-dessus, et qui me demanda, après cette annonce, à m'embrasser en signe de bon accord.

Je n'ai à m'occuper ici que des faits que j'ai vus et auxquels j'ai pris part. Les citoyens qui étaient arrivés à l'Hôtel de Ville avant moi, raconteront de leur côté ce qui s'y est passé en leur présence.

Je fis former sur le quai mes tirailleurs et entrai seul à

l'Hôtel de Ville. Là, je trouvai toutes les salles combles de citoyens, presque tous sans armes, et discutant en désordre.

De toutes les discussions résultait cependant ceci : c'est qu'on ne pouvait se fier à un Gouvernement aussi faux de l'exécution de ses promesses, qu'il fallait remettre à un comité de salut public, composé de citoyens en qui le peuple ait pleine confiance, l'intérim du pouvoir.

On fit silence. On me demande de parler, de mettre aux voix les noms les plus acclamés. Ces noms furent les suivants : Dorian, Flourens, Félix Pyat, Mottu, Avrial, Ranvier, Millière, Blanqui, Delescluze, Louis Blanc, Raspail, Rochefort, Victor Hugo, Ledru-Rollin.

Je donnai lecture de cette liste successivement dans deux grandes salles pleines de citoyens, puis sur le perron intérieur au-dessus du péristyle garni d'une foule compacte. Portout elle fut acclamée avec enthousiasme.

On me demandait avec instance de me rendre dans la salle où était le Gouvernement déchu par suite de cette élection nouvelle, bien plus valable que celle du 4 septembre. Car nous n'avions pas été nommés, comme eux, pour avoir prêté serment à l'Empire, mais parce que le peuple a pleine confiance en nous.

Dans cette salle, je trouvai assis derrière une table Garnier-Pagès, Trochu, Jules Ferry, Jules Simon, Jules Favre et le général Tamisier. Les citoyens qui les entouraient me demandèrent de monter sur la table et de procéder à l'arrestation immédiate de ces messieurs.

Je donnai lecture de la liste du comité de salut public, qui fut unaniment acclamée. Quant à l'arrestation, elle était impossible pour le moment. Je ne pouvais la faire à moi seul, le bon vouloir des citoyens qui m'entouraient et n'étaient pas armés ne suffisait point. Il est évident que, devant la première irruption d'un bataillon, ou même d'une compagnie réactionnaire, ces citoyens se seraient dispersés et m'auraient laissé seul avec nos prisonniers.

Je me bornai à décider que j'allais garder à vue ces messieurs. C'est ce que je fis, restant debout sur la table. J'envoyai de suite l'ordre à mes tirailleurs de venir me joindre. Mais, avant que cet ordre ait pu leur parvenir à travers l'Hôtel de Ville, encombré de foules immenses, avant qu'ils aient pu se frayer un chemin à travers ces foules, une bonne demi-heure s'est écoulée.

Pendant ce temps, je fis prier mes collègues du nouveau gouvernement de venir me joindre, je dictai à quelques citoyens de bonne volonté la notification officielle de l'existence du comité de salut public, que j'envoyai de suite à l'Imprimerie nationale, avec ordre de la faire placarder dans tout Paris, et dont je fis parvenir vingt copies aux vingt mairies.

Enfin, mes tirailleurs arrivèrent. Je leur fis évacuer un peu la salle, autant que cela était possible, garder à vue l'ex-gouvernement; j'en pris une soixantaine avec moi et envoyai le reste s'emparer des issues de l'Hôtel de Ville.

Millière vint, et Ranvier. Millière me proposa de signer un ordre d'arrestation du gouverneur déchu. Signer était facile, exécuter ne l'était point. Millière n'avait pas encore son bataillon, ou du moins ne m'a point prévenu qu'il l'eût. Ce bataillon n'est venu qu'ensuite, et a été renvoyé par son chef qui ne voulait point l'exposer plus longtemps à nos dangers.

Excepté deux compagnies d'un autre bataillon qui sont restées avec nous jusqu'à minuit, je n'ai eu à ma disposition immédiate dans toute cette soirée et dans toute cette nuit que mes cinq cents braves tirailleurs. C'est avec ces jeunes gens que j'ai tenu le vaste Hôtel de Ville jusqu'à quatre heures du matin.

Des bataillons dévoués à la démocratie sont bien venus en nombre par la place et y sont restés quelque temps, mais isolément et sans venir prendre nos ordres pour la défense. Si le bataillon de Millière ou les bataillons de Belleville, qui sont arrivés plus tard, avaient été là pour soutenir mes tirailleurs, on ne nous aurait pas enlevé deux de nos prisonniers.

Je ne pouvais détacher deux cents de mes hommes pour conduire à Mazas l'ex-gouvernement. Ce faible détachement n'aurait pas suffi, et avec les trois cents je n'aurais pu occuper l'Hôtel de Ville. Le mieux était donc, tout en délibérant, de continuer de garder à vue mes prisonniers.

Tout à coup fait irruption dans la salle, le commandant Ibos, du 106e bataillon, avec ses hommes armés. Ces marguilliers furieux, me voyant debout sur la table, me menacent de mort. Leur chef grimpe à son tour sur la même table, et pendant qu'il occupe mon attention en gesticulant, on m'enlève Ferry et Trochu. Je descends de la table à temps pour m'assurer des autres prisonniers.

Une collision a lieu dans la salle qui précède entre mes tirailleurs et les marguilliers d'Ibos. Ceux-ci sont repoussés, la porte est fermée. Mais Blanqui, qui venait de nous joindre, nous a été violemment arraché par les gens d'Ibos. Heureusement mes tirailleurs le délivrent.

Du reste, une partie du 106e bataillon vient de protester contre les fureurs réactionnaires et prussiennes de son commandant.

Nous nous réunissons alors avec Millière, Blanqui, Ranvier, Delescluze et Mottu, dans une salle, d'où nous expédions des ordres aux maires et des convocations urgentes à tous les chefs de bataillon vraiment démocrates.

Delescluze est allé trouver Dorian pour l'engager à venir siéger parmi nous. On m'apporte tout à coup cette nouvelle : par le souterrain qui fait communiquer l'Hôtel de Ville avec la caserne Napoléon, et dont j'ignorais l'existence, viennent de pénétrer deux bataillons de mobiles bretons, fusils chargés et baïonnettes en avant. Une collision entre eux et mes tirailleurs qui occupent les portes de l'Hôtel de Ville et viennent d'être ainsi tournés, grâce au souterrain, est imminente.

Je consulte Blanqui, Ranvier, Millière, sur le projet d'une convention entre nous et Dorian. Puisque Dorian a été acclamé par le peuple, nous pouvons traiter avec lui ; puisque, d'autre part, avec cinq cents tirailleurs nous ne pouvons tenir contre deux bataillons de mobiles, entrés dans l'Hôtel de Ville par le souterrain, contre tous ceux qui passeront par la même voie, contre ceux qui nous assiègent à l'extérieur, il est inutile de nous faire tuer, cela serait même funeste au succès de notre cause, en amenant de nouvelles journées de Juin dont profiterait de suite la réaction.

D'ailleurs, il n'y a qu'un paquet de six cartouches dans les cartouchières de mes tirailleurs.

Nous allons trouver Dorian, et nous convenons avec lui, librement, de l'accord suivant : *Les élections pour la Commune seront faites ce jour même mardi, à midi, selon les affiches déjà envoyées aux mairies et sous la direction de Dorian et de Schœlcher seuls ; les élections pour un gouvernement nouveau seront faites le lendemain mercredi à la même heure. Afin d'éviter l'effusion inutile du sang, de montrer à nos amis et aux partisans du Gouvernement qu'il y a accord entre nous, nous sortirons ensemble de l'Hôtel de Ville au milieu de mes tirailleurs ralliés sur moi.*

Cet accord, rapidement conclu, est ratifié par les membres du Gouvernement, et aussitôt, inquiet de mes braves tirailleurs, je descends dans la cour avec Dorian. Nous laissons derrière nous les hommes armés, et marchons seuls en parlementaires.

Les mobiles bretons, baïonnettes croisées, fusils chargés, figures menaçantes, étaient massés au fond de la cour. Je leur crie de toute la force de mes poumons : Appelez votre officier, voici un ministre qui a des ordres à lui donner; baïonnette au fourreau.

Enfin, l'officier se décide à venir. Dorian le calme, lui ordonne de calmer ses hommes, évite ainsi la guerre civile. Car, égorgés à l'Hôtel de Ville, nous aurions été vengés par nos braves amis des faubourgs.

Je dois dire que Dorian, dans toute cette soirée, s'est montré brave, honnête et intelligent citoyen. Je conçois que le peuple ait eu confiance en lui ; je ne puis concevoir qu'il ait manqué à l'engagement contracté en toute liberté par lui, et qui nous paraissait si fort, puisqu'il était garanti par l'honneur de Dorian et de Schœlcher.

Quant à mes tirailleurs, ils sont au-dessus de tout éloge. Leur affection pour moi, le soin touchant qu'ils ont mis constamment à écarter de moi le danger, autant qu'ils le pouvaient, m'ont rempli de reconnaissance. Pas un d'eux n'a songé à me quitter, quand ils ont su que l'Hôtel de Ville était complétement investi par les Bretons de Trochu. Et pourtant ce général avait su trouver dix mille fois plus de ces Bretons pour écraser cinq cents citoyens français, qu'il n'en a trouvé pour soutenir nos tirailleurs du Bourget !

Notre convention étant conclue avec Dorian, il ne nous restait plus qu'à l'exécuter en nous retirant de l'Hôtel de Ville avec les membres du Gouvernement. Malheureusement, beaucoup de citoyens restés avec nous, animés par le danger de la situation et ne la comprenant pas bien, s'obstinaient à ne pas quitter l'Hôtel de Ville, à ne pas le laisser quitter aux membres du Gouvernement.

Malgré l'appui de mes tirailleurs, la surexcitation était telle que je ne pouvais, sans une collision, emmener ces messieurs. Et une collision aurait pu me séparer de l'un d'eux, lui faire courir tel danger qui aurait amené une répression sanglante, la guerre civile, le triomphe de la réaction.

Je dus donc me borner à calmer, autant que possible, les esprits, et attendre un peu pour exécuter la convention. Tout à coup, l'Hôtel de Ville, étant suffisamment investi par les mobiles de Trochu, Jules Ferry y pénètre à la tête des gardes nationaux à lui. « Nous avons là cinquante mille hommes, me dit-il ; toute résistance est impossible. Rendez-vous avec les honneurs de la guerre et quittez l'Hôtel de Ville. »

« Je n'ai pas attendu votre sommation, lui répondis-je, pour capituler. La convention est déjà conclue avec Dorian, et nous allons l'exécuter. »

Comme d'autres gardes nationaux arrivaient menaçants, baïonnette au fusil, et que je craignais une collision entre eux et mes tirailleurs, je priai le général Tamisier de venir avec moi les calmer. Cela fut fait.

Alors je ralliai mes tirailleurs. Garnier-Pagès, Jules Favre, Jules Simon quittèrent l'Hôtel par d'autres issues. Blanqui, qui avait retrouvé dans cette nuit toute son admirable énergie patriotique, toute son audace et sa fermeté juvéniles, donnant le bras au général Tamisier, passa devant, puis Millière, Ranvier et moi à la tête de mes tirailleurs.

Je les fis former sur la place au milieu des flots de Bretons à Trochu, et nous remontâmes à Belleville, fiers et heureux d'avoir, sans guerre civile, sans effusion de sang français, obtenu tout ce que nous voulions : des élections libres sous la garantie de deux honnêtes gens, Dorian et Schœlcher.

Hélas ! combien au matin le réveil a été affreux. Toutes ces saintes promesses violées, les élections de la Commune remises en doute jeudi, plus de levée en masse !

Et les Prussiens sont à nos portes, et la famine est dans nos murs !

Et vous violez ainsi vos promesses, et vous perdez le temps!

Voulez-vous donc la guerre civile afin de recommencer plus aisément, à Paris, Sedan et Metz ? »

Gustave FLOURENS.

CHAPITRE I X.

Le programme des Jacobins.

Citons encore, à titre de document, une partie du programme des partisans de la Commune. L'extrait suivant est de la *Patrie en danger*, journal de M. Blanqui :

« ...... Il faut que toutes les églises soient fermées aux cultes et affectées à des greniers, des clubs ou toutes autres destinations révolutionnaires.

« Il faut que toutes les ambulances soient purgées des prêtres ; — qu'on les arrête, qu'on les arme, qu'ils soient menés au feu, placés devant les patriotes, dans les positions les plus périlleuses. Nous leur réservons la plus belle tâche : qu'ils soient martyrs ; ils iront au ciel, ce sera leur récompense. Nous qui n'y croyons pas, nous demandons qu'ils meurent avant nous. Qu'ils servent de cuirasse aux pères de famille. Ce sera la seule fois qu'ils auront été bons à quelque chose.

« Il faut surtout qu'on songe aux barricades, c'est la chose première.

« Il existe une commission des barricades, un président de cette commission, un crédit de 600,000 francs ; seulement tout cela est introuvable, et les Prussiens marchent toujours.

« Il faut que chaque citoyen ne sorte qu'armé : révolver, poignard, baïonnette, tout est bon, et qu'on arrête tous les agents bonapartistes que Paris renferme encore.

« Il faut que le journal, le club et la Commune constituée demandent la mise en commun des subsistances et la ration pour chacun.

« Il faut encore que tout individu qui connaît la cachette ou l'enfouissement de monnaie d'or, d'argent, de matières précieuses, en fasse de suite la déclaration à la mairie.

« Il faut encore que chaque maison soit garnie, à la porte principale, d'un écriteau portant le nom, l'âge et la profession de tous les habitants de ladite maison.

« Le nom du propriétaire et son domicile réel et actuel seront mis en grosses lettres en tête de la pancarte. Le concierge sera responsable de la déclaration....

« Voilà quelques-unes des mesures qui seules peuvent nous sauver. »

Le général Trochu aux gardes nationales

(1ᵉʳ novembre).

Le lendemain du 31 octobre, le peuple se livrait aux élans de la joie la plus vive. De tous côtés le cri de :

Vive Trochu! se faisait entendre. Quelques partisans de la Commune murmuraient tout bas : *C'est la Réaction qui gouverne.*

La proclamation suivante fut affichée sur les murs de la capitale :

« Aux Gardes nationales de la Seine,

« Votre ferme attitude a sauvé la République d'une grande humiliation politique, peut-être d'un grand péril social, certainement de la ruine de nos efforts pour la défense.

« Le désastre de Metz, prévu, mais profondément douloureux, a très-légitimement troublé les esprits et redoublé l'angoisse publique ; et, à son sujet, on a fait au Gouvernement de la défense nationale l'injure de supposer qu'il en était informé et le cachait à la population de Paris, alors qu'il en avait, je l'affirme, le 30 au soir seulement, la première nouvelle.

« Il est vrai que le bruit en avait été semé depuis deux jours par les avant-postes prussiens. Mais l'ennemi nous a habitués à tant de faux avis que nous nous étions refusés à y croire.

« Le pénible accident survenu au Bourget, par le fait d'une troupe qui, après avoir surpris l'ennemi, a manqué absolument de vigilance et s'est laissé surprendre à son tour, a vivement affecté l'opinion.

« Enfin, la proposition d'armistice, inopinément présentée par les puissances neutres, a été interprétée contre toute vérité et toute justice, comme le prélude d'une capitulation, quand elle était un hommage rendu à l'attitude de la population de Paris et à la ténacité de la défense. Cette proposition était honorable pour nous; le Gouvernement lui-même en posait les conditions dans des termes qui lui paraissaient fermes et dignes. Il stipulait une durée de vingt-cinq jours au moins, — le ravitaillement de Paris pendant cette période, — le droit de voter pour les élections de l'Assemblée nationale, ouvert aux citoyens de tous les départements français.

« Il y avait loin de là aux conditions d'armistice que l'ennemi nous avait précédemment faites; quarante-huit heures de durée effective, et quelques rapports très-restreints avec la province pour la préparation des élections, — point de ravitaillement, — le gage d'une place forte, — l'interdiction aux citoyens de l'Alsace et de la Lorraine de participer au vote pour la représentation nationale.

« A l'armistice aujourd'hui proposé, se rattachent d'autres avantages dont Paris peut facilement se rendre compte, sans qu'il faille les énumérer ici. Et voilà qu'on le reproche comme une faiblesse, peut-être comme une trahison, au Gouvernement de la défense nationale !

« Une infime minorité qui ne peut prétendre à représenter les sentiments de la population parisienne, a profité de l'émotion publique pour essayer de se substituer violemment au Gouvernement. Il a la conscience d'avoir sauvegardé des intérêts qu'aucun gouvernement n'eut jamais à concilier, les intérêts d'une ville de deux millions d'âmes assiégée, et les intérêts d'une liberté sans limites. Vous vous êtes associés à sa tâche, et l'appui que vous lui avez donné sera sa force à l'avenir contre les ennemis du dedans aussi bien que contre les ennemis du dehors.

« Fait à Paris, le 1er novembre 1870.

« *Le Président du Gouvernement,
gouverneur de Paris,*

« Général Trochu. »

Appel au scrutin du 3 novembre.

Le même jour, le Gouvernement de la défense, considérant qu'il importe à la dignité et au libre exercice de sa mission de savoir s'il a conservé la confiance de la population parisienne, décrète le vote du 3 novembre.

Les électeurs qui voudront maintenir le Gouvernement de la défense voteront *oui*; les adversaires du Pouvoir voteront *non*.

Et comme il ne saurait être fait de distinction entre les défenseurs de Paris, la garde nationale mobile et l'armée de terre et de mer voteront comme tous les citoyens.

Vote du 3 novembre.

Partout, dès huit heures du matin, s'ouvraient les opérations électorales, et les citoyens commençaient à se porter en foule aux divers lieux de vote. Partout aussi le calme et la régularité présidaient à l'acte important auquel le Gouvernement de la défense conviait le peuple dans ses comices.

Le vote de l'armée de terre et de mer et de la garde mobile a donné le résultat suivant :

Oui. 236,623
Non. 9,053

Le vote de sections de Paris et des populations réfugiées donnant :

Oui. 321,373
Non. 53,585

le résultat définitif, sauf quelques communes, se formule ainsi :

Oui. 557,996
Non. 62,638

La démagogie est vaincue. Qu'elle n'apporte plus ses abominables suggestions ; qu'elle n'ose plus ses crimes ; qu'elle ne montre plus son visage réprouvé. Que l'honneur se montre et soit victorieux ! que ce soit comme un beau matin, un matin de renouveau, âpre, clair et salubre ! Depuis assez longtemps nous vivons dans les terreurs, dans les trahisons et dans les infections de la nuit. Nous demandons le jour.

Le Gouvernement est muni de cette sorte de sacre que peut donner un plébiscite.

Que ce jour solennel marque la fin des divisions qui ont désolé la cité.

Que la miséricorde divine déchire le vil filet de la conspiration athée qui nous donnerait un dieu César, l'infâme et bête dieu de chair.

Au sujet du plébiscite, le Gouvernement de la défense a adressé à la population la proclamation suivante :

« Citoyens,

« Nous avons fait appel à vos suffrages.

« Vous nous répondez par une éclatante majorité.

« Vous nous ordonnez de rester au poste de péril que nous avait assigné la révolution du 4 septembre.

« Nous y restons avec la force qui vient de vous, avec le sentiment des grands devoirs que votre confiance nous impose.

« Le premier est celui de la défense. Elle a été, elle continuera d'être l'objet de notre préoccupation exclusive.

« Tous, nous serons unis dans le grand effort qu'elle exige : à notre brave armée, à notre vaillante mobile se joindront les bataillons de garde nationale frémissant d'une généreuse impatience.

« Que le vote d'aujourd'hui consacre notre union. Désormais c'est l'autorité de votre suffrage que nous avons à faire respecter, et nous sommes résolus à y mettre toute notre énergie.

« Donnant au monde le spectacle nouveau d'une ville assiégée dans laquelle règne la liberté la plus illimitée, nous ne souffrirons pas qu'une minorité porte atteinte aux droits de la majorité, brave les lois et devienne, par la sédition, l'auxiliaire de la Prusse.

« La garde nationale ne peut incessamment être arrachée aux remparts pour contenir ces mouvements criminels. Nous mettrons notre honneur à les prévenir par la sévère exécution des lois.

« Habitants et défenseurs de Paris, votre sort est entre vos mains. Votre attitude depuis le commencement du siége a montré ce que valent des citoyens dignes de la liberté. Achevez votre œuvre ; pour nous, nous ne demandons d'autre récompense que d'être les premiers au danger, et de mériter par notre dévouement d'y avoir été maintenus par votre volonté.

« Vive la République ! vive la France ! »

Le jour des Morts (2 novembre).

Priez, priez pour ceux qui ne sont plus!

Aujourd'hui, les cimetières attirent la foule, qui abandonne la ville des vivants pour celle des morts.

Le tombeau est pour moi la pierre de Moïse d'où coulent toutes les eaux. J'ouvre mon cœur comme une écluse, et la prière en sort à grands flots avec la douleur et la résignation, et aussi l'espérance. Et mes larmes aussi coulent, et quand je retire mes mains de mes yeux et que je les pose contre le seuil pour le bénir, elles font une marque humide sur la pierre blanche.

Autour de moi, chacun s'agenouille pieusement sur la tombe ornée de fleurs.

Dans tous les coins s'élèvent des sanglots.

La bise d'automne gémit dans les grands ifs noirs que n'égaye jamais le chant des oiseaux. Des feuilles sèches voltigent comme des âmes en peine, échappées de la fosse commune, venant demander l'aumône d'une prière aux parents et amis oublieux. Puis, la nuit étend son crêpe noir sur ces champs sinistres, et l'on voit sortir lentement cette foule émue d'où chacun se détachera un à un pour venir à son tour dormir dans cette funèbre cité qui ne rend jamais ses habitants.

Là-bas, autour de la grande ville ; là-bas, dans l'humble enclos où repose le dernier ami de ma pauvre vie, la guerre n'a pas même respecté le sommeil de nos morts ; les arbres renversés, les pierres brisées, les croix abattues annoncent le passage des boulets. Que Dieu, cher lecteur, vous épargne la douleur de voir la tombe de votre père ou de votre mère, insultée !

Le bon voisin.

Monsieur X*** possède une maisonnette à Montretout. Parti pour Paris au dernier moment et sans avoir eu le temps d'y faire transporter ses meubles et sa bibliothèque, voici la ruse qu'il imagina pour les conserver :

à la glace de son cabinet de travail une affiche à la main, écrite en allemand, et dont voici le sens :

« J'abandonne aux Prussiens cette modeste demeure, qui constitue à peu près toute ma fortune ; je regrette seulement qu'elle ne soit pas riche et confortable comme celle de mon voisin de droite, que ma cave ne soit pas, comme celle de mon voisin de gauche, abondante en vins rares. Je leur demande seulement de me laisser mes livres, mes chers livres, à qui je dois tant d'heures charmantes. »

Et, avec une superbe négligence, il avait laissé ouverts sur son bureau un volume de Schiller et la *Mignon* de Gœthe. Sur le piano de madame étaient des sonates de Beethoven et des mélodies de Mendelssohn.

Le rusé propriétaire vient d'apprendre par un jardinier de Saint-Cloud que sa bonbonnière est respectée et qu'un factionnaire a été posté devant la grille.

Tous les meubles du voisin de droite ont été soigneusement emballés et expédiés en Allemagne. Quant à la cave du voisin de gauche, on n'y retrouverait même pas le vin de Montpellier affecté au service de la cuisine.

Un guerrier de quinze ans.

Vendredi dernier, 4 novembre, les mobiles de la Seine ont eu quelques escarmouches avec les Prussiens retranchés dans le bois de Bondy. Dans une de ces attaques, un enfant de quinze ans, Albert Dubois, s'est distingué par son audace, son sang-froid et sa bravoure. Il appartient à une famille honorable du quartier de Montrouge ; ne pouvant pas s'engager dans aucun corps franc à cause de son âge, il s'est enrôlé comme volontaire libre à la suite des mobiles de la Seine. Il campe avec eux, mange la soupe dans leur gamelle et les accompagne dans toutes leurs excursions.

Vendredi dernier, il assistait en spectateur à un feu de tirailleurs engagé par nos mobiles sur des Prussiens embusqués dans le bois. De part et d'autre la fusillade était bien nourrie. A un moment de l'action, un mobile tombe blessé à la jambe ; le jeune Albert vole à son secours et le ramène sur la ligne de retraite ; puis, s'emparant de son chassepot et de ses munitions, il s'avance résolument sur la lisière du bois, avise un Prussien caché derrière un arbre, et l'abat ; il recharge son fusil et en tire un second.

Nos mobiles battant aussitôt en retraite, un groupe de Prussiens remarquant le gamin qui faisait le coup de feu sur eux, sortit du bois et le mit en joue ; mais avant qu'il n'ait reçu la décharge, le jeune Albert envoie son troisième coup et fait rouler à terre un troisième Prussien. Puis il bat précipitamment en retraite et va rejoindre le détachement des mobiles sans avoir reçu la moindre égratignure. Jugez de l'accueil enthousiaste que lui firent les moblots témoins de sa bravoure ! Il serait resté dans le bataillon avec lequel il faisait sa première campagne depuis quinze jours, si, retrouvé par ses parents, il n'eût pas été forcé de rentrer sous le toit paternel. Est-il bien certain qu'on pourra l'y retenir ? C'est douteux.

Au moulin de Cachan.

LES DESCENDANTS DE VERCINGÉTORIX.

Le moulin de Cachan est décidément le point où il faut venir quand on veut se payer l'odeur de la poudre. Il ne se passe pas de jour que les ambulances n'y aient à recueillir des blessés ou des morts ; c'est que les Prussiens ne sont pas à plus de deux cents mètres. C'est la 6ᵉ compagnie du 1ᵉʳ bataillon des mobiles du Puy-de-Dôme qui est venue hier soir prendre possession de ce poste périlleux ; tout en y entrant un loustic a écrit sur la porte :

DÉFENCE QUE LES PRUSSIENS RENTRE ISI DE DENT.

Ce matin, dès l'aube, ils faisaient la chasse aux Prussiens, chasse qui a continué toute la journée et qui n'a pas été sans résultat et sans péripéties.

Un moblot, fatigué de n'apercevoir que de temps à autre les têtes prussiennes qui s'enfonçaient dans la tranchée, après avoir tiré, est monté sur un peuplier très-haut pour leur adresser toute sa provision de cartouches. A lui seul, il a fait évacuer un trou où il y en avait plus de vingt.

Plusieurs balles ennemies sont venues siffler et couper les branches autour de lui sans l'atteindre. Il s'est promis demain d'user d'un autre stratagème, et, en qualité de compatriote, il m'a invité à être de la partie.

En ce moment, une des guerres faites à l'ennemi, c'est la guerre d'escarmouches :

Il faut le fatiguer sans relâche, le harceler de jour et de nuit ; le traquer comme une bête faúve, lui tendre des piéges ; en un mot le démoraliser par des surprises continuelles, jusqu'à ce qu'il vienne se briser contre nos murailles, ou que les forces qu'on organise en province aient pu venir hâter sa déroute.

Le rejet de l'armistice (17 novembre).

M. de Bismark nous refuse tout ravitaillement. Les négociations relatives à l'armistice n'ont pas abouti.

Plus d'illusions. Nous allons faire le suprême effort. *Aux armes! Vive la France!*

Circulaire de M. Jules Favre aux agents diplomatiques du Gouvernement français.

Paris, 7 novembre.

Monsieur, la Prusse vient de rejeter l'armistice proposé par les quatre grandes puissances neutres, l'Angleterre, la Russie, l'Autriche et l'Italie, ayant pour objet la convocation d'une Assemblée nationale. Elle a ainsi prouvé, une fois de plus, qu'elle continuait la guerre dans un but étroitement personnel, sans se préoccuper du véritable intérêt de ses sujets et surtout de celui des Allemands qu'elle entraîne à sa suite. Elle prétend, il est vrai, y être contrainte par notre refus de lui céder deux de nos provinces.

Mais ces provinces que nous ne voulons ni ne pouvons lui abandonner, et dont les habitants la repoussent énergiquement, elle les occupe, et ce n'est pas pour les conquérir qu'elle ravage nos campagnes, chasse devant ses armées nos familles ruinées, et tient, depuis près de cinquante jours, Paris enfermé sous le feu des batteries derrière lesquelles elle se retranche. Non : elle veut nous détruire pour satisfaire l'ambition des hommes qui la gouvernent. Le sacrifice de la nation française est utile à la conservation de leur puissance. Ils le consomment froidement, s'étonnant que nous ne soyons pas leurs complices en nous abandonnant aux défaillances que leur diplomatie nous conseille.

Engagée dans cette voie, la Prusse ferme l'oreille à l'opinion du monde. Sachant qu'elle froisse tous les sentiments justes, qu'elle alarme tous les intérêts conservateurs, elle se fait un système de l'isolement, et se dérobe ainsi à la condamnation que l'Europe, si elle était admise à discuter sa conduite, ne manquerait pas de lui infliger. Cependant, malgré ses refus, quatre grandes puissances neutres sont intervenues et lui ont proposé une suspension d'armes dans le but défini de permettre à la France de se consulter elle-même en réunissant une assemblée. Quoi de plus rationnel, de plus équitable, de plus nécessaire? C'est sous l'effort de la Prusse que le gouvernement impérial s'est abîmé. Le lendemain, les hommes que la nécessité a investis du pouvoir lui ont proposé la paix, et, pour en régler les conditions, réclamé une trêve indispensable à la constitution d'une représentation nationale.

La Prusse a repoussé l'idée d'une trêve en la subordonnant à des exigences inacceptables, et ses armées ont entouré Paris. On leur en avait dit la soumission facile. Le siége dure depuis cinquante jours, la population ne faiblit pas. La sédition promise s'est fait attendre longtemps, elle est venue à une heure propice au négociateur prussien qui l'a annoncée au nôtre comme un auxiliaire prévu ; mais, en éclatant, elle a permis au peuple de Paris de légitimer par un vote imposant le Gouvernement de la défense nationale, qui acquiert par là aux yeux de l'Europe la consécration du droit.

Il lui appartenait donc de conférer sur la proposition d'armistice des quatre puissances ; il pouvait, sans témérité, en espérer le succès. Désireux avant tout de s'effacer devant les mandataires du pays et d'arriver par eux à une paix honorable, il a accepté la négociation et l'a engagée dans les termes ordinaires du droit des gens.

L'armistice devait comporter :

L'élection des députés sur tout le territoire de la République, même celui envahi.

Une durée de vingt-cinq jours.

Le ravitaillement proportionnel à cette durée.

La Prusse n'a pas contesté les deux premières conditions. Cependant elle a fait à propos du vote de l'Alsace et de la Lorraine quelques réserves que nous mentionnons sans les examiner davantage, parce que son refus absolu d'admettre le ravitaillement a rendu toute discussion inutile.

En effet, le ravitaillement est la conséquence forcée d'une suspension d'armes s'appliquant à une ville investie. Les vivres y sont un élément de défense. Les lui enlever sans compensation, c'est lui créer une inégalité contraire à la justice. La Prusse oserait-elle nous demander d'abattre chaque jour par son canon un pan de nos murailles sans nous permettre de lui résister?

Elle nous mettrait dans une situation plus mauvaise encore en nous obligeant à consommer un mois sans nous battre, alors que, vivant sur notre sol, elle attendrait, pour reprendre la guerre, que nous fussions harcelés par la famine. L'armistice sans ravitaillement, ce serait la capitulation à terme fixe sans honneur et sans espoir.

En refusant le ravitaillement, la Prusse refuse donc l'armistice. Et cette fois ce n'est pas l'armée seulement, c'est la nation française qu'elle prétend anéantir en réduisant Paris aux horreurs de la faim. Il s'agit, en effet, de savoir si la France pourra réunir ses députés pour délibérer sur la paix. L'Europe demande cette réunion.

La Prusse la repousse en la soumettant à une condition inique et contraire au droit commun. Et cependant, s'il faut en croire un document publié sans être démenti et qui émanerait de sa chancellerie, elle ose accuser le Gouvernement de la défense nationale de livrer Paris à une famine certaine! Elle se plaint d'être forcée par lui de nous investir et de nous affamer.

L'Europe jugera ce que valent de telles imputations. Elles sont le dernier trait de cette politique qui débute pour engager la parole du souverain en faveur de la nation française, et se termine par le rejet systématique de toutes les combinaisons pouvant permettre à la France d'exprimer sa volonté ! Nous ignorons ce qu'en penseront les quatre grandes puissances neutres, dont les propositions sont écartées avec tant de hauteur : peut-être devineront-elles enfin ce que leur réserverait la Prusse, devenue, par la victoire, maîtresse d'accomplir tous ses desseins.

Quant à nous, nous obéissons à un devoir impérieux et simple en persistant à maintenir leur proposition d'armistice comme le seul moyen de faire résoudre par une assemblée les questions redoutables que les crimes du gouvernement impérial ont permis à l'ennemi de poser. La Prusse, qui sent l'odieux de son refus, le dissimule sous un déguisement qui ne peut tromper personne. Elle nous demande un mois de nos vivres, c'est nous demander nos armes. Nous les tenons d'une main résolue et nous ne les déposerons pas sans combattre. Nous avons fait tout ce que peuvent des hommes d'honneur pour arrêter la lutte. On nous ferme l'issue ; nous n'avons plus à prendre conseil que de notre courage, en renvoyant la responsabilité du sang versé à ceux qui, systématiquement, repoussent toute transaction.

C'est à leur ambition personnelle que peuvent être immolés encore des milliers d'hommes : et quand l'Europe émue veut arrêter les combattants sur la frontière de ce champ de carnage pour y appeler les représentants de la nation et assayer la paix : oui, disent-ils, mais à la condition que cette population qui souffre, ces femmes, ces enfants, ces vieillards qui sont les victimes innocentes de la guerre ne recevront aucun secours, afin que, la trêve expirée, il ne soit plus possible à leurs défenseurs de nous combattre sans les faire mourir de faim.

Voilà ce que les chefs prussiens ne craignent pas de répondre à la proposition des quatre puissances. Nous prenons à témoin contre eux le droit et la justice, et nous sommes convaincus que si, comme les nôtres, leur action et leur armée pouvaient voter, elles condamneraient cette politique inhumaine.

Qu'au moins il soit bien établi que jusqu'à la dernière heure, préoccupé des immenses et précieux intérêts qui lui sont confiés, le Gouvernement de la défense nationale a tout fait pour rendre possible une paix qui soit digne.

On lui refuse les moyens de consulter la France. Il interroge Paris, et Paris tout entier se lève en armes pour montrer au pays et au monde ce que peut un grand peuple quand il défend son honneur, son foyer et l'indépendance de la Patrie.

Vous n'aurez pas de peine, monsieur, à faire comprendre des vérités si simples et à en faire le point de départ des observations que vous aurez à présenter lorsque l'occasion vous en sera fournie.

Agréez, etc.

Le Ministre des affaires étrangères,

JULES FAVRE.

Rapport de M. Thiers.

Le rapport de M. Thiers, aux ambassadeurs des puissances, comble les lacunes qu'a laissées M. Jules Favre dans sa circulaire aux agents diplomatiques.

« Monsieur l'ambassadeur,

« L'objet de ma mission était parfaitement connu du comte de Bismark, de même que la France avait été avertie des propositions des puissances neutres. Après quelques réserves sur l'intervention des neutres dans cette négociation, réserves que j'ai écoutées sans les admettre, l'objet de ma mission a été exposé et défini par M. le comte de Bismark et par moi-même avec une précision parfaitement claire : elle avait pour objet de conclure un armistice pour mettre fin à l'effusion du sang entre deux des nations les plus civilisées du monde, et pour permettre à la France de constituer, au moyen d'élections libres, un gouvernement régulier avec lequel il serait possible de traiter dans une forme valable. Cet objet a été clairement indiqué, parce que dans plusieurs occasions la diplomatie prussienne avait prétendu que, dans l'état actuel des affaires en France, on ne savait à qui s'adresser pour entamer des négociations. A ce propos, le comte de Bismark m'a fait remarquer, sans toutefois insister sur ce point, que quelque débris d'un gouvernement, jusqu'à présent seul gouvernement reconnu en Europe, était en ce moment à Cassel, cherchant à se reconstituer, mais qu'il me faisait cette observation simplement pour préciser nettement la situation diplomatique, et point du tout pour intervenir, à quelque degré que ce soit, dans le gouvernement intérieur de la France.

« J'ai à mon tour répondu au comte de Bismark que nous le comprenions ainsi, ajoutant toutefois que le Gouvernement qui venait de précipiter la France dans les abîmes d'une guerre décidée avec folie et conduite avec absurdité, avait pour toujours terminé à Sedan sa fatale existence et ne resterait dans le souvenir de la nation française que comme un souvenir honteux et pénible. Sans faire d'objection à ce que je disais, le comte de Bismark a protesté de nouveau contre toute idée d'intervenir dans nos affaires intérieures; il voulut bien ajouter que ma présence au quartier général prussien et la réception que l'on m'y avait faite étaient une preuve de la sincérité de ce qu'il me disait, puisque, sans s'arrêter à ce qui se faisait à Cassel, le chancelier de la Confédération du Nord était tout prêt à traiter avec l'envoyé extraordinaire de la République française. Après ces observations préliminaires, nous avons fait une première revue sommaire des questions soulevées par la proposition des puissances neutres.

« Les conférences se sont succédé l'une à l'autre, et le plus souvent deux fois par jour, car je désirais ardemment arriver à un résultat qui pût mettre fin au bruit du canon que nous entendions constamment, et dont chaque éclat me faisait craindre de nouvelles dévastations et de nouvelles victimes humaines. Les objections faites et les solutions proposées ont été, dans ces conférences, les suivantes :

« En ce qui touche le principe de l'armistice, le comte de Bismark a déclaré qu'il était aussi désireux que les puissances neutres pouvaient l'être elles-mêmes, de terminer ou du moins de suspendre les hostilités, et qu'il désirait la constitution d'un pouvoir avec lequel il pût contracter des engagements valables et durables. Il y avait en conséquence accord complet sur ce point essentiel, et toute discussion était superflue.

« En ce qui touche la durée de l'armistice, j'ai demandé au chancelier de la Confédération du Nord qu'elle fût fixée à vingt-cinq ou trente jours, vingt-cinq au moins. Douze jours au moins étaient nécessaires, lui ai-je dit, pour permettre aux électeurs de se consulter et de se mettre d'accord sur les choix à faire. Un jour de plus pour voter, quatre ou cinq jours de plus pour donner aux candidats élus le temps, dans l'état actuel des routes, de s'assembler dans un lieu déterminé, et enfin huit ou dix jours pour une vérification sommaire des pouvoirs et la constitution de la future Assemblée nationale. Le comte de Bismark ne contestait pas ses calculs, il faisait seulement remarquer que, plus courte serait la durée, moins il serait difficile de conclure l'armistice proposé; il semblait toutefois incliner, comme moi-même, pour une durée de vingt-cinq jours.

« Vint ensuite la grave question des élections. Le comte de Bismark voulut bien m'assurer que, dans les districts occupés par l'armée prussienne, les élections seraient aussi libres qu'elles l'aient jamais été en France.

« Je le remerciai de cette assurance, qui me paraissait satisfaisante, si le comte de Bismark, qui d'abord avait demandé qu'il n'y eût aucune exception à cette liberté des élections, n'avait fait quelques réserves relatives à certaines portions de territoire français le long de notre frontière, et qui, disait-il, étaient allemandes d'origine et de langage. Je repris que l'armistice, si on voulait le conclure rapidement selon le désir général, ne devait préjuger aucune des questions qui pouvaient être agitées à l'occasion d'un traité de paix nettement déterminé; que, pour ma part, je refusais en ce moment d'entrer dans aucune discussion de ce genre, et qu'en agissant ainsi j'obéissais à mes instructions et à mes sentiments personnels.

« Le comte de Bismark répliqua que c'était aussi son opinion qu'aucune de ces questions ne fût touchée, et il me proposa de ne rien insérer sur ce sujet dans le traité d'armistice, de manière à ne rien préjuger sur ce point; que, quoiqu'il ne voulût permettre aucune agitation électorale dans les provinces en question, il ne ferait aucune objection à ce qu'elles fussent représentées dans l'Assemblée nationale par des notables qui seraient désignés comme nous le déciderions, sans aucune intervention de sa part, et qui jouiraient d'une liberté d'opinion aussi complète que tous les autres représentants de France.

« Cette question, la plus importante de toutes, étant en bonne voie de solution, nous avons procédé à l'examen de la conduite que devraient tenir les armées belligérantes pendant la suspension des hostilités. Le comte de Bismark devait en référer aux généraux prussiens assemblés sous la présidence de S. M. le roi. Et, tout bien considéré, voici ce qui nous a paru équitable des deux côtés et en conformité avec les usages adoptés dans tous les cas semblables :

« Les armées belligérantes restaient dans les positions mêmes occupées le jour de la signature de l'armistice ; une ligne réunissant tous les points où elles se seraient arrêtées formerait la ligne de démarcation qu'elles ne pourraient pas franchir, mais dans les limites de laquelle elles pourraient se mouvoir, sans cependant engager aucun acte d'hostilité.

« Nous étions, je puis le dire, d'accord sur les divers points de cette négociation difficile, quand la dernière question s'est présentée : à savoir le ravitaillement des forteresses assiégées et principalement de Paris.

« Le comte de Bismark n'avait soulevé aucune objection fondamentale à ce sujet ; il semblait seulement contester l'importance des quantités réclamées aussi bien que la difficulté de les réunir et de les introduire dans Paris (ce qui toutefois nous concernait seuls), et, en ce qui concerne les quantités, je lui avais positivement déclaré qu'elles seraient l'objet d'une discussion amiable et même de concessions importantes de notre part. Cette fois encore le chancelier de la Confédération du Nord désira en référer aux autorités militaires auxquelles plusieurs autres questions avaient déjà été soumises, et nous convînmes de nous ajourner au jeudi 3 novembre pour la solution définitive de ce point.

« Le jeudi 3 novembre, le comte de Bismark, que j'avais trouvé inquiet et préoccupé, me demanda si j'avais des nouvelles de Paris ; je lui répondis que je n'en avais pas depuis le lundi soir, jour de mon départ de cette ville. Le comte de Bismark était dans la même situation ; il me tendit alors les rapports des avant-postes qui parlaient d'une révolution à Paris et d'un nouveau gouvernement. Était-ce là ce Paris dont les nouvelles les plus insignifiantes étaient naguère expédiées avec la rapidité de l'éclair et répandues en quelques minutes dans tout l'univers entier ? Pouvait-il avoir été la scène d'une révolution dont pendant trois jours rien n'avait transpiré à ses propres portes ?

« Profondément affligé par ce phénomène historique, je répliquai au comte de Bismark que, le désordre eût-il été un moment triomphant à Paris, la tranquillité troublée serait promptement rétablie grâce au profond amour de la population parisienne pour l'ordre, amour qui n'était égalé que par son patriotisme. Toutefois mes pouvoirs n'étaient plus valables si ces rapports étaient bien fondés. Je fus ainsi obligé de suspendre mes négociations jusqu'à ce que des informations me fussent parvenues.

« Ayant obtenu du comte de Bismark les moyens de correspondre avec Paris, je pus, le même jour jeudi, m'assurer de ce qui s'était passé le lundi, et apprendre que je ne m'étais pas trompé en affirmant que le triomphe du désordre n'avait pu être que momentané.

« Le même soir, je me rendis chez le comte de Bismark, et nous pûmes reprendre et continuer pendant une partie de la nuit la négociation qui avait été interrompue le matin. La question du ravitaillement de la capitale fut vivement débattue entre nous, et pour ma part j'ai maintenu fermement que toute demande relative aux quantités pourrait être modifiée après une discussion détaillée. Je pus bientôt m'apercevoir que ce n'était pas une question de détail, mais bien une question fondamentale qui avait été soulevée.

« J'ai vainement insisté auprès du comte de Bismark sur ce grand principe des armistices qui veut que chaque belligérant se trouve, au terme de la suspension des hostilités, dans la même situation qu'au commencement ; que de ce principe, fondé en justice et en raison, était dérivé cet usage du ravitaillement des forteresses assiégées et de leur approvisionnement jour par jour de la nourriture d'un jour ; autrement, disais-je au comte de Bismark, un armistice suffirait à amener la reddition de la plus forte forteresse du monde. Aucune réponse ne pouvait être faite, du moins le pensais-je, à cet exposé de principes et d'usages incontestés et incontestables.

« Le chancelier de la Confédération du Nord, parlant alors, non en son propre nom, mais au nom des autorités militaires, m'a déclaré que l'armistice était absolument contraire aux intérêts prussiens ; que nous donner un mois de répit était nous accorder le temps d'organiser nos armées ; qu'introduire dans Paris une certaine quantité de vivres difficile à déterminer était donner à cette ville le moyen de prolonger indéfiniment son existence ; que de tels avantages ne pourraient nous être accordés sans des équivalents militaires (c'est l'expression même du comte de Bismark).

« Je me hâtai de répliquer que sans doute l'armistice pouvait nous apporter quelques avantages matériels, mais que le cabinet prussien devait l'avoir prévu, puisqu'il en avait admis le principe ; que toutefois, avoir calmé le sentiment national, avoir ainsi préparé la paix, en avoir rapproché le terme, avoir par-dessus tout montré une juste déférence aux vœux déclarés de l'Europe constituait pour la Prusse des avantages politiques tout à fait équivalents aux avantages matériels qu'elle pouvait nous concéder.

« Je demandai ensuite au comte de Bismark quels pouvaient être les équivalents militaires qu'il pouvait nous demander, mais M. le comte de Bismarck mettait une grande circonspection à ne pas les préciser ; il les fit connaître à la fin, mais avec une certaine réserve.

« C'était, dit-il, une position militaire sous Paris, et, comme j'insistais davantage : un fort, ajouta-t-il, plus d'un peut-être. J'arrêtai immédiatement le chancelier de la Confédération du Nord.

« C'est Paris, lui dis-je, que vous nous demandez, car, nous refuser le ravitaillement pendant l'armistice, c'est nous prendre un mois de notre résistance ; exiger de nous un ou plusieurs de nos forts, c'est nous demander nos remparts. C'est, en fait, demander Paris, puisque nous vous donnerions le moyen de l'affamer ou de le bombarder. En traitant avec nous d'un armistice, vous ne pouviez jamais supposer que la condition serait de vous abandonner Paris même, Paris notre force suprême, notre grande espérance, et pour vous la grosse difficulté qu'après cinquante jours de siége vous n'avez encore pu surmonter.

« Arrivés à ce point, nous ne pouvions plus continuer.

« Il appartient maintenant aux puissances neutres de juger si une attention suffisante a été donnée à leur conseil ; je suis sûr que ce n'est pas à nous qu'on peut faire le reproche de ne l'avoir pas estimé aussi haut qu'il le méritait. Après tout, nous les faisons juges des deux puissances belligérantes, et, pour ma part, comme homme et comme Français, je les remercie de l'appui qu'elles m'ont accordé dans mes efforts pour rendre à mon pays les bienfaits de la paix, de la paix qu'elle a perdue, non par sa faute, mais par celle d'un Gouvernement dont l'existence a été la seule erreur de la France. Ça été une grande et irrémédiable erreur pour la France que de s'être choisi un pareil Gouvernement et de lui avoir, sans contrôle, confié ses destinées.

« THIERS.

« Tours, le 9 novembre 1870. »

La lutte à outrance (18 novembre).

Le siége va désormais entrer dans une phase nouvelle. Depuis l'investissement jusqu'à l'ouverture des pourparlers pour l'armistice, la résistance de notre part a été purement défensive; elle s'est bornée à la canonnade des travaux de l'ennemi et à quelques engagements partiels. Nos préparatifs, comme ceux des assiégeants, sont maintenant terminés. On va donc forcément prendre l'offensive d'un côté ou de l'autre. Pour ce qui nous concerne, la nécessité nous commande d'en arriver à une lutte ouverte. Les subsistances, assurées pour une durée assez longue, sont cependant limitées; en attendant davantage, nous laisserions l'ennemi accroître la puissance de ses ouvrages et recevoir les renforts de l'armée devenue libre par la reddition de Metz; enfin, nous avons intérêt à retenir autour de la capitale, par des opérations actives, les masses prussiennes pour donner aux corps français réunis en province le temps d'achever leur organisation.

Trois armées sont formées pour la défense de Paris, sous le commandement en chef du général Trochu. La première armée a pour commandant le général Clément Thomas : elle comprend la garde nationale ; la deuxième a pour chef le général Ducrot ; la troisième, le général Vinoy.

Par décret daté de ce jour, une partie de la garde nationale est mobilisée. Dans chaque bataillon, les hommes de 25 à 45 ans pourront être employés au dehors des remparts; tandis que leurs aînés formeront le dépôt et serviront dans Paris et sur ses bastions.

Aujourd'hui, 10 novembre, la colonie étrangère a quitté Paris. Chacun était muni de son passe-port. L'autorisation de franchir les lignes prussiennes était venue de Versailles.

A nous, Parisiens, les privations forcées, les souffrances de toutes sortes, et la résistance jusqu'à la mort.

Les funérailles de Maxime Frièse (10 novembre).

La légion des *Amis de la France* a rendu ce matin les derniers devoirs au brave Maxime Frièse, blessé mortellement au Moulin Cachan.

Le service a été célébré à l'église de la Madeleine, où, après l'office, l'abbé Deguerry a prononcé sur le cercueil une oraison funèbre en termes simples et empreints d'une sincère émotion.

Tous les corps francs étaient représentés dans le cortége ; la garde nationale avait également envoyé un détachement, et l'École polonaise, où la victime a fait ses études, avait délégué une députation composée de ses plus jeunes disciples.

Sur la tombe, plusieurs discours ont été prononcés, au nom de la France, de la Pologne et de l'Italie.

Nous reproduisons le discours de M. Flor O'Squarr, dit au nom de toute la légion :

« Encore un ! Après Drake, Frièse ; après Frièse, qui sait ?

« C'est l'heure des dévouements et des sacrifices suprêmes, et nul parmi nous ne s'est plus dévoué, plus sacrifié que le noble et brave jeune homme à qui nous venons de dire le dernier adieu !

« Partout, dans tous les engagements d'avant-postes,

on l'a vu au premier rang, intrépide parmi les intrépides, insoucieux du danger, prodiguant ses efforts, prodiguant sa vie!...

« Il est mort, il est tombé au champ d'honneur!

« La France, à qui il a donné sa vie, la France, à qui il a sacrifié toutes les joies, toutes les affections qu'un avenir heureux réserve à l'homme de vingt-neuf ans, la France lui a dit merci par la parole si émue du vénérable curé de la Madeleine, par toutes les voix de la publicité parisienne, par le concours spontané de citoyens venus autour de cette tombe si brusquement ouverte.

« Nous aussi, Frièse, nous te disons : Merci! Tu nous as appris comment on meurt sans regret, sans une plainte, pour une noble cause, comment on tombe au premier rang. Nous irons te venger.

« C'est une grande perte pour nous, camarades, que la mort du brave Frièse, que ce soit aussi une grande leçon. Nous n'avons plus seulement aujourd'hui à répondre aux menaces de l'ennemi, nous avons à venger nos amis morts. Nous les vengerons!

« Adieu! Frièse. D'autres pourraient dire ta vie, qui a dû être belle et pleine d'honnêtes et grandes résolutions.

« Nous ne connaissons de toi que ta mort, qui a été celle d'un héros, d'un chrétien, d'un martyr.

« Dors en paix : tu as combattu le grand combat; tu es sorti de la vie par la porte glorieuse; ton nom restera parmi les noms des braves; dors en paix. Adieu! »

Ces paroles, dites sans emphase, sans prétention, ont fait pleurer tout le monde sans exception.

La mère de la victime a quitté la tombe la dernière, et

malgré le terrible malheur qui vient de la frapper, tout démontrait en elle qu'elle considère la mort de son bien-aimé fils comme un honneur et une gloire.

Un bel exemple.

Le 10 novembre, lorsqu'il fut donné lecture au 230ᵉ bataillon de la loi qui créait les compagnies de guerre de la garde nationale, un garde, le citoyen Maignan, âgé de cinquante ans, marié et père de six enfants, s'est présenté comme volontaire; sur l'observation qui lui fut faite, que l'on devait d'abord comprendre la première catégorie fixée par les termes de la loi, ce bon citoyen se récria et donna toutes les raisons possibles afin de se faire inscrire : « J'ai deux fils prisonniers ou morts, dit-il, je dois les venger, je demande à partir. »

On dut le comprendre parmi les enrôlés de la première heure. L'abnégation et le dévouement du citoyen Maignan ne sont pas rares, il est vrai, mais enfin on aime à faire connaître un pareil exemple.

Au mot de ralliement.

Les Prussiens sont toujours renseignés.

Dernièrement, un matin, à la pointe du jour, entre Drancy et Bobigny, un capitaine de mobiles prend un de ses simples gardes, M. D.... — garçon froid, intelligent et résolu — et le charge d'aller, avec quatre de ses camarades, pousser une petite reconnaissance à l'extrémité d'une avenue qui s'allonge bien au delà des avant-postes, en lui faisant cette recommandation :

— Vous remplirez les fonctions de caporal. Soyez prudent. Faites feu, si vous le jugez bon. Mais, au cas où vous ne seriez pas en force, repliez-vous très-rapidement, car je ne ferai pas tirer avant votre retour.

Notre moblot part. Arrivé à l'extrême limite de l'avenue, il fait cacher ses hommes à droite et à gauche, puis, se place lui-même en avant, derrière un gros arbre, et l'on attend.

Au bout de vingt minutes, arrivent trois cavaliers. L'éloignement, l'obscurité relative et les manteaux dont ils sont enveloppés ne permettent pas de reconnaître leur nationalité.

— Qui vive ? s'écrie notre pseudo-caporal.
— France ! répond-on.
— Quel régiment?
— 2ᵉ hussards.

Notre moblot s'étonne de cette désignation de corps ; il lui semble reconnaître, en outre, quelque irrégularité d'accent dans la manière dont ces paroles ont été prononcées ; aussi, se hâte-t-il de répliquer :

— Halte à la troupe ; avance au ralliement!

Un des cavaliers se détache et se met en devoir de se rapprocher. Quand il est à vingt-cinq pas environ :

— Répondez d'où vous êtes, s'écrie le moblot.
— VERDOUN !

A peine ce mot est-il lâché que le cri de : « Feu ! » lui fait écho.

Quatre coups de fusil s'ensuivent. Et les trois cavaliers roulent à terre, instantanément démontés.

C'étaient trois uhlans. Mais le mot de ralliement était bien ce jour-là : « Verdun. »

Opérations militaires (9 novembre).

Vers sept heures et demie du soir, l'ennemi, déployé en tirailleurs, a fait feu sur la tranchée entre Villejuif et le chemin de l'Hay; quelques obus et un coup de mitraille l'ont forcé à la retraite.

(11 novembre.)

Le feu de nos forts a été activé.[1]

La redoute de la Gravelle a tiré sur les ouvrages de Montmesly avec succès. Nos troupes ont définitivement occupé Créteil qu'elles mettent en état de défense.

La fabrication, à Paris, des bouches à feu de tout genre est en ce moment très-active.

(12 novembre.)

A Saint-Cloud, le capitaine Néverlée, avec ses volontaires, a enveloppé une patrouille ennemie.

Les jeunes gens de 25 à 35 ans, célibataires ou veufs sans enfants, sont appelés à l'activité.

Demain, départ de deux ballons-poste.

(13 novembre.)

L'ennemi a été délogé du village et du territoire de Champigny par les obus de la Faisanderie et les mitrailleuses de Joinville. La redoute de Gravelle a tiré sur les ouvrages de Montmesly, et, bien qu'à 5,200 mètres, elle les a fortement endommagés. Le fort de Charenton a tiré sur les ouvrages de l'ennemi au-dessus de Thiais et inquiété les travailleurs. Champigny, protégé par les canons des ouvrages de Chenevières, servait de dépôt pour les fourrages de l'armée prussienne. Les usines de ce village avaient été transformées en caserne. Les Prussiens, repliés sur Cœuilly, ont répondu à deux reprises. Nous leur avons tué un grand nombre d'hommes. Si sous peu nous occupons Champigny, notre ligne de défense de Villejuif et de Créteil sera continuée sur le côté sud-est de la périphérie. Le général Trochu a visité les travaux considérables exécutés pour l'achèvement de la redoute des Hautes-Bruyères. Ces travaux, poussés avec une activité fiévreuse, ont fait l'admiration du gouverneur de Paris. La redoute des Hautes-Bruyères porte aujourd'hui trois étages de canons qui en font une véritable forteresse.

Proclamation du général Trochu (14 novembre).

Aux Citoyens de Paris,

A la Garde nationale,

A l'Armée et a la Garde nationale mobile.

Pendant que s'accomplissaient loin de nous les douloureuses destinées de notre pays, nous avons fait ensemble, à Paris, des efforts qui ont honoré nos malheurs aux yeux du monde.

L'Europe a été frappée du spectacle imprévu que nous lui avons offert, de l'étroite union du riche et du pauvre dans le dévouement et le sacrifice, de notre ferme volonté dans la résistance, et enfin des immenses travaux que cette volonté a créés.

L'ennemi, étonné d'avoir été retenu près de deux mois devant Paris dont il ne jugeait pas la population capable de cette virile attitude, atteint bien plus que nous ne le croyions nous-mêmes dans des intérêts considérables, cédait à l'entraînement général. Il semblait renoncer à son implacable résolution de désorganiser, au grand péril de l'Europe et de la civilisation, la nation française, qu'on ne saurait, sans la plus grande injustice, rendre responsable de cette guerre et des maux qu'elle a produits. Il est aujourd'hui de notoriété que la Prusse avait accepté les conditions du Gouvernement de la défense pour l'armistice proposé par les puissances neutres, quand la fatale journée du 31 octobre est venue compromettre une situation qui était honorable et digne, en rendant à la politique prussienne ses espérances et ses exigences.

A présent que depuis de longs jours nos rapports avec les départements sont interrompus, l'ennemi cherche à affaiblir nos courages et à semer la division parmi nous par des avis exclusivement originaires des avant-postes prussiens et des journaux allemands qui s'échangent sur plusieurs points de nos lignes si étendues.

Vous saurez vous soustraire aux effets de cette propagande dissolvante, qui seraient la ruine des chers intérêts dont nous avons la tutelle. Vos cœurs seront fermes et vous resterez unis dans l'esprit qui a été depuis deux mois le caractère de la défense de Paris.

Pendant que nos travaux fermaient la ville, nous avons conçu la pensée, dans l'incertitude où nous étions de l'appui que pourraient nous fournir les armées formées au dehors, d'en former une au dedans. Je n'ai pas à énumérer ici les éléments constitutifs qui nous manquaient pour résoudre ce nouveau problème plus difficile peut-être que le premier. En quelques semaines, nous avons réuni en groupes réguliers, habillé, équipé, armé, exercé autant que nous l'avons pu et conduit plusieurs fois à l'ennemi les masses pleines de patriotisme, mais confuses et inexpérimentées dont nous disposions.

Nous avons cherché, avec le concours désintéressé et dévoué du génie civil, de l'industrie parisienne, des chemins de fer, à compléter par la fabrication de nos canons modernes dont les premiers vont être livrés, l'artillerie de bataille, que le service spécial de l'artillerie de l'armée formait avec la plus louable activité.

La garde nationale, de son côté, après avoir plus que quintuplé ses effectifs, et bien qu'absorbée par les travaux et par la garde du rempart, s'organisait, s'exerçait tous les jours et par tous les temps sur nos places publiques, montrant un zèle incomparable auquel elle devra d'être prochainement en mesure d'entrer en ligne avec ses bataillons de guerre.

Je m'arrête, ne pouvant tout dire ; mais je doute qu'en aucun temps et dans l'histoire d'aucun peuple envahi, après la destruction de ses armées, aucune grande cité investie et privée de communications avec le reste du territoire, ait opposé à un désastre en apparence irréparable de plus vigoureux efforts de résistance morale et matérielle. L'honneur ne m'en appartient pas, et je n'en ai énuméré la succession que pour éclairer ceux qui, avec une entière bonne foi, j'en suis sûr, croient qu'après la préparation de la défense, l'offensive à fond était possible avec des masses dont l'organisation et l'armement étaient insuffisants.

Nous n'avons pas fait ce que nous avons voulu, nous avons fait ce que nous avons pu, dans une suite d'improvisations dont les objets avaient des proportions énormes, au milieu des impressions les plus douloureuses qui puissent affliger le patriotisme d'une grande nation. Eh bien, l'avenir exige encore de nous un plus grand effort, car le temps nous presse. Mais le temps presse aussi à l'ennemi, et ses intérêts et le sentiment public de l'Allemagne, et la conscience publique européenne le pressent encore plus. Il ne serait pas digne de la France, et le monde ne comprendrait pas que la population et l'armée de Paris, après s'être si énergiquement préparées à tous les sacrifices, ne sussent pas aller plus loin, c'est-à-dire souffrir et combattre jusqu'à ce qu'elles ne puissent plus ni souffrir ni combattre. Ainsi serrons nos rangs autour de la République et élevons nos cœurs.

Je vous ai dit la vérité telle que je la vois. J'ai voulu montrer que notre devoir était de regarder en face nos difficultés et nos périls, de les aborder sans trouble, de nous cramponner à toutes les formes de la résistance et de la lutte. Si nous triomphons, nous aurons bien mérité de la patrie en donnant un grand exemple. Si nous succombons, nous aurons légué à la Prusse, qui aura remplacé le premier empire dans les fastes sanglants de la conquête et de la violence, avec une œuvre impossible à réaliser, un héritage de malédictions et de haine sous lequel elle succombera à son tour.

Le Gouverneur de Paris,
Général TROCHU.

La victoire d'Orléans.

Belle journée que celle du 14 novembre !

La population joyeuse se presse aux portes des mairies pour lire la dépêche de Gambetta. Elles existent donc ces armées des départements ! Le pigeon qui nous apporte les nouvelles de Tours nous apprend que l'armée de la

Loire, sous la conduite du général de Paladines, a remporté une victoire. Voici l'heureuse dépêche que chacun s'empresse de lire au cri de : *Vive l'armée de la Loire !*

GAMBETTA A TROCHU.

L'armée de la Loire, sous les ordres du général d'Aurelles de Paladines, s'est emparée hier d'Orléans, après une lutte de deux jours. Nos pertes, tant en tués qu'en blessés, n'atteignent pas 2,000 hommes; celles de l'ennemi sont plus considérables. Nous avons fait plus d'un millier de prisonniers, et le nombre augmente par la poursuite.

Nous nous sommes emparés de deux canons modèle prussien, de plus de vingt caissons de munitions et attelés, et d'une grande quantité de fourgons et voitures d'approvisionnement. La principale action s'est concentrée autour de Coulmiers, dans la journée du 9. L'élan des troupes a été remarquable, malgré le mauvais temps.

Tours, le 11 novembre 1870.

Depuis quinze jours, nous étions sans rapports avec les départements. Mille bruits circulaient. On accusait le gouvernement d'avoir des nouvelles et de les cacher; on insérait dans les journaux des lambeaux de correspondances allemandes portées à nos avant-postes par les ennemis, soigneusement triés par eux, et destinés évidemment à décourager la population. Beaucoup de personnes croyaient que les départements étaient en proie à l'anarchie, que les armées de secours n'étaient que des fantômes. Au milieu de ces alarmes, isolés du monde entier par l'armée qui nous enserre, nous apprenons que la France est debout pour nous secourir. Le sentiment de l'honneur national entraîne tous les cœurs, enflamme tous les courages. La France est debout !

Un coup d'audace.

Le 18 novembre, entre onze heures et minuit, vingt-deux hommes dont quelques francs-tireurs, plusieurs mobiles et un sous-officier d'artillerie, partaient de Vitry avec l'intention de s'emparer de la Maison crénelée, le premier poste prussien de Choisy-le-Roi.

Après avoir combiné leur opération, ils se divisent en deux groupes ; ils s'avancent à la sourdine en cheminant à travers les pépinières et parviennent à cerner la maison à distance sans avoir donné l'éveil.

Une fois chacun à son poste, le brigadier d'artillerie, qui avait pris le commandement en chef, bondit sur le factionnaire prussien, lui brûle la cervelle d'un coup de pistolet, puis jette la porte en dedans et se précipite dans le poste avec ses dix hommes, tandis que les onze autres arrivent en escaladant les issues du côté opposé.

Suspris par cette irruption, les dix-sept soldats dont se composait le poste sautent sur leurs armes et veulent mettre en joue ; mais les assaillants se précipitent, prennent à tâche de relever les armes des Prussiens, de façon que les dix-sept coups de fusil vont frapper dans le plafond. Aussitôt les nôtres font une décharge à bout portant, et quinze soldats ennemis sont couchés par terre. Quant aux deux autres, ils sont faits prisonniers.

« A présent, mes gaillards, dit le brigadier d'artillerie, à présent que nous avons fait notre besogne assez proprement, vite en retraite, en bon ordre et sans bruit, car il y a près d'ici un poste de 300 hommes, et tout le tapage que nous venons de faire n'aura pas manqué de leur donner l'éveil. » Et les vingt gaillards de revenir sains et saufs avec leurs prisonniers.

CHAPITRE X.

Le troisième mois de siége (18 novembre).

Nous commençons notre troisième mois de siége.

Le moment est venu de montrer que nous avons du cœur. Courage, sauvons l'avenir de la France, en sauvant son honneur. La défense de Paris nous a relevés.

Paris n'a jamais été si beau. Oui, ce Paris, cerné, bloqué, bastionné, sans gaz, sans spectacles et se découronnant par ses propre mains des forêts qui l'entourent, comme une veuve coupe sa chevelure en signe de deuil, ce Paris semble mille fois plus brillant que dans ses plus beaux jours de fête. Autrefois, il se faisait admirer par ses merveilles d'art, de science, d'industrie. Aujourd'hui, c'est son âme qu'il dévoile aux yeux de l'univers étonné.

Départ du ballon Le Général Uhrich.

En temps de siége, c'est un triste et beau spectacle que le départ d'un ballon, au milieu du silence et des ténèbres de la nuit. Au milieu d'une vaste cour de la gare du Nord, se trouve le ballon à peu près gonflé.

Un ballon énorme en taffetas jaune. Les lanternes à réflecteurs des locomotives l'éclairent étrangement; on le dirait transparent. Des ombres immenses courent le long du filet. Tout autour, on fait silence. Seul le sifflet aigu de M. Dartois, donnant le signal des manœuvres, se fait entendre à des intervalles réguliers.

Le fourgon des postes vient d'arriver, apportant les sacs aux lettres et des exemplaires de l'*Officiel*.

Combien de fois ces sacs doivent-ils contenir des: « *Je t'aime!* » et des: « *J'espère que nous nous reverrons bientôt!* »

Je défie le statisticien le plus féroce d'en faire le calcul.

A droite, la lettre de Paris à la Province. A gauche, de quoi rapporter la lettre de la Province à Paris.

Cinq paniers-cages contiennent trente-six pigeons, des pigeons adorables, des noirs, des blancs, des dorés, se rengorgeant comme s'ils étaient conscients de la haute importance que les événements viennent de leur donner; des pigeons qui ont des noms de vainqueurs: *Gladiateur, Vermouth, Fille-de-l'Air.*

Ceux qui s'intéressent à ces intelligents messagers — et qui ne s'y intéresse pas aujourd'hui ? — apprendront avec plaisir que Paris en contient encore environ 1,400 parfaitement élevés. De quoi avoir des nouvelles jusqu'à la fin du siége.

Je lis sur l'un des paniers : *Pigeons pour être immédiatement dirigés sur Orléans ou Tours.*

Le propriétaire du colombier déclare qu'il en possède, en outre, chez lui, une cinquantaine de jeunes qu'il vendrait volontiers à ceux qui préfèrent le pigeon aux petits pois, au cheval à la mode.

Un cri d'horreur parcourt l'auditoire. Est-ce qu'on mange les pigeons aujourd'hui ?

Il y a une circonstance atténuante. Ces jeunes pigeons sont encore impropres au métier de facteur.

M. Rampont est là qui se frotte les mains. Cette fois, les Prussiens n'y verront que du brouillard. Le vent poussera les voyageurs sur Orléans. Et le directeur des postes jette un regard satisfait sur les pigeons et sur les dépêches.

L'aéronaute de MM. Yon et Dartois s'appelle Lemoine. C'est un vieil habitué des airs. Les nuages le connaissent et le soleil lui tire son chapeau.

Avec lui partent un colombophile, plus deux personnages qui désirent garder l'incognito.

A dix heures et demie, un aide de camp arrive, essoufflé.

— Une dépêche du gouverneur !

La dépêche est précieusement mise de côté. La nacelle est fixée. On entend le sifflet de la... pardon ! le

« *lâchez tout !* » et lentement, majestueusement, le ballon s'élève, c'est-à-dire s'évanouit dans les ténèbres.

A peine a-t-il dépassé le toit vitré de la gare et déjà nous l'avons perdu de vue. La nuit s'est refermée sur lui. On entend encore les cris des braves voyageurs, nous envoyant leurs adieux, mais on ne voit plus rien. Cette masse s'est fondue dans les brouillards.

Nos lettres arriveront à bon port cette fois, à moins qu'en route le ballon n'aille se heurter contre une étoile.

Les Châtiments, à l'Opéra.

Qui n'avait entendu parler de ce livre de colère, intitulé : *Les Châtiments ?* Chacun de nous avait lu quelques fragments de cette œuvre, sortie d'un seul jet de la tête d'un grand poëte. Jamais on n'aurait osé penser que, du vivant même de Napoléon III, on arriverait en plein Paris, en plein théâtre, à lire devant un public enthousiaste des pages entières de ce livre de fer et d'or.

Rien de semblable ne s'était vu dans la vaste salle de l'Opéra : un public immense acclamant le poëte républicain, l'ennemi acharné de l'empire, donnant constamment des preuves d'intelligence et de goût.

Cependant tout n'est pas violence dans les *Châtiments*. Mlle Favart, de la Comédie-Française, a dit, avec un talent incomparable, une poésie d'une douceur suave que nous sommes heureux de reproduire ici :

Stella.

Je m'étais endormi la nuit près de la grève.
Un vent frais m'éveilla; je sortis de mon rêve,
J'ouvris les yeux, je vis l'étoile du matin.
Elle resplendissait au fond du ciel lointain
Dans une blancheur molle, infinie et charmante.
Aquilon s'enfuyait emportant la tourmente;
L'astre éclatant changeait la nuée en duvet.
C'était une clarté qui pensait, qui vivait;
Elle apaisait l'écueil ou la vague déferle;
On croyait voir une âme à travers une perle.
Il faisait nuit encor, l'ombre régnait en vain,
Le ciel s'illuminait d'un sourire divin.
La lueur argentait le haut du mât qui penche;
Le navire était noir, mais la voile était blanche.
Des goélands, debout sur un escarpement,
Attentifs, contemplaient l'étoile gravement
Comme un oiseau céleste et fait d'une étincelle;
L'Océan, qui ressemble au peuple, allait vers elle,
Et, rugissant tout bas, lareg ardait briller,
Et semblait avoir peur de la faire envoler.
Un ineffable amour emplissait l'étendue,
L'herbe verte à mes pieds frissonnait éperdue,
Les oiseaux se parlaient dans les nids; une fleur
Qui s'éveillait me dit: C'est l'étoile ma sœur.
Et pendant qu'à longs plis l'ombre levait son voile,
J'entendis une voix qui venait de l'étoile
Et qui disait: Je suis l'astre qui vient d'abord;

Je suis celle qu'on croit dans la tombe et qui sort.
J'ai lui sur le Sina ; j'ai lui sur le Taygète ;
Je suis le caillou d'or et de feu que Dieu jette,
Comme avec une fronde, au front noir de la nuit,
Je suis ce qui renaît quand un monde est détruit.
O nations ! je suis la Poésie ardente.
J'ai brillé sur Moïse et j'ai brillé sur Dante.
Le lion Océan est amoureux de moi.
J'arrive. Levez-vous, vertu, courage, foi !
Penseurs, esprits ! montez sur la tour, sentinelles !
Paupières, ouvrez-vous ! allumez-vous, prunelles !
Terre, émeus le sillon ; vie, éveille le bruit ;
Debout, vous qui dormez ; car celui qui me suit,
Car celui qui m'envoie en avant la première,
C'est l'ange Liberté, c'est le géant Lumière !

Les Amis de la France (19 novembre).

Même dans ses plus grands malheurs, la France a toujours des amis, et, pendant que les puissances s'enfermaient dans une coupable indifférence, les quelques étrangers que les horreurs de la guerre n'ont pas fait quitter Paris, ont eu la générosité de s'organiser en corps pour porter leur pierre à la défense nationale.

Jusqu'ici, ils se sont équipés et entretenus à leurs frais, ne demandant au gouvernement que des armes. Mais, avec la longueur du siége, beaucoup de légionnaires, et des meilleures familles, ont vu s'épuiser leurs ressources et sont dans l'impossibilité de recevoir de l'argent de leurs parents, puisque toute communication est impossible au delà de Saint-Denis.

Malgré tout, ils continuaient avec ardeur leur service à Saint-Ouen, et de temps à autre poussaient des pointes assez en avant. Déjà plusieurs d'entre eux sont morts devant l'ennemi, c'est-à-dire pour la France !

Depuis trois jours, le gouvernement a mobilisé ce brave petit corps, en lui donnant la solde et les vivres de campagne.

Nos amis, placés maintenant sous les ordres du général d'Exéa, sont campés à Montreuil-sous-Bois et font de ce côté le service d'éclaireurs et des postes avancés.

Ils partiront dimanche prochain.

Avant de quitter définitivement Paris, le commandant supérieur de la légion, le général Van der Meer, a réuni l'autre soir le corps d'officiers et de sous-officiers dans les salons du Café américain.

Autour d'un punch flamboyant, on a bu à l'amitié, au succès et surtout à la France.

L'allocution du général Van der Meer, qui a été un long souhait pour le triomphe de nos armes, a ému tout le monde.

Après le toast, M. G.-J. d'Herpent, un des plus jeunes légionnaires, d'origine anglaise, a chanté la *Marseillaise des Amis de la France*, composée par lui.

Malgré tous ses plus grands malheurs, ses plus grandes calamités, la France aura toujours de vaillants amis, et plus d'un étranger sera fier de porter la cocarde tricolore.

Malgré ses victoires, ses canons Krupp, ses ruses de

guerre, ses Wurtembergeois, ses Bavarois, sa landwehr et sa landsturm, la cause du cuirassier Bismark pourra avoir des alliés, elle n'aura jamais d'amis.

Ordre du jour du général Trochu.

Quelques soldats français ont échangé aux avant-postes des entretiens avec les postes bavarois. Cette légèreté inexcusable a motivé l'ordre du jour suivant :

« Une succession de faits d'une haute gravité est venue montrer au gouverneur de Paris que les principes qui font la force et l'honneur des troupes se sont relâchés dans le corps d'armée de Saint-Dénis.

« Le sentiment du devoir, l'observation des règles, les respects sont quelquefois méconnus, et de telles infractions, même en temps de paix, ne sauraient être tolérées devant l'ennemi; cette situation compromet au plus haut point la réputation, la dignité des troupes, et elle crée pour la défense de véritables périls.

« L'ennemi exploite ces désordres qui se passent sous ses yeux, et le gouverneur a appris avec autant d'indignation que de surprise que des relations, dont les officiers et la troupe ne jugent pas la portée, tendent à s'établir entre nos avant-postes et les avant-postes prussiens; et c'est au moment où toutes les volontés et tous les cœurs doivent s'unir pour des efforts qui couronneraient dignement la résistance de Paris que je recueille ces marques d'altération de l'esprit militaire dans un corps d'armée auquel j'avais remis avec confiance la garde d'une de nos importantes positions. J'y avais fait entrer la plupart des enfants de Paris, parce qu'ils m'avaient juré de défendre leurs foyers avec une énergie qui ne reculerait devant aucun sacrifice.

« Ma sévérité s'exercera par tous les moyens pour ramener dans le devoir ceux qui s'en seront écartés ; mais j'ai le ferme espoir que je n'aurai plus l'occasion de sévir, et que mon appel au patriotisme et à l'honneur des officiers, sous-officiers et soldats du corps d'armée sera entendu.

« Au quartier général, à Paris, le 19 novembre 1870.

« *Le Gouverneur de Paris,*

« Général Trochu. »

Horreurs commises par les Prussiens à Ablis.

Le récit suivant est donné par un hussard allemand, témoin du combat d'Ablis. Nous l'empruntons aux journaux anglais, et nous ne le faisons suivre d'aucun commentaire.

Rambouillet, 19 octobre.

Pendant que nous sommes ici, dans nos baraquements, je prends la plume pour vous écrire quelques mots.

Les événements d'hier sont trop horribles pour que je puisse les passer sans vous écrire.

Comme vous le savez déjà, le 4ᵉ escadron du 16ᵉ régiment de hussards du Schleswig-Holstein, dans la nuit du 7 et dans la matinée, fut attaqué pendant qu'il était aux avant-postes par des gardes mobiles qui les massacrèrent tous, à l'exception de 48 hommes et de 14 chevaux.

L'attaque fut faite à trois heures et demie, et une patrouille de 60 hommes, placée en avant de l'escadron, avait été rejetée en arrière.

La ville fut attaquée de trois côtés à la fois. Les trois écuries que les hussards avaient dans l'intérieur de la ville furent entourées, pendant que les hussards sellaient leurs chevaux.

Les hommes et les chevaux furent tués ensemble; les mobiles tiraient par les fenêtres des écuries. Les hussards se défendirent avec leurs carabines autant qu'ils purent. Mais, voyant que c'était inutile, ils prirent la fuite et 68 hommes échappèrent.

Les officiers qui avaient leurs chevaux dans une autre écurie s'échappèrent; le capitaine seul fut blessé.

Nous fûmes très-alarmés lorsque cette nouvelle nous fut apportée; et aussitôt la brigade entière avec de l'artillerie et une compagnie de chasseurs bavarois marcha sur la ville, qui était éloignée de deux milles et demi (6 kilomètres).

Là, l'ordre fut donné de piller et de détruire toutes les boutiques, les provisions et les fourrages, ainsi que les vaches.

Alors, nos hussards mirent le feu à toutes les maisons, aux granges, aux meules de foin et de paille. La ville entière, qui contenait environ 6,000 habitants, ne fut plus qu'un amas de ruines. Les femmes, les enfants et les vieillards reçurent la permission de partir une demi-heure avant qu'on ne mît le feu à la ville, pendant qu'il était encore temps de sortir. Les hommes ne furent pas épargnés, ils furent tués et taillés en pièces ; et très-tard dans la nuit les flammes s'élevaient encore dans le ciel.

Ce fut un jour comme on en a vu rarement dans l'histoire du monde ; et en vérité, il y a eu une clameur universelle contre ce fait. Cependant, c'était une punition juste ; car les hussards allemands qui vivaient encore avaient été forcés de se lever de terre, de se placer eux-mêmes contre les murs, et là, ils furent fusillés et mis dans les chariots, afin que ceux qui les avaient tués pussent se faire payer la récompense, qui était de 50 dollars (200 fr.) par chaque corps de Prussien. On n'a pu trouver que deux cadavres de hussards : les autres, avec l'équipement, avaient été enlevés dans les chariots.

La Folle de Cachan aux avant-postes de Bagneux.

Le 20 novembre, du côté de Bagneux, une femme d'une quarantaine d'années, mise très-convenablement, se présentait à des mobiles et leur disait : « Je me suis chargée de tuer tous les Prussiens et je viens ici pour remplir ma mission. »

Vous devinez l'étonnement que causèrent ces paroles. Puis on rit. Mais alors, elle, tirant un révolver de sa poche :

— Vous avez tort de rire... Et vous verrez que je les tuerai tous.

On s'aperçut bien vite que la pauvre femme était folle; aussi ne fût-on pas sans inquiétude en lui voyant une arme entre les mains. Deux moblots, par crainte d'accident, lui enlevèrent son révolver. La malheureuse se mit à pousser des cris et à fondre en larmes.

— Je ne suis pas méchante, je n'ai jamais fait de mal à personne, je veux venger mon mari et mon enfant qu'ils m'ont tués...

Une émotion profonde saisit les spectateurs de cette triste scène. Après s'être assurés que le révolver n'était pas chargé, ils le remirent à la folle. Chacun, du reste, s'empressa autour d'elle et chercha à la consoler.

Tout à coup, après avoir parlé avec une grande exaltation, elle se mit à courir en avant en poussant des cris, en injuriant les Prussiens et en brandissant son révolver.

Le danger était terrible. Les sentinelles ennemies pouvaient l'apercevoir et faire feu sur elle. A deux ou trois cents mètres de là on avait vu des soldats bavarois. Cette malheureuse allait à une mort certaine.

Un mobile s'élança sur ses traces. Mais elle allait vite et elle quittait le chemin et courait à travers champs pour chercher à lui échapper. Ce qu'on avait prévu arriva : cinq ou six détonations retentirent. Le mobile, sans se décourager, poursuivit sa course et parvint à rattraper la pauvre femme. Une véritable lutte s'engagea entre eux. De peur qu'on ne les mît de nouveau en joue, notre mobile renversa la folle et appela ses camarades à son aide.

On l'enleva, on la transporta derrière une barricade, non sans avoir eu à essuyer le feu des Prussiens. Cette femme entra d'abord dans un accès de rage épouvantable; puis elle tomba dans un grand abattement. De grosses larmes ruisselaient sur ses joues. Quand on lui parlait, elle regardait d'un air étonné et ne répondait pas.

Enfin on la confia à deux hommes qui la reconduisirent à Paris.

— Vous avez tort, dit-elle en partant. Ils m'ont tué mon mari et mon fils, n'est-il pas juste que je les tue ?

Inutile de dire quelle émotion cette pauvre folle causa à nos mobiles.

Le caractère français.

C'était dans un coin de la Double-Couronne, qui couvre un pâté de maisons abandonnées où logent quelques-unes de nos troupes; quand je dis qu'elles y logent, c'est absolument comme si on disait que des harengs logent dans un tonneau. Enfin, ce pâté inhabitable est habité. On se trouve encore heureux qu'il vous abrite. On n'est pas aussi bien partout en temps de siége.

Dans une de ses chambres, quelques jeunes officiers d'artillerie de marine devisaient, chantaient même : ces braves jeunes gens sont plus gais qu'on ne le croirait par ce temps de misère, de froid et de « cheval. » Une partie fut proposée et acceptée ; cartes, lotos, dames ou jaquet, peu importe. Il s'agissait de pourvoir à l'éclairage, il était tout trouvé ; une vieille chandelle se dressait sur la table ; mais c'était bas, et il s'agissait de se procurer un chandelier.

« Ah ! parbleu, dit un des gais compères, il est trouvé. Devinez, je vous le donne en cent... Un obus prussien ! qui n'a fait de mal à personne, et que nous avons déchargé hier avec soin et à la main ; il vient du Bourget ! »

Jugez si le candélabre fit fortune ; on poussa un hourra : Va pour l'obus prussien ! On battit un ban avec les mains en l'honneur de l'inventeur. On était ravi, on lui vota n'importe quoi... On ne regrettait qu'une chose, c'était l'absence de Bismark et de son ministre Guillaume.

La partie touchait à sa fin, et la chandelle aussi ; rien n'en séparait plus l'extrémité de l'œil de l'obus, quand, terminant le jeu par un coup heureux, un officier frappe sur la table et s'écrie : « Vous êtes volés. »

Aussitôt une affreuse détonation se fait entendre ; la table est renversée, les joueurs bousculés les uns sur les autres, les murs de la chambre traversés par vingt éclats d'obus.

Mal déchargé, il avait fait explosion.

Une compagnie de moblots casernée dans l'appartement voisin dont le mur était traversé se leva en masse ; l'un d'eux cria : « Le bombardement commence ! » Un autre : « A la butte Pinson ! » D'autres ne crièrent rien du tout... On se remit, on se compta, on se tâta : pas un seul de nos gaillards d'officiers n'avait été touché. Si c'eût été des fantassins, pas un seul n'eût échappé à la mort... Mais des artilleurs, ils ont tant l'habitude de jouer avec ces choses-là? ça les connaît.

Le pigeon blessé.

Je l'ai vu hier, j'ai assisté à sa rentrée au colombier natal, et, toute sensiblerie mise à part, j'ai rarement éprouvé une sensation plus triste et plus pénible que celle que m'a donnée ce pauvre petit oiseau avec son aile blanche tachée de rouge.

Il est arrivé hier, à trois heures, par la pluie; l'eau ruisselait sur sa plume lustrée. Faible, maigre, affamé, il s'est abattu comme une pierre sur la planchette qui se trouve à l'entrée du pigeonnier; il avait eu la force de voler jusque-là; mais c'était son suprême effort, il était à bout de forces; il avait pu voler jusqu'à sa maison, mais il arrivait, comme le guerrier de Marathon, mourant, perdant son sang et résumant dans un suprême effort toute son énergie et toute sa fidélité.

Son maître, qui le guettait et qui observait depuis dix minutes son vol hésitant dans le ciel, l'avait bien reconnu; il allongea le bras et le prit, le pauvre oiseau exténué, doucement, dans ses mains jointes, et l'embrassa comme un enfant malade.

Et c'était, je vous assure, une chose touchante que la tendresse de cet homme pour cette petite bête souffrante qui venait de si loin! Le pigeon comprit-il cette caresse paternelle? reconnut-il son maître? Je ne sais; mais il renversa sa tête ronde avec un mouvement doux et câlin; il entr'ouvrit son bec et demeura là, dans les mains de l'homme, comme évanoui de lassitude et de joie; il se sentait sauvé, et il se reposait confiant dans le creux de la main de celui qui l'a vu naître et grandir.

Et comme, effrayé de cet assoupissement de l'oiseau, je disais :

— Il se meurt!

— Non, répondit-il, il est fatigué seulement, et il s'endort. Les pigeons de grand vol ont de ces lassitudes extrêmes; ils font des trajets énormes, soutenus par on ne sait quelle énergie ou quel instinct, et puis, exténués, ils s'arrêtent, ils dorment; leurs forces sont à bout, leurs ailes sont lasses, et ils tombent. Celui-ci est dans ce cas. Dans une heure, il n'y paraîtra plus, vous verrez!

Et, soigneusement, avec mille précautions, il alla poser dans un nid d'osier, plein de paille, l'oiseau qui ne bougeait plus, et dormait, non pas la tête dans l'aile, comme font ses pareils, mais renversée en arrière, comme font les petits enfants que la lassitude accable.

Quand l'homme eut déposé le pigeon, il s'aperçut que sa main était rouge; elle était tachée de sang.

— Mon pauvre voyageur est blessé! dit-il avec tristesse. Quel est donc le bandit qui a eu le cœur de tirer sur ce petit animal?

Et il reprit le petit voyageur toujours évanoui, et il l'examina attentivement. Il le tourna et le retourna, et nous vîmes alors que son aile droite était brisée à l'extrémité; elle saignait, et, vrai! cela était navrant à voir, cet aileron ensanglanté qui pendait, broyé par un coup de feu. Ce pigeon estropié atteignait presque les proportions d'un soldat blessé au combat.

L'homme releva le bout brisé de l'aile, et cela réveilla l'oiseau endormi qui rouvrit les yeux et dont tout le corps fut agité d'un tressaillement douloureux.

Ce n'est pas l'heure des attendrissements puérils, et il n'est pas admis qu'un être humain se puisse apitoyer sur une petite bête qui souffre, — un simple pigeon après tout, n'est-ce pas? — Les esprits forts de ce temps trouveraient fort ridicule, à coup sûr, cette pitié pour *une bête*.

Et pourtant, quel chemin avait-il fait, ce pigeon, pour revenir à son maître! Quels périls avait-il courus! quel instinct merveilleux l'avait guidé dans l'espace illimité, pendant vingt, trente, quarante, cinquante lieues peut-être !

Il était revenu, et qui pourrait dire combien de dangers il avait courus, — car enfin on avait tiré sur lui; — puis était là, revenu fidèle à sa maison, blessé, pour y mourir peut-être.

Avec un soin extrême, le maître examina alors l'oiseau, plume à plume pour ainsi dire. Il ne portait rien; soit que la dépêche qu'il apportait ait été mal attachée, soit qu'il ait été pris, dépouillé de sa lettre (il lui manque en effet à la queue la plus belle de ses plumes), et qu'il ait pu s'échapper; il revenait, mais il n'apportait rien — rien que son aile broyée et l'estampille pâlie empreinte sur sa plume blanche. (*La Presse.*)

A ceux qui ont bien mérité de la patrie.

ORDRE DU JOUR.

Le Gouverneur met à l'ordre du jour les noms des défenseurs de Paris appartenant à la garde nationale, à l'armée de terre et de mer, à la garde mobile et aux corps francs, qui ont bien mérité du pays depuis le commencement du siége. Plusieurs ont payé de leur vie les services qu'ils ont rendus; tous ont fait plus que leur devoir. Les témoignages de la gratitude publique seront la haute récompense de leur sacrifice et de leurs efforts.

Cet ordre, inséré au *Journal officiel* et au *Journal militaire*, tiendra lieu de notification aux divers corps, pour l'inscription des présentes citations sur les états de service des ayants droit.

Général TROCHU.

Paris, le 19 novembre 1870.

GARDE NATIONALE DE LA SEINE.

48ᵉ bataillon, carabiniers.

PROUST (Désiré-Charles-François), capitaine. — S'est fait remarquer dans la reconnaissance du 21 par son courage et l'intelligente initiative avec laquelle il a conduit sa troupe.

Thibaudier (Pierre), carabinier. — Blessé à la reconnaissance du 21 octobre où la compagnie des carabiniers du 48ᵉ bataillon a vaillamment combattu.

Pachot (Charles), carabinier. — Blessé à la reconnaissance du 21 octobre où la compagnie des carabiniers du 48ᵉ bataillon a vaillamment combattu.

ÉCLAIREURS DE LA GARDE NATIONALE.

Prodhomme (Léon). — S'est fait remarquer par son courage au combat de la Malmaison où il a été grièvement blessé.

ÉTAT-MAJOR GÉNÉRAL.

Guilhem, général de brigade. — Tué à l'ennemi en donnant d'éclatantes preuves de bravoure.

De Montbrison, capitaine de cavalerie auxiliaire, officier d'ordonnance du général Ducrot. — A constamment marché à la tête des colonnes d'attaque; s'est fait hisser sur un mur de parc au milieu d'une grêle de balles pour reconnaître la position de l'ennemi au combat de la Malmaison le 21 octobre.

INTENDANCE.

PARMENTIER (Marie-Ottobal-Léonce), sous-intendant de 1re classe. — S'est fait remarquer à l'affaire du 19 septembre en allant au plus fort du combat relever les blessés sous le feu ; a montré le même dévouement le 21 octobre où il est resté le dernier sur le champ de bataille et a été fait prisonnier.

DIVISION DES MARINS DÉTACHÉS A PARIS.

DÉSAEGHER (Louis-Laurent), matelot charpentier. — Est allé chercher résolument sous le feu de l'ennemi un de ses camarades blessé, l'a rapporté, et a été lui-même atteint grièvement d'un coup de feu, le 15 octobre, dans la plaine de Bondy.

CHENOT, soldat au 4e régiment de marine. — N'a pas hésité à prendre sur son dos un blessé qu'il a rapporté sous le feu meurtrier de l'artillerie ennemie, lorsque nos troupes évacuaient Drancy, le 30 octobre.

ARTILLERIE.

10e régiment.

BOUVET, brigadier. — A eu le bras traversé par une balle au combat du 30 septembre, a voulu rester au feu malgré les instances de son commandant, et n'a quitté son poste qu'à la fin de l'action.

18e *régiment.*

BOCQUENET (Nicolas), capitaine en premier, commandant la 13e batterie. — A eu deux chevaux tués sous lui au combat de Châtillon, le 30 septembre. Pendant toute l'action il a donné le plus bel exemple à ses hommes, qui se sont admirablement conduits.

19e *régiment.*

OULHON (Jean), canonnier servant. — Les chevaux de sa pièce étant tués et les conducteurs et servants hors de combat, il a réuni ses efforts à ceux de son lieutenant pour continuer le feu jusqu'à l'arrivée d'attelages qui ont ramené la pièce. Combat de Châtillon, le 19 septembre.

2e *régiment du train d'artillerie.*

SIRDAY (Pierre), maréchal des logis. — Est allé au milieu du feu rechercher un caisson que des chevaux emportés entraînaient avec leur conducteur dans la direction de l'ennemi, au combat de Châtillon, le 19 septembre.

BOUQUIER, cavalier de 1re classe. — Est revenu résolument reprendre une pièce sans avant-train qui allait tomber aux mains de l'ennemi, au combat de Châtillon, le 19 septembre.

ARTILLERIE DE MARINE.

CHARTON (François-Alfred), canonnier. — A montré un grand courage; a été blessé d'une balle à la jambe et amputé.

35ᵉ *de ligne*.

GUERROZ, sergent-major. — A vaillamment rallié par deux fois sa compagnie à Chevilly, ses officiers ayant été mis hors de combat.

DUCROS (Pierre), sergent. — Vigoureux soldat; a été grièvement blessé au combat de Chevilly, en portant en avant les tirailleurs de sa section.

ORICHIONI (Dominique), sergent. — A conduit ses hommes au feu avec une rare vigueur; blessé au combat de Chevilly.

THÉPAUT (Jean-François), caporal. — Plein d'énergie; a reçu une blessure grave au combat de Chevilly

BEAU (Olivier), tambour. — Au premier rang pendant le combat de Chevilly où il battait la charge sous le feu de l'ennemi.

BALLAY (Isidore-Nicolas), soldat. — S'est distingué par sa belle conduite au combat de Chevilly.

DIEUDONNÉ (Christophe), soldat. — Blessé d'un coup de feu à Chevilly, n'en a pas moins continué à combattre.

GLETTY (Michel), soldat. — S'est avancé contre trois Prussiens qui le tenaient en joue, et par la fermeté de son attitude les a forcés à se rendre prisonniers au combat de Bagneux, le 13 octobre.

LE GOUILL (Nicolas), soldat. — S'est bravement battu au combat de Bagneux, le 13 octobre; a fait avec ses camarades plusieurs prisonniers.

KYDENOU (Marie), soldat. — Est entré le premier à Chevilly, le 30 septembre; a fait preuve d'une grande bravoure en tirant à bout portant à travers les créneaux de l'ennemi.

42ᵉ de ligne.

LECCA (Charles), lieutenant. — Officier d'une rare bravoure; a franchi le premier une barricade au combat de Châtillon et a entraîné ses hommes par son exemple.

ARDIT (Victor), caporal. — A eu les deux poignets emportés au combat de Chevilly, le 30 septembre, et ne s'est retiré qu'après en avoir demandé l'autorisation à son capitaine.

FÉLIPON (Félix), soldat. — A abordé avec élan une des barricades de Châtillon, le 13 octobre; est entré le premier dans une maison occupée par des Prussiens qui ont été fait prisonniers.

GANDEBOUT (Eugène), soldat. — Blessé grièvement au bras, le 30 septembre, est resté dans les rangs jusqu'à la fin du combat.

ADMARD (Jean), soldat. — Blessé deux fois au combat du 30 septembre, s'est fait panser par un de ses camarades et a combattu jusqu'à la fin.

67ᵉ de ligne (1ʳᵉ compagnie de dépôt).

MÉGROT (Charles), caporal. — A eu la poitrine traversée de part en part en se portant bravement à l'ennemi, dans la reconnaissance du 30 septembre, en avant du fort de Charenton. Mort des suites de sa blessure.

107ᵉ de ligne.

HOFF (Ignace), sergent. — A tué, le 29 septembre, trois sentinelles ennemies; le 1ᵉʳ octobre un officier prussien; le 5, en embuscade avec 15 hommes, a mis en déroute une troupe d'infanterie et de cavalerie; le 13 octobre a tué deux cavaliers ennemis. Enfin, dans divers combats individuels, il a tué 27 Prussiens.

109ᵉ de ligne.

MIQUEL DE RIN, lieutenant-colonel commandant le régiment. — A vaillamment conduit ses troupes au combat du 30 septembre. Très-grièvement blessé.

CHAMBLANT (Ernest-Joseph), lieutenant. — A montré la plus grande bravoure au combat du 30 septembre, où il a eu la cuisse brisée. Mort le 9 octobre des suites de ses blessures.

DAVID (Henri), sergent-major. — S'est fait remarquer par son intrépidité au combat de l'Hay, le 30 septembre, où il a enlevé par son exemple toute sa compagnie.

PORTAIS (Ernest-René), soldat. — Est entré le premier dans le village de l'Hay, en escaladant le mur d'une maison où il s'est barricadé; a donné des preuves de courage qui l'ont fait remarquer de tous ses camarades.

110ᵉ de ligne.

GRACIOT (Pierre-Gustave), caporal. — Blessé à la main droite au moment où son sous-lieutenant, qu'il emportait, était tué dans ses bras; il a continué à combattre jusqu'à l'épuisement de ses forces (30 septembre).

Moreau (Eugène-Léon), soldat. — A électrisé ses camarades par son exemple à l'attaque d'une redoute où il est tombé mortellement blessé. Combat du 30 septembre.

111ᵉ *de ligne.*

Weick (Charles-Amédée), sous-lieutenant. — Sa vigueur et son élan l'ont fait remarquer de tout le régiment à l'affaire du 30 septembre. Blessé à l'attaque de Chevilly.

112ᵉ *de ligne.*

Gérodias (Augustin), tambour. — A eu sa caisse brisée par un éclat d'obus au moment où il battait la charge au combat de Chevilly, le 30 septembre; saisissant le fusil d'un homme tué à ses côtés, il s'est porté en avant, a été blessé et ne s'est retiré qu'à la fin de l'action.

113ᵉ *de ligne.*

Aubé (Albert-Étienne), sergent. — Embusqué à quinze pas d'une barricade ennemie, il a tiré avec le plus grand sang-froid pendant plus d'une demi-heure et a fait plusieurs prisonniers au combat de Châtillon, le 13 octobre.

Audin, soldat. — D'une bravoure à toute épreuve; a eu les deux cuisses traversées par une balle au moment où il escaladait une barricade au combat du Bas-Meudon.

114ᵉ de ligne.

THIÉBAULT (Louis), soldat. — Blessé au commencement du combat de Châtillon, le 13 octobre, a néanmoins marché à l'ennemi et n'a cessé de combattre que sur l'ordre de son chef.

ROUDIER (Pierre), soldat. — Toujours en tête de sa compagnie à l'attaque des barricades de Châtillon, le 13 octobre; a donné aux jeunes soldats l'exemple de la bravoure et du sang-froid.

119ᵉ de ligne.

SCHEER (Michel), sergent. — Déjà remarqué pour son énergie au combat de Châtillon, s'est distingué à l'affaire de la Malmaison où il a désarmé un soldat prussien qu'il a ramené prisonnier.

121ᵉ de ligne.

GOUDMANT (Achille), lieutenant. — Officier d'une grande énergie, grièvement blessé le 21 octobre.

DESCHAMPS (Jacques-Louis-Mathurin), soldat. — A donné à tous l'exemple du mépris du danger et a refusé de se retirer du combat, bien qu'il eût le bras traversé par une balle. Combat de la Malmaison, le 21 octobre.

122ᵉ *de ligne.*

FOURCADE (Jean-Baptiste), soldat. — Intrépide au feu; blessé le 21 octobre.

128ᵉ *de ligne.*

CHARLIER (Alfred), soldat. — S'est avancé seul au-devant des Prussiens établis dans les jardins de Pierrefitte et a tué un soldat ennemi presque à bout portant.

GIRAUD (Antoine), soldat. — A l'affaire du 23 septembre (combat de Pierrefitte), a reçu deux blessures dont une grave. Soldat plein d'entrain et d'élan.

RÉGIMENT DES ZOUAVES.

JACQUOT (Charles), chef de bataillon. — A tourné une batterie ennemie à la tête de la 6ᵉ compagnie de son bataillon, a pénétré par une brèche dans le parc de la Malmaison et enlevé sa troupe en se portant en avant, le képi sur la pointe de son sabre. Obligé de rétrograder devant des forces considérables, il a soutenu vigoureusement la retraite et est resté blessé aux mains de l'ennemi.

COLONNA D'ISTRIA (Guillaume), capitaine adjudant-major. — A toujours été en tête de colonne à l'attaque de la Malmaison, et, chargé d'une mission pour le général, a réussi à l'accomplir sous une violente fusillade.

Petit de Granville, sergent-major. — A franchi le premier la brèche du mur de la Malmaison, est resté le dernier auprès du commandant Jacquot et a été blessé en cherchant à l'emporter.

CAVALERIE.

Régiment de marche de cavalerie mixte.

De Nugent (Richard), chasseur. — Ex-lieutenant dans l'armée autrichienne, engagé volontaire, s'est signalé dans tous les engagements par son intrépidité; a été tué au combat de Châtillon le 19 septembre.

9e régiment de lanciers.

Buisson (Benoît-Ferdinand), capitaine commandant. — S'est emparé, sous le feu de l'ennemi et après une longue poursuite, d'un cavalier ennemi qu'il a ramené avec ses armes et son cheval, le 16 septembre, en avant de Rosny.

GARDE MOBILE DE LA SEINE.

11e bataillon.

Pasquier (Alexandre), caporal. — A montré une grande bravoure à l'affaire du 19 octobre, en allant à vingt pas de l'ennemi enlever un de ses camarades grièvement blessé.

14e bataillon.

Comté (Gustave), sergent. — A montré le plus grand courage, le 29 octobre, à l'attaque nocturne du Bourget où il a entraîné ses hommes.

15e bataillon.

Lefranc (Victor), garde. — S'est offert bravement pour aller reconnaître les travaux de l'ennemi au pont de Brie-sur-Marne; a été grièvement blessé à la cuisse.

7e bataillon.

Tailhan, aumônier volontaire. — Blessé à la tête en remplissant son ministère avec un admirable dévouement au combat de la Malmaison, le 21 octobre.

Seine-et-Marne.

Franchetti, lieutenant-colonel. — Par son attitude pleine d'énergie, il a su enlever et conduire résolument à l'ennemi ses troupes qui voyaient le feu pour la première fois; a eu un cheval tué sous lui. Combat de la Malmaison, 21 octobre.

Morbihan.

Fouquet (Auguste), médecin aide-major. — Très-calme en pansant les blessés sous le feu de l'ennemi ; très-dévoué, plein de zèle ; a quitté la Malmaison le dernier.

Le Mohec, sergent. — Blessé à la joue, est resté toute la journée à sa compagnie qu'il a enlevée par son entrain et sa bravoure.

Loire-Inférieure.

De Montaigu, sous-lieutenant. — S'est fait remarquer par sa bravoure, son sang-froid et la bonne direction qu'il a donné aux francs-tireurs sous ses ordres.

Côte-d'Or.

Guilleminot (Pierre-François), sous-lieutenant. — Blessé deux fois au combat de Chevilly, où il a entraîné ses troupes avec une vigueur peu commune ; resté aux mains de l'ennemi.

Narvault (Louis-Hippolyte), garde. — 1er bataillon. — Très-solide au feu ; n'a quitté le champ de bataille qu'après des ordres réitérés. Combat de Bagneux, le 13 octobre.

JAPIOT, sergent. — 2ᵉ bataillon. — S'est fait remarquer par son énergie à l'attaque de la principale barricade de Bagneux, le 13 octobre.

LEAUTEY (Lucien), garde. — Plein de vigueur à l'affaire de Bagneux, le 13 octobre, où il a fait plusieurs prisonniers.

CRUCEREY, capitaine. — 3ᵉ bataillon. — Entré le premier à Bagneux où, seul, il a fait neuf prisonniers.

TERREAUX (François), garde. — 3ᵉ bataillon. — A désarmé un porte-fanion dans la mêlée, l'a fait prisonnier et s'est emparé du fanion. Combat de Bagneux, le 13 octobre.

Aube.

PÉRIER (Casimir-Jean-Paul-Pierre), capitaine au 1ᵉʳ bataillon. — A enlevé sa compagnie avec un entrain remarquable à l'assaut du village de Bagneux où il combattait aux côtés du commandant de Dampierre.

DE ROUGÉ (Henri), lieutenant au 1ᵉʳ bataillon. — A fait preuve d'une grande bravoure et d'un sang-froid remarquable au combat de Bagneux en accomplissant une mission périlleuse.

DE DAMPIERRE, chef du 2ᵉ bataillon. — Tué à l'ennemi, en donnant d'éclatantes preuves de bravoure.

Donge (Louis-Jean-Baptiste), sergent. — 2e bataillon. — A combattu avec intrépidité à l'affaire de Bagneux.

CORPS FRANCS.

Tirailleurs de la Seine.

Vannier, tirailleur. — S'est porté au feu avec une audace remarquable; grièvement blessé aux reins au combat de la Malmaison, le 21 octobre.

Turquet, sergent-major. — A donné à tous le plus bel exemple de sang-froid et de courage; blessé à la cuisse. Combat de la Malmaison le 21 octobre.

Blaize, caporal. — Toujours le premier au danger, a entraîné ses camarades; blessé au pied; portait le fanion de la compagnie au combat de la Malmaison.

Demay, tirailleur. — S'est distingué par une énergie et une bravoure dignes des plus grands éloges; blessure au pied, au combat de la Malmaison.

Francs-tireurs de la Presse.

Roulot, capitaine. — Brillante conduite à la tête de sa compagnie, le 28 octobre, à la barricade élevée par l'ennemi à l'entrée du Bourget.

Aux noms des défenseurs de Paris à qui leur belle conduite devant l'ennemi a mérité l'honneur d'une citation à l'ordre du 19 novembre, il faut ajouter les suivants, omis par suite de l'insuffisance des renseignements officiels :

GARDE NATIONALE DE LA SEINE.

14ᵉ bataillon, carabiniers.

DE VRESSE, capitaine.

PRULIÈRE, sous-lieutenant.

MALTÈRE, caporal.

GARDE MOBILE DE LA SEINE.

12ᵉ bataillon.

BAROCHE, chef de bataillon ; probablement tué à la tête de sa troupe, le 30 octobre. On n'a pu recueillir d'information certaine au sujet de la mort du commandant Baroche ; mais les avant-postes prussiens l'ont annoncée, en rendant témoignage de la vaillance de cet officier supérieur.

Paris, le 22 novembre 1870.

Général TROCHU.

(19 novembre.)

Les forts de Bicêtre, Montrouge, Vanves et Nogent ont tiré avec succès sur les positions de l'ennemi qui a dû évacuer à plusieurs reprises ses avancées.

(20 novembre.)

Le feu a été très-vif pendant une partie de la nuit contre les positions du Bourget. Des combats heureux d'avant-postes ont eu lieu à Villetaneuse.

(21 novembre.)

Pendant la nuit, une vive fusillade a eu lieu sur le front de nos lignes du sud. Elle a été appuyée par le canon des forts.

(23 novembre.)

Le feu des forts a continué contre les travaux de l'ennemi, principalement à l'ouest et vers les positions de Meudon et de Châtillon.

Une reconnaissance a été tentée par l'ennemi, hier, à

onze heures et demie du soir, dans la presqu'île de Gennevilliers. Une barque montée par plusieurs hommes a cherché à passer la Seine du côté du Port-aux-Anglais. Cette reconnaissance n'a pu s'effectuer, grâce à la surveillance de nos postes avancés qui ont tiré à bout portant sur cette barque, dans laquelle plusieurs hommes ont été tués ou blessés.

(24 novembre.)

Le 72ᵉ bataillon de guerre de la garde nationale, conjointement avec le 4ᵉ bataillon des éclaireurs de la Seine, est allé, aujourd'hui à deux heures, occuper militairement le village de Bondy, sous le commandement supérieur du capitaine de frégate Massiou. L'entrain du 72ᵉ bataillon a été tel, qu'il a franchi les barricades de Bondy, refoulé l'ennemi d'arbre en arbre sur la route de Metz et le long du canal de l'Ourcq. Le commandant Massiou a été blessé.

Les compagnies de marche du 72ᵉ bataillon ont répondu à la bonne opinion que l'autorité militaire avait d'elles.

Deux amis ennemis (23 novembre).

Un pauvre ouvrier a voulu arriver jusqu'à son habitation, située dans la partie haute du village de Clamart.

Il n'avait pas fait vingt pas dans la rue Chef-de-Ville, qu'il était cerné par environ trente Prussiens, qui, sans lui faire aucun mal, l'ont aussitôt fouillé.

Le brave homme se croyait perdu et recommandait déjà son âme à Dieu, quand un sergent ennemi, parlant français, le rassura et donna l'ordre à ses hommes de le conduire à l'extrémité de la rue, où le malheureux a pu se sauver.

Il y a trois jours à peine, un fait assez singulier s'est également passé à Clamart.

Un mobile du fort d'Issy s'avançait prudemment dans le village, son fusil armé, et, s'abritant derrière des murs ou des barricades improvisées, faisait ainsi depuis une heure la chasse aux Prussiens.

Au détour d'une rue, il s'entend appeler par son nom.— Il tourne la tête. C'était un Bavarois qui l'avait reconnu; et le tutoyant amicalement, l'invitait à s'avancer pour recevoir l'accolade fraternelle.

Je renonce à décrire la stupéfaction du mobile, qui ne savait vraiment quelle attitude il devait prendre vis-à-vis de cet ami, qui pour lui n'était encore qu'un ennemi.

Voyant son embarras, le Bavarois mit son fusil à terre et s'avança hardiment tendant les bras à notre brave enfant de Paris. Rassuré par ce procédé, le mobile en fit autant, et nos deux soldats s'embrassèrent avec une joie véritable.

On nous assure qu'ils avaient travaillé cinq ans à Paris dans le même atelier, et que des relations d'amitié les unissaient étroitement avant la guerre. Demain peut-être ils se trouveront encore en présence, mais cette fois, sur le champ de bataille.

(25 novembre.)

Le Gouvernement a reçu, par pigeon, une dépêche de Tours; en voici le texte :

GAMBETTA A JULES FAVRE

Tours, 16 novembre 1870.

Au dedans l'ordre le plus parfait règne sur tous les points du pays, et nos ressources militaires prennent une tournure tout à fait satisfaisante.

Outre les deux cent mille hommes qui sont en ligne sur la Loire, et dont le point culminant est Orléans, nous aurons, au 1er décembre, une nouvelle armée parfaitement organisée et munie de tout, qui comptera cent mille hommes, sans compter près de deux cent mille hommes mobilisés prêts à marcher au feu à la même époque, mais tout à fait en seconde ligne.

Nous occupons fortement Orléans, sur les deux rives de la Loire, à droite et à gauche, prêts à résister vigoureusement à un retour offensif.

Notre succès à Orléans a excité au plus haut degré les sentiments patriotiques de la nation, et les préparatifs de défense sont poussés avec une prodigieuse activité de tous côtés; les plus faibles sont entraînés.

Au dehors, l'Europe a manifesté au sujet de notre récent succès autant de sympathie que d'étonnement. Ses doutes sur l'existence de nos forces sont aujourd'hui dissipés. Ses sympathies nous sont revenues. Nous en recevons des témoignages irrécusables aussi bien par la voie des journaux que par la conversation de ses représentants autorisés.

Tout le monde s'accorde à reconnaître que notre situation diplomatique s'est considérablement améliorée.

Sauf de rares exceptions, on ne parle plus d'élections ni d'armistice. Le refus de ravitailler Paris a été unanimement blâmé et attribué à M. de Bismark. On n'a voulu voir dans ce refus qu'un stratagème pour affamer Paris et donner aux troupes prussiennes dégagées de Metz le temps d'arriver et de faire échec à notre armée de la Loire.

La civilisation prussienne.

Un fait inouï vient de se passer à Versailles.

M. de Raynal, substitut du procureur de la République à Versailles, avait écrit à sa mère qui demeure à Paris pour lui donner de ses nouvelles. L'autorité prussienne, ayant eu connaissance du fait, fit une descente chez M. de Raynal. Bien qu'elle n'eût rien trouvé de compromettant contre lui, elle le fit arrêter comme correspondant avec l'ennemi. M. de Raynal a été immédiatement envoyé à Berlin, où il doit être jugé par un conseil de guerre.

La peine qu'il encourt par ce fait d'avoir donné de

ses nouvelles à sa mère est tout simplement la peine de mort.

Voilà de quelle façon les Prussiens font la guerre! Un fait comme celui-là ne prouve-t-il pas le caractère odieux de nos ennemis, et ne doit-il pas faire naître chez les peuples de l'Europe une indignation générale?

Ce fait a été porté à la connaissance du Gouvernement de la défense par M. Washburn, auquel M. de Bismark avait donné pour mission de le transmettre à M. Jules Favre.

Qu'espère M. de Bismark en agissant ainsi, et quelles ont été ses intentions en ayant soin de prévenir le gouvernement français? Quoi qu'il arrive, le fait seul de l'arrestation de M. de Raynal est un acte barbare comme on en voit peu dans l'histoire des peuples.

Le patriotisme et la religion.

On lit dans le *Journal de Rouen* du 18 novembre :

Le curé d'une commune menacée par l'ennemi est monté bravement en chaire, et s'est exprimé à peu près en ces termes :

« Garçons,

« Un ennemi cruel et féroce brûle et pille chez nous, quand il ne tue pas; est-ce qu'avec l'aide de Dieu et de vos bras, nous ne pouvons pas chasser cet Attila huguenot, qui ne vient pas chez nous pour nous bâtir des églises? Il n'a jusqu'ici vaincu que par la surprise et par le nombre; vous serez dix contre un si vous faites tous votre devoir.

« Allons, du courage, un seul effort! il n'en faut qu'un et nous chanterons ensemble, comme Moïse après la destruction de l'armée de Pharaon : *Exurgat Deus!* que Dieu se lève! et nos ennemis seront écrasés. »

Les francs-tireurs.

On a beaucoup remarqué des allées et venues fréquentes de parlementaires français et prussiens. Ce sont ces démarches qui ont donné lieu aux bruits qui ont couru relativement à une reprise des négociations au sujet de l'armistice.

Si nous devons en croire une version que nous reproduisons sous les plus expresses réserves, bien qu'elle nous vienne d'une source qui mérite la plus entière confiance, voici quel serait le véritable motif des démarches dont il s'agit.

Les Prussiens auraient fait fusiller récemment dix francs-tireurs faits prisonniers dans l'Est, se fondant sur ce que ces prisonniers ne seraient pas placés sous le commandement d'officiers nommés par le gouvernement français.

A titre de représailles, nos francs-tireurs auraient arrêté un train prussien circulant sur la ligne de l'Est, auraient fait descendre les cent vingt personnes qui le montaient et les auraient toutes fusillées sans exception ; ils auraient fait prévenir le prince de Mecklembourg qu'ils agiraient de même en toutes circonstances, jusqu'au jour où on leur aurait reconnu le caractère de soldats réguliers.

Le prince de Mecklembourg se serait ému de cette menace et aurait prévenu M. de Bismark, qui aurait envoyé à M. Jules Favre une dépêche conçue dans les termes les plus insinuants, pour le prier de vouloir bien donner aux francs-tireurs une organisation régulière, afin qu'on pût leur reconnaître la qualité de soldats réguliers et éviter ainsi de donner à la guerre, des deux côtés, un caractère de cruauté peu compatible avec la civilisation moderne.

Nous espérons pouvoir faire connaître bientôt à nos lecteurs la réponse qui aura été faite à cette ouverture par notre ministre des affaires étrangères.

Les héroïques volontaires.

Le 25 novembre, un jeune soldat, portant l'uniforme des volontaires de la défense nationale, entrait dans Paris par la porte d'Auteuil. Jeune, brun, la douceur empreinte sur sa physionomie, ayant presque l'air timide, il se rendait, par ordre de son capitaine, chez l'amiral Fleuriot, commandant le sixième secteur, pour lui faire le rapport des opérations, je veux dire des exploits accomplis par son détachement pendant la nuit.

Ce jeune homme à l'air si doux était un lion devant l'ennemi, prouvant une fois de plus que la douceur et la bonté, inséparables du vrai courage, sont l'apanage de l'homme véritablement fort.

L'amiral Fleuriot a complimenté chaleureusement le jeune soldat et ses compagnons. C'était justice, car, à huit hommes, ils avaient accompli un véritable tour de force, un acte d'héroïsme digne des temps anciens.

Mardi, à onze heures du soir, un détachement des volontaires de la défense nationale partait en reconnaissance dans Saint-Cloud et de là gagnait Montretout et les environs.

La première nuit fut employée à battre la campagne, à surveiller certaines maisons qui avaient été signalées comme ayant des intelligences avec les Prussiens, et quelques autres que l'on croyait occupées par eux.

Le premier résultat de cette nuit fut de constater, dans les parages où la reconnaissance opérait, un changement complet dans la situation des avant-postes prussiens.

Toute la nuit durant, ils marchèrent, ils guettèrent... ils entendaient ces bruits que produisent des pieux enfoncés dans le sol et la terre remuée avec la pioche du terrassier.

Comme huit hommes ne pouvaient espérer de forcer les lignes ennemies, ils se retirèrent et firent demander à leur commandant un renfort important.

Pendant la journée de mercredi, les huit volontaires que commandait M. le capitaine de Laleu étudièrent la campagne, se glissant dans les vignes, dans les broussailles, afin de bien connaître la position et de pouvoir, la nuit suivante, profiter de la connaissance acquise.

En effet, la nuit venue, bien qu'ils n'eussent pas reçu le renfort qu'ils attendaient, ces huit braves poussèrent en avant et tentèrent d'enlever le poste prussien de l'Orangerie.

Mais des espions avaient signalé à l'ennemi la marche du petit détachement : celui-ci trouva les Prussiens aux aguets et fut obligé de s'arrêter. Les balles sifflaient, des forces dix fois supérieures enveloppèrent et cernèrent nos huit braves, qui durent se masser et faire une trouée dans un cercle pour échapper aux Prussiens.

Ils eurent le bonheur d'en sortir sains et saufs, sans perdre un seul des leurs, mais il devenait indispensable d'attendre le renfort demandé; M. de Laleu tenait absolument à faire dans le pays une reconnaissance très-avancée afin de connaître au juste la position et les travaux des assiégeants sur ce point.

Dans la matinée du jeudi, on vint leur annoncer que, faute d'autorisation de sortir, on se trouvait dans l'impossibilité de les renforcer.

Cette nouvelle les contraria, mais n'ébranla pas leur courage, et ils résolurent de tenter l'aventure à eux huit.

Jeudi au matin, après un frugal déjeûner, ils jettent le fusil sur l'épaule et partent. Ils passent devant un pavillon qui avait la réputation de recéler des Prussiens. On cogne à toutes les portes, on frappe à coups de crosse de fusil, personne ne répond; pas le plus léger bruit ne se fait entendre; on passe outre.

M. de Laleu fait tirailler pendant quelques instants sur

les sentinelles prussiennes postées en cordon à droite, afin de faire croire à une attaque sur ce point.

Puis, accompagné du sergent-fourrier Biadelli, du sergent de Cuvillon et du caporal de Lavingtrie, il s'élance et parvient jusqu'à 80 mètres du redan de Montretout, après avoir placé à droite et à gauche deux vedettes pour assurer sa retraite.

Ces quatre braves se sont mis alors à ramper, profitant de tous les plis de terrain pour se dissimuler aux regards de l'ennemi.

Les voici arrivés jusque sous les terrassements de Montretout : ils vont monter à l'assaut au redan et ils vont connaître ce que l'ennemi fait par derrière....

Les Prussiens tirent sur le flanc droit de la petite colonne, mais elle est abritée dans sa marche par la situation du terrain. Un mur se trouve là qui va protéger sa marche en avant ; mais entre ce mur et le point où l'on est, il faut traverser à découvert un mètre de terrain.

Un mètre de terrain, cela se franchit d'un bond.

— En avant! crie M. de Laleu.

La petite troupe s'élance, les balles pleuvent... Hélas! un volontaire tombe, c'est M. de Lavingtrie ; la balle a pénétré un peu au-dessus de la hanche droite, a labouré l'abdomen et est ressortie à l'arrière de la cuisse gauche.

Le jeune homme, — il avait dix-huit ans, — tombe en s'écriant : « Camarades, j'ai mon compte ; laissez-moi là et pourvoyez à votre sûreté. »

Naturellement on ne l'écouta pas ; ses trois camarades,

MM. de Laleu, Biadelli, de Cuvillon, se précipitèrent vers lui.

Au moment où ils allaient relever leur blessé, une seconde balle vint le frapper entre leurs bras, en pleine poitrine et le recoucha à terre.

La situation devenait terrible : la petite troupe était fusillée à droite, tandis que, sur la gauche, trois cents tirailleurs prussiens couchés à plat ventre dans les vignes, dirigeaient sur elle un feu très-nourri.

Les trois hommes se regardèrent; du regard, ils se comprirent.

M. de Laleu, M. Biadelli et M. de Cuvillon saisirent M. de Lavingtrie et, calmes, au pas, le front haut, ne se cachant plus cette fois, marchant à découvert, ils rentrèrent sous une grêle de balles qui n'eurent pas l'adresse de les atteindre, et ils ne s'arrêtèrent que lorsqu'ils furent revenus à leur point de départ.

Le capitaine, tout en traversant le feu, avait eu encore la présence d'esprit de faire replier une de ses vedettes, M. Famus, qui restait bravement sous le feu.

Nos braves volontaires étaient sauvés. Le capitaine, voyant qu'il ne pouvait compter sur un renfort des siens, avait envoyé demander quelques mobiles pour appuyer son expédition.

Ces mobiles venaient d'arriver et délogèrent les tirailleurs. Le Mont-Valérien et la batterie Mortemart envoyèrent quelques boulets. La canonnière *Farcy*, prévenue, tira sur le redan : les Prussiens, sur lesquels M. de Laleu avait fait tirer à droite, crurent à une attaque sérieuse et se retirèrent en désordre.

Quatre hommes résolus avaient fait mettre sur pied 300 Prussiens, et 30 mobiles les avaient mis en fuite.

Ainsi se termina l'épopée de nos quatre héros !

Un détail curieux : un boulet de la canonnière *Farcy* perça le pavillon à la porte duquel les volontaires avaient frappé. A l'arrivée du boulet, on vit immédiatement les persiennes s'ouvrir ; des Prussiens jetèrent des matelas par les fenêtres, sautèrent et rentrèrent immédiatement dans les lignes ennemies.

Quant à M. Ferdinand Bayard de Lavingtrie, transporté à Suresne, il expira le lendemain matin.

Honneur à sa mémoire ! c'était un brave.

CHAPITRE XI.

Sortie des armées de Paris.

La grande bataille de Paris va être engagée.

150,000 hommes, nos frères, nos amis, nos fils, vont combattre pour notre délivrance et pour le salut de la patrie. Tout cœur d'homme et de patriote est avec eux.

Les proclamations suivantes ont été adressées à la population et à l'armée de Paris :

Citoyens de Paris,

Soldats de la garde nationale et de l'armee,

La politique d'envahissement et de conquête entend achever son œuvre. Elle introduit en Europe et prétend fonder en France le droit de la force. L'Europe peut subir cet outrage en silence, mais la France veut combattre, et nos frères nous appellent au dehors pour la lutte suprême.

Après tant de sang versé, le sang va couler de nouveau.

Que la responsabilité en retombe sur ceux dont la détestable ambition foule aux pieds les lois de la civilisation moderne et de la justice ! Mettant notre confiance en Dieu, marchons en avant pour la patrie.

Le Gouverneur de Paris,
Général TROCHU.

Paris, 28 novembre 1870.

SOLDATS DE LA 2ᵉ ARMÉE DE PARIS,

Le moment est venu de rompre le cercle de fer qui nous enserre depuis trop longtemps, et menace de nous étouffer dans une lente et douloureuse agonie ! A vous est dévolu l'honneur de tenter cette grande entreprise : vous vous en montrerez dignes, j'en ai la certitude.

Sans doute, nos débuts seront difficiles ; nous aurons à surmonter de sérieux obstacles ; il faut les envisager avec calme et résolution, sans exagération comme sans faiblesse.

La vérité, la voici : dès nos premiers pas, touchant nos avant-postes, nous trouverons d'implacables ennemis, rendus audacieux et confiants par de trop nombreux succès. Il y aura donc là à faire un vigoureux effort, mais il n'est pas au-dessus de vos forces : pour préparer votre action, la prévoyance de celui qui nous commande en chef a accumulé plus de 400 bouches à feu, dont deux tiers au moins du plus gros calibre ; aucun obstacle matériel ne saurait y résister, et, pour vous élancer dans cette trouée, vous serez plus de 150,000, tous bien armés, bien équipés, abondamment pourvus de munitions, et, j'en ai l'espoir, tous animés d'une ardeur irrésistible.

Vainqueurs dans cette première période de la lutte, votre succès est assuré, car l'ennemi a envoyé sur les bords de la Loire ses plus nombreux et ses meilleurs soldats ; les efforts héroïques et heureux de nos frères les y retiennent.

Courage donc et confiance ! Songez que, dans cette lutte suprême, nous combattrons pour notre honneur, pour notre liberté, pour le salut de notre chère et malheureuse patrie, et, si ce mobile n'est pas suffisant pour enflammer vos cœurs, pensez à vos champs dévastés, à vos familles ruinées, à vos sœurs, à vos femmes, à vos mères désolées !

Puisse cette pensée vous faire partager la soif de vengeance, la sourde rage qui m'animent, et vous inspirer le mépris du danger !

Pour moi, j'y suis bien résolu, j'en fais le serment devant vous, devant la nation tout entière : je ne rentrerai dans Paris que mort ou victorieux ; vous pourrez me voir tomber, mais vous ne me verrez pas reculer. Alors, ne vous arrêtez pas, mais vengez-moi.

En avant donc ! en avant ! et que Dieu nous protége !

Paris, le 28 novembre 1870.

Le Général en chef de la 2e armée de Paris,

A. Ducrot.

Le Gouvernement de la défense nationale à la population de Paris.

Citoyens,

L'effort que réclamaient l'honneur et le salut de la France est engagé.

Vous l'attendiez avec une patriotique impatience que vos chefs militaires avaient peine à modérer. Décidés comme vous à débusquer l'ennemi des lignes où il se retranche et à courir au-devant de vos frères des départements, ils avaient le devoir de préparer de puissants moyens d'attaque. Ils les ont réunis ; maintenant ils combattent ; nos cœurs sont avec eux. Tous, nous sommes prêts à les suivre, et, comme eux, à verser notre sang pour la délivrance de la patrie.

A cette heure suprême où ils exposent noblement leur vie, nous leur devons le concours de notre constance et de notre vertu civique. Quelle que soit la violence des émotions qui nous agitent, ayons le courage de demeurer calmes. Quiconque fomenterait le moindre trouble dans la cité trahirait la cause de ses défenseurs et servirait celle de la Prusse. De même que l'armée ne peut vaincre que par la discipline, nous ne pouvons résister que par l'union et l'ordre.

Nous comptons sur le succès, nous ne nous laisserons abattre par aucun revers.

Cherchons surtout notre force dans l'inébranlable résolution d'étouffer, comme un germe de mort honteuse, tout ferment de discorde civile.

Vive la France ! Vive la République !

Les Membres du Gouvernement.

Combats des 29 et 30 novembre et 2 décembre.

Les dernières sorties opérées par l'armée de Paris pendant les journées des 29 et 30 novembre, 1er, 2 et 3 décembre ont amené des engagements sur la plupart des points des lignes d'investissement de l'ennemi.

Dès le 28 novembre au soir, les opérations étaient commencées.

A l'est, le plateau d'Avron était occupé à huit heures par les marins de l'amiral Saisset, soutenus par la division d'Hugues, et une artillerie nombreuse de pièces à longue portée était installée sur ce plateau, menaçant au loin les positions de l'ennemi et les routes suivies par ses convois à Gagny, à Chelles et à Gournay.

A l'ouest, dans la presqu'île de Gennevilliers, des travaux de terrassement étaient commencés sous la direction du général de Liniers ; de nouvelles batteries étaient armées ; des gabionnades et des tranchées-abris étaient installées dans l'île Marante, dans l'île de Bezons et sur le chemin de fer de Rouen. Le lendemain, le général de Beaufort complétait les opérations de l'ouest en dirigeant une reconnaissance sur Buzenval et les hauteurs de la Malmaison, en restant, sur sa droite, relié devant Bezons aux troupes du général de Liniers.

Le 29, au point du jour, les troupes de la 3e armée, aux ordres du général Vinoy, opéraient une sortie sur Thiais, l'Hay et Choisy-le-Roi, et le feu des forts était dirigé sur les divers points signalés comme servant au rassemblement des troupes de l'ennemi.

Des mouvements exécutés depuis deux jours avaient garni de forces importantes la plaine d'Aubervilliers et réuni les trois corps de la 2e armée aux ordres du général Ducrot sur les bords de la Marne.

Le 30 novembre, au point du jour, des ponts préparés hors des vues de l'ennemi se trouvaient jetés sur la Marne, sous Nogent et Joinville, et les deux premiers corps de la 2e armée, conduits par les généraux Blanchard et Renault, exécutaient rapidement avec toute leur artillerie le passage de la rivière. Ce mouvement avait été assuré par un feu soutenu d'artillerie partant des batteries de position établies sur la rive droite de la Marne à Nogent, au Perreux, à Joinville et dans la presqu'île de Saint-Maur.

A neuf heures, ces deux corps d'armée attaquaient le village de Champigny, le bois du Plant et les premiers échelons du plateau de Villiers. A onze heures, toutes ces positions étaient prises et les travaux de retranchement étaient déjà commencés par les troupes de seconde ligne, lorsque l'ennemi fit un vigoureux effort en avant, soutenu par de nouvelles batteries d'artillerie. A ce moment, nos pertes furent sensibles : devant Champigny, les pièces prussiennes établies à Chennevières et à Cœuilly refoulaient les colonnes du 1er corps, tandis que de nombreuses troupes d'infanterie, descendant des retranchements de Villiers, chargeaient les troupes du général Renault. Ce furent alors les énergiques efforts de l'artillerie, conduite par nos généraux Frébault et Boissonnet, qui permirent d'arrêter la marche offensive que prenait l'ennemi.

Grâce aux changements apportés dans l'armement de nos batteries, l'artillerie prussienne fut en partie démontée, et nos hommes, ramenés à la baïonnette par le général Ducrot, purent prendre définitivement possession des crêtes.

Pendant ces opérations, le 3e corps, sous les ordres du général d'Exéa, s'était avancé dans la vallée de la Marne jusqu'à Neuilly-sur-Marne et Ville-Evrard. Des ponts avaient été jetés au Petit-Bry, et Bry-sur-Marne était attaqué et occupé par la division Bellemare. Son mouvement, retardé par le passage de la rivière, se prolongea au delà du village jusqu'aux pentes du plateau de Villiers, et les efforts de ses colonnes vinrent concourir à la prise de possession des crêtes, opérée par le 2e corps en avant de Villiers. Le soir, nos feux de bivouac s'étendaient sur tous les côteaux de la rive gauche de la Marne, tandis que brillaient sur les pentes de Nogent et de Fontenay les feux de nos troupes de réserve.

Ce même jour, 30 novembre, la division Susbielle, soutenue par une importante réserve des bataillons de marche de la garde nationale, s'était portée en avant de

Créteil, et avait enlevé à l'ennemi les positions de Mesly et Montmesly, qu'elle devait occuper jusqu'au soir.

Cette diversion sur la droite des opérations de la 2ᵉ armée était soutenue par de nouvelles sorties opérées sur la rive gauche de la Seine, vers Choisy-le-Roi et Thiais, par des troupes du général Vinoy.

Au nord, l'amiral La Roncière, soutenu par l'artillerie de ses forts, avait occupé, dans la plaine d'Aubervilliers, Drancy et la ferme de Groslay; de fortes colonnes ennemies avaient été ainsi attirées sur les bords du ruisseau la Morée, en arrière du pont Iblon. Vers deux heures, l'amiral traversa Saint-Denis et, se portant de sa personne à la tête de nouvelles troupes, dirigeait l'attaque d'Epinay que nos soldats, soutenus par des batteries de la presqu'île de Gennevilliers, ont pu occuper avec succès.

Le 1ᵉʳ décembre, il n'y eut que quelques combats de tirailleurs au début de la journée devant les positions de la 2ᵉ armée, et le feu du plateau d'Avron continua à inquiéter les mouvements de l'ennemi à Chelles et à Gournay, dans le mouvement de concentration considérable qu'il opérait, la nuit surtout, pour amener de nouvelles forces en arrière des positions de Cœuilly et de Villiers.

Le 2 décembre, avant le jour, les nouvelles forces, ainsi rassemblées, s'élancèrent sur les positions de l'armée du général Ducrot; sur toute la ligne, l'attaque se produisit subitement et à l'improviste sur les avant-postes des trois corps d'armée de Champigny jusqu'à Bry-sur-Marne.

L'effort de l'ennemi échoua : soutenues par un ensemble d'artillerie considérable, nos troupes, malgré les pertes qu'elles avaient à subir, opposèrent la plus solide résistance. La lutte fut longue et terrible. Nos batteries arrêtèrent les colonnes prusiennes sur le plateau, et dès onze heures les efforts de l'ennemi étaient entièrement vaincus. A quatre heures, le feu cessait et nous restions maîtres du terrain de la lutte. Le 3 décembre, sans que l'ennemi pût inquiéter notre retraite, aidés par le brouillard, 100,000 hommes de la 2e armée avaient de nouveau passé la Marne, laissant l'armée prussienne relever ses morts.

Nos pertes, dans ces diverses journées, ont été de 6,000 hommes tués ou blessés.

Le Gouvernement de la défense nationale a adressé, le 1er décembre, la lettre suivante au général Trochu :

« Général et bien cher président,

« Depuis trois jours nous sommes avec vous par la pensée sur ce champ de bataille glorieux où se décident les destinées de la patrie. Nous voudrions partager vos dangers en vous laissant cette gloire, qui vous appartient bien, d'avoir préparé et d'assurer maintenant, par votre noble dévouement, le succès de notre vaillante armée.

« Nul mieux que vous n'a le droit d'en être fier, nul ne peut plus dignement en faire l'éloge : vous n'oubliez que vous-même ; mais vous ne pouvez vous dérober à l'acclamation de vos compagnons d'armes électrisés par votre exemple.

« Il nous eût été doux d'y joindre les nôtres ; permettez-nous au moins de vous exprimer tout ce que notre cœur contient pour vous de gratitude et d'affection. Dites au brave général Ducrot, à vos officiers si dévoués, à vos vaillants soldats, que nous les admirons.

« La France républicaine reconnaît en eux l'héroïsme noble et pur qui déjà l'a sauvée. Elle sait maintenant qu'elle peut mettre en eux et en vous l'espoir de son salut.

« Nous, vos collègues, initiés à vos pensées, nous saluons avec joie ces belles et grandes journées où vous vous êtes révélé tout entier, et qui, nous en avons la conviction profonde, sont le commencement de notre délivrance.

« Agréez, etc.

« Jules Favre, Garnier-Pagès, Jules Simon, Eugène Pelletan, Emmanuel Arago, Jules Ferry, Ernest Picard. »

Une visite au champ de bataille.

Le terrain, sur lequel le gros de l'action du 30 a eu lieu, apparaît piétiné et dénudé de gazon. Çà et là, des flaques de sang ; au milieu d'un champ de terre j'aperçois un képi avec une large tache rouge ; plus loin une capote dont le pan est déchiré par un éclat d'obus : autant de témoignages de mort. A chaque pas on rencontre sacs éventrés, fusils brisés, bidons troués ; un lourd affût d'artillerie pend sur une roue; l'autre est fracassée. Autour des endroits où les mitrailleuses ont travaillé, c'est un véritable monceau de boîtes à cartouches. Du reste, la terre est labourée de sillons profonds de forme ovale : ce sont les marques des obus prussiens. Elles ne manquent pas. Cependant la canonnade est en somme moins meurtrière que la fusillade; mais elle produit des blessures horribles. Là, tout près, est un pauvre soldat, affreusement mutilé, coupé en plusieurs tronçons; hier, je l'ai vu, au moment où l'obus éclatait sous lui : il a été lancé en l'air, à plus d'un mètre de hauteur, il a pirouetté, puis il est retombé, masse sanglante et informe.

Les infirmiers réunissent en tas les morts dispersés dans les environs ; on creuse une fosse dans la terre durcie par la gelée, et on les ensevelit. Le camarade, en passant, jette un regard sur l'amas funèbre; il reconnaît le voisin, l'ami : Pauvre un tel! murmure-t-il, et il s'en va. L'adieu n'est pas long, mais à l'accent on reconnaît qu'il part du cœur. D'ailleurs, ce n'est pas le moment des longues oraisons funèbres. Dans ces graves circonstances, une sorte de fraternité relie toujours les vivants et les morts : on s'est vu, hier encore, au bivouac; qui sait si demain on ne se retrouvera pas de nouveau dans la tombe commune?

Çà et là errent des chevaux blessés, mornes et tête basse. Vaillantes bêtes! Les soldats les regardent avec pitié et les laissent tranquilles. Cela leur fait honneur, car la popote est maigre. On porte dans le sac six jours de vivres. Pensez si la portion est congrue! Un quartier de viande fraîche, vrai, n'est pas de trop pour donner du ton à la soupe. Mais le respect des vivants n'empêche pas de toucher aux morts. Les cuisiniers de chaque escouade entourent les chevaux trépassés. On opère avec prestesse le dépècement et on tire au sort les morceaux.

D'ailleurs, par bonne chance, les champs conquis foisonnent de pommes de terre et de navets : ce soir il y a régal. De toutes parts, les feux flamboient sous les marmites. D'autres cependant s'occupent à construire des abris pour la nuit; les maisonnettes s'édifient à vue d'œil. Elles ne valent pas le Louvre, le fait est certain; mais elles suffisent pour empêcher qu'on ne meure de froid, à la belle, mais glaciale clarté de la lune.

Le régiment qui campe autour de la Plâtrière est le plus heureux de tous : il a dans ses domaines les fours à plâtre et les carrières; il faut voir avec quel confortable les cavités sont garnies de paille fraîche; on dormira là comme un bienheureux.

Il est assez curieux de visiter Bry au moment même où les Prussiens viennent de laisser ce logis tout chaud. Tout le côté qui regarde la Seine est garni de retranchements destinés à protéger les sentinelles contre les obus de Nogent et de la Faisanderie. Car les maisons du village, pour la plupart démolies et ruinées, prouvent que nos canons surveillaient attentivement les allées et venues des Prussiens dans leurs cantonnements.

Au bout de la grande rue, le château de M. Devinck, vaste construction d'un assez beau style, n'a plus debout que les quatre gros murs; toitures et planchers ont été effondrés par l'incendie. C'est dimanche dernier que le fort de Nogent a exécuté ce pauvre château. Etait-ce nécessaire? Je le crois; car il était à craindre que les Prussiens s'y retranchassent contre notre assaut comme dans une forteresse.

Le jardin est encore semé des débris du combat d'hier; sacs, gibernes, paquets de cartouches gisent dans l'herbe; les arbres sont meurtris par les énormes cicatrices des obus.

Ces indices de lutte acharnée et corps à corps se répètent à peu près tout le long du village; presque dans chaque maison, on rencontre des cadavres, soit prussiens, soit français. J'en ai vu deux, un fantassin de la ligne et un Saxon de la garde royale, couchés l'un sur l'autre; ils se sont entre-tués derrière cette porte, dans le corridor de la maison.

Les nôtres fouillent avec soin tous les recoins pour recueillir les blessés, et, à l'occasion, pour mettre la main sur quelques Prussiens bien portants, qui, cernés dans notre attaque, pourraient attendre dans quelque cachette l'occasion de s'évader. Ce matin encore, dans la maison où a couché le général Berthaud, on a découvert par hasard trois pauvres diables enfouis dans la paille. Kamarad! se sont-ils écriés, en se voyant dénichés.

A Bry, j'ai remarqué une précaution topographique, dont il serait bon de faire notre profit. Vers le milieu de la rue Centrale, un écriteau est dessiné à la peinture noire; cet écriteau indique par des flèches la direction de toutes les localités environnantes. Une semblable mesure, adoptée par nous dans nos campements, ne remédicrait-elle pas à l'ignorance, trop commune, de nos soldats en matière de routes et de directions?

Champigny n'a pas tant souffert que Bry. Il est moins directement exposé aux feux de nos redoutes, malgré le voisinage de la batterie de Saint-Maurice. Cependant il a eu sa part de bombardement; mais l'extrémité seule du village, de notre côté, a été atteinte, cinq ou six maisons au plus. Le reste est intact. La barricade qui fermait la route est déjà disparue, et nos troupes sont installées dans les logements des Prussiens, qui ont eu la délicate attention de nous laisser, en partant, les cuisines assez bien garnies de provisions de bouche et les greniers remplis de paille. C'est une merveilleuse aubaine dont nos troupiers tirent bon profit, et dont ils s'acquitteront envers les Prussiens à la prochaine rencontre.

Dans la rue, ce ne sont que soldats qui charrient de la paille pour établir, dans leurs campements respectifs, des couchettes confortables.

On a jeté les cris, et souvent avec raison, contre la dévastation des environs de Paris par nos propres troupes. On a quelquefois dit que les Prussiens observaient à cet égard une discipline sévère. Eh bien, après avoir visité les maisons de Bry et de Champigny, dans lesquelles j'ai pu surprendre sur le vif les habitudes des Prussiens, je crois qu'on leur a fait trop d'honneur. Dans chaque pièce, le mobilier est généralement bouleversé, fracturé, brisé, avec un parfait sans-gêne. Est-ce encore là « une des nécessités de la guerre » dont parlaient sans cesse les généraux ennemis, pour justifier sommairement le système d'exactions et de pillage qu'ils pratiquent si savamment en pays envahi? Sans doute ; mais, sans justifier en rien les déprédations commises par quelques-uns des nôtres, je crois qu'il faut renoncer, pour les convertir, à l'exemple tiré de la modération prussienne.

Louis JEZIERSKI.

Le jour et la nuit d'une bataille.

L'auteur du récit suivant est un jeune engagé volontaire du barreau de Paris.

Le plateau de Villiers, 1er décembre.

Nous partions ; nous passions sous la ligne de Mulhouse, et nous nous dirigions vers la Marne, par le rond-point de Plaisance ; partout dans la campagne on distinguait confusément des régiments et de l'artillerie en marche.

A un croisement de chemins, on nous arrêta pour laisser passer une batterie. Le docteur, à ce moment, se trouva près de moi, toujours grelottant sous son manteau. « C'est vraiment étrange, me dit-il : le matin de Sedan, le régiment s'est arrêté ainsi, à un carrefour tout semblable, pour laisser le passage à l'artillerie ; il y avait des oseraies et une ligne de peupliers, comme vous en voyez là à droite. C'est comme un mauvais rêve. » Il continua son chemin en sautillant pour éviter les flaques d'eau des ornières ; on eût dit de loin un corbeau gigantesque.

La batterie passa au grand trot, avec les servants de

pièce rudement secoués sur les lourds caissons, leur foulard autour de la tête à cause du froid, et nous nous remîmes en marche. En face de nous, derrière les lignes de l'ennemi, une raie blanche annonçait l'aube. Une tâche de sang pâle apparut ensuite; des nuages, qui passaient en courant à l'extrême horizon, la balayaient par instants; mais elle s'étalait peu à peu, sans parvenir pourtant à être lumineuse. Tout à coup les nuages s'enfuirent; le soleil parut, soleil d'hiver rouge et sans rayons. On nous arrêta près de la Marne.

Aussitôt la bataille commença. Le fort de Nogent, les diverses batteries placées sur le plateau d'Avron, sur les hauteurs de Villemomble, et plus bas, vers le village de Neuilly-sur-Marne, évacué par les Prussiens, couvrirent de feux Bry et Villiers. A droite et au centre, vers Joinville et Champigny, commença une vive fusillade que coupait le roulement âpre et strident des mitrailleuses. Bientôt, à droite du coteau qui s'étendait en face de nous, vers le viaduc de Nogent, nous vîmes les feux des tirailleurs; les rubans de fumée se déroulaient comme des serpents le long des chemins et des haies, notre artillerie tirait toujours; les obus portaient plus loin, pardessus le coteau.

Nous attendions l'arme au pied. Cela dura toute la matinée. On avait jeté en face de nous deux ponts sur la Marne, mais on hésitait à nous faire passer; la lutte était rude vers le viaduc et la ferme de Cœuilly; par instants, nous voyions faiblir nos régiments; au cas de défaite, les ponts n'auraient pu suffire à la retraite, et un désastre était à craindre.

21.

Enfin, vers deux heures, nous passâmes quatre ou cinq régiments : les zouaves, le 136ᵉ de ligne, les mobiles de la Côte-d'Or et d'autres encore. Les Amis de la France vinrent aussi de ce côté : en tête, à côté du commandant, marchait crânement leur cantinière, Mᵐᵉ de Beaulieu, si je ne me trompe. On fit défiler devant nous cinq ou six prisonniers, qui répétaient à l'envi : « Nous pas Prussiens ! Nous Saxons ! » et nous partîmes au pas accéléré vers Bry-sur-Marne.

Des masses prussiennes que nous avions vues sur la crête du coteau de Noisy-le-Grand avaient disparu ; depuis quelque temps notre artillerie se taisait.

Le village où nous entrions, horriblement dévasté, avait été abandonné précipitamment par l'ennemi, qui n'avait pas eu le temps d'emporter ses blessés ; sous un hangar un officier râlait, étendu sur un tas de paille. « Les Prussiens sont en déroute complète, » dit un de nos capitaines. Tout à coup, comme nous montions au-dessus du village, derrière l'église, nous entendîmes à notre droite le crépitement sinistre de nos mitrailleuses, et au-dessus de nous une fusillade terrible ; les balles passaient sur nos têtes comme des vols d'oiseaux effarouchés.

— Il paraît qu'il y a encore un vieux reste, me dit mon voisin.

Nous ne voyions encore rien ; le sommet de la côte nous cachait le plateau. « En avant ! » cria le colonel en faisant sauter son cheval sur le talus du chemin : un clairon se précipita à vingt pas en tête du régiment et entonna la charge, mais au second coup de langue une balle le frappa en pleine figure et le coucha à la renverse.

Les autres clairons se précipitèrent et sonnèrent tous ensemble ; nous nous élançâmes au pas gymnastique sous une grêle de balles ; un vieux zouave à côté de moi chantonnait entre ses dents les paroles de la sonnerie :

> Y a d' la goutte à boire là-haut,
> Y a d' la goutte à boire !

C'était comme un vertige qui nous prenait, c'était fou.

Arrivés en haut, nous jetons nos sacs et nous nous déployons en tirailleurs. Devant nous l'ennemi occupait tout le plateau : au centre, à quatre cents mètres, le mur crénelé du parc de Villiers-sur-Marne nous couvrait de feux ; à droite et à gauche des lignes de tirailleurs, appuyées sur de fortes réserves ; presque pas d'artillerie ; nous, nous n'en avions pas du tout, nos batteries ayant été retardées par le mauvais état des ponts. A notre gauche combattait la mobile de la Côte-d'Or. Un régiment de ligne, qui avait subi des pertes considérables, se replia pour nous laisser la place. J'entrevis tout cela confusément, à travers la fumée. Nous nous jetions déjà en avant, la baïonnette au canon, nous arrêtant tous les vingt pas pour lâcher un coup de feu. La charge sonnait toujours, furieuse et précipitée ; le clairon de la compagnie était hors d'haleine ; alors le fourrier, celui qui nous avait lu la proclamation dans la cour de la caserne, un brave garçon qui avait été de la fanfare, saisit le clairon, et sonna ; mais il tomba presque aussitôt avec deux balles dans le ventre et une dans la cuisse.

N'importe ! l'ennemi n'osa pas affronter notre élan ; il se laissa à peine aborder à la baïonnette, et s'enfuit, nous laissant deux canons. En un quart d'heure nous avions enlevé le plateau de Villiers. Mais le feu des murs du parc, dont nous étions à moins de deux cents mètres, continuait sans interruption ; les camarades tombaient autour de moi, comme fauchés par une main invisible. A ma gauche mon caporal recevait une balle en plein front, et, raide mort, frappait lourdement le sol de sa tête, inondant mes guêtres d'un flot de sang. Plus loin, mon voisin de droite tombait avec une balle dans la poitrine et demandait à boire, et comme je détachais mon bidon pour lui donner du vin, une balle, m'effleurant la main, brisa le goulot.

Nous nous étions jetés à genoux ou à plat ventre, répondant de notre mieux et avançant toujours. Quelques zouaves voulurent arriver jusqu'au mur, mais aucun ne put y parvenir. Malgré la rafale de balles qui me sifflait dans les cheveux, je m'appliquai à viser avec calme, la hausse placée au point voulu, et j'y réussis. La fusillade était telle que j'étais sûr de ne pas revenir ; cette persuasion donne beaucoup plus d'intrépidité et de sang-froid que l'incertitude d'un combat moins meurtrier.

A la nuit tombante le feu cessait. L'ennemi se repliait sur toute la ligne, laissant le champ de bataille couvert de morts et de blessés. Nous étions maîtres de la position. Les clairons sonnèrent la retraite.

A côté de nous avaient vaillamment combattu les Amis de la France, avec leur cantinière toujours en tête.

Étonnés de vivre, nous songeâmes alors à tous les camarades tués ou blessés. Les deux premiers bataillons de zouaves avaient perdu près de sept cents hommes ;

sur quarante-quatre officiers, il en restait à peine sept ou huit sans blessures. Un capitaine me dit : « J'ai été à Reichshoffen et à Sedan ; je n'ai rien vu de comparable à ces trois heures de combat sur le plateau de Villiers. »

Je descendis avec quelques autres dans les vignes, à travers de grands pommiers tout chargés de fruits, jusqu'au pied desquels des blessés s'étaient traînés. Là, on me dit que mon camarade L... avait reçu une balle dans la poitrine. Quittant aussitôt les débris de mon bataillon, qui redescendait au bas de Bry-sur-Marne, relevé par des troupes fraîches, je revins au champ de bataille, alors silencieux.

La nuit était presque close ; le fin croissant de la lune éclairait les monticules sombres épars dans la plaine. Que de faces pâles collées à terre je retournai, craignant toujours de rencontrer celle que je cherchais ! Que de faces connues aussi, joyeux camarades qui le matin encore chantaient dans les rangs ou qui avaient bien souvent trinqué gaiement avec moi à la cantine ! Çà et là, je trouvais des blessés ; d'autres m'appelaient de loin ; j'en pansai quelques-uns ; à tous je promis qu'on allait venir les prendre, et ils se recouchaient patiemment sur la terre froide.

Au pied d'un arbre étaient assis, respirant encore, quatre Saxons, dont un officier. Je m'approchai et adressai la parole à l'un d'eux en allemand, lui demandant où il était blessé : « Ce n'est rien, me répondit-il ; mais quelle triste guerre ! » Et il se pencha avec tendresse sur son camarade qui expirait à côté de lui. Je m'éloignai, continuant ma funèbre recherche, rencontrant à chaque pas les yeux grands ouverts des blessés et des morts.

En revenant, je vis au bord d'un talus un zouave qui paraissait dormir, appuyé sur son sac, la tête dans ses deux bras croisés, les genoux ramassés et ployés sous lui. Je m'approchai et le reconnus, la lune éclairant nettement son profil. Je n'ai jamais su son nom ; je sais seulement que dans sa compagnie on l'appelait *la pauvre bête*. C'était un garçon de la campagne, un Breton, je crois, un faible d'esprit : quand il n'était pas de service, il se couchait toujours ainsi ; parfois il restait de même tout le jour, essayant de dormir pour oublier qu'il était soldat, ou bien vous regardant vaguement avec ses gros yeux bons et abrutis. J'avais une étrange pitié pour lui ; mais j'avais essayé en vain plusieurs fois de causer, il ne comprenait pas et se recouchait sans répondre. Le voyant étendu ainsi dans sa pose habituelle, je le pris par le bras ; mais cette fois *la pauvre bête* était couchée pour longtemps. Je me souvenais qu'il avait pour toute famille au pays une bonne grand'mère bien vieille qui l'attendait.

A ce moment, je rencontrai l'adjudant qui m'apprit que mon cher compagnon d'armes L... (1) était en effet grièvement blessé, mais d'une balle dans le bras, et qu'on

---

(1) L..., le compagnon d'armes de l'auteur de ce récit, est mort des suites de sa blessure. Il s'appelait Raoul Lacour. Sa famille, honorablement connue dans le département de l'Yonne, est établie à Saint-Fargeau. Notre jeune volontaire appartenait depuis peu au barreau de Paris.

l'avait dirigé sur Paris. Je rejoignis la compagnie, diminuée des deux tiers. On l'avait arrêtée pour la nuit dans une prairie près de la Marne. Épuisé de fatigue (nous avons porté pendant onze heures le sac sur le dos), je tombai à terre et passai la nuit sans dormir à cause du froid piquant, mais incapable de me lever pour me réchauffer. Le matin, quand il fallut se mettre en marche, le froid m'avait pris les genoux; j'avais un rhumatisme articulaire. « Allez à l'ambulance, » me dit le seul officier restant à la compagnie, et je restai seul sur la route : le régiment se repliait vers Rosny.

Il faisait encore nuit; la lune s'était couchée vers dix heures. Je me souvins que, la veille au soir, j'avais vu transporter des blessés dans une grande maison sur la berge; je me traînai jusque-là. Je cherchai la porte; mon pied butta sur quelque chose qui était couché en travers, enveloppé dans un manteau; je tombai, et ne voyant rien que l'ombre, je restai étendu où j'étais, de l'autre côté du seuil; je mis mon capuchon sur ma tête et m'efforçai en vain de dormir.

Peu de temps après j'ouvris les yeux et je n'oublierai jamais l'épouvantable spectacle qui m'apparut aux lueurs blafardes de l'aube. J'étais dans une grande salle que les obus avaient transformée en cour; il ne restait de cette partie de la maison que les quatre murs, où pendaient encore quelques poutres à demi calcinées; çà et là des blessés gisaient étendus, râlant péniblement; l'un d'eux, qui avait reçu une balle dans la bouche, avait une tête énorme, toute enflée et toute sanglante. Dans un coin, il y en avait trois ou quatre qui se serraient autour d'un reste de braise presque éteint, aucun n'ayant la force de se lever pour aller chercher du bois ; c'étaient des zouaves, enveloppés dans des toiles de tente. L'un d'eux, appuyé au mur, paraissait sommeiller. « Oh! Antoine, lui dit son voisin, comme je souffre ! » Et Antoine ne répondant pas : « Et toi ? ajouta-t-il, et il souleva la toile qui cachait la figure d'Antoine ; mais Antoine ne pouvait pas répondre : il était mort.

A ce moment je vis ma main toute rouge ; il y avait du sang à terre, du sang aux mains, du sang partout. Je me levai en sursaut ; j'avais la tête appuyée sur la poitrine d'un cadavre. Quant à ce qui m'avait fait tomber en entrant, c'était un de nos capitaines, qui était là, mort, la bouche grande ouverte ; un *vieux*, comme disaient en riant les jeunes officiers ; simple engagé volontaire, il avait fait lentement son chemin, sans protections. Il y avait du givre sur sa moustache blanche et dans ses cheveux.

Comme j'étais en somme le plus valide, je ranimai le feu et y mis chauffer de la viande que je trouvai pour ceux des blessés qui pouvaient manger. J'entendais des cris en haut : il y avait encore une grande salle de billard, toute pleine de blessés et de morts, et en face encore une autre grande salle comble.

A ce moment un soldat arriva, le bras traversé d'une balle ; il venait du champ de bataille et m'apprit que nos blessés avaient passé toute la nuit, cette nuit glaciale, sans secours, et qu'on n'était pas encore venu les relever. Puis nous entendîmes tout à coup des coups de feu sur le coteau ; et une terreur folle prit ces hommes de tomber aux mains de l'ennemi. Je leur promis d'aller chercher des voitures : « Attendez, je veux vous suivre, » criait un blessé qui avait la cuisse brisée ; et il voulait se lever, se servant de deux fusils en guise de béquilles, mais il glissa dans le sang caillé et retomba.

Je partis aussi vite que me le permettaient mes jambes, où je ressentais des douleurs aiguës, et, traversant la Marne, je parvins, en m'appuyant sur mon fusil, jusqu'à Nogent, où je trouvai enfin du secours pour ces malheureux.

« Au moins, me disais-je, j'espère que le 4ᵉ et notre ancien commandant n'ont pas été aussi éprouvés que les zouaves. » A peine arrivé à Paris, j'apprenais que le lieutenant-colonel Prévault avait été frappé à la tête de son régiment à l'attaque de Cœuilly, qu'il avait été porté pendant trois kilomètres par notre ami G... jusqu'à une voiture d'ambulance, et qu'il était mort dans la nuit. Et je me souvenais de nos causeries intimes, où il me disait souvent : « C'est décidé, après la guerre, je me marierai. »

Voilà six jours déjà, et pas un seul instant je n'ai pu distraire ma pensée du plateau de Villiers et de la grande maison au bord de la Marne. J'ai tous ces morts dans la tête.

UN ZOUAVE.

L'enterrement des morts à Champigny.

Nos pauvres morts! comme ils sont tombés fièrement! Les cadavres, tout gisants qu'ils sont, sont encore vaillants : la face de plusieurs a une expression de sombre énergie; les membres des autres, tout raidis, ont des gestes pleins de mouvement et de violence. Les Frères ont été admirables devant le feu, mais c'est ici, au milieu de ce champ solitaire, qu'il faut les voir en face de la mort, calmes, graves, respectueux et doux. Le Frère qui commande donne les ordres d'une voix nette, sans parlage inutile; il fait signe aux voitures d'avancer, il mesure la profondeur de la fosse que les autres Frères ont creusée; il indique comment les corps doivent être déposés; il met un ordre parfait dans tous les mouvements qui s'exécutent.

Nos soldats morts sont ensevelis dans une immense fosse creusée à quelque distance de la route, au milieu d'un champ.

On les couche là dans leur vêtement de combat, mais pieds nus. Les souliers des morts sont toujours enlevés dans la nuit qui suit une bataille par une sorte de maraude funèbre que l'usage tolère.

De tous les morts couchés dans la fosse de Champigny, il n'y en a qu'un aux pieds duquel il y a encore une chaussure. C'est un officier. Nous regardons : une des bottes a été traversée par une balle; on ne l'a point prise, parce qu'elle ne valait rien.

Je suis resté longtemps à regarder ces religieux ensevelissant ces cadavres de soldats. Il n'y a que la religion pour inspirer à des hommes ce respect de la mort. Rien d'horrible comme ce que j'ai vu sur d'autres champs de bataille : des fossoyeurs payés, creusant, à moitié ivres, des fosses, et y jetant les corps avec des paroles grossières, des plaisanteries cyniques. Rien de beau comme ce que j'ai vu hier en avant de Joinville, en arrière de Champigny. Vers cinq heures, quand la sinistre besogne a été achevée, les Frères se sont réunis sur la terre noire dont ils venaient de recouvrir les corps, et ils ont récité à demi-voix le *De profundis*. Cet acte de foi, accompli par ces hommes de dévouement sur la tombe de ces héros inconnus, m'a profondément ému.

L'église de Créteil dans la nuit du 30 novembre au 1er décembre.

Le récit suivant est de Mme de Blumenthal, directrice des Infirmières parisiennes, dont le zèle et le dévouement méritent les plus grands éloges :

« J'ignore les détails du combat de Créteil, et je les connaîtrais que je me dispenserais de vous les dévoiler... Mais je sais que l'église de ce village était pleine, dans la nuit qui a suivi la bataille, de blessés, de mourants et que pour arriver aux uns il fallait enjamber par-dessus les autres.

« Un peu de paille étendue sur les dalles servait de

matelas. Il faisait froid et quelques sacs servaient de couvertures. Presque tous les blessés étaient grièvement atteints. Serrés les uns contre les autres, ils grelottaient et criaient : « J'ai soif! j'ai froid... Ma mère ! »

« Et toujours, toujours, on apportait de nouveaux corps mutilés, effrayants !

« Hélas ! monsieur, ces hommes courageux pleuraient de rage, car, à la fin, les Prussiens tiraient sur eux et sur les derniers blessés, qui *ont été achevés sur place par* L'ENNEMI ! ! !

« L'église était sombre. Il n'y avait que quelques bougies pour éclairer les médecins et leurs aides. Les secours étaient insuffisants, quoique le dévouement fût sublime et décuplé par les efforts de chacun. Presque toutes les blessures étaient très-graves : on choisissait pour les panser les hommes qui pouvaient être sauvés. Les autres appelaient à l'aide, et les docteurs, secouant tristement la tête, envoyaient les femmes près d'eux, les condamnés !

« Mais les femmes n'étaient que cinq : une sœur de France, une belle et douce créature que je ne connais pas, que j'aime, que je remercie et qui portait le numéro 7, et quatre infirmières parisiennes volontaires, les numéros 8, 12, 32 et 50. Le numéro 32 venait de retrouver à Créteil son mari, volontaire de la garde nationale, vivant et sans blessures !

« Combien cette jeune femme était touchante dans son zèle mêlé de joie et de pitié douloureuse ! Elle parlait à ceux qui pouvaient encore l'entendre, et les consolait doucement. Elle eut la grande récompense d'aider aux secours donnés à un malheureux jeune homme de Belleville, cruellement blessé, et qui lui a donné son nom, l'adresse de sa mère et la triste mission de la voir le lendemain.

« Un autre... (oh! celui-là, nous n'espérons pas le retrouver!) un autre a dit à notre sœur n° 8 : « Vous me « rappelez ma mère! Elle vous ressemble! Embrassez-« moi pour elle! allez la voir, voilà mon nom! »

« Notre sœur n° 12, une fille courageuse qui sourirait à la mort même, a eu de bonnes paroles pour tous ; elle a parlé d'espoir, elle a osé parler de demain à ceux qui, à cette heure, ne sont plus que de glorieux souvenirs! Elle a gardé leurs noms.

« Enfin la sœur n° 50, qui est une célèbre femme, a fait comme les autres, oubliant, pour consoler dans l'ombre de cette pauvre église, les foules qu'elle avait charmées si souvent dans les salles illuminées pour les grandes fêtes de l'art et de l'intelligence.

« Celle dont je parle a dû rester la nuit avec la sœur n° 12, dans la triste et pauvre église, près de ceux qui n'ont pu trouver place dans les trop rares voitures d'ambulance venues à Créteil...

« A l'heure où je vous écris, minuit, il y a des hommes qui souffrent dans cette froide église de village. Je suis allée à dix heures, ce soir, frapper partout pour leur envoyer du secours...

« On n'a pas répondu...

« Nous sommes *des femmes*. Nous n'appartenons qu'à un service isolé, un service de *volontaires libres*, qui ne quête pas, et qui n'a été autorisé que parce qu'il ne demande rien, rien que la permission d'aller où il reste à glaner un épi oublié pour l'humble charité des mères, des épouses, des sœurs... »

Le capitaine de frégate Eugène Desprez,

Tué à la tête d'un bataillon de marine dans le combat du 30 novembre.

Les détails qu'on va lire sont dus à l'un de ses compagnons d'armes, M. Scias, lieutenant de vaisseau :

La marine vient de perdre un vaillant officier, la France un fils des plus dévoués ! — L'exemple des hommes de cœur est bon à méditer, surtout aujourd'hui, et voilà pourquoi je crois nécessaire d'élever la voix pour faire connaître à grand traits quel homme était le commandant Desprez. Ceux qui l'ont vu à l'œuvre dans une carrière déjà longue, quoique, d'après les préventions humaines, elle fût loin d'être encore achevée, ceux-là, dis-je, pourront reconnaître que j'expose la simple vérité. La générosité et le dévouement étaient les traits les plus accentués de son caractère, et ces qualités étaient encore rehaussées par une aménité et une bienveillance qui rendaient pleins d'agrément les rapports qu'on avait avec lui ; ses inférieurs, ses camarades et ses chefs, tous ceux qui l'ont approché, l'estimaient et l'aimaient. Parlerai-je de son courage, de la manière dont il comprenait la résistance à un ennemi si longtemps victorieux ? Le jour où la nouvelle de nos premiers malheurs se répandit à Cherbourg, où il commandait un navire, je me rendis chez lui pour prendre ses ordres : je le vis occupé à rédiger une lettre ; il demandait une faveur, la seule que les hommes de sa trempe ambitionnent et recherchent : l'honneur de venir exposer sa vie au premier rang et de commander un des forts de Paris. « Je vous réponds que celui-là ne se rendra pas, » me disait-il en fermant sa lettre.

On sait maintenant que l'effet a suivi sa promesse.

Voilà pour les qualités auxquelles tout le monde applaudit, et que tous respectent et admirent ; mais il en est une autre dont ceux qui la possèdent n'ont pas toujours, hélas ! le courage de se vanter, et que je dois d'autant plus faire ressortir qu'elle est le résultat de croyances attaquées aujourd'hui avec acharnement, avec rage. Dans la grande lutte que l'impiété et l'athéisme livrent à la religion, il est nécessaire, plus que jamais, de proclamer hardiment sa foi ; celle du commandant Desprez était vive et agissante. Il ne craignait pas de la montrer dans toute sa vie, et cependant, tout sévère qu'il fût envers lui-même, il était pour les autres d'une indulgence et d'une bonté qui lui gagnaient les cœurs des ennemis mêmes de la religion. Il honorait et aimait la Vierge immaculée, et à la veille de partir pour une campagne où les dangers pouvaient être nombreux et fréquents, il voulut mettre son navire sous la protection de cette reine toute-puissante, et embarquer à bord une statuette de Notre-Dame.

On sait le reste, et quel exemple de toute sa vie il a laissé ! Tâchons de marcher sur ses traces, et souhaitons de vivre et de mourir comme lui, fidèles à la patrie et à Dieu!

Les frères des Écoles chrétiennes.

Un des grands sujets de conversation parmi nos soldats, c'est la conduite des frères des Écoles chrétiennes. Le dévouement, le courage de ces humbles disciples du Père de la Salle remplissent nos pioupious d'admiration. Dans les combats de Villiers et de Champigny, deux cents Frères ont ramassé les blessés jusque sous les balles ennemies, rivalisant de stoïcisme avec le personnel admirable des médecins et des volontaires des ambulances. Plus de dix fois nos généraux ont dû les forcer à attendre que la fusillade fût finie pour aller relever les blessés.

Ils marchaient sous la direction de leur supérieur général, ce vénérable frère Philippe, si connu, si aimé de nos populations ouvrières, et dont le portrait est un des chefs-d'œuvre d'Horace Vernet.

Il est venu là-bas, sur le champ de bataille, et les jeunes médecins qui entouraient leurs maîtres, Ricord, Chenu, Lunier, Lanoix, et les brillants officiers de l'état-major du gouvernement, saluaient au passage le digne vieillard tout confus de ces honneurs. Ce qu'il faisait lui semblait si naturel!

Les Frères ne touchent jamais à un sac, ni à un casque, ni à un sabre, ni à quoi que ce soit dont le terrain est toujours semé. Ils ne trouvent aucune besogne au-dessous d'eux, et jamais une plainte n'erre sur leurs lèvres.

Un des jours derniers, on envoie des voitures chercher les Frères qui avaient passé la fin de la journée à enterrer les morts. La nuit arrive avant que le travail soit achevé. Les cochers s'ennuient d'attendre, et filent sans souffler mot, à l'anglaise.

Ces malheureux Frères sont revenus à pied, mourant de faim, après une rude poussée de travail, à Joinville-le-Pont et de là à Paris. On n'a su que par hasard leur mésaventure. Aucun d'eux n'en avait ouvert la bouche.

Ces choses ne se louent pas. On les raconte; cela suffit.

Le général Ducrot.

Le général Ducrot a été intrépide à la bataille du 30. Un moment, il s'est trouvé entouré par l'ennemi. Il avait eu deux chevaux tués sous lui. Il était debout et seul. Il avait deux sabres, l'un à la main, l'autre aux dents. Il a plongé le premier dans la poitrine d'un officier prussien. Quand ses soldats sont venus le délivrer, il n'avait plus qu'un tronçon du second.

Le 2, plusieurs fois ses officiers d'ordonnance, malgré tout le respect que leur imposait la discipline, ont dû arrêter son cheval par la bride.

Après deux journées de glorieux combats, le général Ducrot a fait repasser la Marne à ses troupes. Il était inutile de sacrifier des milliers de braves en tentant de nouveaux efforts dans une direction où l'ennemi avait eu le temps de concentrer toutes ses forces.

Le général Renault.

C'est devant Chennevières que le général Renault a été blessé à la cuisse d'un éclat d'obus. La vive douleur qu'il éprouva ne lui fit cependant pas abandonner le poste qu'il occupait. Plusieurs de ses soldats et son porte-fanion remarquèrent seulement que leur général devenait très-pâle. « Qu'avez-vous, général ? demande le porte-fanion. — Rien.... presque rien ! » répondit le général Renault, en serrant convulsivement les rênes de son cheval. — A peine venait-il de prononcer ces paroles qu'il s'évanouit. Aussitôt quelques-uns de ses soldats l'enlevèrent de cheval, et le conduisirent à quelques mètres de là, où ils trouvèrent une civière sur laquelle ils le déposèrent.

Cela fait, l'un d'eux tendit une gourde d'eau-de-vie au général qui venait d'ouvrir les yeux. Il en but quelques gouttes avec avidité, et, rendant la gourde au fantassin :

— Merci, et au revoir ! lui dit-il.

Alors, les brancardiers de la Société de secours aux blessés l'emportèrent loin du champ de bataille.

Arrivé à Paris, le général Renault, bien que souffrant horriblement de la large plaie béante occasionnée par l'éclat d'obus, demande avec une grande insistance à être transporté à l'hôpital Lariboisière, dont un de ses amis, M. Cusco, est chirurgien en chef.

C'est là que, selon son désir, on le conduisit directement.

On avait hésité deux jours à lui couper la jambe, mais devant les rapides progrès du mal, M. Cusco décida enfin de tenter cette pénible et douloureuse opération.

Le général Renault a été héroïque : il a supporté la vue de l'opération avec un calme stoïque. Un seul soupir s'échappa de sa poitrine quand tout fut fini.

De la salle de la lingerie, les garçons de l'hôpital transportèrent, avec toutes les précautions possibles, le général dans la salle Saint-Honoré.

Alors, comme la foule se pressait sur son passage et s'informait de la gravité de sa blessure, il répondit en souriant :

— La délivrance de Paris vaut bien une jambe !

Le 6 décembre au matin, le général Renault, commandant le premier corps de la 2ᵉ armée, a rendu le dernier soupir entre les bras de son brosseur et d'une sœur de charité. On peut dire de ce vieux guerrier que la mort l'a surpris au moment où il rêvait de succès et de gloire pour son pays. Il avait l'âme haute, le cœur vaillant, et au moment de prendre congé du gouverneur pour marcher au combat, il lui disait que si la patrie attendait de grands efforts de son armée, elle était prête à tous les sacrifices. D'une bravoure chevaleresque, personne plus que lui n'inspirait à la troupe par son attitude. Il a été frappé dans une grande journée ; il faut le regretter, mais dans ce temps de sacrifices, il ne faut pas le plaindre, car il est mort en soldat.

Les obsèques du général Renault ont eu lieu à la chapelle des Invalides. Une foule énorme avait tenu à honneur de venir rendre à la mémoire du mort illustre un dernier tribut d'admiration et de respect.

Avant l'absoute, Mgr Darboy, archevêque de Paris, a prononcé d'une voix très-émue le discours suivant :

« En passant tout à l'heure auprès du corps de mon cher et regretté collègue, le général Renault, trois sentiments m'ont été inspirés :

« En voyant ceux qui disparaissent de nos rangs, il nous faut reconnaître les forces supérieures qui gouvernent tout ici-bas ; il faut nous incliner devant les destinées qui gouvernent les peuples.

« En priant pour le général Renault, je priais aussi pour notre pays, afin qu'il puisse soutenir le poids de la lutte que vous soutenez.

« Je pensais aussi que la mort ne finit rien ; l'équilibre est seulement rompu, les choses commencent ici et finissent là-bas dans un monde meilleur qui récompense les généreux dévouements.

« Que cette perspective vous soutienne dans les combats, et que cette pensée nous réconforte devant cette tombe qui cache les débris d'une gloire brisée.

« Ma troisième et dernière impression est causée par les immenses sacrifices que vous faites pour le pays, pour la PATRIE, mot saisissant, qui éveille en nous l'enthousiasme ; patrie, pour laquelle on meurt, et qui fait qu'on s'explique vos sublimes dévouements.

« Il n'y a pas de vie plus sacrifiée que la vôtre par la discipline et l'abnégation. On s'incline devant vous, et en vous remerciant, la religion glorifie le soldat.

« Je pensais aussi à vos familles, à vos femmes et à

vos enfants, dont vous êtes séparés, et je demandais à Dieu votre conservation au milieu des périls qui vous entourent.

« En rendant hommage au général Renault, acceptez aussi pour vous, messieurs, mes paroles comme un témoignage de ma sympathique admiration. »

Après l'absoute, la musique militaire a exécuté une marche religieuse, et les assistants se sont retirés lentement. Le cercueil contenant les restes mortels du général Renault a été descendu dans le caveau des gouverneurs, en présence de M. Renault, frère du défunt et du clergé de l'hôtel des Invalides.

Le général Ladreit de la Charrière.

Il est mort le 4 décembre des blessures qu'il avait reçues, le 30 novembre, en emportant à la tête de ses troupes la redoutable position de Montmesly. Il est tombé, à trente mètres des lignes ennemies, au moment où il criait :

En avant !

Le général Ladreit de la Charrière était un ancien soldat d'Afrique. Le 2e léger, au temps de ses succès, le compta comme un de ses vaillants officiers. Il était connu surtout pour sa brillante conduite à Magenta.

Honneur à lui ! La fin de sa carrière a été digne de ses premiers débuts.

Le colonel Prévault.

Une autre perte bien regrettable est celle du colonel Prévault, frappé mortellement à Cœuilly.

Agé de trente-quatre ans seulement, il avait conquis tous ses grades sur le champ de bataille, à Magenta, à Mexico, et tout récemment dans la glorieuse défaite de Reichshoffen ; il n'en était pas moins simple et bon, chéri de ses amis, adoré de ses zouaves, ne se préoccupant que d'être utile et agréable à tous. Né d'une famille de cultivateurs en Touraine, il semblait faire revivre les types les plus remarquables de notre ancienne noblesse militaire.

Le commandant Franchetti.

Le commandant Franchetti a été atteint dans les derniers combats d'un éclat d'obus qui lui a fracturé l'os du fémur.

Quand on apporta le brave commandant au Grand-Hôtel, il était sur une civière, encore tout vêtu et tel qu'il avait été ramassé sur le champ de bataille. La jambe s'était enflée ; le blessé souffrait des douleurs horribles : il fallut couper les vêtements pour mettre la blessure à nu et la sonder.

C'est le docteur Nélaton qui se chargea de l'opération;

et, comme il allait y procéder, le commandant Franchetti, qui, malgré ses souffrances, n'avait pas perdu connaissance, demanda à être endormi par le chloroforme, pensant avec raison qu'il avait assez fait pour prouver son courage, et qu'il lui était permis de s'épargner des souffrances encore plus cruelles que celles qu'il endurait déjà.

On accéda sans peine au désir du malade, et le docteur Nélaton put alors sonder la blessure, qui était horrible et d'une très-grande gravité. Étrange effet du chloroforme ! Pendant le pansement, le commandant, sous l'empire d'une hallucination, se mit à commander le feu et à crier : En avant ! comme s'il avait été encore devant l'ennemi. Opéré le lendemain, le commandant Franchetti ne tarda pas à succomber à la suite de sa blessure. Possesseur d'une grande fortune, marié à une jeune et charmante femme, il avait tout quitté pour se vouer à la défense du pays. Il avait conquis une place d'honneur au milieu des défenseurs de la capitale. Jeune, ardent, vigoureux de cœur et d'esprit, il n'est pas de journée, depuis le commencement de la campagne, où il n'ait fait preuve de vaillance à la tête de la troupe d'éclaireurs à cheval qu'il avait formée et qui pleure aujourd'hui l'homme qui avait si bien compris le parti que l'on pouvait tirer d'une pareille troupe d'élite.

Le comte de Néverlée.

L'armée tout entière, connaissait le nom du comte de Néverlée, et ceux qui suivent un à un les épisodes du siége de Paris n'ont pas oublié la série d'actes intrépides qui l'ont coup sur coup illustré. Nous n'en rappellerons qu'un seul, le plus récent.

Vers le milieu de novembre, M. de Néverlée enlevait en plein Saint-Cloud, à la tête de quelques hommes, une patrouille prussienne.

M. de Néverlée est tombé frappé d'une balle au côté, au combat de Villiers.

Officier d'ordonnance du général Ducrot, il avait obtenu de se choisir une petite troupe d'élite parmi les hommes qu'il avait distingués, pour aller en avant et remplir les missions les plus périlleuses.

Contagion de l'héroïsme! Sur les cent quarante-trois hommes qu'il commandait, cinq seulement sont revenus! Tous les autres se sont fait tuer autour de son corps, qu'ils avaient juré de ne pas laisser au pouvoir de l'ennemi. — Leur serment fut tenu.

Ramené à Paris, le corps de cet admirable soldat y fut gardé par les rares compagnons que lui avait laissés la mort. L'un d'eux, blessé à la cuisse par un éclat d'obus, n'en resta pas moins fidèlement près de lui et rien ne put l'arracher à ce cruel devoir, ni les souffrance de sa plaie, ni les supplications de ses camarades.

Voilà donc ce que peuvent encore sur nos soldats l'influence d'un grand caractère et le fortifiant spectacle d'un grand exemple.

Un tel sang ne coule pas inutilement sur la terre maternelle. Oui, l'héroïque appel que jetait au départ, à ses troupes, le général que vient d'illustrer à jamais le passage de la Marne, a été entendu. Son âme tout entière a passé dans cette jeune armée, qui compte déjà, en un seul jour de combat, tant d'actions magnifiques et de morts glorieuses!

Le colonel de Grancey.

Le colonel de Grancey a été frappé d'une balle dans le ventre, au commencement de la bataille de Villiers, et a succombé instantanément après le combat de Bagneux. M. de Grancey avait été mis à l'ordre du jour de l'armée : il avait conduit au feu, avec un sang-froid admirable, ces braves mobiles de la Côte-d'Or.

Le colonel Mandat de Grancey atteignait à peine quarante ans.

Élève de l'École de Brest, le comte de Grancey obtient le grade d'enseigne de vaisseau en 1855; en 1859, celui de lieutenant de 2ᵉ classe.

En 1861, on le voit officier d'ordonnance du ministre de la marine.

Sa présence au siége de Sébastopol lui valut la croix de chevalier de la Légion d'honneur.

En 1862, il donne sa démission et épouse Mlle de Rivière, fille de l'ambassadeur de ce nom.

Le 6 novembre dernier, M. de Grancey avait été nommé officier de la Légion d'honneur.

M. Verschneider.

M. Verschneider, qui vient d'être tué, était un des plus jeunes et des plus braves officiers de l'armée. Déjà, dans la journée du 1er, M. Verschneider était resté exposé pendant plusieurs heures aux balles et aux obus prussiens qui pleuvaient autour de lui et apportaient les plus grandes difficultés au passage du corps d'Exéa.

En apprenant la mort de son fils, le père s'est écrié : « Qu'on allume les feux du grand salon comme en un jour de fête ! Mon fils est mort présentant la poitrine à l'ennemi ; j'aime mieux le voir ainsi qu'ayant capitulé devant Sedan. »

Le capitaine de Plazanet.

Les attachés à l'ambulance du corps engagé devant l'Hay ont ramassé sur le champ de bataille le corps du capitaine de Plazanet, frappé de deux balles : l'une à la cuisse et l'autre à la tête. Ce malheureux officier s'était élancé à la tête d'une compagnie de mobiles et avait reçu une première balle dans la cuisse ; se traînant avec peine sur le champ de bataille, il a eu la force de ramasser un échalas, d'y attacher un mouchoir blanc, et d'agiter ce signe parlementaire en face des lignes ennemies; c'est alors sans doute qu'il a reçu la seconde blessure à la tête, qui a dû l'achever. En tous cas, il tenait encore à la main le drapeau parlementaire quand les aides ont ramassé son corps.

Les zouaves.

Le 30 novembre une batterie tirait sans relâche sur nos troupes, jetant bas nombre de soldats.

Cinq fois les zouaves s'élancèrent en avant, cinq fois ils durent reculer. Enfin, l'officier qui commandait fit sonner la retraite.

A cette sonnerie, un vieux zouave chevronné sortit des rangs.

— Pardon, mon officier, dit-il; mais si nous rentrons comme ça, on dira que nous sommes des lâches.

L'officier lut si bien sur le visage de tous ses hommes la résolution de vaincre ou de mourir, qu'il n'hésita pas.

En avant ! cria-t-il.

Cette fois, rien ne résista : les artilleurs furent tués sur leurs pièces.

J'avais été à Fontenay-sous-Bois voir des blessés; je trouvai dans la même chambre le vieux zouave et son officier. Le soldat était triomphant; il démontrait à son officier qu'avec la baïonnette en pouvait toujours prendre les canons.

— Et vous en prendrez encore? lui dis-je.

— Parbleu! me répondit-il; seulement, avant, vous me ferez remettre une jambe.

Et, rejetant les couvertures, il me montra sa jambe : elle était coupée au-dessus du genou.

Le courage de ces hommes est vraiment inouï; c'est peu pour eux que de marcher intrépides au feu; ils supportent sans pâlir les opérations les plus douloureuses. J'ai vu un zouave du nom de Bauvoir qui avait été si grièvement blessé à la jambe, que l'opération avait été jugée indispensable. Le chirurgien voulut se servir du chloroforme; le zouave s'y opposa. Il subit l'horible amputation sans broncher.

Le sous-lieutenant Houel.

A l'attaque du château de Villiers, au moment où le 3ᵉ zouaves chargeait sous une pluie de mitraille, Houel reçut une balle dans le ventre. La blessure était mortelle. Arc-bouté sur le coude gauche, l'officier saisit un sabre de soldat, et, pendant tout le défilé, ne cessa de crier : « En avant, mes zouzou, en avant! conduisez-vous bien, mes enfants, et Vive la République! »

Vingt minutes après il était mort.

CHAPITRE XII.

Je veux tuer mon Prussien.

Dans l'après-midi du 20 novembre, les nombreuses personnes qui stationnaient du côté de Vincennes furent vivement impressionnées par l'arrivée d'un brancard sur lequel était couché un pauvre mobile.

Certes, bien des blessés avaient passé par là en quelques heures, mais aucun n'avait produit pareil effet. Voici pourquoi : le malheureux, ainsi transporté, était dans le délire, et, au milieu de ce délire, il prononçait ces paroles :

— Frère, donne-moi mon fusil, je veux tuer mon Prussien.

Disons vrai : d'abord on rit, puis, en voyant la figure livide de ce pauvre héros, en voyant surtout sa poitrine entr'ouverte et rouge de sang, l'émotion gagna la foule. On se rapprocha on interrogea les porteurs.

Ils étaient deux frères, tous deux dans la mobile. Ce matin, ils se trouvèrent les premiers au feu. Notre blessé n'avait qu'un rêve : tuer un Prussien... Aussi, quand l'ordre fut donné d'aller en avant, s'élança-t-il de bon cœur. Mais à peine avait-il fait quelques pas, qu'il tombait frappé par une balle en pleine poitrine. Son frère le vit, quitta les rangs pour se pricipiter sur lui et le secourir. Il le prit dans ses bras, il l'appela, il le couvrit de caresses et de baisers. Il devenait fou de désespoir, le croyant mort, lorsque, tout à coup, le blessé ouvrit les yeux, et, reconnaissant celui qui le soutenait : « Frère, lui dit-il, donne-moi ton fusil, je veux tuer mon Prussien...

Et depuis ce moment, il ne fait que répéter la même chose.

Une balle inoffensive.

A la bataille de Villiers, le lieutenant X... tombe atteint d'une balle au front. Le croyant mort sur le coup, ses hommes continuent à marcher en avant. Au bout de quelque temps, néanmoins, le lieutenant se relève et se met à marcher comme un homme subitement tiré d'un profond sommeil. Son brosseur, qui revenait chercher son corps, le rencontre, errant à l'aventure :

— Mais vous êtes blessé ? s'écrie le fidèle brosseur.

— Oui, répond l'officier ; et machinalement il ôte son képi.

Le brosseur s'approche ; puis, sans rien dire, tire son couteau et enlève une balle aplatie sur le front du lieutenant.

Ce projectile, amorti par le képi, s'était logé entre la peau et l'os frontal.

Ce que l'on mange.

A l'affaire de Champigny, un de nos marins ayant fait prisonnier un jeune sous-officier prussien, le conduisit au dépôt le plus voisin. Chemin faisant, le jeune Allemand, qui parlait parfaitement français, demanda d'un air goguenard à notre loup de mer ce qu'il pensait de voir les Prussiens si près de Paris.

— Je pense, répliqua-t-il sur le même ton, que vous faites bien des cérémonies pour y entrer, et que nos pères en ont fait beaucoup moins pour entrer à Berlin.

— Et comment vivez-vous dans votre capitale ? continua l'autre en cachant son dépit.

Mais très-bien ! dit le matelot.

— Vous avez donc encore des bœufs ?

— Oh ! il y a longtemps qu'ils sont mangés !

— Des moutons, alors ?

— Mangés aussi !

— Alors, vous vous rejetez sur vos chevaux ?

— Ils sont tous dévorés !

— Eh bien, que mangez-vous donc !

— Ce que nous mangeons ? répondit le marin de sa voix la plus grave, nous mangeons nos prisonniers ! Et le jeune Prussien de devenir blême et de ne plus hasarder la moindre question jusqu'à son arrivée au dépôt.

La cantinière du 106ᵉ.

La garde nationale aura eu, elle aussi, sa cantinière héroïque : c'est celle du 106ᵉ bataillon qui a occupé la Gare-aux-Bœufs, sous la direction du commandant Ibos ; au plus fort de l'action, la brave cantinière saisit le fusil et les cartouches d'un soldat tombé.

— Et moi aussi, dit-elle, je veux tuer de ces brigands. Les gardes nationaux voulurent s'opposer à cette témérité.

— Nous nous chargeons de cette besogne, lui dirent-ils ; vous, vous êtes femme.

— Je veux venger les femmes qu'ils ont tuées, répondit-elle. Et calme, héroïque, la haine dans les yeux, elle chargeait son fusil, tirait, rechargeait, électrisant tous ceux qui l'entouraient. Tout à coup elle chancela, frappée mortellement, se releva un instant et cria : « Vive la France ! » Ce fut son dernier cri. Sublime héroïsme, salut !

Une mère.

Il était environ trois heures. Les malades de l'ambulance X... reposaient dans leur lit blanc, la visite étant faite et les pansements terminés. C'était l'heure où les salles sont calmes relativement, et où rien ne trouble le silence des blessés que le soupir étouffé d'un *opéré* ou le pas furtif d'une dame de charité.

La porte d'entrée s'ouvrit sans bruit et une femme entra ; elle était vêtue de noir, grande, pâle, avec ce je ne sais quoi fait de dignité et de grâce instinctive qui est la distinction suprême.

Elle portait un gros paquet qu'elle posa sur une table encombrée de choses diverses, de bandes, de compresses, d'appareils et d'instruments de chirurgie ; puis elle demeure là, muette, attendant...

Une dame de charité l'aperçut et vint à elle :

— Madame, dit alors l'étrangère en deuil, voici quelque peu de linge et de provisions que je vous prie d'accepter pour votre ambulance.

On ouvrit le paquet qui contenait, en effet, des chemises, des draps, de la flanelle, de la charpie, des bandes et des paquets de tapioca-bouillon, etc.

La dame de charité remercia, et comme l'étrangère se retirait :

— Voulez-vous me dire votre nom, Madame ?

— A quoi bon ?

— C'est que je dois inscrire sur un livre la liste de ce que vous donnez à nos malades, et c'est l'usage d'indiquer le nom des donateurs.

— A quoi bon ? répéta la dame en deuil.

Puis, se ravisant, triste et les larmes aux yeux :

— Mon nom importe peu. Mettez simplement « *Une mère* » sur votre registre. Ce que je vous apporte là, je l'avais en réserve chez moi, pour le cas où mon fils, qui est de la garde mobile, serait malade ou blessé. Les Prussiens me l'ont tué à Champigny : maintenant je n'ai plus besoin de tout cela ; je n'avais qu'un enfant et il est mort.

— Vous voyez que mon nom est sans intérêt ; prenez ceci pour vos blessés, et inscrivez : *Une mère.* »

Et la pauvre mère, pleurant, s'en alla, suivie respectueusement par la dame de charité qui pleurait, elle aussi.

M. Bomsel. — Leçon de charité.

Un grand commerçant israélite de la rue Béranger, 8, M. Bomsel, ouvrit une ambulance dès le commencement de la guerre dans l'un des appartements qu'il occupe dans cette maison pour ses magasins. M. Bomsel n'est pas un de ces indifférents pour qui toutes les religions sont bonnes, comme ils disent, c'est-à-dire inutiles, comme ils le veulent faire entendre. C'est un vrai et bon israélite, qui ferme tous les samedis et observe fidèlement tous les autres préceptes de sa loi, jeûne et prie ; il fait l'aumône abondamment. Elevé par l'intelligence et le travail, il n'aime pas les gens sans religion, parce qu'il sait quelle puissance et solidité donne la religion à l'honnêteté naturelle. Un vicaire de Sainte-Elisabeth demeure dans la même maison que lui. Il le retint dès le premier jour comme aumônier de son ambulance pour tous les catholiques qu'elle recevrait. Elle est pleine depuis plusieurs jours. Les soins corporels prodigués à ces malheureux par M. et Mme Bomsel sont ceux d'un père et d'une mère. Les soins spirituels ne sont pas moindres. M. Bomsel est toujours le premier à prévenir l'aumônier de la gravité des blessures pour que ses malades soient confessés et administrés à temps. L'un deux, un mobile de la Côte-d'Or, vient de mourir dans les meilleurs sentiments. Il a voulu que tout le cérémonial catholique prit possession de sa maison, le christ, le luminaire et l'eau bénite. Quelle leçon !

Tolérance religieuse.

« Une modeste petite table était dressée, dans le IV⁰ arrondissement, en l'honneur d'un brave enfant du désert, accouru du fond de l'Arabie au secours de la France, blessé à Champigny, soigné à l'ambulance de l'église Saint-Gervais et récemment décoré de la médaille militaire.

« Ahmet-ben-Bagdad était si heureux de cette décoration !

« — *Allah grand !* disait-il, *Mahomet prophète à lui, mais moi, pas père, pas mère, pas frère, pas sœur ! Tous là-bas, loin, loin !*

« Et il voulait danser de joie, mais sa blessure paralysait ses mouvements. Il voulait chanter : ses sanglots étouffaient sa voix. Puis il pleurait, le pauvre enfant, d'être seul en un si beau jour, et pas un être humain qui puisse comprendre son langage, partager son bonheur.

« Il invoquait Allah, il invoquait son prophète.

« Un vénérable marabout, portant sur sa toge les insignes de la Légion d'honneur, lui prit affectueusement la main et l'entraîna au festin préparé en son honneur.

« Ce marabout n'était autre que le directeur de l'ambulance de Saint-Gervais, l'honorable curé de la paroisse.

Le plus bête pays du monde.

Les prisonniers, surtout les Saxons, manifestent généralement peu d'affection pour les Prussiens et peu de goût pour la guerre qu'on leur fait faire. Sur la route de Nogent à Vincennes, de nombreuses personnes assistent au défilé d'un convoi de prisonniers.

Un grand gaillard à l'air énergique se distingue par sa mâle contenance. Quelqu'un lui demande s'il parle le français ; il répond qu'il le parle mal, mais qu'il le comprend bien.

— De quel pays êtes-vous ? lui demande-t-on.

— Je suis, répondit-il, du plus bête pays du monde, puisqu'il m'a envoyé ici.

C'était un Saxon.

Il était mêlé à une centaine de prisonniers prussiens, portant sur leurs contre-épaulettes le numéro du régiment, le chiffre 107.

Un mot d'un autre prisonnier : « Nous nous brûlons les doigts à faire la cuisine, et ce sont les Prussiens qui la mangent. »

Un boulet en pleine poitrine.

Dans une ambulance, on a apporté un soldat de la ligne qui, dans le combat du 2 décembre, avait reçu un boulet en pleine poitrine. Ce projectile s'était logé dans la cavité du thorax, et le blessé, ainsi atteint, avait pu vivre quelques heures dans cet état. Le boulet a été conservé et sera le pendant de celui qui existe dans la collection Orfila, au musée de l'École de médecine, et qui avait été trouvé dans la poitrine d'un artilleur blessé à la bataille d'Austerlitz.

Les inséparables.

Au nombre des blessés qui ont été dirigés sur Paris, après la glorieuse bataille du 2 décembre, se trouvent deux jeunes mobiles, Marius S... et Albert de P..., que leurs camarades ont surnommés les inséparables. Ce n'est pas sans raison, car tout est commun entre eux : pas de joie, pas de tristesse qu'ils ne partagent comme deux bons frères, même les blessures. Marius a été blessé au pied gauche, et Albert au pied gauche aussi. Tous les deux ont été conduits dans la même ambulance.

Après le premier pansement, le major s'est approché du lit d'Albert de P... et lui a dit à voix basse :

— Après la visite, je vais venir vous voir ; n'oubliez

pas que vous me devez toute la vérité, mais comptez sur la discrétion de votre médecin.

En effet, quelques instants après le docteur était au pied du lit du malade et lui disait :

— Mon petit ami, le pied et la jambe que je viens de panser sont d'une jeune fille et non d'un jeune homme : dites-moi comment et pourquoi vous êtes ici ?

— Vous m'avez promis le secret, reprit Albert : nous sommes nés, Marius et moi, dans le même village ; nos parents habitaient porte à porte et nos familles ne faisaient qu'une seule et même famille : dès notre enfance on nous a fiancés, et depuis, nous avons juré de vivre et de mourir ensemble. Voilà pourquoi je suis ici. Vous dire comment, ce serait trop long.

— Eh bien, mon enfant, reprit le major, je vous remercie de votre confiance et de la franchise que vous me montrez. Vous ne vous séparerez pas de Marius. Quoique les règlements vous soient contraires, j'aviserai.

Après guérison, le mobile Marius rejoindra sa compagnie et Albertine en sera la cantinière, avec droit à une carabine d'honneur que lui décerne le service médical du bataillon.

La crosse en l'air.

Entre tous les stratagèmes iniques mis en œuvre par les Prussiens depuis le commencement de la guerre, tout le monde a été frappé de la persistance de nos ennemis à lever la crosse en l'air, en signe de reddition, lorsqu'ils se trouvaient cernés par nos troupes, qu'ils ne manquaient pas de fusiller à bout portant quand celles-ci s'avançaient pour les faire prisonniers.

Ajoutons que la persistance de nos soldats à ménager de pareils gredins étonnait également,

A Reischoffen, à Forbach, à Wœrth, devant Metz, devant Sedan et devant Paris, le système de la crosse en l'air a toujours fonctionné.

C'est à croire que cette manœuvre fait partie de l'instruction militaire des fantassins de M. le comte de Moltke.

Deux compagnies du 47e de ligne marchaient au pas de course, baïonnette en avant, sur un détachement ennemi composé de trois rangs de Saxons, appuyés par des soldats de la garde royale.

Au moment où nos troupes arrivent sur l'ennemi, les Saxons jettent au loin leurs fusils et les soldats de la garde lèvent la crosse en l'air.

Le capitaine du 47e de ligne commande halte, et s'avance vers l'officier saxon qui désire parlementer.

Il va l'aborder, lorsque les rangs des saxons s'ouvrent et un canon mis à découvert subitement crache sa mitraille sur le capitaine et nos soldats, dont la moitié mordent la poussière.

En même temps, les soldats de la garde royale retournaient la crosse, épaulaient et tiraient sur nos troupes, qui ripostaient avec une rage furieuse.

Quelle ignoble lâcheté !... Mais voici le bouquet: profitant de la bagarre et de l'échange de la fusillade, les

Saxons se glissent à plat ventre jusqu'à leurs fusils, les ramassent et font feu à leur tour sur nos soldats.

Les balles explosibles, les blessés achevés sur place, nos ambulances accueillies à coups de fusil, tout cela est monstrueux et infâme.

Le lendemain du 2 décembre, sur la pente Est des collines de Champigny, un poste prussien avait été signalé dès l'aube.

On demande plusieurs hommes de bonne volonté, parmi les zouaves, pour l'enlever.

Trente hommes se présentèrent, commandés par un sergent. La petite troupe se glissa comme une couleuvre jusqu'aux sentinelles.

L'un des zouaves, qui parlait l'allemand, entendit l'une d'elles tenir ce propos :

— On n'attaquera pas aujourd'hui, les renforts ne sont pas encore arrivés ; mais demain, ces Français nous payeront la terrible journée d'hier.

Aussitôt le sergent de zouaves de s'écrier :

— A l'arme blanche, mes enfants !

Et nos zouzous de fondre comme une avalanche sur les sentinelles et de s'engager dans un jardin où se trouve le poste.

Surpris, les Prussiens levèrent la crosse en l'air. Les zouaves s'y laissent prendre encore une fois. Ils s'avancent l'arme au bras pour saisir leur prisonniers ; mais ceux-ci les couchent subitement en joue, et la terre est jonchée des cadavres de ces braves.

Ils ne tardèrent pas à être vengés. La fusillade avait amené un renfort de zouaves, et tous les Prussiens du poste furent sabrés, coupés et hachés jusqu'au dernier...

Quand nos généreux soldats auront des sauvages devant eux, c'est en sauvages qu'ils les traiteront.

Une revanche.

Personne n'ignore avec quelle rigueur les Prussiens ont jusqu'à ce jour traité nos corps francs, et chacun se rappelle le sanglant épisode qui se passa dans les Vosges, épisode à la suite duquel M. de Bismark demanda au Gouvernement de la défense de régulariser la situation de nos francs-tireurs.

Un fait analogue vient de se produire dernièrement dans les environs de Paris.

Un détachement de francs-tireurs, s'étant avancé vers Noisy-le-Sec, fut subitement cerné par les Prussiens, qui emmenèrent six d'entre eux prisonniers. Ces malheureux furent aussitôt passés par les armes.

Le capitaine de la compagnie, ayant eu connaissance de cette barbare exécution, jura de tirer vengeance des Prussiens. Ayant sollicité et obtenu l'autorisation d'aller à la rencontre d'un convoi qui avait été signalé, il fut assez heureux pour le surprendre et pour en faire l'escorte prisonnière. Il restait environ soixante hommes de cette escorte. Le capitaine des francs-tireurs s'empara du chef, lui brûla la cervelle, et ses hommes, imitant son exemple, massacrèrent les autres prisonniers jusqu'au dernier. Cela fait, ils rentrèrent dans les lignes françaises.

Cet événement s'était ébruité, et les officiers qui commandaient en cet endroit en avaient recueilli les détails.

Le capitaine des francs-tireurs fut donc mandé auprès de l'un d'eux, qui lui reprocha vivement d'avoir procédé de la sorte.

Mais il affirma énergiquement le droit en vertu duquel il avait agi, et fit, dit-on, la réponse suivante à son interlocuteur :

« Lorsque les Prussiens s'emparent de nous, et qu'ils trouvent sur nous une commission par laquelle le Gouvernement français nous reconnaît la qualité de soldats réguliers, ils n'en tiennent nul compte et nous fusillent quand même. N'avons-nous pas le droit d'agir envers nos ennemis comme ils agissent envers nous, et n'est-ce pas là le meilleur moyen de les forcer à revenir aux principes de droit ? »

La réponse était concluante, et l'officier auquel elle s'adressait dut s'incliner devant elle.

Certes, nous sommes loin d'approuver ces procédés sauvages qui transforment la guerre en une tuerie horrible. Mais il faut bien convenir que M. de Bismark est le seul coupable en tout ceci, et qu'il n'y a guère d'autres moyens de le ramener à de meilleurs sentiments, que de lui infliger la peine du talion, même dans les proportions où les francs-tireurs des Vosges et ceux de Noisy-le-Sec la lui ont infligée, c'est-à-dire dans la proportion de dix pour un.

Un Anglais charitable.

M. R. Wallace, un des rares sujets britanniques qui partagent avec nous les rigueurs du siége, et qui s'est déjà désigné à la reconnaissance du pays par des dons considérables faits, tant à la Société internationale des secours aux blessés qu'à divers arrondissements de Paris, vient de mettre à la disposition de l'administration des hospices du département de la Seine une somme de deux cent mille francs.

Le donateur affecte cette somme au chauffage de la population indigente.

Elle sera distribuée, par le soin des bureaux de bienfaisance des vingt arrondissements, sous forme de bons de combustible dont la valeur est fixée à 5 francs.

Les indigents inscrits, et les vieillards ou ménages chargés de plusieurs enfants non inscrits, mais notoirement connus pour être dans une position très-nécessiteuse, participeront à ces distributions.

De pareils actes sont au-dessus de tout éloge, et la seule manière de les reconnaître est de les signaler à la gratitude des habitants de Paris.

Lettre de faire part.

Connaissez-vous quelque chose de plus simplement tragique et de plus complétement navrant que cette lettre de faire part qu'un malheureux père n'a pu, en raison du siége, adresser à ses amis qu'un mois après la mort de son enfant :

« Monsieur Tinel de Kérolan, chevalier de la Légion d'honneur, receveur des postes à Paris, a l'honneur de vous faire part de la perte qu'il vient de faire de son fils Raoul Tinel de Kérolan, franc-tireur de la ville de Paris, âgé de seize ans, mort le 25 octobre, aux ambulances prussiennes de Saint-Germain-en-Laye, des suites d'une blessure reçue à la poitrine, le 21, au combat de la Malmaison.

« DIEU SAUVE LA FRANCE ! »

Ce héros de seize ans, tombé le 21, mort le 25, aux ambulances de l'ennemi ; ce père qui n'apprend son malheur que trente jours après, et ce cri suprême : *Dieu sauve la France!* remplaçant le *De profondis* usuel ; trouvez donc dans Bossuet lui-même une éloquence de cette profondeur et des larmes de cette puissance !

Les braves à l'ordre du jour.

Le Gouverneur de Paris met à l'ordre les noms des officiers, sous-officiers et soldats à qui leur bravoure et leur dévouement ont mérité ce haut témoignage de l'estime de l'armée et de la gratitude publique.

Cet ordre, inséré au *Journal officiel* et au *Journal*

militaire, tiendra lieu de notification aux divers corps, pour l'inscription des présentes citations sur les états de service des ayants droit.

« Officiers, sous-officiers et soldats,

« Nous avons fait en commun, pour le pays, des efforts qui ont bien servi notre sainte cause. Nos frères de l'armée de la Loire que le patriotisme des départements a improvisée, comme le patriotisme de Paris a improvisé l'armée de Paris, nous donnent d'admirables exemples. Ils se renouvellent comme nous, sous le feu, au prix d'héroïques sacrifices, dans une lutte qui étonne l'ennemi troublé par la grandeur de ses pertes et par l'indomptable énergie de la résistance.

« Que ces nobles encouragements vous fortifient ; que le spectacle saisissant des citoyens de Paris, devenus soldats comme vous, et combattant avec vous dans l'étroite solidarité du devoir et du péril, vous élève à la hauteur de tous les devoirs et de tous les périls. Et puisse votre général faire pénétrer dans vos âmes les sentiments, les espérances, les fermes résolutions dont son âme est remplie.

« Général Trochu.

« Paris, le 18 décembre 1870. »

Première armée.

GARDE NATIONALE DE LA SEINE.

Roger (du Nord), lieutenant-colonel d'état-major de la garde nationale. — A donné, dans les journées du 29 et du 30 novembre, les plus beaux exemples d'activité et de dévouement.

116ᵉ bataillon.

Langlois, chef de bataillon. — A fait preuve de courage et de résolution dans la mise en état de défense de la Gare-aux-Bœufs, enlevée à l'ennemi le 29 novembre, en avant de Choisy-le-Roi.

De Suzainnecourt, capitaine de la 2ᵉ compagnie. — Remarqué par son intrépidité à la prise de la Gare-aux-Bœufs, le 29 novembre, en avant de Choisy-le-Roi.

Frédaut, garde. — S'est brillamment conduit à l'attaque de la Gare-aux-Bœufs, le 29 novembre, en avant de Choisy-le-Roi.

Compagnie des tirailleurs-éclaireurs.

Bayart de la Vingtrie, éclaireur. — Mortellement blessé dans une reconnaissance à Saint-Cloud, pendant laquelle il avait fait preuve d'une ardeur et d'un dévouement remarquables.

Deuxième armée.

ÉTAT-MAJOR.

Baron RENAULT, général de division, commandant le 2ᵉ corps de la 2ᵉ armée. — Blessé mortellement le 30 novembre en conduisant ses troupes à l'attaque du plateau de Villiers. Doyen des divisionnaires de l'armée française, le général Renault, dans une carrière marquée par des actes d'une éclatante bravoure, avait conquis la plus haute et la plus légitime réputation.

DE LA CHARRIÈRE, général de brigade, commandant la 1ʳᵉ brigade de la 1ʳᵉ division du 2ᵉ corps. — Blessé mortellement à l'attaque de Montmesly, à la tête de sa brigade. Le général de la Charrière, appelé par son âge dans le cadre de réserve, après une carrière aussi laborieuse qu'honorable, avait sollicité avec l'insistance la plus patriotique un rôle actif devant l'ennemi.

DE LA MARIOUSE, général de brigade, commandant la 2ᵉ brigade de la division de réserve. — A donné une excellente impulsion à sa brigade, qui a fait vaillamment son devoir. Toujours au plus fort de l'action pendant les journées du 30 novembre et du 2 décembre.

Boudet (Pierre-Antoine-Bruno), lieutenant-colonel d'état-major, chef d'état-major de la division de réserve. — Mérite les plus grands éloges pour le calme, la vigueur et la haute intelligence dont il a donné de nouvelles preuves sous le feu nourri de l'ennemi, dans les journées des 30 novembre, 1er et 2 décembre.

Vosseur, chef d'escadron d'état-major, à l'état-major général. — A chargé en tête des tirailleurs, les entraînant par son exemple contre les Prussiens qui débouchaient du parc de Villiers.

Franchetti, commandant l'escadron des éclaireurs à cheval du quartier-général. — Blessé mortellement à l'attaque du plateau de Villiers. Le commandant Franchetti, organisateur du corps des éclaireurs à cheval, avait rendu depuis l'investissement des services de premier ordre; il laisse à sa troupe, avec son nom, des traditions d'honneur et de dévouement.

De Néverlée, capitaine de cavalerie, officier d'ordonnance du général Ducrot, commandant la compagnie de francs-tireurs du quartier-général. — Tué à la tête de sa compagnie au moment où il l'entraînait à l'attaque du parc de Villiers; avait pris part à tous les combats du 1er corps de l'armée du Rhin, n'avait cessé depuis le commencement du siége de donner des preuves d'une activité et d'une intrépidité remarquables.

ÉTAT-MAJOR DE L'ARTILLERIE.

Viel, capitaine à l'état-major de l'artillerie du 2ᵉ corps. — A donné le plus bel exemple d'énergie et de sang-froid en restant au feu quoique blessé grièvement.

ARTILLERIE.

Torterue de Sazilly, capitaine, commandant la 13ᵉ batterie du 3ᵉ régiment. — Blessé mortellement en avant de Champigny à la tête de sa batterie, qu'il maintenait par son énergie sous un feu des plus meurtriers.

Trémoulet, capitaine ; Chevalier, lieutenant en 2ᵉ, et Mathis, sous-lieutenant de la 17ᵉ batterie du 11ᵉ régiment. — Se sont sacrifiés héroïquement et sont tombés en soutenant l'attaque des positions ennemies.

Renouard de Bussières, lieutenant en 2ᵉ à la 8ᵉ batterie du 21ᵉ régiment. — Blessé mortellement en conduisant sa section au feu avec intrépidité.

Bureau (Allyre), sous-lieutenant auxiliaire à la 5ᵉ batterie du 10ᵉ régiment. — S'est fait remarquer de toute sa batterie par son sang-froid et son énergie ; a aidé les servants à enlever à bras une pièce sans avant-train.

Langlois, adjudant à la 16ᵉ batterie du 8ᵉ régiment. — A soutenu le courage de ses hommes en chargeant lui-même une de ses pièces dans un moment des plus critiques.

Chastagnèdes, artificier de la 5ᵉ batterie du 21ᵉ régiment. — Blessé à la main d'un éclat d'obus, est allé se faire panser à l'ambulance, pour revenir immédiatement après reprendre son poste au feu.

Thurel, deuxième conducteur à la 5ᵉ batterie du 22ᵉ régiment. — Quoique blessé gravement, a ramené sa pièce avec un seul cheval, les trois autres étant tués.

GÉNIE.

De Bussy (Augustin-Pierre), chef de bataillon du génie. — Officier supérieur de grande valeur. Toujours maître de lui et ne songeant au danger que pour les autres; a dirigé d'une manière remarquable l'organisation de la défense de Champigny.

Delataille, capitaine commandant la 15ᵉ compagnie du génie. — Le 30, à la tête de ses sapeurs, a bravement frayé les rampes pour déboucher de Champigny. Le 2 décembre, blessé grièvement en cheminant à travers les maisons de Champigny pour tourner l'ennemi qui avait envahi le village.

Perseval, lieutenant en second de la 1re compagnie du 2e régiment. — Blessé le 2, a continué son service, et le lendemain, 3, a été tué dans le clocher de Champigny qu'il était en train de créneler.

Kleine, maître ouvrier à la 17e compagnie du 3e régiment, sous-chef de bureau au ministère de l'instruction publique, chevalier de la Légion d'honneur, 45 ans. — S'est engagé dans le génie militaire avec son fils âgé de dix-sept ans, et a toujours avec lui recherché les positions périlleuses.

35e *régiment de ligne.*

Schultz, caporal. — Très-brave au feu ; s'est distingué à Champigny par son calme et sa persistance à ne quitter la barricade qu'après des ordres plusieurs fois réitérés. Remarqué déjà au combat de Chevilly, le 30 septembre où il fit plusieurs prisonniers.

42e *régiment de ligne.*

Prévault, lieutenant-colonel. — Jeune officier supérieur qui donnait à l'armée les plus légitimes espérances. Il devait à sa brillante conduite comme chef d'un bataillon de zouaves le grade auquel il venait d'être promu, et c'est en combattant vaillamment à la tête du 42e régiment qu'il a été frappé à mort.

CAHEN, chef de bataillon. — S'est signalé le 30 novembre sur le plateau de Chennevières par sa vigueur et son entrain. Contusionné le 2 décembre par un éclat d'obus à la poitrine, il est venu reprendre le commandement de son bataillon après avoir été pansé. Blessé le 30 septembre au combat de Chevilly.

GIROUIN, capitaine adjudant-major. — A dirigé pendant sept heures, le 2 décembre, la défense d'un jardin entouré par l'ennemi. Forcé à battre en retraite, il a fait sortir tous les hommes par une brèche, et a été frappé mortellement au moment où, ayant assuré la retraite du dernier de ses soldats, il quittait le jardin pour aller les rejoindre.

ARRIGHI, soldat. — Le 2 décembre est resté pendant sept heures sur un mur, exposé au feu de l'ennemi dont il observait les mouvements.

MARCHAND, soldat. — Blessé deux fois, n'a pas voulu se retirer; ne s'est laissé enlever du champ de bataille qu'après un troisième coup de feu qui lui a cassé la jambe.

55ᵉ régiment de ligne.

PROAL, capitaine adjudant-major. — S'est fait remarquer par son énergie et sa bravoure en chargeant l'ennemi à la tête de son bataillon, au combat du 30 novembre où il a été blessé mortellement.

105ᵉ *régiment de ligne.*

Faure, soldat de 1ʳᵉ classe. — Le 2 décembre, au parc du Petit-Bry, a tué ou blessé trois soldats prussiens; s'étant avancé pour prendre leurs armes, il s'est trouvé en face de quatre autres Prussiens qu'il a sommé de se rendre et qu'il a ramenés prisonniers.

107ᵉ *régiment de ligne.*

Parisot, capitaine. — A porté avec la plus grande énergie sa compagnie au secours des compagnies de gauche compromises; a été tué à bout portant après avoir abattu deux ennemis avec son révolver.

Martel, lieutenant. — A été blessé grièvement; a été magnifique pendant tout le combat du 2 décembre; a ramené plusieurs fois ses hommes qui faiblissaient sous l'effort considérable des Prussiens.

Dognat, soldat de 2ᵉ classe. — Au combat du 2 décembre, au moment où, sur la gauche, les Prussiens cherchaient à gravir le plateau, a entraîné plusieurs de ses camarades, a construit avec eux une barricade; a arrêté les progrès de l'ennemi qu'il a attaqué à la baïonnette.

Léonville, soldat de 2ᵉ classe. — Blessé d'un coup

d'épée par un officier prussien au combat du 2 décembre, a désarmé cet officier et l'a tué en le traversant de part en part avec l'épée qu'il lui avait arrachée.

113ᵉ *de ligne.*

SUBILTON, sergent. — A passé la Marne dans une barque avec cinq hommes résolus ; s'est jeté dans les vergers et derrière les haies sur les flancs de l'ennemi qui occupait une tranchée, l'en a chassé en lui tuant plusieurs hommes.

ROQUES, soldat. — Blessé à la tête et à la main, n'est allé à l'ambulance que sur les ordres réitérés de son capitaine, et est revenu au combat après avoir été pansé.

114ᵉ *de ligne.*

MOWAT dit BEDFORD, chef de bataillon. — A commandé son bataillon de la façon la plus brillante, le 30 novembre, jusqu'au moment où il a reçu une blessure à laquelle il a succombé le surlendemain.

PALTU, capitaine. — A fait l'admiration du régiment en entraînant sa compagnie et en l'électrisant par son exemple ; a été tué roide.

BARON, soldat. — Cité par sa bravoure et son sang-froid. Toujours le premier à l'attaque et le dernier à la retraite.

Luzscha, soldat. — D'une bravoure et d'un élan remarquables ; blessé le 30 novembre, avait déjà été blessé le 13 octobre au combat de Châtillon.

122ᵉ de ligne.

De la Monneraye, lieutenant-colonel. — Blessé mortellement le 2 décembre à la tête de son régiment en lui donnant l'exemple d'une valeur au-dessus de tout éloge.

123ᵉ de ligne.

Dupuy de Podio, lieutenant-colonel. — S'est fait particulièrement remarquer le 30 novembre, par son élan et sa vigueur ; a entraîné plusieurs fois son régiment dans les charges à la baïonnette où il a été frappé à mort.

124ᵉ de ligne.

Sanguinetti, lieutenant-colonel. — A eu son cheval tué sous lui en se portant bravement, à la tête des 2ᵉ et 3ᵉ bataillons de son régiment, à l'assaut de Villiers ; a été tué dans cette charge.

4° zouaves.

De Podenas, capitaine. — A entraîné sa compagnie avec la plus remarquable vigueur ; a eu un cheval tué sous lui et a été blessé mortellement au moment où il culbutait l'ennemi.

Primat, lieutenant. — A résisté à un retour offensif avec un sang-froid au-dessus de tout éloge. Incomplétement guéri d'une blessure reçue à Metz, il avait demandé à reprendre du service et a trouvé une mort glorieuse en repoussant, avec sa compagnie, un ennemi très-supérieur en nombre.

Leroux, lieutenant. — Attaqué vigoureusement par l'ennemi, s'est maintenu avec énergie dans sa position, et s'y est fait tuer sans reculer.

GARDE MOBILE.

De Grancey, colonel commandant le régiment de la garde mobile de la Côte-d'Or. — Tué à la tête de son régiment qu'il entraînait par son exemple. Officier supérieur d'une bravoure hors ligne, dont il avait déjà donné des preuves éclatantes à l'attaque du village de Bagneux, le 13 octobre.

37ᵉ régiment de la garde mobile (Loiret).

De Cambefort, capitaine. — A fait preuve dans toutes les circonstances de courage et de sang-froid.

Lambert de Cambray (Henri), sous-lieutenant. — Atteint le 30 novembre par un éclat d'obus en marchant en avant de son peloton; amputé d'un bras et d'une jambe.

Botard (Joseph), soldat. — Est resté pendant cinq

heures sous le feu, dans un lieu découvert, pour surveiller les mouvements de l'ennemi et ne pas laisser surprendre les tirailleurs de sa compagnie.

31e régiment de la garde mobile (Morbihan).

TILLET, lieutenant-colonel. — Le 30 novembre, à la tête de quarante hommes de son régiment, a pris et gardé une position dont tous les efforts de l'ennemi n'ont pu le déloger.

50e régiment de la garde mobile (Seine-Inférieure).

SAUVAN D'ARAMON, soldat. — Toujours en avant de ses camarades qu'il a entraînés par son exemple.

Troisième armée.

DIVISION DES MARINS.

SALMON, capitaine de vaisseau. — A dirigé les deux opérations du 29 et du 30 novembre, en avant de Choisy-le-Roi, avec un entrain et une vigueur remarquables.

DESPREZ, capitaine de frégate. — Officier supérieur du plus grand mérite, qui avait conquis dans l'armée de mer une haute notoriété; mortellement blessé, le 30 novembre, en opérant une audacieuse reconnaissance sur Choisy-le-

Roi, après avoir puissamment contribué à la prise de la Gare-aux-Bœufs.

Gervais, lieutenant de vaisseau. — A montré autant d'énergie que de calme à l'attaque de la Gare-aux-Bœufs, en avant de Choisy-le-Roi.

Pazzy, sergent d'armes. — S'est montré très-énergique en entrant un des premiers dans la Gare-aux-Bœufs, en avant de Choisy-le-Roi.

Lelièvre, caporal d'armes. — Est allé relever, sous une grêle de balles, son commandant mortellement blessé.

Chicot, matelot fusilier. — Bravoure et énergie remarquables.

Soulié, caporal d'infanterie de marine. — Grièvement blessé à l'attaque de la Gare-aux-Bœufs, le 30 novembre, en avant de Choisy-le-Roi, après s'être fait remarquer par son courage.

ARTILLERIE.

Carlavan, maréchal des logis de la 3ᵉ batterie du 2ᵉ régiment. — A montré au combat de l'Hay, le 29 novembre, un sang-froid et une intrépidité remarquables; s'était déjà distingué le 30 septembre au combat de Chevilly.

Tourène, brigadier à la 18ᵉ batterie du 11ᵉ régiment.

— A remplacé dans un mouvement en avant, par l'avant-train de son caisson, celui d'une pièce démontée par un obus, et a apporté pendant toute l'action le plus grand zèle au renouvellement des munitions.

GÉNIE.

CHARALET (Joseph-Scipion), sapeur à la 15ᵉ compagnie du 2ᵉ régiment. — Blessé de deux coups de feu à l'attaque de l'Hay, où il a fait preuve d'une grande intrépidité.

110ᵉ *de ligne.*

DAVRIGNY, sergent. — D'une vigueur et d'une bravoure remarquables ; s'était déjà distingué au combat du 30 septembre, à Chevilly.

FURON, sergent-fourrier. — A fait preuve d'une grande énergie en conduisant ses hommes au feu.

112ᵉ *de ligne.*

BOUTELLIER, sous-lieutenant. — Blessé grièvement en enlevant brillamment une tranchée à la tête de sa compagnie.

JACQUEL, sergent. — A vigoureusement chargé, à la tête de quelques hommes, un groupe ennemi qui tentait de s'emparer du sous-lieutenant Boutellier, gravement blessé, et l'a tenu longtemps en respect.

GARDE MOBILE.

CHAMPION, lieutenant-colonel d'infanterie commandant une brigade de garde mobile. — A vaillamment enlevé, à la tête de sa brigade, sous un feu plongeant et meurtrier, la maison crénelée de la route de Choisy.

Garde mobile du Finistère.

L'ABBÉ DE MARHALLACH, aumônier du régiment du Finistère. — S'est toujours porté aux postes les plus périlleux sur la ligne la plus avancée des tirailleurs, où, avec un calme et un sang-froid admirables, il a prodigué ses soins comme prêtre et comme médecin aux nombreux blessés de l'attaque de l'Hay.

DE KERMOYSAN, capitaine au 4e bataillon. — A enlevé ses troupes avec une intrépidité digne des plus grands éloges.

Garde mobile de l'Indre.

LEJEUNE, chef de bataillon. — A bravement conduit sa troupe à l'attaque de la maison crénelée de la route de Choisy.

CHAMBERT, sergent. — S'est distingué par son courage et son sang-froid à l'attaque de la maison crénelée.

GRENON, garde. — A montré autant de courage que de sang-froid à l'attaque de la maison crénelée.

Corps d'armée de Saint-Denis.

MARINE.

JOACHIM (Louis), capitaine d'armes servant comme sous-lieutenant, à la 2ᵉ compagnie de marins fusiliers de Saint-Denis. — A fait l'admiration de tous par son intrépidité au combat d'Epinay.

135ᵉ *de ligne.*

PERRIER (Louis-Cyprien), capitaine. — Conduite héroïque à l'attaque d'Épinay ; a eu ses deux officiers tués à côté de lui ; est entré le premier par un trou laissant passage à un seul homme dans le grand parc d'Épinay, énergiquement défendu ; a été acclamé par ses hommes.

ROUX (Louis), sergent. — Signalé une première fois à l'affaire du Bourget ; s'est emparé avec dix hommes, dont cinq ont été mis hors de combat, d'une maison vigoureusement défendue par onze Prussiens qu'il a faits prisonniers.

THENAYSI (Théophile), soldat de 2ᵉ classe. — Brillant soldat d'un très-grand courage, a abordé à la baïonnette la sentinelle d'un poste prussien, l'a tuée et est entré dans le poste qui s'est rendu.

1er bataillon de la garde mobile (Seine).

SAILLARD (Edouard-Ernest), chef de bataillon. — Conduite héroïque à l'affaire d'Épinay, où il n'a quitté le village qu'après une troisième blessure qui devait être mortelle.

DURAND (Victor), mobile. — A fait preuve d'une grande intrépidité; blessé mortellement.

2e bataillon de la garde mobile (Seine).

GRAUX (Jules), mobile. — Au milieu d'une grêle de balles s'est élancé le premier sur une barricade.

10e bataillon de la garde mobile (Seine).

ORY, médecin aide-major. — A pansé les blessés au milieu de la fusillade; a eu son caporal blessé à côté de lui.

CHAPITRE XIII.

Bataille de Paris (journée du 20 décembre).

Elle a paru longue à la population parisienne, cette journée du 20 décembre, longue comme toutes les journées de solennelle attente. Le canon avait grondé jusqu'à deux heures du matin. Montrouge bombardait Châtillon, et les Bavarois se réfugiaient dans les plâtrières. Par moments on entendait de terribles bordées.

Le Mont-Valérien tonnait, lui aussi ; il avait incendié, encore une fois, les hauteurs de Garches.

A deux heures, les forts se turent, et jusqu'à l'aube on n'entendit plus que les violentes rafales du vent.

La journée a été grise, le ciel couvert comme par les temps de neige. A une heure, une éclaircie et un pâle rayon de soleil, et le froid est devenu plus vif ; les chemins sont secs et le sol résonne sous les pieds des chevaux. Les routes seront praticables pour l'artillerie bien montée.

La ville est fort animée, et nous remarquons des mouvements très-significatifs, dont il est à tout le moins inutile de signaler l'importance et la direction.

Plusieurs régiments de cavalerie traversent Paris. Nos cavaliers ont beaucoup d'entrain et de bonne humeur. Nous saluons au passage un escadron de gendarmerie dont le maintien est superbe.

Quelques bataillons de guerre de la garde nationale manœuvrent sur les quais, sur la place de la Concorde et sur la place du Carrousel.

D'autres partent pour les avant-postes. Parents et amis suivent jusqu'aux portes. Les femmes, à l'heure des adieux, ont une courageuse attitude, et le dernier mot qu'on entend, entre les deux derniers baisers, c'est : « Battez-vous bien ! »

On devient Spartiate, à Paris !

Hier, le général Trochu et le général Ducrot, en visitant les troupes, ont été accueillis par les plus chaleureuses acclamations. L'attitude des armées fait concevoir de légitimes espérances.

La nuit du 20 décembre.

Notre chère et grande ville avait cette nuit un aspect qu'on ne lui avait certainement jamais vu. Au milieu d'une obscurité presque complète, le clairon, vers deux heures du matin, rassemblait les bataillons de marche qui étaient destinés à sortir au point du jour, tandis que les tambours appelaient les compagnies des gardes nationaux sédentaires qui devaient accompagner jusqu'aux portes leurs anciens compagnons d'armes. Ces diverses fractions, réunies d'abord dans leurs quartiers respectifs, se sont ensuite échelonnées sur les boulevards, depuis la Madeleine jusqu'au Château-d'Eau, et à quatre heures et demie environ, le défilé a commencé.

Ce long cortége, qui se déroulait dans la nuit, avait quelque chose de solennel. De temps en temps, la colonne, rencontrant d'autres troupes, ralentissait sa marche et s'arrêtait : elle voyait défiler alors sur la gauche de la chaussée les voitures d'ambulances et des bagages, quelques officiers d'état-major, quelques détachements de cavalerie. Tout cela passait comme des ombres et sans qu'on pût distinguer les figures et les costumes.

A chaque halte, d'autres ombres s'approchaient des bataillons de marche, et quelquefois, à la faveur d'un falot qu'elles soulevaient à la hauteur du visage des soldats, elles tâchaient de reconnaître un fils, un frère, un ami. C'étaient les adieux des femmes. Dans tout ce long parcours, du nouvel Opéra jusqu'à la place du Trône, le défilé s'est fait dans le plus grand ordre et dans un silence imposant.

Vers six heures du matin, la tête de la colonne s'appuyait sur la barricade de l'avenue de Vincennes, en avant des deux monuments de l'ancienne barrière, et se déployait sur le chemin de fer de Vincennes qui coupe la route en cet endroit.

Ce fut l'instant de la séparation. Les compagnies sédentaires, qui s'étaient massées en bon ordre et avaient marché en arrière des bataillons de marche, rompirent les rangs et allèrent prendre congé de leurs camarades. Il y eut des serrements de mains, des adieux et des vœux fraternels, mais point de cris, de chants, de libations et de fanfaronnades. On sentait que le moment était décisif.

Cependant des officiers venus à cheval, accourant à la hâte du côté de Vincennes, annonçaient que la venue des nouvelles troupes était attendue. On reforma les rangs. Les uns franchirent la barricade et les portes, les autres reprirent le chemin de Paris.

Pendant ce temps, le jour était venu peu à peu et on avait pu, avant la séparation définitive, observer l'impression des physionomies de chacun.

La tristesse n'était pas sur le visage de ceux qui sortaient, et, le cœur serré, les gardes qui redescendaient dans Paris, tout en discutant sur les chances de la défense et différant d'avis sur ce sujet, étaient tous d'accord pour maudire cette guerre et ceux qui nous l'ont amenée.

Le général Trochu était parti, le soir même du 20 décembre, pour se mettre à la tête de l'armée, d'importantes opérations de guerre devant commencer le lendemain au point du jour.

Bataille de Paris (21 décembre).

L'attaque, si impatiemment attendue, commença le 21 décembre au matin, sur un grand développement, depuis le Mont-Valérien jusqu'à Nogent.

Le rapport militaire est ainsi conçu :

« Les opérations militaires engagées aujourd'hui ont été interrompues par la nuit.

« Sur notre droite, les généraux de Malroy et Blaise, sous les ordres du général Vinoy, ont occupé heureusement Neuilly-sur-Marne, Ville-Evrard et la Maison-Blanche. Le feu de l'ennemi a été éteint sur tous les points où il avait établi des batteries pour arrêter notre action, à la suite d'un combat d'artillerie très-vif.

« Le général Favé, commandant l'artillerie de la 3e armée, a été blessé.

« Le plateau d'Avron et le fort de Nogent ont appuyé l'opération.

« Dès le matin, les troupes de l'amiral de La Roncière ont attaqué le Bourget ; elles étaient composées de marins, de troupes de ligne et de gardes mobiles de la Seine.

« La première colonne qui avait pénétré dans le village n'a pu s'y maintenir ; elle s'est retirée, après avoir fait une centaine de prisonniers qui ont été dirigés sur Paris.

« Le général Ducrot fit alors avancer une partie de son artillerie, qui engagea une action très-violente contre les batteries de Pont-Iblon et de Blancmesnil. Il occupe ce soir la ferme de Groslay et Drancy.

« Du côté du Mont-Valérien, le général Noël, vers sept heures du matin, a fait une feinte démonstration à gauche sur Montretout, au centre sur Buzenval et Longboyau, en même temps que, sur sa droite, le chef de bataillon Faure, commandant du génie du Mont-Valérien, s'emparait de l'île du Chiard. Au moment où cet officier supérieur y pénétrait à la tête d'une compagnie de francs-tireurs de Paris, il fut blessé très-grièvement. Le capitaine Haas, qui commandait cette compagnie, fut tué raide.

« La garde nationale mobilisée a été engagée avec les troupes ; tous ont montré une grande ardeur.

« Le chiffre de nos blessés n'est pas encore connu ; il n'est pas très-considérable, eu égard au vaste périmètre sur lequel se sont développées les opérations. Cependant les marins et la garnison de Saint-Denis ont fait des pertes assez sérieuses dans l'attaque du Bourget, qui, d'ailleurs, a été fort contrariée par une brume intense, très-gênante pour l'action de notre artillerie.

« Le Gouverneur passe la nuit avec les troupes sur le lieu de l'action. »

Les dix lieues du champ de bataille.

L'action se développe sur une courbe de dix à onze lieues, et comme il faut étendre de toutes parts d'environ une lieue le rayon qui, parti du point central, irait passer par les positions de l'ennemi, la ligne circulaire enveloppant la nôtre, sur laquelle il faut qu'il nous tienne tête, n'a pas moins de treize à quatorze lieues. Mais des deux côtés nous pouvons rétrécir provisoirement sur la gauche le théâtre des opérations, et ne faire partir que de Saint-Denis pour atteindre le pont de Gournay, sur la Marne. C'est encore un bien vaste champ de manœuvres, et où se rencontrent tous les genres d'accidents de terrain.

Plusieurs routes s'en détachent en éventail. Sur le tronc qui joint Paris à Saint-Denis, trois branches déjà : la route de Pontoise, qui va dans la haute Normandie ; celle de Beauvais, qui va à Calais, et celle de Dunkerque, qui passe par Amiens ; la porte de la Grande-Villette par la route de Lille, dont un rameau se détache de Gonesse pour se diriger sur Soissons, Laon et au delà.

A la porte de la Petite-Villette commence la route d'Allemagne par Metz, qui, dès Pantin, s'incline vers l'est et franchit pour la première fois la Marne à Meaux. La dernière route, vers l'est, est celle de Strasbourg, qui commence à la porte de Vincennes et traverse la Marne à Lagny.

Entre la Seine et la route de Pontoise, s'étale, parallèlement à la route elle-même, la chaîne des hauteurs d'Orgemont, de Sannois, de Cormeilles. L'ennemi les occupe, et c'est de là qu'il observe plutôt qu'il ne menace le Mont-Valérien et la plaine de Gennevilliers.

C'est du sud d'Ecouen, sur Montmagny et Groslay, sur la butte Pinson, la hauteur la plus voisine de Saint-Denis, à Garges et à Arnouville, que nos adversaires, évidemment, se sont préparés à résister le plus vigoureusement.

La plaine, la vraie plaine, a plus de deux lieues de large entre l'extrémité orientale des positions d'Arnouville et de Garges qui prolongent la forêt de Montmorency, occidentale de celles de Sevran, qui prolongent celle de Bondy. D'un bois à l'autre, l'espace ouvert n'a de défense naturelle que sur les bords des petits ruisseaux coulant sur Saint-Denis de l'est à l'ouest. La Morée est le principal. C'est le cours d'eau qui va de Sevran à Aulnay, d'Aulnay au Blanc-Mesnil, et du Blanc-Mesnil à Dugny, au bas de Garges, en passant sous la route de Lille au pont Iblon, à une demi-heure au nord du Bourget. L'ennemi s'y tient assez fortement attaché depuis la fin d'octobre. Il a relevé les terres sur la rive droite de la Morée et y a placé beaucoup d'artillerie.

Le terrain monte un peu à partir de ce cours d'eau, mais sans présenter d'obstacles où l'art ait pu aider la nature. Jusqu'aux bois de Chantilly et à la Nonnette, qui les traverse de ses eaux si fraîches, on ne rencontre que deux mamelons isolés, à Marly-la-Ville, puis à Luzarches, sur la route de Dunkerque ; à Dammartin, sur la route de Soissons, et ensuite de Dammartin presque jusqu'à Meaux, les arêtes transversales d'une ancienne barrière, longue de cinq ou six lieues, où les déluges ont fait quatre ou cinq larges brèches. Ce ne sont que des positions de combat, et non des points d'appui pour une campagne.

Toute la résistance est donc concentrée à Gonesse, près de la Seine, et derrière Bondy, près de la Marne.

Les marins au Bourget (21 décembre).

Ce sont les marins de la garnison de Saint-Denis et le 134ᵉ de ligne qui ont commencé l'attaque.

Les marins se tenaient, par compagnies, à 100 mètres du village, droits, fermes, la hache au poing, le fusil en bandoulière.

Tout à coup retentit le cri : En avant !

Alors ce fut une course enragée, un élan formidable.

Les Bavarois, à l'aspect de ces hommes furibonds qui frappaient à coups de hache, se réfugièrent terrifiés derrière la barricade. Ils ouvrirent un feu meurtrier ; mais, à travers une grêle de balles, nos marins hurlèrent un : Vive la République ! et escaladèrent la barricade. Ce qui se passa dans ce moment est vraiment inouï. Les Bavarois tiraient à bout portant. Les marins pénétrèrent dans leurs rangs, toujours la hache au poing, et firent un carnage affreux.

Les Allemands se dirigèrent, en fuyant, du côté de Dugny. Les boulets prussiens commencèrent à pleuvoir sur le Bourget.

On nous assure que les marins ne se sont pas servis *d'une seule cartouche* jusque-là.

Ce n'est qu'au moment où l'ordre leur fut donné de s'arrêter et de se mettre à l'abri des projectiles, qu'ils commencèrent à se servir de leurs chassepots.

On parle de la discipline allemande. Eh bien, qu'on aille voir nos marins au feu !

Pas un cri, pas une parole : HAN ! en frappant.

Pas une plainte, même quand ils sont blessés. Ceux-là trouvent tout étrange qu'on s'occupe d'eux à pareil moment.

Les marins ont beaucoup souffert. Sur six cents qui ont donné dans l'action, deux cent soixante dix-neuf ont manqué à l'appel.

Quatre officiers de marine ont été tués : MM. le vicomte Duquesne, Laborde, Moran, Pelletreau ;

MM. Bouisset, Caillard, Patin et Witz ont été blessés ;

Le commandant de cette brigade de fusiliers-matelots, M. le capitaine de frégate Lamothe-Henet, a vu tomber à ses côtés ses deux officiers d'ordonnance, et son cheval a été atteint d'une balle à bout portant.

Nous avons vu l'un de ces braves marins revenir vers Aubervilliers, laissant derrière lui, sur la route, une traînée de sang.

Un chirurgien s'est avancé vers lui.

— Vous êtes blessé, mon ami?

— Oh ! ce n'est rien...

— Mais encore qu'avez-vous ?

— Pas grand'chose, allez, deux doigts emportés...

Et il lui montra une plaie effroyable.

Le chirurgien voulut procéder aussitôt à un pansement.

Le matelot refusa en disant :

— Bah ! ce n'est pas la peine !

On eut beaucoup de mal à le décider.

Dans la nuit, avant le combat, bon nombre de soldats, sous le prétexte de se *réchauffer*, vidèrent quelques flacons d'eau-de-vie. L'un d'eux demanda à un marin :

— Pourquoi ne buvez-vous pas?

— Parce que si l'eau-de-vie réchauffe, elle empêche de *viser juste*... Jamais on ne se bat mieux qu'à jeun, de même que jamais on ne mange et on ne boit mieux que quand on s'est battu...

Courage froid, raisonné.

Hier, on demanda un homme de bonne volonté pour une mission. Il fallait un audacieux éclaireur, et la mission était secrète. Il y avait quatre-vingt-dix-neuf chances... pour être tué. Or, tous les marins présents se disputèrent (c'est le mot) le périlleux honneur. Le premier qui partit ne revint pas ; un second fut envoyé et ne reparut pas, et ainsi de suite jusqu'à quatre. Il fallait y aller quand même et surtout en revenir...

Il est vrai que le cinquième revint, au moment où un autre allait partir. Mais il s'excusa de s'être mis en retard, parce que la balle qu'il avait reçue dans la jambe l'empêchait de marcher vite...

Le combat de Drancy (21 décembre).

Le fort d'Aubervilliers donna le signal de l'attaque à 7 heures du matin. Il ouvrit le feu contre le Bourget, secondé par une batterie établie à dessein à la bifurcation de la route de Lille et du chemin de la Courneuve. Le fort de Romainville appuyait par quelques coups de canon.

A la même heure, les forts de l'Est et de la Double-Couronne battaient le village de Stains.

Au Bourget, l'attaque s'exécute de front et de flancs. L'avant-poste ennemi fut enlevé au pas de course par une colonne composée de francs-tireurs, de diverses compagnies de la ligne et de la mobile. Mais bientôt la fusillade s'engagea vive et serrée. Les Prussiens, protégés par les talus du chemin de fer, tiraient à bout portant sur nos soldats ; il fallut se coucher à terre, riposter en tirailleurs, et le temps se passa à se disputer pied à pied les abords du village.

Sur le front, le 134e de ligne aborda résolument le parc, bordé d'un mur qui termine le village de notre côté. Mais ce mur était crénelé ; les projectiles pleuvaient à travers les meurtrières, sur nos soldats manœuvrant à découvert. Cette première attaque ne put amener de résultats définitifs.

A Stains, nos marins furent également arrêtés par les barricades de l'ennemi. La fusillade pétilla, mortelle pour nous et presque inoffensive pour les Prussiens abrités.

Nos lignes de bataille se développaient dans la plaine, au-devant du fort d'Aubervilliers, principalement entre la route de Lille et celle des Petits-Ponts, et entre cette dernière et la route de Bondy. Une brigade de Saint-Denis vint renforcer cet amas considérables de troupes : moitié ligne et moitié mobiles. Des escouades du génie et de travailleurs s'installaient aux tranchées ; l'artillerie sillonnait la plaine en tous sens, courant prendre ses positions avancées.

Un long train roulait sur le chemin de fer de Strasbourg, apportant dans ses nombreux fourgons probablement des vivres et des munitions.

Drancy est occupé en force par nos troupes ; les tirailleurs nettoient la plaine entre Blanc-Mesnil et le Bourget. A dix heures, sur ce dernier point, la fusillade, depuis quelques moments intermittente, semble reprendre de l'élan et remonter tout autour du Bourget. Le général Trochu, suivi de son état-major, gagne au galop la Suiferie ; de là, à environ 1,000 mètres du parc, il dirige les opérations. Quatre bataillons de mobiles de la Seine sont massés derrière un haut et large bâtiment, sur la même hauteur, à la droite de la route.

Sur le chemin de fer, en avant de la Courneuve, on aperçoit deux locomotives blindées, qui manœuvrent rapidement, s'approchant du Bourget, et font feu chacune de leurs deux pièces.

Cependant la fusillade recule de nouveau ; le fort d'Aubervilliers, en reprenant son feu, indique que les Prussiens nous débusquent des abords du village. Les blessés sont rapportés assez nombreux, entre autres un capitaine des francs-tireurs ; on remarque, en assez grand nombre, des soldats du 34e de ligne.

Sur un ordre du général, l'artillerie de campagne arrive au grand trot. Une batterie de 4 s'établit droit en face le mur blanc du parc ; elle commence à le démolir. Arrivent à la rescousse deux grosses batteries de 12 : de grandes brèches s'ouvrent dans le mur ; mais une vive fusillade accueille toujours les attaques d'infanterie. A une heure, le général Trochu s'éloigne. Un peu auparavant, on voit passer un fort détachement d'artillerie, 6 à 7 batteries, se dirigeant sur Stains.

Il est évident que, pour aujourd'hui, il faut nous contenter d'ébranler les forces du Bourget, afin de ne pas risquer, par un nouveau coup de main, des pertes disproportionnées.

La batterie du Bourget semble mettre le feu aux batteries de Drancy. Là, le terrain monte en pente très-douce; sur le plateau, s'étend le village ; de l'autre côté, en regardant l'ennemi, un grand parc, attenant au château de M. de Ladoucette. Ce parc est occupé par nos tirailleurs. A droite du village, à l'abri des premiers murs sur la campagne, une artillerie très-forte est installée : pièces de 12, et même pièces de 24 courtes. Elles pointent vigoureusement et sans relâche sur les ouvrages ennemis, qui, d'en face, soutiennent le Bourget et tiennent de front contre le développement de notre centre.

Pendant trois heures, la canonnade n'a pas cessé, redoublée, acharnée de notre part; les coups se succédaient rapides et continus. Grâce à ce puissant effort, les Prussiens ont dû renoncer à inquiéter ou à empêcher le mouvement en avant, premier début de notre opération. Quelques obus arrivaient bien sur Drancy, mais ils ont fait peu de mal ; quelques artilleurs et quelques chevaux seuls ont été mis hors de combat.

Pendant toute l'action, l'infanterie est restée sur le versant légèrement ondulé, en arrière de Drancy, sur la longueur du Bourget à Bondy. Les piquets étaient prêts ; les soldats, rangés par régiments, se promenaient de long en large, afin de remplacer par l'exercice les feux de bivouac absents. Car le froid a été intense : il brûlait la figure et engourdissait les membres. Mais, par bonheur, les soldats, cette fois, avaient leur couverture. Par une installation heureuse, ils la portent suspendue par-devant, pliée sur la poitrine et le ventre; aussi ils ont le corps plus chaud, et, à l'occasion, cet épais plastron de laine les garantit contre les balles déjà mourantes. Enfin, avantage non à dédaigner, les replis de la couverture servent de manchon commode pour les mains.

Nous jouons vraiment de guignon avec le temps : il s'était radouci, la journée de mardi avait été à la fois douce et non brouillassée ; mais voilà que le jour même où nous partons en campagne, il se met à geler à pierre fendre. Mais il faut croire que les Prussiens, tout préoccupés des fameux Krupp, n'ont pas eu le loisir d'apporter chacun le poêle géant qui orne toute maison allemande.

La tactique est excellente de n'avoir engagé sur le point inportant et central de Drancy qu'un combat d'artillerie. C'est à elle qu'il appartient d'ouvrir les voies à l'infanterie : et puisque nous en possédons un nombre formidable, pourquoi l'épargner ? C'est à ce moment qu'ils ont pratiqué dans les murailles de pierre ou dans les murailles vivantes de larges et faciles brèches, que le soldat peut utilement donner. C'est dans ce sens, probablement, qu'il faut prendre la canonnade de Drancy.

A notre droite, Bondy est très-fortement occupé. Dans les environs se trouve un magnifique régiment de gendarmes à pied. Mais sauf quelques légères tiraillades, là, pas plus qu'à Drancy, les troupes n'ont été engagées : toujours l'artillerie.

La forêt est observée par de très-fortes batteries disposées en équerre de chaque côté du pont du canal et sur la droite du canal. Par leurs feux, elles ont maintenu l'ennemi dans ses bois et ses ouvrages. On en aperçoit un distinctement à la lisière de la forêt, à droite de Bondy.

Les Prussiens ont riposté, mais faiblement ; si bien qu'une estafette de chez nous a cru que la position était à nous. Pour passer par le plus court sur Drancy, il pique droit sur l'ennemi, et va donner sur un cavalier bleu de Prusse. Aussitôt il enlève son cheval et passe droit devant son vis-à-vis, ébahi d'une telle audace.

A trois heures et demie, la canonnade cesse sur toute la ligne. Nos troupes se disposent à camper sur le terrain occupé le matin même : une division se loge dans le Drancy. Déjà les feux s'allument, lorsque les Prussiens s'avisent de renouveler la fusillade et de lancer sur nos camps quelques obus. Mais nous avons une forte avant-garde, abritée derrière les murs. Cette velléité de reprise du combat ne dure pas ; elle s'éteint avec le jour. A cinq heures, une longue ligne de feu et de fumée se projette, au-dessous de nos camps, au pied des forts de Romainville et de Noisy. C'est là notre première étape : à demain la seconde.

L. Jezierski.

Le général Trochu, qui dirigeait en personne les opérations militaires, a failli être victime de son intrépidité. Parvenu avec son état-major dans les environs de Drancy, le gouverneur de Paris s'est trouvé tout à coup sous le feu d'une batterie ennemie, qui a couvert la petite troupe de boulets et d'obus. Par un heureux hasard, personne n'a été blessé.

Inébranlable sous cette grêle de projectiles, le général

Trochu s'est froidement rendu compte des mouvements exécutés par nos troupes, puis a continué son chemin au pas.

Occupation de la villa Evrard et de la Maison-Blanche
(21 décembre).

La division de Malroy, la brigade Blaise et la brigade Salmon, appartenant à la 3ᵉ armée, ont eu les honneurs de la journée. Les troupes ont quitté vers dix heures leurs campements d'Avron, se sont avancées le long de la Marne, se logeant dans le village de Neuilly-sur-Marne avec une forte artillerie aux ordres du général Favé, pendant que les fusiliers de la marine s'avançaient dans l'immense plaine qui s'étend au-dessous du plateau d'Avron.

La brigade Blaise a attaqué de front la villa Evrard, immense agglomération de constructions qui s'étendent en plaine au bord même du fleuve grossi par les dernières pluies. Un vaste marais formé par le débordement de la Marne, faisait une défense naturelle à la villa Evrard; les colonnes d'attaques ont dû tourner les constructions et s'y sont logées après avoir forcé les tranchées en avant.

La villa n'a pas été très-sérieusement défendue, et les quelques compagnies qui l'occupaient se sont repliées dans les bois qui l'entourent, pendant que les fusiliers, après avoir pratiqué des brèches dans le grand parc de la Maison-Blanche, l'ont fouillé tout entier et se sont emparés du château lui-même, qu'ils ont mis en état de défense.

C'est à ce moment qu'un combat d'artillerie extrêmement opiniâtre s'et engagé sur trois points : à la droite de Neuilly-sur-Marne, de l'autre côté du fleuve, menaçant à la fois et la plaine où se trouvaient massées les réserves, et les batteries du plateau d'Avron, qu'elles ont criblées d'obus, heureusement tirés trop court, et qui n'ont atteint que les glacis des redoutes.

Cette première batterie de pièces volantes mises en position derrière des tranchées, et composée de six pièces, a été éteinte très-rapidement par notre tir d'Avron et par le fort de Rosny.

Une seconde batterie a été découverte sur la pelouse du château de Noisy-le-Grand ; elle a vivement inquiété notre artillerie de campagne, mais elle a pu aussi être démontée par le tir d'angle du plateau d'Avron ; enfin, cette seconde une fois éteinte, les Prussiens ont ouvert un feu terrible de nouvelles pièces épaulées devant un fort ouvrage en terre à mi-côte à gauche du château, ouvrage affectant la forme d'un grand demi-cercle, et divisé en deux sections de chacune trois pièces.

Ces six pièces ont pu tirer très-longtemps à grande distance sans qu'on parvînt à les faire taire, et leur feu devait être meurtrier pour nous ; mais nos mitrailleuses, logées à l'extrémité de la villa Evrard, combinant leur action avec le tir des fortes canonnades de marine du plateau, nous avons bientôt vu s'éteindre une à une les batteries.

On a occupé la villa Evrard et on l'a mise en état de défense. Nos fusiliers ont crénelé la Maison-Blanche.

Le général Favé, commandant l'artillerie de la 3e armée, a été blessé d'un obus à la cuisse. C'est le général Vinoy qui conduisait les opérations sur ce point.

Le drame de la villa Evrard.

Après l'occupation de Neuilly-sur-Marne, ordre fut donné à un détachement du génie de pousser jusqu'à la villa Evrard et de construire, parallèlement au canal, une série de tranchées destinées à abriter la position contre les tirailleurs ennemis, répandus de l'autre côté de la Marne.

On se mit aussitôt à l'ouvrage; malheureusement on négligea de fouiller toutes les maisons, de la cave au grenier. Cette négligence devait avoir des suites bien cruelles. A huit heures du soir, tout était calme; les canons du plateau d'Avron s'étaient tus; les Prussiens ne pensaient nullement à nous inquiéter. Le général Blaise était venu inspecter les travaux de terrassement exécutés sur son ordre. Les soldats s'étaient réfugiés dans les chambres où ils avaient allumé de grands feux; quelques-uns même s'étaient jetés sur des lits de camp et des sofas abandonnés par les Prussiens; ils dormaient.

Dans une villa située à l'extrémité droite du village, deux moblots descendent à la cave pour chercher s'ils ne trouveront pas quelque bouteille oubliée dans un coin. Après avoir descendu quelques marches, ils se trouvent en présence d'une porte en fer. Soudain, la porte s'ouvre, deux coups de feux se font entendre, un des mobiles tombe raide mort ; son camarade, plein d'épouvante, remonte et donne l'alarme dans le village. Mais il est trop tard ; de toutes les voûtes souterraines pratiquées au-dessous des maisons, dans les caves, les Prussiens surgissent, le dreyse à la main, et faisant feu au hasard.

Quelques-uns montent des cordes dans les chambres où se trouvent nos soldats, enfoncent les portes et somment les nôtres de se rendre. Des luttes terribles s'engagent dans plus d'un appartement, et les cadavres et les blessés roulent sur les escaliers. Les soupiraux vomissent des balles, et chaque pan de mur abrite un Prussien. Grâce à l'obscurité, une confusion excessive règne dans les rues ; le son strident et aigu des sifflets prussiens se mêle à la voix retentissante de nos clairons ; on se rencontre, on se bat dans l'obscurité corps à corps, les coups de fusil s'échangent ; on s'apostrophe en français et en allemand : là c'est un Allemand qui croit s'adresser à un camarade et tombe sur un soldat de ligne, qui le cloue au mur d'un coup de baïonnette ; là-bas, deux détachements français, trompés par l'obscurité, sont sur le point de croiser le fer ; bref, le désordre est à son comble.

Le général Blaise, averti de la surprise dont nos troupes viennent d'être victimes, croyant peut-être la position compromise, réunit ses troupes, les met en garde contre une panique irréfléchie et leur inspire du courage. Il s'avance ainsi à travers les rues en longeant les maisons ; malheureusement, il passe devant une de ces caves remplies de Prussiens ; une vingtaine d'hommes sortent de la maison ; une pluie de balles l'assaille, le général se sent blessé à l'épaule ; il n'en continue pas moins sa route inquiétante ; une seconde décharge l'atteint et lui brise l'os du fémur. Resté étendu par terre, sans connaissance, ce vaillant officier a été transporté dans une ambulance improvisée, où il a expiré au milieu d'atroces souffrances, à une heure du matin.

La lutte nocturne continuait ; déjà les rues étaient jonchées de blessés et de morts et la fusillade ne ralentissait pas ; mais bientôt nos troupes, remises de leur première panique, se sont massées et ont refoulé les Prussiens jusqu'aux tranchées. Assaillis par deux feux à la fois, les Allemands étaient évidemment perdus. Néanmoins peu d'entre eux ont voulu se rendre, et le combat a recommencé avec plus d'acharnement. Animés par le désir de venger leur général et furieux d'avoir été ainsi surpris, les gardes mobiles surtout se sont battus avec un grand courage. Ils ont poursuivi les Prussiens la baïonnette dans les reins, en leur tuant énormément de monde. A onze heures, l'ennemi avait battu en retraite, ou plutôt il avait disparu aussi subitement et avec autant de mystère qu'il avait apparu.

La leçon reçue par nos troupes, et qui, cette fois encore, coûte à l'armée de Paris un de ses plus brillants généraux, est rude. Elle démontre une fois de plus que contre un ennemi comme les Prussiens, procédant par ruse et par guet-apens, c'est une impéritie coupable au premier chef de ne pas s'assurer, par toutes les précautions imaginables, qu'on n'est pas exposé à tomber dans un piége. Il suffisait pourtant ici de sonder les caves et de fouiller les souterrains qui offraient un abri commode à la ganison prussienne de la villa Evrard, en attendant le moment de tenter le coup de main nocturne qui, hélas! ne leur a que trop bien réussi.

Le général Blaise.

Le général Blaise, enlevé si soudainement à l'affection de ses soldats, était âgé de cinquante-huit ans. Il avait fait toute sa carrière en Afrique.

Parti simple soldat, il était, grâce à sa bravoure, parvenu au bout de six ans au grade de capitaine des zouaves.

Il devint major aux voltigeurs de la garde, repassa comme lieutenant-colonel au 2e zouaves, fut colonel du 46e, et il était général de brigade depuis deux ans. Son avancement rapide fut mérité et justifié par ses brillantes qualités militaires. C'était l'homme du devoir par excellence, donnant à tous l'exemple du courage, de la persévérance et du dévouement.

Pendant trois mois, on l'a vu nuit et jour aux avancées de la redoute Saquet, qu'il commandait depuis le 19 septembre, et ne s'étant pas déshabillé une seule fois, afin d'être le premier debout, en cas d'alerte.

Il surveillait tous les détails du service et s'assurait de la stricte exécution de tous les ordres.

A côté des qualités du soldat, avec la bravoure et l'abnégation, une soumission rigoureuse à la discipline qu'il maintenait fermement, il avait à un haut degré tous les sentiments qui constituent l'*honnêteté militaire*.

Il bravait le danger sans ostentation, comme on l'a vu aux combats du 30 septembre, et il est mort au premier rang, mais dans l'obscurité, au milieu d'une affreuse mêlée de nuit.

Bon, simple, toujours bienveillant et affable, il savait se faire obéir autant par l'autorité de sa parole et par la sympathie qu'inspirait sa valeur que par la fermeté de son caractère. Nous ne l'avons jamais vu faiblir pendant les longues veillées de la tranchée.

Et cependant, au milieu des dangers qu'il affrontait avec un rare courage, il se laissait aller à épancher avec émotion toutes ses angoisses de père et d'époux.

La famille du général était de Verdun. Il avait laissé là sa femme et ses six enfants. Les journaux ont raconté l'odyssée d'un jardinier qui, quatre fois, traversa les lignes ennemies, venant de Verdun à Paris : ce jardinier n'était autre que celui du général Blaise.

Le général écrivait tous les jours un sommaire rapide de sa vie. Quand on releva son cadavre à la villa Evrard, il portait sur lui le carnet contenant ses notes quotidiennes, quelques lettres de sa femme et de ses enfants, et un précieux petit volume, l'*Imitation de Jésus-Christ*. On comprend quel homme était ce général mort pour la patrie.

La nuit qui précéda sa mort, il traçait ces lignes : « Pour la première fois depuis vingt-deux jours, je cou-
« che dans des draps. De sombres préoccupations m'as-

« siégent et m'empêchent de dormir. Que Dieu protége
« la France, ma famille et moi ! »

Les obsèques du brave et malheureux général Blaise ont eu lieu à la Madeleine.

Après le char funèbre du général, dont le nom était sur toutes les bouches, venaient les cercueils de deux jeunes soldats inconnus, tombés également sous le feu de l'ennemi et sortant de la même ambulance. Une bonne pensée les avait réunis à leur chef ; sur la capote grise de l'un d'eux était attachée la croix de la Légion d'honneur.

Après la cérémonie religieuse, le corps du général Blaise a été déposé dans un des caveaux de l'église.

Le général Blanchard a fait l'historique de la vie militaire du général Blaise, qui, après s'être consacré au service de la France, après avoir versé son sang pour elle sur tous les champs de bataille, vient enfin de lui sacrifier sa vie.

Après ce discours, le général de Maud'huy a prononcé l'allocution suivante :

« **Mon cher général,**

« Au nom de la division dont vous faites partie, au nom de la brigade que vous avez si souvent et si vaillamment conduite au feu, je viens vous adresser un dernier adieu.

« A l'homme du devoir, au soldat zélé et dévoué, tous nos regrets ! Puisse leur unanimité apporter quelque adoucissement à la douleur de votre malheureuse femme et de vos six enfants, en leur faisant comprendre combien vous étiez estimé, combien vous étiez aimé de tous. »

Puis, étendant la main sur la froide dépouille de son frère d'armes, il ajouta, d'une voix brisée par les larmes :

« Adieu ! mon bon camarade !

« Adieu ! mon ami ! »

Un marin au Bourget.

Les marins venaient de pénétrer, tête baissée, la baïonnette en avant, dans le village du Bourget.

Un vieux loup de mer, un sergent, aperçoit un officier prussien qui, avec quelques soldats, défendait énergiquement une barricade. Notre matelot s'élance, franchit l'obstacle et tombe sur ses deux pieds, à quelques pas de l'officier ennemi, auquel il crie : Rendez-vous ou je vous tue. Mais son adversaire lui répond par trois coups de revolver.

Le marin tombe blessé très-grièvement, une balle lui avait traversé l'épaule ; pendant ce temps, ses frères d'armes imitaient son exemple et suivaient ses traces ; en un instant, la barricade est franchie, les soldats prussiens qui la défendent sont faits prisonniers, et leur officier est à son tour atteint mortellement.

Les fusiliers-matelots continuèrent leur marche en

avant, sous un feu des plus violents. Le vieux marin était étendu à terre, à quelques pas de son adversaire, et, malgré sa blessure, malgré la rigueur de la saison, il avait conservé tout son courage et toute son énergie ; il étancha avec son mouchoir le sang qui coulait de sa plaie béante, porta à ses lèvres que le froid seul faisait trembler, sa gourde pleine d'eau-de-vie, et, calme et confiant, il attendit les brancardiers, en suivant d'un œil attentif tous les mouvements de ses frères d'armes qui se battaient toujours en avant.

Tout à coup, il entend à côté de lui des cris plaintifs et aperçoit l'officier prussien qui poussait le râle de l'agonie ; notre brave n'écoute que son cœur, il fait appel à toute son énergie, et le voilà s'aidant des mains et des genoux pour parvenir jusqu'au mourant, afin de lui apporter quelque secours.

Après des efforts inouïs, le brave soldat s'est rapproché de l'officier, ses mains défaillantes trouvent encore assez de force pour relever la tête du mourant et pour panser sa blessure. Un moment, le Prussien ouvre les yeux, reconnaît le Français qu'il a blessé, et leurs mains se sont rencontrées dans une étreinte amicale.

Tout près, la fusillade continuait avec la plus grande intensité ; de part et d'autre on se battait avec furie.

Notre brave soldat, oubliant ses propres souffrances, épiait tous les mouvements de son protégé ; celui-ci prononça un seul mot : *Waser*. Le marin n'avait pas compris, mais il avait deviné. Il prit sa gourde, but le premier et l'approcha ensuite des lèvres du Prussien mourant.

On se battait toujours ; les hommes tombaient par douzaines, le bruit de la fusillade se rapprochait lentement, les marins quittaient le Bourget, et lorsque le détachement de marins repassa par la barricade où le vieux loup de mer avait été blessé, quelques-uns dirent avec tristesse : L'*ancien* est mort !

Le Français et le Prussien étaient morts en se serrant les mains.

Le frère Néthelme.

Le 21 décembre, vers neuf heures du matin, sur le champ de bataille du Bourget, tombait tout sanglant, la poitrine percée d'une balle, le frère Néthelme, de l'Institut des frères des Écoles chrétiennes. Il était dans sa trente et unième année. Le blessé put être transporté à l'ambulance de la Légion d'honneur de Saint-Denis, puis dans la maison des Frères de la même ville, où il vécut encore jusqu'au 24 décembre, à quatre heures et demie du matin.

Nous devons faire observer que dans cette affaire du Bourget, comme dans beaucoup d'autres, les Prussiens ont agi contrairement à la convention de Genève et aux lois de l'humanité.

Le feu venait de cesser de notre côté afin de permettre aux ambulanciers de remplir leur ministère. Une escouade de Frères s'avança de la Courneuve vers le Bourget ; le drapeau était porté par l'un d'eux en tête du cortége. Lorsqu'ils furent bien en vue, l'ennemi, sans aucune provocation de notre part, dirigea sur ces hommes de paix et de dévouement la plus vive fusillade. Le drapeau fut percé de trois balles. Quelques frères eurent leur robe trouée. Le frère Néthelme, s'étant baissé, reçut au défaut de l'épaule une balle qui, après avoir causé les plus grands désordres, alla se loger dans le côté. Il fut impossible de l'extraire, et dès la première inspection de la plaie les médecins perdirent tout espoir.

Pendant les trois mortels jours qui s'écoulèrent du 21 au 24 décembre, le frère Néthelme garda toute sa connaissance ; il reçut les sacrements de l'Eglise avec le plus grand calme et ne cessa d'offrir à Dieu le sacrifice de sa vie. Quelques heures avant d'expirer, il fut pris d'un accès de fièvre pendant lequel il parlait tout haut à ses chers enfants et les exhortait, comme s'ils pouvaient l'entendre, à se bien préparer à la visite de l'enfant Jésus. Si ces lignes tombent sous les yeux de quelques élèves du bon Frère, qu'ils gardent avec religion son dernier conseil et qu'ils le mettent en pratique.

Après un premier service célébré dans l'église de Saint-Denis, le corps du défunt fut transporté à Paris, dans l'établissement de Saint-Nicolas, rue de Vaugirard. C'est de là que, le 26 décembre, à onze heures, il fut dirigé, au milieu d'un cortége des plus imposants, vers l'église de Saint-Sulpice.

Le deuil était conduit par le vénérable frère Philippe et ses assistants, les frères Baudine, Callixte et Libanos; un très-grand nombre d'enfants de la maison de Saint-Nicolas suivaient sur deux lignes, édifiant tout le monde par leur silence recueilli et leur bonne attitude. Au milieu d'eux marchaient des délégués de diverses ambulances, beaucoup d'ecclésiastiques et une députation considérable de Frères de tous les arrondissements de Paris.

A l'église nous avons remarqué M. l'abbé Bayle, vicaire général, Mᵍʳ Bauër, M. le maire du sixième arrondissement, un aide de camp du général Ducrot, plusieurs chefs de bataillon de la garde nationale. L'assistance remplissait la grande nef et les bas côtés.

Après la cérémonie, qui fut simple et grave, M. le curé de Saint-Suplice, dans une allocution émue, fit ressortir la leçon qui se dégageait tout naturellement d'un si touchant spectacle, à savoir l'influence de la religion dans les âmes pour y produire les plus nobles sentiments et y porter jusqu'à l'héroïsme la fraternité et l'amour de la patrie.

Le bon capitaine.

LE MAJOR IRLANDAIS.

Un capitaine s'approche du petit groupe où je me trouve et où se trouvent plusieurs prêtres; il nous recommande son « brosseur, » qui est tombé blessé à cent mètres. « Quand vous pourrez reprendre les blessés, messieurs, ne l'oubliez pas, le pauvre garçon; il est si excellent; il s'appelle X... Je vous supplie de me le reconduire. — Mais, capitaine, vous êtes blessé vous-même ? demandons-nous. — Non. — Comment, non ! Regardez. » Il avait la visière de son képi traversée. La balle avait enlevé le sourcil et écorché la joue. Une autre balle avait glissé par derrière le dos, et se trouvait retenue entre la courroie du sac et la capote, dont elle avait déchiré le drap. Une troisième balle, atteignant aux jambes, avait emporté un morceau du pantalon vers le genou.

Le courageux blessé avait été atteint trois fois sans qu'il s'en fût aperçu.

J'étais sous le coup des émotions bien naturelles devant un pareil spectacle, quand je vois arriver vers nous au galop un cavalier bien connu de tous ceux qui ont assisté depuis deux mois aux batailles données sous Paris. C'est un brave Irlandais passionnément attaché à la France, qu'il aime comme une seconde patrie et à laquelle il veut d'autant plus de bien qu'il la voit en ce moment, comme son autre patrie, humiliée, vaincue. M. X... est hors de lui ; il a piqué des deux vers le Bourget et ne veut pas s'arrêter. Un des aumôniers, qui le connaît personnellement, l'appelle par son nom :

« Major X..., arrêtez ; où allez-vous ? » Le major irlandais s'arrête, descend de cheval ; mais il est hors de lui. « Pourquoi abandonne-t-on la partie ? Je croyais que cette fois on irait jusqu'au bout. Il faut tenir bon ; il faut revenir à la charge. Tout à l'heure, là-bas, j'ai été jusqu'aux Prussiens, j'ai cherché à entraîner vos hommes avec moi. On ne m'a pas écouté, on n'a pas voulu me suivre. Je me suis exposé en disant que je ne faisais que mon devoir... J'y ai perdu ma lorgnette au milieu de l'ennemi qui tirait sur moi. Elle m'avait coûté cinq livres sterling. Je suis désolé ! On n'a pas voulu aller la chercher. Quand donc comprendrez-vous qu'il faut courir sus aux Prussiens pour les vaincre en les étonnant ? » Le brave homme était tout désolé ! il n'admettait pas que l'on ne suivît pas ses conseils et sa tactique : il nous supplia d'excuser sa colère, disant qu'il nous chérissait tous tant, qu'il voulait, coûte que coûte, nous voir vainqueurs. Il repartit pour rejoindre l'ambulance américaine.

(*Le Français.*)

Le sous-lieutenant Lamouroux.

J'ai rencontré hier, dit un rédacteur, un ami qui a déjà vu bien du pays et assisté à bien des affaires.

Voici son bilan pour la guerre actuelle :

Blessé à Reichshoffen, à Gravelotte, blessé sous les murs de Sedan, évadé de Sedan, blessé au Bourget, blessé à Champigny, blessé au plateau d'Avron, où un éclat d'obus lui a entamé la cuisse, mais pas profondément. Il est resté à terre pendant quinze heures, à cinquante mètres de nos avant-postes.

— C'était un peu pénible, m'a-t-il dit, surtout quand la nuit est venue. Elle était glaciale. J'ai dû m'évanouir vers minuit.

Il boitait, mais il marchait.

— Bah ! j'y retourne, m'a-t-il dit en me quittant. J'ai

obtenu ça de mon colonel. Si je ne reviens pas et que tu voies ma mère, tu lui diras que j'ai été fait officier sur le champ de bataille par Ducrot, et que j'ai été porté à l'ordre du jour.

Ce brave garçon, qui est le plus jeune de cinq frères dont trois ont été tués et le quatrième amputé pour blessures, est le sous-lieutenant Lamouroux, du 3ᵉ régiment de zouaves.

Le bonhomme de neige.

En avant du fort d'Issy, à côté de la redoute des Moulineaux, les mobiles avaient fait un immense bonhomme de neige, tourné vers les Prussiens, et leur faisant ce qu'on appelle vulgairement un pied-de-nez, mais ce qu'on diminuerait en l'appelant un mètre-de-nez, car le bonhomme avait la hauteur d'un deuxième étage.

Les Prussiens, offensés du geste, ont tiré sur le bonhomme avec leurs fusils de rempart.

Les mobiles, cachés derrière leur homme, ripostaient.

A un certain moment, un mobile a dit :

— Il est nu-tête, il doit avoir froid.

Et grimpant dans le dos du bonhomme, il est allé le coiffer — d'un casque prussien.

Alors, les fusils de rempart ont redoublé d'acharnement ; mais trois heures après, le bonhomme était encore debout.

Attaque du plateau d'Avron. — Bombardement des forts de l'Est (27 décembre).

L'attaque du plateau d'Avron et le bombardement des forts de Noisy, de Rosny et de Nogent étaient prévus. L'ennemi avait établi trois batteries de gros calibre, au-dessus de la route de l'Ermitage, au Raincy; trois batteries à Gagny, trois batteries à Noisy-le-Grand, trois batteries au pont de Gournay.

Le feu a été engagé dès le matin, avec la plus grande violence; il était dirigé sur les forts de Noisy, de Rosny, de Nogent et sur les positions d'Avron.

Le général Vinoy, dès la veille, n'avait conservé, sur le plateau d'Avron, que les bataillons de tranchées, dûment abrités derrière les épaulements et dans les chemins couverts.

A l'attaque subite et d'ensemble des Prussiens, nos marins canonniers et nos artilleurs répondirent vigoureusement. Tout le monde se tint ferme à son poste, sauf quelques hommes qui quittèrent les tranchées dès le début et qui y furent ramenés pour y passer la nuit, par ordre du général Vinoy.

La journée était très-brumeuse; la neige tombait en flocons minces et déliés qui s'amoncelaient sans fondre sur la terre dure et glissante; un brouillard terne et froid obscurcissait les positions des deux adversaires, laissant à peine apercevoir les crêtes et les grandes lignes; dans cette atmosphère épaisse les coups retentissaient plus sourds, mais avec de lointains prolongements ; on apercevait l'éclair scintiller à la gueule des canons.

Ce combat d'artillerie dura jusqu'à cinq heures. Nos pertes se sont élevées à environ huit hommes tués et cinquante blessés, dont quatre officiers de marine.

Deuxième attaque du plateau d'Avron (28 décembre).

L'ennemi ne recommence pas avec la même violence le bombardement qu'il a entrepris, la veille, contre les positions d'Avron. Cependant son feu n'a pas cessé. Les obus éclatent, soit sur le plateau, soit autour de nos forts. Point de fusillade ; c'est toujours l'artillerie qui est en scène ; les canons seuls remplissent l'amphithéâtre de leurs sifflantes haleines. Le temps est brumeux ; c'est à peine si l'on aperçoit la crête des coteaux et la neige qui recouvre les toits des villages environnants.

Nos batteries de Bondy et annexes fouillent les bois avec précision et inquiètent vivement l'ennemi. Le général Trochu, accompagné du général Schmitz, arrive sur le plateau vers les onze heures, visite les tranchées et ordonne aux batteries d'Avron de suspendre le feu. Les forts de Rosny et de Noisy tirent encore sur le Raincy.

Les Prussiens visent surtout le fort de Rosny, dont la maison des officiers est rasée par les obus.

La nuit tombe ; le tir n'est plus aussi régulier. A cinq

heures les canons se taisent et le silence couvre la campagne.

Journée du 29 décembre.

Depuis deux jours que le bombardement avait commencé, la position d'Avron n'était plus tenable ; tous les militaires avaient dû quitter leurs baraques ou leurs tentes pour s'abriter dans les tranchées, où ils sont restés sans que l'on puisse distribuer de vivres.

L'ordre de départ a donc été donné, et il s'est effectué dès hier soir.

Les mobiles, en quittant le plateau, sont d'abord venus se placer dans les carrières qui y ont été creusées et, à quatre heures du matin, on les abandonnait définitivement.

C'est dans le meilleur ordre, avec la plus grande célérité que l'on a pu enlever tous les canons placés sur le plateau ; et, malgré le feu de l'ennemi qui s'était peu ralenti pendant la nuit, on a enlevé 70 pièces de canon.

Les pièces de marine ont aussitôt été conduites au fort de Rosny et elles vont renforcer la redoute de la Boissière établie entre le fort de Noisy et celui de Rosny.

Quant aux nouvelles pièces de 7, elles ont été ramenées toutes chargées à Montreuil par le corps franc d'artillerie.

Le plateau d'Avron est donc inoccupé, mais les Prussiens ne pourront pas plus s'y établir que nous ne pouvons nous y maintenir.

Pendant ces deux jours nous avons éprouvé quelques pertes sur ce plateau, et particulièrement dans l'infanterie de marine et le 137e de ligne.

Les baraquements des mobiles sont entièrement détruits, mais ils les avaient quittés auparavant.

Actuellement, les 7e et 8e bataillons de la Seine sont dans les baraques de Saint-Maur, ainsi que le bataillon d'Ille-et-Vilaine faisant partie du même régiment.

Nous avons quitté par conséquent les villages de Villemomble, Neuilly et Plaisance.

Les obus sont dirigés ce matin sur Rosny en plus grande quantité qu'hier.

On remarquait parfaitement que deux pièces sont constamment pointées sur le fort, c'est-à-dire que les coups portent régulièrement à deux endroits, au milieu, près des gabions, et à 12 mètres du poste; mais les obus s'entassent au même endroit au nombre d'une centaine par jour, sans nous avoir fait jusqu'ici beaucoup de mal.

Cependant les projectiles viennent en plus grand nombre sur le village, où ils ont démoli quelques maisons ; hier soir, un obus est tombé devant l'église, a tué trois personnes et blessé trois autres.

Il en tombe aussi quelques-uns sur la route, et ils atteignent même le moulin situé auprès des enclos de pêchers de Montreuil.

La plupart des bataillons de gardes nationaux qui occupaient ces localités sont rentrés ce matin à Paris, quittant Rosny, où il ne reste que l'artillerie et la gendarmerie occupant le bas du village.

Les gardes nationaux ont aussi quitté Fontenay que les

obus commencent à atteindre. Il en tombe un certain nombre au milieu du fort de Nogent.

Journée du 30 décembre.

Le feu de l'ennemi a recommencé ce matin à sept heures quarante-cinq minutes; il a été vif pendant une partie de la journée, mais il n'a pas produit de sérieux effets. Il n'y a eu que trois blessés au fort de Nogent, sur lequel se sont portés principalement ses efforts, et deux au fort de Rosny.

Le fort de Nogent a cependant été bombardé de huit heures du matin à quatre heures et demie du soir.

Le gouverneur a pu juger par lui-même de la solidité du moral des défenseurs des forts. L'artillerie de la garde nationale, éprouvée dès le premier jour, est pleine d'entrain et de dévouement.

Proclamation du général Trochu à la population et à l'armée de Paris (31 décembre).

« Citoyens et Soldats,

« De grands efforts se font pour rompre le faisceau des sentiments d'union et de confiance réciproque auxquels nous devons de voir Paris, après plus de cent jours de siége, debout et résistant. L'ennemi, désespérant de livrer Paris à l'Allemagne pour la Noël, comme il l'a solennellement annoncé, ajoute le bombardement de nos avancées et de nos forts aux procédés si divers d'intimidation par lesquels il a cherché à énerver la défense.

« On exploite devant l'opinion publique les mécomptes dont un hiver extraordinaire, des fatigues et des souffrances infinies ont été la cause pour nous. Enfin, on dit que les membres du Gouvernement sont divisés dans leurs vues sur les grands intérêts dont la direction leur est confiée.

« L'armée a subi de grandes épreuves, en effet, et elle avait besoin d'un court repos que l'ennemi lui dispute par le bombardement le plus violent qu'aucune troupe ait jamais éprouvé. Elle se prépare à l'action avec le concours de la garde nationale de Paris, et, tous ensemble, nous ferons notre devoir.

« Enfin, je déclare ici qu'aucun dissentiment ne s'est produit dans les conseils du Gouvernement, et que nous sommes tous étroitement unis en face des angoisses et des périls du pays, dans la pensée et dans l'espoir de sa délivrance.

« *Le Gouverneur de Paris,*

« Général TROCHU. »

L'attaque des Prussiens, dans cette journée du 31 décembre, cinquième du bombardement, a été plus vive que celle de la veille. Dès le matin, toutes les batteries du Raincy ouvrirent un feu très-vif sur nos forts de l'Est et sur nos redoutes du Grand-Drancy. Ce feu ne s'est pas ralenti de la journée et a continué une partie de la nuit. Outre nos forts de l'Est, le village de Bondy, que l'ennemi croyait occupé par une partie des troupes retirées d'Avron, a reçu une quantité considérable d'obus. Nos redoutes ont répondu à cette attaque que nos forts ont considérée presque comme insignifiante.

Horreurs prussiennes.

C'est avec des larmes dans les yeux qu'un de nos amis vient de nous raconter le fait atroce que nous reproduisons :

Dans la nuit du 25 au 26 courant — la nuit la plus froide de cet hiver — un pauvre soldat de grand'garde à nos avancées du chemin de fer de Mulhouse, vis-à-vis de Bry-sur-Marne, s'étant imprudemment écarté du poste, fut pris par une patrouille prussienne, entraîné à quelque distance au milieu des champs, déshabillé des pieds à la tête et chassé ensuite, à coups de crosse sur le dos, vers nos lignes, dans un état presque complet de nudité.

Le malheureux, perdu dans l'obscurité, les pieds, à chaque pas, se collant gelés à la terre, arriva mourant sur les bords de la Marne, vers Nogent, où une ronde de gardes nationaux le recueillit, conservant dans son affreuse agonie la force de maudire ses bourreaux! Nos braves concitoyens jetèrent bas leurs vareuses et s'en servirent pour frictionner la pauvre victime ; les soins les plus ingénieux et les plus tendres lui furent en vain prodigués ; ce corps pétrifié ne put recouvrer la chaleur. Ses tardifs sauveurs eurent la douleur de voir expirer dans leurs bras le malheureux soldat rendant l'âme avec une suprême imprécation !

Tous les cœurs français recueilleront l'héritage de vengeance de ce mort.

Vers la fin de décembre, des francs-tireurs, placés aux avant-postes sur les bords de la Seine, ont aperçu deux objets flottants au loin. A l'aide d'un bateau, ils sont parvenus à s'en approcher et ont reconnu qu'ils avaient sous les yeux une preuve de plus de la barbarie impitoyable de nos ennemis.

Les francs-tireurs ont, en effet, successivement retiré de l'eau un cadavre et l'un de ces appareils connus sous le nom de *scaphandres*, à l'aide desquels les plongeurs peuvent évoluer sous l'eau.

Le scaphandre avait été ficelé soigneusement autour de deux morceaux de bois destinés à le faire flotter pour qu'il nous arrivât plus sûrement.

Une inscription qui y était jointe constatait que l'homme qu'il portait avait été pris lorsqu'il cherchait à forcer le blocus en passant dans la Seine ; qu'on l'avait fusillé immédiatement et qu'on nous envoyait son corps.

Cette ironique sauvagerie est une pièce de plus à ajouter au dossier.

Une dernière messe.

On lira avec intérêt la lettre suivante écrite au plateau d'Avron, le 28 décembre :

« Mes chers parents,

« Voici quelques détails sur notre matinée du 27. J'ai eu regret de vous avoir écrit avec un tel laconisme ce matin ; étant sous l'impression toute vive de ce que j'avais vu et m'attendant à voir pis encore, je n'ai songé guère à autre chose qu'à vous rassurer sur mon compte. D'ailleurs la tranchée, endroit propice aux méditations, n'est pas commode pour écrire.

« Je vous ai dit que j'avais servi la messe de notre pauvre aumônier une heure avant sa mort, sous une grêle de bombes. Cette demi-heure-là est une des plus belles de ma vie : je la place à côté de celles de ma première communion et de la prise de voile de ma sœur aînée. — J'avais été bien édifié déjà sur le plateau d'Avron. La messe dite le premier dimanche de l'occupation du plateau, en présence du général d'Hugues, de l'état-major et d'une foule de soldats de toutes armes ; le beau discours de M. l'abbé Gros à la messe de minuit, et les quelques mots qu'il nous dit encore à la messe du jour de Noël, m'avaient fait oublier toutes les rigueurs de ce métier militaire pour lequel j'avais si peu de vocation... Mais la messe du 27 m'a inondé de joie, et j'ai dit comme notre aumônier mon *Nunc dimittis*, après avoir dit avec lui l'oraison pour notre Saint-Père Pie IX, dont c'était la fête, et le *memento* des morts pour le sergent de Saint-Malo tué la veille, et dont le corps avait reposé quelques heures dans la chapelle (j'avais dû enlever les traces de son sang avant de préparer l'autel).

« Notre cher aumônier priait avec plus de ferveur que jamais. Je fus profondément ému de l'accent avec lequel il prononça les paroles du *Pater* et de l'*Agnus Dei*. Après la messe, je lui ai avoué mes distractions. Un obus avait fait fouetter violemment la toile de tente qui couvrait la cabane où nous étions. Un autre avait renversé un cavalier à trente pas de la porte, et les éclats étaient venus jusqu'au seuil. Mais M. l'abbé n'avait rien entendu.

« Maintenant, me dit-il, je suis content. Pour moi, quand
« j'ai pu dire la sainte messe, ma journée est remplie.
« Le reste peut être ce qu'il veut. Allons, mon cher
« ami, retournez à votre poste. Faisons notre devoir. Je
« vais déjeuner chez le commandant : j'y resterai le
« moins possible, car je ne serais pas surpris qu'il y eût
« déjà des blessés. »

« Il dit encore quelques paroles d'encouragement à des artilleurs qui se couchaient dans les fossés, puis me serra la main, et je le laissai avec un de nos officiers qui lui demandait un instant de conférence.

« Je me rendis à la tranchée. Deux heures après, un lieutenant vint nous dire que l'aumônier était tué ainsi que quatre officiers. Je ne pouvais rien pour eux, j'étais consigné : je restai là, stupéfait, encore une demi-heure. Au bout de ce temps, le bruit courut que l'aumônier n'était que blessé. Mon capitaine me permit d'aller à l'ambulance, et je trouvai M. l'abbé déjà mort, les mains jointes, les yeux entr'ouverts. Son beau visage était calme.

« Je vis de loin les deux prêtres qui l'avaient assisté. Je n'ai eu que des renseignements épars sur ses derniers moments. Les témoins en donneront sans doute. Pour moi, je tenais à vous communiquer ce qui est gravé pour toujours dans mon cœur, l'impression que m'a faite la dernière messe de notre aumônier, impression d'un autre genre, il est vrai, mais beaucoup plus vive que celle que j'ai ressentie en voyant son corps étendu sur un brancard ensanglanté.

« Puisse le sang de ce prêtre se mêler au sang de l'Agneau, effacer les péchés du monde et nous donner la paix !

« Les Prussiens nous lancent en moyenne 180 obus par heure. Nous n'avons pas un soldat blessé dans le bataillon. Pas un n'a fui, tout va bien. Nous avons passé la nuit dans la tranchée. J'ai fort bien dormi sous un manteau de neige. Nous avons des éclats d'obus à discrétion.

« Le lieutenant Marbeau a été admirable de courage : il a pris le commandement de la compagnie de grand'garde dont le pauvre capitaine a été tué. J'ai causé cette nuit avec Loyseau, Bion, Soulange-Tessier, Châtel, Choquet, le capitaine Caffin, etc. Tous sont gais et résolus. Huit projectiles sont tombés dans le jardin où nous campions. Deux chevaux y ont été tués. Parmi nous, pas un soldat blessé : c'est un miracle. Allons, courage ! à bientôt. Je vous embrasse de tout mon cœur. Je n'ai eu ni froid ni faim. Gloire à Dieu !

« GEORGES L...,

« Enfant de Marie. »

Castor et Pollux (30 décembre).

Qui nous eût dit que *Castor* et *Pollux*, les gentils éléphants du Jardin d'acclimation qui ont promené des pensionnats entiers sur leur dos, seraient tués par M. Devisme, achetés 27,000 francs par M. Deboos, de la *Boucherie anglaise*, convertis en aloyau et mangés par le bourgeois de Paris.

Mais que M. de Bismark se rassure ; c'est uniquement à cause du prix élevé des fourrages, et non au point de vue de l'alimentation, que ces animaux ont été vendus.

Paris a autre chose qu'une trompe à se mettre sous la dent.

Notons également que *Castor* et *Pollux* n'étaient que les hôtes provisoires du Jardin des Plantes. Le Muséum a du foin sur la planche et peut nourrir ses bêtes qui appartiennent en quelque sorte à la science.

C'est une bibliothèque vivante qui ne périra pas.

Passons maintenant à la chasse ou plutôt à l'exécution.

Pollux est tombé hier matin sous la balle de M. Devisme. La carabine qui l'a tué est du calibre de 33 millimètres et pèse 6 kilogrammes. La balle explosible est de

15 centimètres de long, de forme cylindrique terminée en cône, et armée, à l'extrémité du cône, d'une pointe en acier sur laquelle est placée la capsule.

Cette balle formidable contient 80 grammes de poudre fine de chasse et pèse toute chargée 280 grammes. La charge de la carabine, pour lancer ce projectile, est de 8 grammes de poudre.

Le coup a été tiré à 10 mètres; entrée au défaut de l'épaule droite, la balle a brisé la première côte et fait explosion dans l'abdomen.

Après cette décharge terrible, l'éléphant est resté debout et s'est agité sans chercher toutefois à briser ses liens. Ce n'est qu'au bout de quelques minutes que l'hémorrhagie interne causée par l'explosion a étouffé l'animal. Alors il est tombé; mais son agonie a été longue. Quatre grands seaux avaient été remplis de son sang, qu'il donnait encore signe de vie.

A cette curieuse exécution assistaient M. Geoffroy Saint-Hilaire, directeur du Jardin d'acclimatation, M. Milne-Edwards, M. Bouchel, chasseur émérite, des naturalistes, etc.

Hier matin est venu le tour de *Castor*. M. Devismé était présent. Mais c'est M. Milne-Edwards fils qui a très-heureusement abattu l'éléphant.

Il s'est servi d'une carabine de chasse à deux coups et de balles coniques à pointe d'acier.

L'animal avait été solidement lié par une forte courroie en cuir.

Frappé à la tempe droite, il a jeté un cri plaintif et est tombé à genoux; puis il s'est relevé. Alors une nouvelle balle l'a atteint au milieu du front. Il est tombé une seconde fois à genoux et s'est étendu immobile, comme foudroyé, sur le flanc droit.

Sa trompe a remué légèrement. Son œil doux et fin s'est fermé. Il était mort.

Aussitôt la victime est passée entre les mains des hommes de M. Deboos, et s'est trouvée en un clin d'œil dépouillée de son énorme carapace, qui a été vendue 4,000 francs.

Alors nous avons pu admirer une viande remarquablement belle, tendre et rose comme la chair du veau. Mais il faut dire que *Castor* et *Pollux* n'ont que six ans, c'est-à-dire que, malgré leur taille gigantesque, ils n'étaient encore que de vrais enfants, attendu que leurs pareils vivent cent ans et plus.

La viande de l'éléphant est excellente et très-appréciée dans les Indes anglaises. Les parties les plus recherchées sont la trompe et le pied. De son sang on fait des boudins parfaits, que les gourmets de Calcutta parfument de feuilles aromatiques : des boudins à la rose de Bengale !

Aujourd'hui même, découpés en morceaux formidables, comme on devait en servir aux héros d'Homère, *Castor* et *Pollux* ont pris place, dans la boucherie du boulevard Haussmann, parmi les casoars, les antilopes et les kanguroos.

CHAPITRE XIV.

Dernier jour de l'année (31 décembre).

C'est aujourd'hui le dernier jour de la plus triste année dont notre génération ait gardé le souvenir. Adieu, fatale année! Que toutes les pelletées que nous jetons sur nos morts s'accumulent sur ta mémoire! Oui, sur ta mémoire, car c'est elle que nous voudrions ensevelir avec toi.

Au prix de nos larmes et de nos souffrances, nous espérons racheter les générations futures. Mais le sang demande du sang : la semence jetée dans les sillons creusés par les boulets enfantera des moissons vengeresses. L'arbre de paix et de liberté, cultivé avec tant de peine, est détruit de nouveau par le souffle de la barbarie. Après tant d'efforts, le fatal rocher de la force et de la violence retombe sur nous. Nos descendants auront grandi dans la colère et la vengeance. Les seuls arbres qu'ils auront plantés, ce seront les croix de bois qui signalent les tombes. La mère affamée qui voit mourir son enfant sur ses mamelles taries criera aux survivants : « Souvenez-vous ! » Les pierres des foyers ravagés crient elles-mêmes vers le ciel : *Lapides ipsi clamabunt.*

Il faut oublier les douleurs privées et s'abstraire des malheurs et des ruines. En oubliant un instant les sentiments personnels, les angoisses de l'isolement, les élans du cœur, les affections menacées, on ne voit que la destinée du pays échappant par une lutte désespérée à la domination de l'étranger.

Mais il faut dévorer nos larmes et se souvenir que, par ces jours de froid, celui qui s'assied s'endort pour ne se réveiller plus. Il faut oublier les douleurs privées et s'abstraire des malheurs et des ruines. En oubliant un instant les sentiments personnels, les angoisses de l'isolement, les élans du cœur, les affections menacées, on ne voit que la destinée du pays échappant par une lutte désespérée à la domination de l'étranger. On a vu l'âme de Paris surgir, pleine de vigueur, délivrée plus qu'abattue. On l'a vue grandir en constance, se refaire un corps nouveau et continuer, ou plutôt recommencer à combattre tout en se forgeant une meilleure armure. Cette âme généreuse achèvera sa victoire.

O Paris ! ville chère à notre cœur, tu apparais aujourd'hui dans ta beauté chrétienne, dégagée de cette atmosphère impure qui enveloppait ta face, et retrouvant dans les austérités du sacrifice la vigueur et la dignité de tes meilleurs jours. Courage, noble cité ! Comme au premier temps de ton histoire, le flot de l'invasion expirera au pied de tes remparts.

Alimentation publique (1er janvier 1871).

Nous sommes arrivés à cette période où les produits de toute nature sont laissés à l'arbitraire du vendeur et aux caprices des spéculateurs. Citons, comme souvenir du siége, ce côté anormal de nos halles et de nos marchés.

Le pain et le vin, dont nous ne manquons point, nous permettent de défier la famine dont nous menace le roi Guillaume. La viande de cheval, devenue plus rare, nous permet encore d'attendre, sans trop murmurer, la fin du blocus.

	fr.	c.
Pommes de terre (le décalitre).	20	»
Une carotte potagère.	»	60
Un navet.	2	»
Une betterave.	4	»
Un pied de céleri.	2	»
Une tête de céleri.	2	25
Un poireau.	»	50
Un chou ordinaire pommé.	20	»
Une escarole.	1	50
Un litre d'oignons.	5	»
Une livre de champignons.	5	»
Un litre de lait.	2	50
Conserve de petits pois (400 grammes).	7	»
— de haricots verts —	7	»

Huile d'olive (le kilog.)	10	»
Une livre de lard (très-rare)	7	»
Une livre de jambon (plus rare encore)	15	»
Andouille de cheval (la livre)	6	»
Un œuf de poule	2	»
Une livre de chocolat	5	»
Beurre frais (le kilog.)	80	»
Fromage (introuvable)	»	»
Graisse de bœuf (le kilog)	7	»
Un lapin	35	»
Un pigeon	35	»
Un poulet	60	»
Une oie	140	»
Un dindon	150	»
Un lièvre	70	»
Un chat	20	»
Une livre de chien	4	»
Un rat	2	»
Un moineau franc	1	25
Un corbeau	5	»

Les condiments employés dans nos cuisines ont complétement disparu du marché, et ont été remplacés par des préparations et des mélanges qu'il serait impossible d'analyser.

Les Écoles des Frères.

« Vous serez persécutés à cause de mon nom. »

Chacun sait la touchante et populaire origine des Frères des Écoles chrétiennes. A l'époque où Voltaire écrivait à son ami Damilaville : « Il me paraît essentiel « qu'il y ait des gueux ignorants. Quand la populace se « mêle de raisonner, tout est perdu (1)! » Le vénérable J.-B. de la Salle, chanoine de Reims, distribuait son patrimoine aux pauvres, et jetait les bases de cet ordre modeste qui a tant fait et qui fait tant encore pour l'éducation des classes ouvrières. Mais la prédiction du maître doit avoir son accomplissement. Il y aura toujours des pharisiens pour persécuter les disciples du Christ : *Vous serez persécutés à cause de mon nom*. La liberté, les droits et les intérêts du peuple, pour certains démocrates, ne sont rien à côté du triomphe de leur parti. Démolir au nom de la liberté, les institutions les plus respectables, semble chose naturelle et permise aux hommes de coterie et de haine. Cela a été tenté, pendant le siége de Paris, au mépris des lois et de la liberté sacrée de l'enseignement.

Vers la fin de septembre, le Gouvernement de la défense nationale invita les maires à pourvoir au plus tôt à

---

(1) Correspondance de Voltaire, 1ᵉʳ avril 1766.

la réouverture des écoles, et à s'occuper même d'en multiplier le nombre.

Les instituteurs communaux du XI⁰ arrondissement se disposaient à reprendre le cours de leurs travaux, lorsque le 30 septembre la déclaration suivante fut affichée sur les murs du quartier :

« La municipalité du XI⁰ arrondissement a décidé à
« l'unanimité que, à partir de ce jour, l'enseignement
« donné aux enfants dans les écoles de cet arrondisse-
« ment sera purement laïque. Les instituteurs seront
« choisis en dehors des corporations religieuses.

« Un avis fixant le jour de l'ouverture des classes sera
« prochainement publié. »

La municipalité éphémère et tout à fait provisoire du XI⁰ arrondissement s'arrogeait une autorité qu'elle n'avait point ; elle brisait des lois qu'elle aurait dû la première respecter. On ne vit jamais plus étrange et plus audacieuse usurpation.

Forts de leur droit, les Frères se disposèrent à ouvrir leurs classes le 3 octobre, malgré la décision de cette municipalité sans mandat. Mais les écoles congréganistes étaient gardées par des gardes nationaux du maire Mottu, et les enfants qui se présentèrent furent repoussés par les baïonnettes des libres-penseurs, à la tristesse et au grand étonnement des parents et des honnêtes gens. Le gouvernement resta silencieux en face de cette violation de la loi et du mépris des droits acquis. M. le maire Mottu avait des complices parmi les membres du Gouvernement de la défense nationale. Seule, la conscience publique protesta dans l'intérêt du peuple et des droits des familles foulés aux pieds.

Le 11 octobre, des instituteurs et des institutrices laïques prirent possession des écoles enlevées aux Frères et aux Sœurs. On poussa l'odieux jusqu'à interdire aux nouveaux maîtres l'enseignement du catéchisme et de l'histoire sainte. Les crucifix furent enlevés des salles d'étude, et on reçut l'ordre impie de ne plus conduire les élèves à la messe du dimanche. La presse parisienne fut presque unanime à flétrir l'intolérance de M. Mottu. Cédant cette fois à l'opinion publique, le maire de Paris dut révoquer le magistrat méchant et inepte du XIe arrondissement. Dans les IIIe, IVe, XIVe et XVIIIe arrondissements, on eut à déplorer le même système de persécution contre les écoles congréganistes. Le successeur de M. Mottu à la mairie du XIe arrondissement, M. de Fonvielle, laissa les choses dans l'état où il les avait trouvées. Les élections municipales qui suivirent l'attentat du 31 octobre ayant ramené M. Mottu à la mairie du XIe arrondissement, MM. les curés de Saint-Ambroise, de Sainte-Marguerite et de Saint-Joseph adressèrent à M. Jules Simon un mémoire relatif à la situation des écoles congréganistes situées dans leurs paroisses. Ils prouvèrent que les Frères et les Sœurs jouissaient des sympathies populaires, et réclamèrent pour les parents la liberté de conscience, c'est-à-dire le respect de la légalité dans l'enseignement primaire.

Cette fois encore le Gouvernement n'osa pas agir. Il craignit de rapporter les décrets illégaux d'un maire fanatique et athée. Le vénérable frère Philippe, supérieur général des Frères des Écoles chrétiennes, revendiqua à son tour les droits méconnus de ses confrères. Le ministre de l'instruction publique, M. Jules Simon, lui demanda de patienter en lui promettant bientôt réparation. C'était un piége tendu à la simplicité et à la bonne foi du digne supérieur. Pour n'avoir pas à se brouiller avec les autocrates de la démagogie, on négligea de faire respecter la loi méconnue, et on se retrancha derrière l'argument des *faits accomplis*.

Aujourd'hui, des milliers de pères de famille sont obligés d'envoyer leurs enfants à des écoles pour lesquelles ils n'ont qu'une médiocre estime, parce que dans ces écoles l'enseignement chrétien, base de toute morale, est banni. Cet état de choses ne peut pas durer. Les membres du Gouvernement de la défense nationale auront à se reprocher longtemps d'avoir laissé outrager la loi, et d'avoir assisté, impassibles, à la consommation de l'injustice, au profit d'une popularité qui ne leur sera point accordée. Comme l'a écrit un honnête publiciste : l'histoire, si elle daigne s'occuper d'eux, quand ils seront tombés, marquera leur place parmi ceux qui ont trahi la cause du progrès, de la justice et de la liberté.

Les bois des environs de Paris (2 janvier).

Les bois des environs de Paris vont être abattus pour servir au chauffage des habitants.

L'hiver est rigoureux, deux fois rigoureux pour des assiégés de plus de trois mois. Il nous rappelle les souffrances que Paris supporta pendant le terrible hiver de 1794. Le charbon était très-rare alors ; il n'en venait qu'un bateau à la fois dans chaque port, et l'on n'obtenait son tour par numéro qu'au prix d'une cruelle attente, une attente de trois nuits ! A peine les débardeurs avaient-ils retiré de l'eau le bois désiré qu'il était vendu. Mais la rivière, une fois entraînée par les glaces, il fallut se rabattre sur les bois de Boulogne, de Vincennes, de Verrières, de Saint-Cloud et de Meudon. De misérables spéculateurs vendirent la corde de bois 400 francs, et l'on vit de pauvres pères de famille scier dans la rue leurs bois de lit pour faire cuire les aliments de leurs enfants.

Pour la quatrième fois, le bois de Vincennes va être abattu. La première fois c'était sous Charles VI, pendant un hiver rigoureux comme celui d'aujourd'hui ; sous Henri II, on le fit couper afin d'en modifier le plan. Enfin sous Louis XV, les plantations du XVIe siècle firent place à celles qui furent ravagées en 1814 et en 1815.

Ces bois qui environnaient, hier encore, et couronnaient Paris de leur verdure ont mis plus de la moitié d'un siècle à repousser et à revenir, et les voilà encore détruits en un jour, et servant de dernier aliment à nos foyers déserts. Ainsi vont les rejoindre les fruits des travaux intellectuels et du labeur moral de tous ceux qui pensent, parlent et écrivent depuis plus de cinquante ans. Tout est à refaire ; après tant d'efforts, le fatal rocher de la force et de la violence retombe encore sur nous.

Si du moins ceux qui nous succéderont devaient reprendre ce travail ! Mais non ; ils auront grandi dans la colère et dans la vengeance. Les seuls arbres qu'ils auront plantés, ce seront les croix de bois qui signalent les tombes. La mère affamée qui voit mourir son enfant sur ses mamelles taries criera aux survivants : « Souvenez-vous ! » Chaque meurtre humain est gros d'un serment de représailles. Les pierres des foyers ravagés crient elles-mêmes vers le ciel. *Lapides ipsi clamabunt.*

Deux lettres.

Parmi les prisonniers faits le 3 janvier, par les éclaireurs Poulizac, figure un jeune Polonais du duché de Posen, Népomucène Grys. Le portefeuille du prisonnier ne contenait que deux lettres adressées au soldat par sa mère, plus une écrite à sa mère par le soldat lui-même. Sans doute cette lettre aura été retournée à son auteur par suite d'un incident inconnu... Nous la publions, surtout à cause de sa forme et de son caractère profondément catholique qui tranchent vivement au milieu des autres correspondances prussiennes proprement dites, c'est-à-dire luthériennes, généralement raisonneuses et sans chaleur. Quant aux lettres de la mère du prisonnier, toutes se ressemblent : toutes n'ont trait qu'à des détails absolument intimes et personnels.

Nous nous bornerons par conséquent à donner celle qui paraît répondre à la première. C'est d'ailleurs la seule qui contienne, en *post-scriptum*, un détail relatif à la guerre actuelle et à l'opinion de l'ennemi à son sujet.

« Arnoville, 25 octobre 1870.

« Que Jésus-Christ soit loué ! Je commence par vous saluer, toi, ma chère mère et toute la famille ; je vous fais savoir ensuite que par la grâce de Dieu et de la très-sainte Vierge je suis en santé. La lettre que vous m'avez écrite, je l'ai reçue le 24 octobre ; ne vous mettez pas en peine de moi, je me porte bien. Seulement je prie Dieu que cela finisse le plus tôt possible, car voici venir le froid, et il faut passer les nuits dehors, qu'il fasse beau ou qu'il pleuve.

« Il faut que je vous dise que le 24 octobre, à huit heures et demie du soir, nous avons vu ici une lumière rouge comme du sang qui envahissait tout le ciel.

« Nous sommes devant Paris, nous n'assistons à aucune bataille, mais on nous pousse d'un endroit à l'autre ; souvent on nous plante tout près devant Paris, aux avant-postes ; cela dure trois jours, puis on nous ramène et on y place d'autres, et cela va toujours comme cela. Que Dieu arrange toute cette affaire; il me semble que cela ne durera plus bien longtemps, mais n'espérez pas me voir à la maison avant le jour de l'an. — Je vous prie de m'envoyer un gilet de flanelle et un médaillon de la sainte Vierge de Goré, car j'ai perdu celui que m'a donné notre curé.

« Écrivez-moi le plus souvent possible, cela me fera paraître le temps moins long. Les lettres mettent maintenant moins de temps pour parvenir, car le chemin de fer arrive jusqu'à nous, ce qui nous fait trouver aussi plus facilement à manger.

« Je salue bien des fois tous mes parents, ainsi que vous, chère mère.

« Votre fils dévoué jusqu'à la mort,

« Népomucène Grys. »

« Tarkowitz, le 21 décembre.

« Je me réjouis, tout d'abord, de ce que je reçois de tes nouvelles. Ta dernière lettre m'est parvenue le 19 décembre. Je me réjouis fort ensuite de ce que tu es encore en vie par la grâce de Dieu. Moi aussi, je suis en assez bonne santé, ainsi que toute la famille. Je t'envoie, mon cher Népomucène, une pommade avec laquelle tu te frictionneras tout le corps, et puis cette poudre que je t'envoie aussi, tu en mettras sur tous tes effets.

« Si tu reconnais que tu vas mieux, écris-moi et je t'en enverrai encore aussitôt. Mon cher fils, je n'ai rien de plus maintenant à t'écrire. Je te confie à la garde du Seigneur et de la très-sainte Vierge.

« Tous ceux que tu salues t'envoient leurs salutations ; mais c'est Stanislas Masiaszczy qui te plaint le plus.

« Ta mère qui t'aime,

« Marianne Grys. »

« P. S. Je t'envoie un peu de tabac, car tu en as sans doute besoin.

« Nous avons entendu dire, mon cher fils, que le 18 *on a bombardé Paris*, mais nous n'en savons pas davantage. *Ici on ne parle de rien de bon*; il n'est question que de la guerre qui dure toujours.

« Nous te saluons cordialement, et t'embrassons un million de fois. »

Dans la giberne du prisonnier se trouvaient : un livre de messe, un évangile selon saint Jean, et diverses images de piété.

Le Gouvernement de la défense à la population parisienne (2 janvier).

« Le froid rigoureux qui sévit contre nous avec une âpreté si cruelle n'a pas seulement pour conséquence d'infliger à nos soldats et à notre population les plus dures souffrances; il nous condamne à ignorer ce qui se passe en province, en interrompant les voyages déjà si incertains de nos messagers.

« Depuis le 14 décembre, le Gouvernement n'a reçu aucune nouvelle officielle, et c'est seulement par quelques feuilles allemandes qu'il a pu obtenir les renseignements fort incomplets et maintenant fort arriérés que le public connaît.

« C'est là une situation pleine d'anxiété, et cependant nul de nous ne sent diminuer sa confiance. Au-dessus de nos murailles où veille la garde nationale, au-dessus de nos forteresses que l'ennemi commence à couvrir de ses feux, s'élève comme un souffle d'espoir et de délivrance qui pénètre tous les cœurs et y fait naître une vague mais ferme intuition du succès. C'est à ce sentiment généreux qu'il faut attribuer la facilité avec laquelle sont accueillies les rumeurs favorables les plus contraires à toute vraisemblance.

« Ces jours derniers, il a suffi à un jeune soldat réfractaire de raconter l'arrivée à Creil d'un corps de 80,000 Français, pour que, plus prompte que l'éclair, cette lueur de bonne fortune illuminât soudain la cité et fût acceptée comme une vérité certaine. Vérification faite, le récit était mensonger. Son auteur est entre les mains de la justice, qui recherchera avec soin les motifs qui l'ont entraîné à cette mauvaise action.

« Le bon sens et le patriotisme de la population de Paris, qui se montre à la fois si ardente et si sage, la mettent en garde contre les retours violents qu'amène forcément l'abandon d'une illusion si légitimement chère. Il n'en faut pas moins se montrer sévère contre de pareilles entreprises et se fortifier à l'avance contre l'attrait puissant des nouvelles hasardées.

« Mais ce que nous pouvons affirmer sans crainte d'être démentis, c'est qu'il n'est pas téméraire d'espérer, et que des faits généraux se dégagent des symptômes graves qui doivent nous soutenir et nous faire croire à la prochaine efficacité de notre résistance. Il est certain que les départements opposent à l'ennemi une résolution qui l'étonne et le déconcerte.

« On en trouve l'aveu, d'autant plus précieux qu'il est involontaire, dans la plupart de ces relations. Ce sol français, qu'il avait traversé au pas de course dans la première partie de la campagne, lui est maintenant disputé pied à pied, et son sang s'y mêle avec celui de nos braves soldats qui accourent sous nos drapeaux à la voix de la France républicaine.

« Nous ne connaissons qu'imparfaitement les combats livrés dans la vallée de la Loire. Et ce n'est pas sans raison que leurs narrateurs prussiens les entourent d'obscurité. Nos armes n'ont pas toujours été heureuses ; les corps de Chanzy et de Bourbaki ont été séparés, mais ils luttent avec énergie, quelquefois victorieusement.

« C'est avec une émotion profonde qu'à défaut des bulletins de nos officiers, dont nous admirons le courage, nous lisons ceux de l'ennemi, forcé de reconnaître la solidité de ces troupes civiques, arrachées d'hier à la famille, et si bien animées par l'amour de la patrie qu'à peine équipées elles sont dignes de se mesurer avec des guerriers consommés.

« Elles les tiennent en échec, les font reculer, se dérobent à leurs attaques et s'avancent vers nous en attirant tous ceux qui comprennent la grandeur du danger et la sainteté du devoir.

« Or, le nombre doit en être grand, car, c'est encore l'ennemi qui nous l'apprend, notre chère et malheureuse Lorraine, tout opprimée qu'elle est par l'occupation prussienne, cache ses enfants dans les plis de ses vallons, et les envoie furtivement à nos armées malgré les uhlans qui les menacent de mort.

« Nos forces augmentent donc incessamment par ce recrutement qui ne s'arrêtera plus, tandis que celles des Prussiens diminuent et s'affaiblissent.

« Nous ne savons rien de précis des mouvements des deux généraux qui marchent à notre secours, mais la précaution des feuilles prussiennes de nous les cacher ne peut que nous encourager.

« Sans doute, nous ne devons pas nous bercer de chimères : nous sommes en face des périls les plus graves qui puissent accabler une nation. Cependant tous nous sentons que notre France républicaine les surmontera.

« Paris lui a donné l'exemple, et cet exemple est noblement suivi. Paris ne veut pas succomber. Sa population tout entière, d'accord avec les hommes qui ont l'insigne honneur de diriger sa défense, repousse hautement toute capitulation. Paris et le Gouvernement veulent combattre — là est le devoir — et comme le pays tout entier s'y associe sans réserve, quelle que soit l'épreuve passagère qui lui soit infligée, il ne s'humiliera pas devant l'étranger. »

Cette proclamation a été accueillie comme elle méritait de l'être. Le peuple croit à la Patrie, et l'amour de la Patrie doit le sauver. Elles sont dignes de mépris les victoires qui, dues à la supériorité du nombre, à la ruse, à la force, ne développent chez le peuple qui les a remportées que l'orgueil, la cruauté, la rapacité des races conquérantes! Ce qui est digne d'admiration, c'est la défaite noblement subie et vaillamment réparée, parce qu'elle atteste la présence et le triomphe de toutes les vertus qui sont l'honneur de l'espèce humaine : le calme dans le malheur, la persévérance stoïque, la fermeté d'âme, une résolution d'airain, et avec la volonté de ne jamais fléchir, le pouvoir de ne jamais désespérer.

O France! chère Patrie, jamais tu ne fus si grande qu'en ce moment où, pillée, saccagée, assassinée par ces barbares qui juraient n'en vouloir qu'aux aigles impériales, tu es seule à représenter l'honneur du genre humain!

La permission.

J'ai rarement assisté à un spectacle plus naturellement touchant que celui qui s'est produit hier dans un bataillon de mobiles. Étant du côté de Colombes, je me suis arrêté chez un capitaine de moblots qui est la bonté même.

— Tiens, me dit-il, en me serrant la main, vous arrivez à propos pour assister à une scène bien intéressante, mais aussi bien douloureuse.

Je m'attendais à un enterrement ou à une exécution militaire, car mon capitaine avait un air triste et tout dénotait sur son visage qu'une triste cérémonie allait se passer.

Après avoir fait sonner le clairon pour réunir sa compagnie, mon ami se fit entourer de ses moblots et prit la parole.

— Mes enfants, leur dit-il, c'est demain le Jour de l'An, et je sais comme vous que ce jour se passe ordinairement en famille. Malheureusement, cette année, le destin en a jugé autrement et a voulu qu'avant de nous livrer aux nôtres, nous nous donnions entièrement au pays.

Ces paroles douces, paternelles, furent sympathiquement recueillies par les moblots, mais je remarquai facilement dans les yeux de tous que chacun avait quelque chose à demander.

En effet, le capitaine fut interrompu dans son allocution, et l'interruption voulait, pour tous, dire ceci :

— Permettez-nous d'aller à Paris demain souhaiter la bonne année à nos parents.

C'est-à-dire que la compagnie entière demandait des vacances.

Mon capitaine était vivement ému de cette demande bien légitime, et il aurait fallu un autre homme que lui pour cacher le sentiment qu'il éprouvait.

— En vous faisant réunir, reprit-il, j'allais au-devant de votre désir, avec le regret de ne pas pouvoir vous satisfaire. Pourtant...

. . . .

Ce pourtant, quelle joie il produisit dans tous ces jeunes cœurs !

— Pourtant, j'ai le droit d'accorder une permission, avec l'impossibilité matérielle d'en donner une seconde, vu la gravité des événements.

Ce fut un coup de foudre, et j'en remarquai plusieurs qui se retournèrent pour cacher leurs larmes.

Combien était naturelle cette déception, et combien je l'appréciai ! O vous, Prussiens, qui en étiez la cause, combien vous avez dû être maudits ! Ces coups-là valent des balles et redoublent la haine.

Mais comme le capitaine avait promis une permission,

il fallait au moins profiter de celle-là. Et afin de ne pas faire de jaloux, on décida de la tirer en loterie.

Elle échoua à un gros garçon, simple fusilier.

Décrire la scène qui se passa en une seconde parmi tout le groupe, me serait impossible. J'ai pu, par elle, m'expliquer ce qu'était le véritable désir, le désir non satisfait.

Aussitôt que les moblots connurent l'heureux, ils l'entourèrent, les uns le priant d'aller leur porter une lettre, les autres lui remettant de l'argent pour acheter des bombons avec prière d'aller les porter lui-même soit à la mère, soit à la sœur. En un instant, il était au moins chargé de cinquante commissions, et il n'avait pour lui qu'une permission de vingt-quatre heures.

Il les accepta toutes, mais je ne réponds pas qu'il les ait toutes faites.

MICHEL MORTJÉ.

Le bombardement.

Le bombardement des forts de Nogent, Rosny et Noisy et des villages environnants, a continué le matin du 2 janvier, sans causer de dommages bien sérieux. Le feu est cependant très-vif sur Nogent, et des obus, dont beaucoup éclatent en l'air, sont dirigés sur le village.

Le 3 janvier, le feu contre nos forts a repris avec vivacité. Il a continué le 4 janvier : ce jour-là, le fort de

Nogent a reçu plus de 1,200 obus, qui n'ont pas produit plus d'effet que les jours précédents.

Le 5 janvier, le bombardement de Paris a commencé. L'ennemi ne se contente pas de tirer sur nos forts, il lance ses projectiles sur nos maisons, il menace nos foyers, nos familles. Sa violence redoublera la résolution de la cité qui veut combattre et vaincre. Les défenseurs des forts, couverts de feux incessants, ne perdent rien de leur calme et sauront infliger à l'assaillant de terribles représailles. La population de Paris accepte vaillamment cette nouvelle épreuve. L'ennemi croit l'intimider, il ne fait que rendre son élan plus vigoureux. Il s'agit, non-seulement de sauver l'honneur, mais encore de vaincre à tout prix.

En avant! Il n'est pas un hameau français où ce cri ne retentisse à cette heure. Les masses qui, chaque jour, sortent de terre, prennent Paris pour direction.

Les rayons de la roue viennent se rattacher au centre; l'immense circonférence se resserre autour de nos envahisseurs. Qu'ils soient engloutis sous un déluge d'hommes!

En avant! c'est le mot d'ordre de la France entière. Le froid et le gel ne nous arrêtent pas. Il faisait froid à Eylau et à Austerlitz. Il faisait froid en Hollande, quand nous prîmes la flotte enfermée dans les glaces. Sachons supporter, pour nous délivrer, ce que nous avons bravé quand il ne s'agissait que de conquérir.

Le bombardement prouve que nos ennemis ont hâte d'éviter les désastres qui les menacent. Ils n'espèrent plus avoir le temps de nous faire mourir de faim.

(5 janvier.)

Une forte reconnaissance a été opérée cette nuit sur le plateau d'Avron. L'ennemi a eu un certain nombre de tués et de blessés; il a laissé des prisonniers entre nos mains.

(6 janvier.)

Pendant la nuit dernière, le feu de l'ennemi a été d'environ trente coups à l'heure, contre les forts du Sud, y compris Montrouge et même Bicêtre. Du côté de Nogent, il a cessé à partir de 3 heures du matin pour reprendre très-vivement à 8 heures. A partir de cette heure, il a recommencé sur toute la ligne. Les batteries antérieures de l'enceinte ont pris part à la lutte et ont riposté vigoureusement aux attaques acharnées de l'artillerie ennemie. Les projectiles qui sont tombés dans la ville n'ont causé aucune émotion. La fermeté, le calme de la population et de l'armée soumises à ce violent bombardement sont à la hauteur des circonstances, et les procédés d'intimidation employés par l'ennemi ne font que grandir leur courage; chacun s'inspire des grands devoirs que la patrie impose aux défenseurs de Paris.

A ceux qui voudraient exploiter nos souffrances et nos sacrifices, le général Trochu répond par cette proclamation:

« On cherche à égarer les citoyens de Paris par la tromperie et par la calomnie.

« Rien ne fera tomber les armes de nos mains. Courage, confiance, patriotisme! Le Gouverneur de Paris ne capitulera pas.

« TROCHU. »

(7 janvier.)

Pendant une partie de la nuit et dans le cours de la journée, l'ennemi a lancé sans résultat des obus contre la redoute de Saint-Maur et contre les bâtiments qui avoisinent le pont de Champigny.

Sur les forts de Nogent et Rosny, faible canonnade, qui a causé très-peu de dommages et n'a atteint personne.

Le fort de Noisy, de son côté, a ouvert le feu sur toutes les batteries prussiennes, par trois formidables bordées, et entretenu un tir soutenu dont l'efficacité a été confirmée par le chef du poste télégraphique de Bondy, qui a vu à deux reprises différentes le transport des morts et des blessés. Nos obus ont, en effet, éclaté en pleins retranchements.

L'ennemi a repris ce matin, à huit heures, le feu sur la Courneuve, feu intermittent qui a blessé trois hommes et tué un fusilier marin.

Les forts d'Issy, Vanves et Montrouge ont continué à subir toute la journée un bombardement qui, à certains moments, a été d'une violence extrême. Peu de dégâts aux ouvrages. Quatre hommes tués et quelques blessés.

Le feu a été moins nourri qu'hier sur les redoutes des Hautes-Bruyères et du Moulin-Saquet. Cinq blessés, dont le capitaine du génie Cugnin. Quelques obus sont arrivés dans le fort de Bicêtre sans toucher personne.

Les batteries prussiennes établies à Thiais ont également tiré sans résultat sur nos batteries établies près de Vitry et sur les bords de la rive gauche de la Seine.

Les batteries de Meudon ont continué à tirer sur les 6e et 7e secteurs. La population civile seule paraît avoir été éprouvée. Quelques personnes ont été blessées au Point-du-Jour et à Boulogne, et le commandant du secteur a dû prendre les précautions nécessaires pour éloigner de toute atteinte les personnes étrangères au service.

Tous les rapports des avant-postes du sud ont signalé qu'une concentration considérable de troupes s'était faite cette nuit sur le plateau de Châtillon.

Bombardements célèbres dans l'histoire.

Voici, à partir du XVIIe siècle, le tableau des bombardements les plus célèbres dans l'histoire. Ajoutons que ces bombardements ont été dirigés, pour la plupart, contre les murailles et précédés de sommations réitérées, d'envois de négociations et de notes. Les Prussiens, en 1870, devaient donner l'exemple d'une violation flagrante des lois de la guerre. Ils bombardent nos monuments, nos hôpitaux ; tirent à outrance et sans motif sur des femmes, des vieillards et des enfants. Nous garderons le souvenir de ce bombardement inhumain, et, après nous, nos enfants s'en souviendront aussi :

Bombardements réitérés de Magdebourg par les impériaux, sous Tilly, général bavarois, 1632.

Bombardement d'Alger, 1682 et 1683.

De Gênes, 1684.

De Tripoli, 1685.

De Barcelone, 1691.

De Dieppe, 1694.

De Bruxelles, 1695.

Premier bombardement de Toulon par les Anglais, 1707.

De Tripoli, 1728.

D'Alger par les Vénitiens, 1784.

Premier bombardement de Lille par les Autrichiens, 1792.

Deuxième de la même ville, 1793.

La même année on a les bombardements de Maëstricht et de Mayence.

De Valenciennes, 1794.

Ostende, même année.

Namur, 1795.

Copenhague, par les Anglais, 1807.

Saragosse, par les Français, 1808.

Flessingue, 1809.

Bombardement de la citadelle d'Anvers, 1832.

Saint-Jean-d'Ulloa, par les Français, 1838.

Beyrouth et Saint-Jean-d'Acre, par les Anglais (question d'Orient), 1840.

Barcelone, par les Espagnols eux-mêmes, 1842.

Mogador, par les Français, 1844.

Salé, 1851.

Odessa, 1854.

Sébastopol, bombardements purement militaires, 1855.

Bombardement de Duppel, par les Prussiens, 1862.

Bombardement de Strasbourg, de Châteaudun, de Verdun, de Phalsbourg, de Schelestadt, de Belfort, de Paris, 1870 et 1871.

Un héros inconnu.

Le 5 janvier, vers trois heures de l'après-midi, paraît, boulevard des Italiens, une voiture des pompes funèbres. — *Le convoi des Pauvres* — qui emportait du côté de l'église de la Madeleine les restes de quelque soldat mort de ses blessures dans une ambulance du voisinage.

La bière était couverte du drap noir traditionnel, sur lequel tranchait avec vigueur une large croix blanche, cousue à même dans l'étoffe, dont les deux bras tombaient lourdement sur les flancs du cercueil et semblaient l'étreindre furieusement. Sur cet unique et modeste ornement religieux, on voyait, en outre, placée à l'arrière, une capote de simple soldat de la ligne. Emblême ou souvenir, cet humble vêtement constituait le seul avoir honorifique du défunt, disant sa vie et aussi sa mort.

Personne n'accompagnait ce deuil. Le mort s'en allait sans un vivant auprès de lui. Il partait seul, oublié, sans une prière d'ami, sans une larme de parent, sans une femme pour le pleurer, sans un chien pour le suivre. Cela faisait mal à voir.

Il y avait peu de monde d'ailleurs sur le boulevard à cette heure. Les rares piétons qui s'y trouvaient pressaient le pas, harcelés par la bise, et jetaient en courant un coup d'œil indifférent sur la sinistre voiture.

Quant à celle-ci, elle poursuivait lentement sa route, au pas mesuré des deux chevaux dépareillés qui la traînaient, et suivait la chaussée bordée d'arbres couverts de givre, dépouillés de feuilles et roidis par le froid comme des squelettes. Dans le lointain, seule, la voix grave du canon se faisait entendre en guise du son des cloches, et semblait dire que l'on enterrait un soldat.

Tout cela était correctement lugubre, morne et triste ; simple et grandiose à la fois, cependant. L'abandon même de ce cercueil, que nul ne suivait, auquel personne ne faisait attention, aurait dû faire songer néanmoins que celui qui était là, froid, inerte, inanimé, avait peut-être des droits à moins d'indifférence et d'oubli. Soldat, la mort l'avait frappé loin des siens, sous les murs de Paris qu'il était venu défendre, et ce Paris exigeant et ingrat laissait passer sans lui dire : Adieu, frère, et merci ! Le monde est ainsi fait.

Lorsque le modeste convoi se trouva en face de la rue Scribe, tout à coup un monsieur, qui causait sur le trottoir avec plusieurs de ses amis, se détacha brusquement du groupe et vint se ranger en courant derrière la voiture de deuil.

Cet inconnu était un beau vieillard, à la physionomie distinguée, à la désinvolture élégante encore, portant haut et fièrement une tête superbe, dont les cheveux étaient blancs comme neige.

En arrivant auprès de la voiture, il examina la capote du mort, qui était, ainsi que nous l'avons dit, étendue sur le cercueil. Au même instant, l'inconnu manifeste un grand mouvement de surprise; on le vit aussitôt se découvrir avec respect, comme si une révélation étrange, inattendue, venait de lui être faite par la vue seule du vêtement; puis, d'un geste de la main, il fit signe à ses amis restés sur le trottoir de se joindre à lui. Ceux-ci accoururent avec empressement.

Le pauvre soldat ne partirait donc pas sans un adieu sympathique.

Bientôt le groupe s'accrut encore de plusieurs étrangers qui avaient observé en passant le mouvement généreux du vieillard; enfin des gardes nationaux, des officiers de mobiles vinrent grossir le cortége, si bien que lorsqu'on arriva à la grille de l'église de la Madeleine, cinquante personnes à peu près se tenaient silencieusement groupés autour du cercueil du soldat inconnu.

On se mit aussitôt en devoir de descendre la bière de la voiture pour la porter dans l'église où l'on devait dire les prières.

— Voyez cette capote, dit alors en se tournant vers ses amis le vieillard qui le premier avait suivi le convoi, elle porte le numéro du régiment dans lequel j'ai servi pendant longtemps ; mais ce n'est pas ce mince hasard qui m'a fait me découvrir avec respect quand je me suis approché tout à l'heure ; regardez, insista-t-il, en prenant cette dépouille dans ses mains, elle est percée de sept balles ! celui qui la portait devait être un brave cœur, ajouta-t-il avec une expression de grande tristesse.

En effet, le modeste vêtement du soldat portait la trace de sept déchirures faites par des balles. Nous en comptâmes deux dans le haut du collet, deux dans la manche gauche et trois en pleine poitrine.

La vue de ce vêtement ainsi perforé était terrifiante ! Dans leur course inconsciente et brutale, deux balles, après avoir troué la poitrine du malheureux, étaient sorties par le dos, faisant alors de plus larges déchirures, et mettant à jour des parcelles de doublure qui étaient restées tachées de sang.

Un drame horrible se lisait dans ces trous béants faits à travers l'étoffe. Ces fragments de drap retournés par la violence du choc, ces larges plaques sanguinolentes, ce vêtement même, flasque, informe et mou comme un haillon, que nous examinions curieusement, en présence pour ainsi dire du mort qui, vivant, l'avait porté, tout cela faisait frissonner d'horreur et d'admiration cette assistance qu'une pitié commune avait réunie sous le porche d'une église, près d'un cercueil !

Beaucoup pleuraient, tous étaient émus !

— Qui dira jamais cette mort héroïque ? dit le vieillard, en déposant avec respect cette noble dépouille sur la bière.

— Moi, messieurs ! répondit une voix qui partait des derniers rangs de notre groupe.

Cette voix était celle d'un jeune soldat qui avait suivi le convoi en voiture, étant blessé, sans que nous nous soyions aperçus de sa présence.

— C'était mon ami, fit-il simplement; nous sommes tous deux du même pays, et c'est à mon côté qu'il a été frappé; il y a huit jours, aux avant-postes. C'était pendant la nuit ! les Prussiens sont venus et ils ont voulu nous faire prisonniers.

— Prisonniers, allons donc ! jamais ! criâmes-nous tous d'une seule voix. Nous étions huit, dans une garde avancée, ils étaient vingt-cinq. Ah ! ce fut une affreuse mêlée, je vous en réponds! On se tirait à bout portant, on se battait à coups de crosse, à coups de poignard, comme l'on put. Nous leur tenions tête, mais, dame! ils étaient si nombreux !...

Bref, à un moment donné, comme plusieurs de nous étaient blessés, mais pouvant encore se défendre :

— Camarades, cria mon ami, celui que nous enterrons maintenant, que deux d'entre vous, qui pouvez marcher, aillent prévenir le poste, je me charge de tenir cette canaille en respect, pendant un quart d'heure, avec ceux qui restent.

Et pour la deuxième fois, tenant son fusil par le canon, il s'élança lui tout seul dans le groupe ennemi, faisant tourner son arme dans un mouvement de rotation effroyable. Ce n'était plus un homme, c'était un démon exterminateur.

Quand on vint à notre secours, les Prussiens défilèrent

au pas de charge, je vous le promets ; mais lui, mon pauvre ami, percé de sept balles, se traînait à peine. On lui avait tiré dessus comme sur un mur. Pour le vaincre, il avait fallu l'abattre. C'est égal, il sourit en voyant autour de lui le même nombre de soldats qu'avant l'attaque ; blessés ou valides, tout le monde était présent.

Ils n'ont pas fait un prisonnier, fit-il, je ne me plains pas...

Il ne mourut pas de suite, cependant ; car il y a trois jours encore il pouvait me parler. Si ce n'est pas un crime, messieurs ! Il avait vingt-trois ans, il était fort comme un chêne ; et puis, il aimait tant sa mère ! et si vous saviez quel brave cœur il était ! Ah ! merci, messieurs, de l'avoir accompagné ici... moi, je vais prier pour lui, fit-il, en montant péniblement l'escalier de la Madeleine.

Une reconnaissance sur l'Hay.

Nous racontons, après le *Gaulois*, une reconnaissance sur l'Hay. Dans les premiers jours de janvier, deux excellents tireurs, le sergent Chardigny et le soldat Joseph Renard, après avoir tué deux sentinelles prussiennes, opéraient avec une quinzaine de leurs camarades une reconnaissance dans la vallée sous le village. Mais l'un des soldats ayant buté dans un fil de fer, le poste prussien prend les armes, des coups de feu retentissent, la petite troupe se replie, et, à quelque distance de là, on s'aperçoit que Joseph Renard a disparu.

Que faisait Joseph Renard pendant que ses camarades rentraient à leur poste ?

C'était effectivement lui que l'on avait entendu s'écrier :
— Je suis blessé !

La balle destinée au capitaine Depautaine — dont on avait vu briller les galons du képi au clair de lune — avait atteint le mobile au bras gauche, qu'elle avait traversé de part en part.

Une seconde balle l'avait atteint à la jambe droite et avait aussi traversé.

Renard, tombé sur le terrain à quatre pas de la tranchée prussienne, s'abstint, malgré la souffrance, de pousser ni une plainte ni un gémissement.

— Si les Prussiens m'entendent, se dit-il, ils vont me faire prisonnier ; j'aime mieux, coûte que coûte, revenir parmi les camarades.

Il prend donc ses dimensions et précautions, et revient en se traînant sur le ventre jusqu'à la maison blanche à toit de zinc, sur la gauche de la route, afin de mettre la maison entre lui et les Prussiens, de façon a être protégé par elle et à n'être point vu.

Une fois là, c'était déjà quelque chose ; mais Renard se dit judicieusement que, s'il reste étendu seulement quelques heures sur cette terre glacée, il sera gelé.

Malgré la douleur, malgré la faiblesse produite par l'hémorrhagie de ses deux blessures, il essaye de se lever debout ; il y parvient avec mille douleurs ; mais, sans pouvoir faire un seul pas, il retombe, et cette fois évanoui.

Combien a duré la syncope ? Il ne peut le dire ; mais il

faut croire qu'elle a duré assez longtemps. C'est à cause de cela que Renard n'a pas entendu Chardigny ni son capitaine, qui étaient venus le chercher et l'appeler, ainsi que nous l'avons dit à plusieurs reprises.

Enfin, Joseph Renard se réveille de sa longue syncope. Cette fois, il ne tente plus de se relever, il se traîne péniblement sur le coude et sur le ventre. Déjà le froid a envahi les deux jambes; il ne les sent plus; il ne serait pas blessé qu'il ne pourrait plus se tenir debout.

Mais qu'il avance péniblement, le malheureux !

Il nous a raconté lui-même qu'il avait toutes les peines du monde à faire *par heure environ quinze mètres !*

Et la distance de la Maison-Blanche à la barricade est de six ou sept cents mètres !

Il fait, toujours sur les coudes et sur le ventre, à peu près les deux tiers du chemin; puis, n'en pouvant plus, il se décide à appeler avec précaution les camarades, non sans songer, lui aussi, qu'on peut le prendre pour un Prussien et lui tirer dessus.

Enfin les mobiles de grand'garde, distinguant quelque bruit, vont prévenir le capitaine Depautaine, qui était dans une chambre du moulin.

Le capitaine franchit la barricade, écoute et appelle; enfin, avec l'aide du brave sergent Chardigny, il finit par trouver le blessé; quatre ou cinq *pays* sont venus aussi.

On appelle le malheureux mobile, et l'intrépide et bon capitaine le fait mettre dans sa chambre et lui donner les soins les plus urgents; le chirurgien du bataillon avait été prévenu d'avance.

Il était une heure du matin; la fusillade contre la reconnaissance avait eu lieu vers six heures environ : cela faisait donc près de sept heures que l'énergique blessé était resté exposé au froid sibérien de cette rude nuit d'hiver.

Les deux pieds étaient congelés, le malheureux ne les sentait plus ; le tibia de la jambe droite était fracturé un peu au-dessous du genou, et le bras gauche était traversé de part en part, et peut-être avec une fracture du radius.

On est obligé de couper les bottes pour les retirer. Le sang avait filtré dans la botte de la jambe blessée, et ce sang ne formait plus qu'un glaçon rouge dans lequel était comme incrusté tout le pied droit.

Les premiers soins ayant été donnés, on envoie chercher un brancard à l'ambulance de l'école Albert-le-Grand, à Arcueil, et vers deux heures, le docteur en chef de l'ambulance, aidé d'un père dominicain, explorait et pansait définitivement les blessures et les extrémités congelées de l'énergique mobile.

Le lendemain, le général Corréard, accompagné de deux aides de camp au courant de la courageuse conduite de Joseph Renard, lui faisait une visite à l'ambulance, avec promesse qu'on se souviendrait de son courage.

Le capitaine Depautaine a fait un rapport élogieux sur Joseph Renard et le brave sergent Chardigny ; tous deux sont proposés pour la Médaille, en attendant mieux.

Quant au courageux capitaine, nous n'avons qu'à dire une seule chose, c'est que ce qu'il a fait dans toutes les péripéties de cette reconnaissance n'a besoin que d'être raconté. Mieux que nous, les actes feront son éloge.

6 janvier.)

Tandis que le bombardement continue; tandis que la population supporte avec une résignation, une fermeté admirables, cette nouvelle et douloureuse épreuve, les partisans de la *Commune*, que rien ne décourage ni ne désarme, ont de nouveau fait appel à l'insurrection. Ils réclament des sorties et ce sont eux qui sont les derniers à sortir. Ils donnent rendez-vous à l'émeute pendant que l'ennemi est à nos portes, que le bombardement troue nos maisons, tue nos enfants. N'étant rien par eux-mêmes, ils ne voient dans ce qui se passe qu'un prétexte à satisfaire leur cupidité ou leur ambition. Leur affiche rouge a partout été accueillie avec mépris. La voici :

AU PEUPLE DE PARIS,

Les délégués des vingt arrondissements de Paris.

Le gouvernement qui, le 4 septembre, s'est chargé de la défense nationale, a-t-il rempli sa mission? — Non!

Nous sommes 500,000 combattants, et 200,000 Prussiens nous étreignent! A qui la responsabilité, sinon à ceux qui nous gouvernent? Ils n'ont pensé qu'à négocier, au lieu de fondre des canons et de fabriquer des armes.

Ils se sont refusés à la levée en masse.

Ils ont laissé en place les bonapartistes et mis en prison les républicains.

Ils ne se sont décidés à agir enfin contre les Prussiens qu'après deux mois, au lendemain du 31 octobre.

Par leur lenteur, leur indécision, leur inertie, ils nous ont conduits jusqu'au bord de l'abîme : ils n'ont su ni administrer ni combattre, alors qu'ils avaient sous la main toutes les ressources, les denrées et les hommes.

Ils n'ont pas su comprendre que, dans une ville assiégée, tout ce qui soutient la lutte pour sauver la patrie possède un droit égal à recevoir d'elle la subsistance; ils n'ont su rien prévoir : là où pouvait exister l'abondance, ils ont fait la misère; on meurt de froid, déjà presque de faim : les femmes souffrent, les enfants languissent et succombent.

La direction militaire est plus déplorable encore : sorties sans but; luttes meurtrières sans résultats; insuccès répétés, qui pouvaient décourager les plus braves; Paris bombardé. — Le gouvernement a donné sa mesure; il nous tue. — Le salut de Paris exige une décision rapide. — Le gouvernement ne répond que par la menace aux reproches de l'opinion. Il déclare qu'il maintiendra l'ORDRE, — comme Bonaparte avant Sedan.

Si les hommes de l'Hôtel de Ville ont encore quelque patriotisme, leur devoir est de se retirer, de laisser le peuple de Paris prendre lui-même le soin de sa délivrance.

La municipalité ou la commune, de quelque nom qu'on l'appelle, est l'unique salut du peuple, son seul recours contre la mort.

Toute adjonction ou immixtion au pouvoir actuel ne serait rien qu'un replâtrage perpétuant les mêmes errements, les mêmes désastres. — Or, la perpétuation de ce régime, c'est la capitulation, et Metz et Rouen nous apprennent que la capitulation n'est pas seulement encore et toujours la famine, mais la ruine de tous, la ruine et la honte ! — C'est l'armée et la garde nationale transportées prisonnières en Allemagne, et défilant dans les villes sous les insultes de l'étranger ; le commerce détruit, l'industrie morte, les contributions de guerre écrasant Paris : voilà ce que nous prépare l'impéritie ou la trahison.

Le grand peuple de 89, qui détruit les Bastilles et renverse les trônes, attendra-t-il, dans un désespoir inerte, que le froid de la famine ait glacé dans son cœur, dont l'ennemi compte les battements, sa dernière goutte de sang ? — Non !

La population de Paris ne voudra jamais accepter ces misères et cette honte. Elle sait qu'il en est temps encore, que des mesures décisives permettront aux travailleurs de vivre, à tous de combattre.

Réquisitionnement général. — Rationnement gratuit. — Attaque en masse.

La politique, la stratégie, l'administration du 4 septembre, continuées de l'Empire, sont jugées. *Place au peuple ! Place à la Commune !*

Les délégués des vingt arrondissements de Paris.

Suivent les noms inconnus de ces prétendus patriotes, prêts à jouer le jeu des Prussiens.

Les chefs du parti se sont prudemment abstenus de donner leurs noms.

Nous le répétons, partout cet appel à l'émeute, cette affiche rouge a été déchirée avec colère et mépris par la population.

Le docteur Maurice Reynaud.

A l'ambulance du Grand-Hôtel, un blessé venait de tomber en syncope à la suite d'une hémorrhagie. Ne le voyant pas revenir à lui, le chirurgien qui l'assistait n'hésite pas.

Il ouvre sa propre veine, se tire du sang, et le transfuse dans la veine du mourant.

Ce chirurgien est le docteur Maurice Reynaud.

Son action est aussi belle que l'action du soldat au feu, et sa blessure est aussi noble.

Un marin au fort de Rosny.

Un matelot hissait le pavillon du sémaphore; dédaignant l'abri d'un grand trou creusé au pied du mât, debout sur le parapet, il tirait flegmatiquement les cordages. Un obus éclate à ses pieds, il tombe à la renverse; on le croit broyé, on accourt. Tranquille, du fond de son trou, il continuait de tirer les cordages, qu'il n'avait pas quittés dans sa chute, et hissait le pavillon percé à jour par l'obus.

Lettres d'un prisonnier prussien.

L'amiral Pothuau a adressé au Gouverneur de Paris les deux lettres qu'on va lire, trouvées sur un prisonnier prussien.

Elles prouvent à quelles souffrances la guerre actuelle soumet l'Allemagne, quelles inquiétudes éprouvent nos ennemis, et enfin à quels odieux mensonges ont recours les chefs de l'armée prussienne, au moment même où ils envoient dans Paris des bombes qui portent le meurtre au milieu de la population de cette grande cité :

« Dimanche, 4 décembre.

« Nous avons appris qu'il y avait encore eu une grande bataille, que le 51ᵉ régiment a énormément souffert. J'espère, mon cher ami, que tu en es sorti sain et sauf. Toutes ces batailles ne se termineront-elles pas bientôt ? Tu ne peux te figurer combien tout le monde ici gémit de cette interminable guerre. C'est une plainte universelle. On dit que dans ce combat, en-dehors des morts, il y a eu beaucoup de prisonniers. Si l'on s'en rapporte aux on-dit, ces derniers sont fort maltraités, on leur couperait la langue, on leur arracherait les yeux. Plutôt que de te voir ainsi mutilé, cher Gottlieb, mieux vaudrait que tu fusses mort. Ces Français ne se doutent donc pas qu'il y a un Dieu au ciel !... »

« Mincken, le 26 décembre 1870.

« Mon cher fils Gottlieb,

Nous nous sommes beaucoup réjouis de la lettre que tu nous a adressée, et nous espérions depuis en recevoir une autre. Tu te reposes trop sur ce que je ne t'écris pas; vous savez, ton frère et toi, que votre père ne sait pas écrire, et vous ne nous auriez pas encore adressé de vos nouvelles, si je ne vous l'avais demandé. Je me réjouis chaque fois que je reçois une lettre; vous êtes maintenant tous deux ensemble; écrivez-nous donc encore et dites-nous comment vous avez passé les jours de fêtes et si vous êtes chez des habitants ou si vous campez.

« Durant les fêtes, j'ai toujours pensé à vous, surtout depuis qu'il fait si froid, car trois jours avant les fêtes, les fenêtres et les murs étaient gelées; fait-il aussi froid là-bas? On entend toujours dire que les Français repoussent les Prussiens (*zurück treiben*). Qui sait ce que l'avenir nous réserve encore et ce qui nous arrivera, puisqu'il n'y a pas de fin à ce que nous voyons?

« J'espère que vous recevrez cette lettre pour la nouvelle année et juste pour la fête; je te souhaite beaucoup de bonheur et de santé, et je vous souhaite de survivre heureusement pendant cette nouvelle année, et que vous nous reveniez le plus vite possible. Je t'aurais envoyé quelque chose avec plaisir; cela ne vous serait peut-être pas arrivé, car c'eût été un paquet. Écrivez-moi ce dont vous avez besoin, je vous l'adresserai.

« Nous pensons toujours à vous, et si vous deviez mourir, moi-même ne me portant pas bien depuis cet automne, qui sait si je passerais cette nouvelle année ?

« Je termine en t'embrassant, etc. »

Certifié conforme :

Le contre-amiral,

POTHUAU.

L'âne du Saltimbanque.

Vous souvenez-vous de la scène émouvante où Frédérick Lemaître, dans *Paillasse*, racontait la mort de son âne et trouvait le moyen d'émouvoir son public, tant il mettait d'âme dans son récit ?

Hier, nous avons assisté à une scène analogue. Un pauvre saltimbanque, qui n'a pu quitter Paris, s'est vu privé par la réquisition de son âne. — Il l'a conduit lui-même... au martyre, et en revenant il pleurait à chaudes larmes.

— Bah ! ce n'est qu'une bête, après tout, lui disait quelqu'un.

— C'est vrai, monsieur, répondit-il à travers ses sanglots, mon pauvre *Tristan* ne m'a jamais fait que du bien, et les hommes m'ont fait tant de mal !

Vente de charité.

Pendant que les bombes commençaient à pleuvoir sérieusement sur les forts de l'Est et du Sud, on vendait à la gare du Nord, au profit de l'Association internationale pour l'organisation du travail des femmes.

C'est ainsi que les maux de la guerre ont beau nous écraser, la charité continue, comme en temps de paix et à plus forte raison, ses actes de dévouement.

C'était hier la première journée. Elle a été aussi fructueuse que bien remplie. Il a même fallu la prolonger au delà des limites indiquées et continuer aux lampes; la foule des acheteurs ne voulait pas s'en aller.

Les parts de gruyère trouvaient facilement preneur à 40 francs; les fromages de Hollande à 80 francs et même à 200 francs s'enlevaient comme si c'eût été pour rien; les paquets de 25 cigares, 100 francs; les pâtés de 60 à 450 francs; les poulets à 100 francs, n'en avait pas qui voulait. Les œufs à 5 francs pièce faisaient fureur.

Les comptoirs tenus par Mmes Liadières, Duchâtel, la marquise de Galliffet, Tiby, etc., etc., ont fait des recettes énormes.

Après les vendeuses, citons quelques-uns des acheteurs : le prince de Sagan, qui a enlevé un fromage de 150 francs; MM. de Rothschild, le duc de Castries, qui a conquis un pâté de 200 francs; M. Tréchinier a payé un saucisson 200 francs à Mme Liadières, et à Mme Bocher 1,000 francs une douzaine de chemises de flanelle; M. Delpech a donné

300 francs de douze ronds de beurre cotés 25 centimes en temps ordinaire, 25 francs en temps de siége. Il est vrai que chaque rond de beurre était enfermé dans un étui, presque un écrin !

Les céleris-raves à 25 francs ; les couvertures à 80 fr.; les langes, les chemises, les gants d'hiver, les layettes, les jupons, les vareuses. Si la charité des riches achetait cher, comme on l'a vu par les prix que nous avons cités en exemple, on pouvait s'approvisionner à aussi bon marché que n'importe où des objets de première nécessité.

La vente avait lieu dans les bureaux de l'administration de la Compagnie et dans la cour qui servait aux départs — du temps où l'on partait encore !

La dette de la Patrie.

Le Gouvernement de la défense nationale,

Considérant que les devoirs de la République sont les mêmes à l'égard des victimes du bombardement de Paris qu'à l'égard de ceux qui succombent les armes à la main pour la défense de la patrie,

DÉCRÈTE :

Tout Français atteint par les bombes prussiennes est assimilé au soldat frappé par l'ennemi.

Les veuves de ceux qui auront péri par l'effet du bombardement de Paris, les orphelins de pères ou de mères qui auront péri de même sont assimilés aux veuves et aux orphelins des soldats tués à l'ennemi.

Fait à Paris, le 11 janvier 1871.

> Général Trochu, Jules Favre, Emmanuel Arago, Jules Ferry, Garnier-Pagès, Eugène Pelletan, Ernest Picard, Jules Simon.

Pour les Pauvres, S. V. P.

La scène se passe à Montreuil, où est campé le 4ᵉ régiment de zouaves.

Nos zouzous, comme vous pensez, ne sont plus absolument à leur aise, et plus d'une fois il leur est arrivé d'avoir faim, d'avoir soif et d'avoir froid, cela va sans dire. Cependant, depuis les quelques jours qu'ils sont établis dans les maisons, ils ont réussi à se procurer non-seulement le nécessaire, mais encore le *confortable*. Ainsi, les premières nuits, ils étaient sans feu et n'avaient que leurs couvertures pour s'envelopper ; aujourd'hui ils ont du bois et... *de la paille !* Ajoutons à cela que ces soldats se conduisent en véritables hommes de cœur.

En voici un exemple :

Quelques pauvres diables de paysans sont restés dans le village, où ils endurent la plus navrante misère.

Nos zouzous, toujours en quête, découvrirent plusieurs de ces malheureux. Leurs souffrances les émurent tellement, que ceux à qui les recherches auraient profité, et qui rapportaient soit du bois, soit des vêtements oubliés, etc., partagèrent aussitôt leur butin. Ce n'est pas tout : quoiqu'ils fassent maigre chère, je vous l'assure, ils ont décidé que l'un d'eux irait demander après chaque repas la part des pauvres...

L'autre jour il y eut un véritable régal dans une certaine compagnie : un zouave avait tué un chien !...

Vous devinez ce qui arriva ; il fut dépouillé de sa peau, dépecé, rôti et mangé à belles dents.

Vers la fin du dîner, un zouave se leva et dit, en tendant sa gamelle vide : « Mes frères, pour les pauvres, S. V. P... »

Il récolta beaucoup, et ajouta, comme surcroît aux provisions, la peau du chien ; puis il alla faire sa corvée. Mais jugez de sa surprise, lorsqu'en arrivant chez le malheureux auquel il destinait le tout, il trouva ce dernier en proie au plus violent désespoir.

On lui avait volé son chien et on l'avait tué peut-être...

— De quelle couleur était-il, mon brave ?

— C'était un épagneul magnifique, couleur feu...

Notre zouzou vida sa gamelle pleine dans une assiette, et s'en revint tout triste, tout rêveur, ayant soin de cacher sous son manteau la peau du pauvre épagneul en question...

CHAPITRE XV.

Le bombardement de la ville.

Après un investissement de plus de trois mois, l'ennemi a commencé le bombardement de nos forts le 30 décembre, et, six jours après, celui de la ville. Une pluie de projectiles, dont quelques-uns pesant 94 kilogrammes, apparaissant pour la première fois dans l'histoire des siéges, a été lancée sur la partie de Paris qui s'étend depuis les Invalides jusqu'au Muséum. Le feu a continué jour et nuit, sans interruption, avec une telle violence, que, dans la nuit du 8 au 9 janvier, la partie de la ville située entre Saint-Sulpice et l'Odéon recevait un obus par chaque intervalle de deux minutes.

Tout a été atteint : nos hôpitaux regorgeant de blessés, nos ambulances, nos écoles, les musées et les bibliothèques, les prisons, l'église de Saint-Sulpice, celles de la Sorbonne et du Val-de-Grâce, un certain nombre de maisons particulières. Des femmes ont été tuées dans la rue, d'autres dans leur lit; des enfants ont été saisis par des boulets dans les bras de leur mère. Une école de la rue de Vaugirard a eu quatre enfants tués et cinq blessés par un seul projectile.

Le musée du Luxembourg, qui contient les chefs-d'œuvre de l'art moderne, et le jardin où se trouvait une ambulance qu'il a fallu faire évacuer à la hâte, ont reçu vingt obus dans l'espace de quelques heures. Les fameuses serres du Muséum, qui n'avaient point de rivales dans le monde, sont détruites. Au Val-de-Grâce, pendant la nuit, deux blessés, dont un garde national, ont été tués dans leur lit. Cet hôpital, reconnaissable à la distance de plusieurs lieues par son dôme que tout le monde connaît, porte les traces du bombardement dans ses cours, dans ses salles de malades, dans son église, dont la corniche a été enlevée.

Aucun avertissement n'a précédé cette furieuse attaque. Paris s'est trouvé tout à coup transformé en champ de bataille, et nous déclarons avec orgueil que les femmes s'y sont montrées aussi intrépides que les citoyens. Tout le monde a été envahi par la colère; mais personne n'a senti la peur.

Tels sont les actes de l'armée prussienne et de son roi, présent au milieu d'elle. Le gouvernement les constate pour la France, pour l'Europe et pour l'histoire.

Les armées de province (9 janvier).

Le jour des Rois aura été un jour de fête pour Paris. Le pigeon arrivé hier a apporté des nouvelles excellentes.

Nos armées ont remporté deux victoires sur celles de l'Allemagne. Puisque la province est debout et vient à notre secours, noyant de son sang chaque étape qui la rapproche de Paris, c'est à Paris de tenir bon, si longues et si dures que soient les épreuves.

Voici les deux dépêches que le gouverneur a reçues et qu'il s'empresse de publier :

DÉPÊCHE DE GAMBETTA.

Lyon, 23 décembre.

J'ai reçu le 22 décembre au matin, par M. d'Almeïda, votre dépêche écrite le 16 décembre. L'appréciation que vous avez faite de l'armée de la Loire et des éléments qui la composent est parfaitement juste, et trouve dans les faits qui s'accomplissent tous les jours une nouvelle confirmation. Les Prussiens, sans avoir éprouvé rien qui ressemble à une défaite, paraissent cependant démoralisés. Ils commencent à éprouver une grande lassitude, et on leur tue beaucoup de monde de tous les côtés. Sur divers points du cercle qu'ils occupent, ils rencontrent de vigoureuses résistances. Belfort est approvisionné pour huit mois. Toute la ligne de Montbéliard à Dôle est bien gardée par les forces de Besançon ; de Dôle à Autun par celles de Garibaldi et du général Bressolles ; le Morvan et le Nivernais jusqu'à Bourges sont aussi bien gardés.

D'un autre côté, l'armée de Bourbaki est dans une excellente situation. Elle effectue en ce moment une manœuvre dont on attend les meilleurs résultats.

Chanzy, grâce à son admirable ténacité, a fait lâcher prise aux Prussiens, et, depuis le 16, il s'occupe à refaire ses troupes fatiguées par tant de si honorables combats. Aussitôt remises, ce qui ne demande que quelques jours, rééquipées et munitionnées, vous pouvez être assuré que Chanzy reprendra l'offensive. Le Havre est tout à fait dégagé, les Prussiens ont même abandonné Rouen, après l'avoir pillé, et dirigé leur butin sur Amiens, direction que paraissent avoir prises les forces de Manteuffel pour barrer le passage aux troupes de Faidherbe. Nous augmentons tous les jours notre effectif.

A mesure que les forces s'accroissent, les gardes nationaux mobilisés qui ont déjà vu le feu s'en tirent à merveille, et en peu de temps ce seront d'excellents soldats. Le pays est comme nous résolu à la lutte à outrance. Il sent tous les jours davantage que les Prussiens s'épuisent par leur occupation même et qu'en résistant jusqu'au bout la France sortira plus grande et plus glorieuse de cette guerre maudite.

Salut fraternel.

Léon GAMBETTA.

DÉPÊCHE DE FAIDHERBE.

Bordeaux, 4 janvier.

Nous recevons à l'instant la dépêche que voici :

Le général Faidherbe au ministre de la guerre.

Aujourd'hui 3 janvier, bataille sous Bapaume, de huit heures du matin à six heures du soir.

Nous avons chassé les Prussiens de toutes les positions et de tous les villages. Ils ont fait des pertes énormes et nous des pertes sérieuses,

Avesne-Bapaume, 3 janvier.

J. FAIDHERBE.

Un gamin de Paris.

Près du viaduc du Point-du-Jour, un enfant d'une douzaine d'années voit tomber un obus dans un tas de terre glaise, où ce projectile s'enfonce sans éclater. Il y court aussitôt, et, avec une petite pelle de bois, se met à fouiller la terre jusqu'à ce qu'il ait retrouvé l'obus : il l'emporte précieusement — intact — et va s'asseoir sur une borne pour le décharger.

Décharger un projectile explosible est toujours une opération difficile, lors même qu'on est muni des instruments spéciaux qu'elle nécessite. Pour notre gamin, c'était bien plus périlleux encore, il n'avait que son couteau. Il enfonce légèrement la lame dans la vis de la fusée, prend un caillou et se met à frapper sur ce tourne-vis improvisé.

— Méchant drôle, lui crie un sergent de garde nationale qui survient, veux-tu finir ! Tu vas te faire sauter et nous aussi.

— Vous croyez, mon sergent ? Eh bien, prêtez-moi votre mouchoir. (Gavroche n'est pas toujours bien fourni en linge.)

Le sergent le lui donne ; le gamin fait si bien qu'il réussit à tourner la vis, à retirer l'aiguille et à vider dans le mouchoir du soldat-citoyen la poudre qui chargeait l'obus. Rendant alors le mouchoir à son propriétaire :

— Sergent, voilà votre part ; celle-ci (montrant l'obus) est la mienne. Maintenant, vous n'aurez plus peur... pour moi.

Et il s'en va en sifflant l'air populaire depuis trois mois :

As-tu vu Bismar-que,
A la porte d'Châtillon ?

Les marins à Clamart.

La nuit du 11 janvier, vingt marins, commandés par un officier, ont opéré un hardi coup de main sur l'un des postes avancés de Clamart.

Ce poste était occupé par les Bavarois, qui, comptant sur la terreur où le bombardement ne pouvait manquer de nous avoir plongés, s'étaient un peu relâchés de leur vigilance. Aussi les sentinelles, surprises par les marins, se laissèrent-elles désarmer sans difficulté.

La petite troupe s'avança ensuite vers le poste ; mais elle en était à peine à six pas, qu'une fusillade nourrie venait l'assaillir. On était découvert, la surprise devenait impossible. Nos hardis gabiers s'élancèrent en avant avec l'entrain dont ils ont fait preuve au Bourget ; en un instant le poste fut envahi.

Les Bavarois se défendaient avec l'acharnement qu'expliqueraient les calomnies absurdes qui circulent parmi les Prussiens, relativement au sort réservé à nos prisonniers. A coups de crosse, de baïonnette, de sabre, corps à corps, pied contre pied, les Bavarois, formant le carré, se défendaient énergiquement. Ils poussaient des cris perçants, accompagnés de hurrahs bruyants, destinés à prévenir les autres grand'gardes du péril qu'ils couraient. Par bonheur, aucun renfort ne survint.

Les Bavarois étaient dix-huit, les Français aussi nombreux : « A chacun son homme ! » cria l'officier de marine ; et nos marins, faisant face à leurs adversaires, parvinrent à les désarmer, après une lutte longue et acharnée. L'un des nôtres eut, pendant le combat, le poignet coupé par un coup de sabre violemment asséné.

Les dix-huit prisonniers furent immédiatement amenés au Louvre, où le général Trochu les a interrogés.

Les victimes du nouvel Hérode.

Dans la nuit du 8 au 9 janvier, vers une heure du matin, les détonations se multipliaient autour de l'établissement Saint-Nicolas, rue de Vaugirard. — On sait que cet établissement, dirigé par une centaine de Frères, compte un millier d'enfants. En vain le Frère directeur avait écrit aux parents de venir retirer leurs enfants ; presque aucun n'avait encore répondu à cet appel.

Inquiet du danger, le directeur fit lever les élèves pour les abriter dans les caves. Le défilé commençait : encore deux minutes et tous étaient sauvés ! A cet instant, un obus effondre le toit, traverse le plancher du grenier, éclate dans le premier dortoir, traverse le deuxième plancher, et ses débris pénètrent dans l'épaissseur du troisième. C'est dans le premier dortoir, au moment où éclata le projectile, qu'il y eut tant de victimes. Trois des élèves furent tués sur le coup. L'un avait le crâne fracassé, l'autre avait la moitié de la tête emportée, le troisième n'avait plus de tête, mais seulement la moitié de la nuque.

Un quatrième vécut deux à trois minutes ; rien de plus affreux que le visage de ce pauvre enfant.

Les autres blessés vivants furent transportés dans une salle basse ; on courut chercher des chirurgiens : deux répondirent à l'appel de la charité, sans compter avec le péril, et arrivèrent au milieu des ténèbres et des bombes qui éclataient autour d'eux : c'étaient les docteurs Monceau, chirurgien du 19ᵉ bataillon, et Ozanam. Ils restèrent là pendant trois heures, pansant et opérant les blessés.

L'une des victimes avait la cuisse entièrement broyée par un éclat d'obus. Le docteur Ozanam, dont le talent comme chirurgien avait été déjà apprécié à Rome, en 1869, fut obligé de lui faire la désarticulation de la cuisse. Après l'opération, l'enfant, transporté dans un bon lit, fut réchauffé avec soin ; mais, épuisé par la gravité de ses blessures, ce jeune homme, qui pouvait avoir quatorze ou quinze ans, mourut quelques heures après, ayant reçu tous les sacrements et conservé sa connaissance jusqu'au bout.

Deux autres enfants avaient eu la jambe et l'avant-bras traversés. On les transporta à l'ambulance de la maison-mère, rue Oudinot, où l'un subit le lendemain matin l'amputation de la jambe.

Le 11, à neuf heures, l'église de Notre-Dame-des-Champs était tendue de noir.

Une foule profondément émue se pressait dans la rue de Rennes.

Dans l'église, quatre cercueils couverts de couronnes étaient rangés devant l'autel. On allait commencer l'office des morts.

Les quatre petits cercueils sur lesquels convergeaient tous les regards contenaient quatre victimes du bombardement, les malheureux élèves du collège de la rue de Vaugirard, tués dans leur dortoir par les éclats d'un obus.

Au milieu de la cérémonie, M. le ministre des affaires étrangères est venu se mêler à la foule, et ce n'est que sur les instances du curé qu'il a consenti à occuper une place réservée dans le chœur.

A dix heures, M. Jules Favre, accompagné de son secrétaire particulier, prenait la tête du cortége, et, suivi d'une foule énorme, le funèbre convoi se dirigeait vers le cimetière Montparnasse.

Sur le parcours de l'église au cimetière, la suite avait encore grossi ; nous avons vu couler bien des larmes et entendu bien des paroles indignées.

C'est en arrivant au lieu de la sépulture, au milieu de l'émotion générale, que M. Jules Favre a pris la parole en ces termes :

« Chers citoyens,

« Je remplis un devoir bien naturel en venant m'asso-
« cier à votre deuil légitime. Il n'était pas possible que
« le cœur de la cité et de la France ne s'associât pas à
« cette douleur.

« Le cinquième de ces enfants dont nous pleurons la
« mort a été enterré hier par les soins de sa famille, et
« malheureusement, demain peut-être, un sixième
« suivra ces innocents martyrs de la fureur de nos en-
« nemis.

« Après tant de souffrances, de privations et d'hé-
« roïsme, je crois pouvoir vous dire que nos maux tou-
« chent à leur fin, et du fond de ces tombes sortira bien-
« tôt, je l'espère, le triomphe de notre patrie. »

Après ces éloquentes paroles, M. Lauth, adjoint, représentant la municipalité du sixième arrondissement, a prononcé un discours ému. Il a rappelé à tous les citoyens le courage et les mâles vertus que demande la République pour sauver la France et la capitale si odieusement outragées par une horde de barbares chez lesquels la force prime constamment le droit.

La Conférence de Londres.

Il semble puéril de vouloir régler, par les traités, le sort de l'Orient, quand l'Occident est le théâtre des excès de la force et quand les lois de l'humanité et du droit des gens n'y sont pas respectées. La France n'a point de traité à signer en ce moment. Elle ne livrera pas sa faiblesse présente; elle ne vendra pas sa force future. Elle fait du fer, du blé et des hommes en ce moment. Plus tard, quand elle sortira rajeunie de son tombeau, elle verra si la justice règne et si quelque despote traîne derrière son char quelque peuple abandonné.

Le ministre des affaires étrangères a adressé à nos agents diplomatiques la circulaire suivante :

Paris, ce 12 janvier 1871.

Monsieur, le gouvernement a jusqu'ici cru de son devoir de rester dans une grande réserve en ce qui touche les négociations engagées sur la révision des traités de 1856. Qu'une telle révision, si elle est nécessaire, appartienne exclusivement aux puissances signataires de ces traités, c'est là une vérité si évidente qu'il est inutile d'y insister. Elle ne pouvait être mise en doute. Aussi, dès que l'une de ces puissances a réclamé la modification des conventions obligeant également tous les signataires, l'idée d'une conférence dans laquelle la question serait discutée a-t-elle été adoptée sans difficulté. La place de la France y était marquée. Mais pouvait-elle songer à l'occuper quand elle était tout entière absorbée par la défense de son territoire ? Telle est la grave question que le gouvernement a dû examiner, dans les circonstances que je vais sommairement rappeler.

C'est par une dépêche en date de Tours, 11 novembre, reçue à Paris le 17, que le ministre des affaires étrangères a été informé par M. de Chaudordy de la circulaire de M. le prince de Gortschakoff. Cette nouvelle lui était transmise par un télégramme de notre ministre à Vienne, ainsi conçu : « Le ministre de Russie a fait hier « une communication de laquelle il résulte que son gou- « vernement ne se considère plus comme lié par les sti- « pulations des traités de 1856. »

Le même jour, 17 novembre, le ministre des affaires étrangères répondait à M. de Chaudordy en lui ordonnant la plus extrême réserve. Nous n'avions encore aucune communication officielle, et nous devions nous borner au rôle d'observateur, sans négliger toutefois de maintenir en toute occasion notre droit formel d'être associés à une résolution qui, sans notre participation, serait absolument dénuée de valeur.

L'Europe ne pouvait le comprendre autrement, et, dans les conversations et les notes échangées entre les différentes puissances et nous, il a toujours été entendu que la France était partie nécessaire à la délibération, et qu'elle y serait appelée.

Je croirais commettre une indiscrétion inexcusable si je révélais aujourd'hui les détails de ces pourparlers. Notre effort a été de profiter des dispositions bienveillantes qu'on nous y a montrées, et d'amener les représentants des puissances à reconnaître que, sans déserter ni diminuer en rien l'intérêt de premier ordre que soulève pour nous la discussion des traités de 1856, nous avions le devoir, en entrant dans la Conférence, d'y introduire un débat d'une toute autre importance, et sur lequel on ne pouvait nous opposer aucune fin de non-recevoir.

Cependant, il faut dire qu'en partageant complétement cet avis, la délégation de Tours a toujours estimé que nous devions accepter l'invitation de l'Europe si elle nous était faite. Résumant cette opinion, M. de Chaudordy écrivait dans sa dépêche du 10 décembre : « La déléga-
« tion est d'avis, après avoir examiné toutes les dépê-
« ches avec moi, que nous devons aller à la Conférence,
« alors que nous n'aurions aucune promesse avant, ni
« un armistice. » L'opinion des membres de la délégation n'a, du reste, jamais varié. M. Gambetta l'exprime encore avec force dans sa dernière dépêche des 31 décembre 1870-3 janvier 1871. S'adressant au ministre des affaires étrangères, il lui écrit : « Vous devez être sur le
« point de quitter Paris pour vous rendre à la Conférence
« de Londres, si, comme on me l'affirme, l'Angleterre
« parvient à obtenir un sauf-conduit. Je me figure les

« déchirements que vous allez éprouver de quitter Paris
« et nos collègues. J'entends d'ici l'expression de vos
« premiers refus, et cependant je dois à l'intérêt de
« notre cause de vous dire qu'il le faut. »

Avant que M. Gambetta eût écrit ces lignes, le ministre des affaires étrangères, suivant, autant que le lui permettaient l'imperfection et les retards des communications, les négociations engagées à Tours, continuées depuis à Bordeaux, avait fait connaître à M. de Chaudordy que le gouvernement avait décidé que si elle y était régulièrement appelée, la France se ferait représenter à la conférence de Londres, en y mettant toutefois cette condition que l'Angleterre, qui avait fait l'invitation verbale, voudrait bien se charger d'obtenir le sauf-conduit nécessaire à son représentant, s'il était choisi à Paris.

Cet arrangement a été accepté par le cabinet anglais. M. de Chaudordy en avisait le ministre des affaires étrangères par une dépêche en date de Bordeaux, du 26 décembre 1870 — reçue le 8 janvier ; — il l'informait en même temps que la délégation du gouvernement l'avait désigné comme devant représenter la France à la conférence. Cette communication a été confirmée par la lettre suivante, écrite par lord Granville, le 29 décembre, et remise le 10 de ce mois par l'intermédiaire de M. le ministre des États-Unis :

Londres, 29 décembre 1870.

Lord Granville à S. Exc. le ministre des affaires étrangères à Paris.

« Monsieur le ministre,

« M. de Chaudordy a informé lord Lyons que Votre Excellence était proposée pour représenter la France dans la conférence qu'on est convenu de tenir à Londres, concernant la neutralisation de la mer Noire, et il m'a en même temps fait demander d'obtenir un sauf-conduit qui permette à Votre Excellence de franchir les lignes prussiennes. J'ai immédiatement prié le comte de Bernstorff de réclamer ce sauf-conduit et de le faire remettre à Votre Excellence par un officier allemand envoyé en parlementaire.

« M. de Bernstorff m'a fait savoir hier qu'un sauf-conduit serait mis à la disposition de Votre Excellence aussitôt qu'il serait demandé par un officier envoyé de Paris au quartier-général allemand. Il a ajouté toutefois qu'il ne pourrait être envoyé par un officier allemand, tant que satisfaction n'aurait pas été donnée pour l'officier prussien du pavillon parlementaire sur lequel les Français avaient tiré.

« J'ai été informé par M. Tissot, que beaucoup de temps s'écoulerait avant que cet avis puisse vous être transmis par la délégation de Bordeaux, et j'ai, en conséquence, suggéré au comte de Bernstorff un autre moyen de le faire parvenir, en profitant de l'occasion qui m'était offerte par le chargé d'affaires des États-Unis, pour vous informer de ce qui s'est passé.

« Il a été convenu que la conférence se réunirait cette semaine ; mais, pour donner au plénipotentiaire français le temps d'arriver, le jour de la réunion a été fixé au 3 janvier. J'espère que Votre Excellence autorisera M. Tissot à la représenter à la première séance, dans laquelle je ne mettrai à l'ordre du jour que la question de forme, et si Votre Excellence est en mesure de m'annoncer son arrivée, je proposerai d'ajourner la conférence d'une semaine, afin d'obtenir le précieux concours de votre expérience.

« J'espère que Votre Excellence me permettra de saisir cette occasion de lui exprimer toute ma satisfaction d'entrer en relations personnelles avec elle, et le plaisir que j'éprouverai de la voir à Londres.

« J'ai l'honneur, etc.

« Lord GRANVILLE. »

Mis en demeure par cette dépêche, le gouvernement n'aurait pu, sans abdication des droits de la France, repousser l'invitation qu'il recevait en son nom. Sans doute, on peut objecter que, pour elle, l'heure est peu propice à une discussion sur la neutralisation de la mer Noire. Mais c'est précisément parce qu'à ce moment suprême elle lutte seule pour son honneur et son existence que la démarche officielle faite auprès de la République française par les cabinets européens acquiert une gravité exceptionnelle. Elle est un commencement tardif de justice, un engagement qui ne pourra plus être rétracté. Elle consacre, avec l'autorité du droit public, le changement de règne, et fait apparaître sur la scène où se jouent les destinées du monde la nation libre, malgré ses blessures, à la place du chef qui l'a menée à sa perte ou des prétendants qui voudraient disposer d'elle. D'ailleurs, qui ne sent qu'admise en face des représentants de l'Europe, la France a le droit incontestable d'y élever la voix? Qui pourra l'arrêter, lorsque, s'appuyant sur les règles éternelles de la justice, elle défendra les principes qui garantissent son indépendance et sa dignité? Elle n'abandonnera aucun de ceux que nous avons posés : notre programme n'a pas changé, et l'Europe, qui convie celui qui l'a tracé, sait fort bien qu'il a le devoir et la volonté de le maintenir. Il n'y avait donc point à hésiter, et le gouvernement eût commis une faute grave en repoussant l'ouverture qui lui était faite.

Mais en le reconnaissant, il a pensé, comme moi, que le ministre des affaires étrangères ne pouvait, à moins d'une raison d'intérêt supérieur, quitter Paris au milieu du bombardement que l'ennemi dirige sur la ville. Voici huit jours qu'à l'improviste, sans prévenir les inoffensifs et les neutres, le commandant en chef de l'armée prussienne couvre nos édifices de ses projectiles meurtriers. Il semble qu'il ait choisi de préférence nos asiles hospitaliers, nos écoles, nos temples, nos ambulances. Les femmes sont tuées dans leur lit, les enfants entre les bras de leurs mères, sous l'œil de leurs instituteurs; hier nous accompagnions à leur dernière demeure cinq petits cercueils de jeunes élèves écrasés sous le poids d'un obus de 90 kilogrammes. L'église où leurs restes étaient bénis par le prêtre et arrosés par les larmes de leurs parents témoignait par ses murailles déchirées, la nuit même, de la fureur des assaillants. Je ne sais combien de temps dureront ces inhumaines exécutions. Inutiles à l'attaque, elles ne sont qu'un acte de déprédation et de meurtre destiné à jeter l'épouvante. Notre brave population de Paris sent son courage grandir avec le péril. Ferme, irritée, résolue, elle s'indigne et ne plie point. Elle veut plus que jamais combattre et vaincre, et nous le voulons avec elle. Je ne puis songer à m'en séparer dans cette crise. Peut-être nos protestations adressées à l'Europe, celle des membres du corps diplomatique présents à Paris, y mettront-elles un terme prochain. Jusque-là, l'Angleterre comprendra que ma place est au milieu de mes concitoyens. C'est ce que j'explique au ministre des affaires étrangères de la Grande-Bretagne dans la réponse qui suit et qui, naturellement, clôt cet exposé.

« Monsieur le comte,

« Je reçois seulement aujourd'hui, 10 janvier, à neuf heures du soir, par l'intermédiaire de M. le ministre des États-Unis, la lettre que Votre Excellence m'a fait l'honneur de m'écrire le 29 décembre dernier, et par laquelle elle veut bien m'annoncer qu'elle a prié M. le comte de Bernstorff de faire tenir à ma disposition le sauf-conduit qui m'est nécessaire pour franchir les lignes prussiennes et assister, comme représentant la France, à la conférence qui doit s'ouvrir à Londres.

« Je remercie Votre Excellence de cette communication et de l'obligeance qu'elle a mise à me faciliter l'accomplissement du devoir qui m'est imposé.

« Il m'est toutefois difficile de m'éloigner immédiatement de Paris, qui, depuis huit jours, est livré aux horreurs d'un bombardement exécuté sur sa population inoffensive, sans l'avertissement usité dans le droit des gens. Je ne me sens pas le droit d'abandonner mes concitoyens au moment où ils sont victimes de cette violence.

« D'ailleurs, les communications entre Paris et Londres sont, par le fait du commandant en chef de l'armée assiégeante, si lentes et si incertaines, que je ne puis, malgré mon bon vouloir, répondre à votre appel dans les termes de votre dépêche.

« Vous vouliez bien me faire connaître que la conférence se réunirait le 3 janvier, puis s'ajournerait probablement à une semaine.

« Prévenu le 10 au soir, je ne pouvais profiter de votre invitation en temps opportun. De plus, en me la faisant parvenir, M. le comte de Bismark n'y a pas joint un sauf-conduit, cependant indispensable.

« Il demande qu'un officier français se rende au quartier général prussien pour le chercher, se prévalant de réclamations qu'il aurait adressées à M. le gouverneur de Paris, à l'occasion d'un fait dont un parlementaire aurait eu à se plaindre le 23 décembre, et M. le comte de Bismark ajoute que, jusqu'à ce que satisfaction lui ait été donnée, le commandant en chef prussien interdit toute communication par parlementaires.

« Je n'examine point si une pareille résolution, contraire aux lois de la guerre, ne serait pas la négation absolue des droits supérieurs que la nécessité et l'humanité ont toujours fait maintenir aux belligérants. Je me contente de faire remarquer à Votre Excellence que M. le gouverneur de Paris s'est empressé d'ordonner une enquête sur le fait relevé par M. le comte de Bismark, et, en le lui annonçant, il a porté à sa connaissance des faits de même nature, beaucoup plus nombreux, imputables à des sentinelles prussiennes, sur lesquels cependant il n'avait jamais songé à s'appuyer pour interrompre les échanges de relations ordinaires.

« M. le comte de Bismark semble avoir admis, en partie au moins, la justesse de ces observations, puisque, aujourd'hui même, il charge M. le ministre des États-Unis de me faire savoir que, sous la réserve d'enquêtes respectives, il rétablit les relations par parlementaires.

« Il n'y a donc plus aucune nécessité à ce qu'un officier français se rende au quartier général prussien, et je vais entrer en communication avec M. le ministre des États-Unis pour me faire remettre le sauf-conduit que vous avez bien voulu obtenir.

« Dès que j'aurai cette pièce entre les mains, et que la situation de Paris me le permettra, je prendrai la route de Londres, sûr à l'avance de ne pas invoquer en vain, au nom de mon gouvernement, les principes de droit et de morale que l'Europe a un si grand intérêt à faire respecter.

« Veuillez agréer les assurances de la très-haute considération avec laquelle j'ai l'honneur d'être, monsieur le comte, de Votre Excellence, le très-humble et très-obéissant serviteur.

« Jules Favre.

« Paris, 10 janvier 1871. »

Je vous prie, monsieur, de vouloir bien donner connaissance de cette dépêche au représentant du gouvernement près duquel vous êtes accrédité. Il importe que l'Europe soit éclairée sur nos intentions et nos actes : c'est à son équité que nous les soumettons.

Aux Bouffes-Parisiens. — Le sacre de Paris.

La deuxième séance populaire de poésie moderne réunissait, le 13 janvier, dans la salle des Bouffes-Parisiens, une assistance empressée d'applaudir les vers chaleureux de nos poëtes.

Le programme était composé avec un soin rare. Les interprètes ont su rendre le sentiment élevé des pièces qu'ils s'étaient chargés de dire.

Citons quelques strophes de Leconte de Lisle, inspirées d'un brûlant et large souffle patriotique.

Le sacre de Paris.

. . . .
. . . .

Ville auguste, cerveau du monde, orgueil de l'homme,
  Ruche immortelle des esprits,
Phare allumé dans l'ombre où sont Athène et Rome,
  Ame des nations, Paris !

O nef inébranlable aux flots comme aux rafales,
  Qui, sous le ciel noir ou clément
Joyeuse, et déployant tes voiles triomphales,
  Voguais victorieusement !

La foudre dans les yeux et brandissant la pique,
  Guerrière au visage irrité,
Qui fis jaillir des plis de ta toge civique
  La victoire et la liberté !

Toi qui courais, pieds nus, irrésistible, agile,
  Aube d'un monde rajeuni !
Qui, secouant les rois sur leur tréteau fragile,
  Chantais, ivre de l'infini !

Nourrice des grands morts et des vivants célèbres,
  Vénérable aux siècles jaloux,
Est-ce toi qui gémis ainsi dans les ténèbres,
  Et la face sur les genoux !

Vois ! la horde au poil fauve assiége tes murailles !
  Vil troupeau de sang altéré,
De la sainte patrie ils mangent les entrailles,
  Ils bavent sur ton sol sacré !

Tous les loups d'outre-Rhin ont mêlé leurs espèces,
  Vandale, Germain et Teuton ;
Ils sont tous là, hurlant de leurs gueules épaisses,
  Sous la lanière et le bâton.

Ils brûlent les moissons, rasent les citadelles,
  Changent les villes en charnier,
Et l'essaim des corbeaux retourne à tire d'ailes,
  Pour être venu le dernier !

O Paris, qu'attends-tu ? La famine ou la honte ?
  Furieuse, et cheveux épars,
Sous l'aiguillon du sang qui dans ton cœur remonte,
  Va ! bondis hors de tes remparts.

. . . .

Un obus chez l'abbé Moigno.

M. l'abbé Moigno est aussi connu en Prusse qu'en France. Recommandé, il y a un quart de siècle, par son maître Arago à l'illustre A. Humboldt, il fut accueilli par les savants de Berlin et ne tarda pas à devenir membre de la plupart des sociétés scientifiques de cette capitale. Dès que Paris s'est trouvé investi, M. l'abbé Moigno a constamment éclairé et encouragé la défense. Il a rempli ses devoirs de patriote avec un zèle au-dessus de tout éloge. Dernièrement, il s'attachait à établir, par des considérations empruntées à l'ethnographie et à l'histoire, que la Prusse ne pouvait à aucun point de vue justifier ses prétentions à remplacer la France à la tête du mouvement civilisateur.

Le lendemain de la publication de cet article, un obus est tombé chez M. l'abbé Moigno. Voici en quels termes le savant abbé raconte cette politesse prussienne :

« Le commandant d'artillerie prussien n'a pas tardé à m'accuser réception des éloges que j'ai ardessés dimanche matin à sa science, à son habileté, à sa sauvagerie.

« Hier soir, lundi, à neuf heures un quart, j'étais debout à la porte de la petite chambre où, dans Saint-Germain-des-Prés, je me tiens prêt à l'appel des mourants, lorsqu'une effroyable détonation s'est fait entendre. Tout à l'intérieur et à l'extérieur de mon humble lieu de repos a été renversé et saccagé, un obus énorme s'était abattu sur ces murs de plâtre et de bois. Je tenais à la main un petit morceau de bougie allumée sans chandelier; la bougie a été éteinte par un vent assez violent, mais ce vent n'a produit sur moi que l'effet d'une douce rosée, *quasi ventum roris flantem*, et quoique je fusse à moins de vingt centimètres du centre de décombres vraiment effroyable, je n'ai éprouvé aucune émotion.

« L'exécuteur des œuvres du roi Guillaume et de la mort ne pourra pas se vanter de m'avoir inspiré de la terreur. J'ai souri tout d'abord, j'ai prié ensuite la belle prière ! et je suis descendu plein de reconnaissance et de joie.

« Le projectile meurtrier m'a été envoyé tout entier avec son culot, avec sa pointe conique, avec son enveloppe en plomb toute tordue, et portant les empreintes des rayures du canon; il ne m'a été fait grâce de rien ; toutes les murailles sont effondrées, toutes les vitres sont brisées, deux grandes bibliothèques sont pulvérisées, une collection de cinq cents volumes reliés de la bibliothèque universelle de Genève est affreusement lacérée ; et tout cela autour de moi sur un espace de trois mètres carrés ! Un petit éclat de verre m'a seulement blessé à la tête, et n'a fait couler que quelques gouttes du sang que je serais si heureux de verser à flots pour le salut de la France. *Misericordia Domini quia non sumus consumpti!*

« Et je conserve plus inébranlable que jamais l'espérance de la défaite entière de l'armée prussienne ; et je suis certain que la France échappera mieux que moi aux affreux dangers qui la menacent.

« F. M. »

Encore l'Anglais charitable.

M. R. Wallace, déjà connu pour ses libéralités, adresse au ministre des affaires étrangères la lettre suivante :

Paris, 14 janvier 1871.

Monsieur le ministre,

La conduite admirable de la population des quartiers de Paris si brutalement bombardés me suggère une pensée que je vous demande la permission de vous soumettre, et qui, je l'espère, sera bien accueillie et bien comprise par les habitants de la capitale.

Je désirerais qu'il fût ouvert sans retard, dans Paris, une souscription patriotique en faveur des malheureuses familles obligées de fuir leur logis, sous le feu de l'ennemi, afin de leur faire distribuer immédiatement les secours de toute nature dont elles ont un si pressant besoin.

Au cas où ma proposition recevrait l'approbation du gouvernement de la défense nationale, je vous prierai de vouloir bien m'inscrire sur cette liste pour la somme de *cent mille francs*, que je ferai verser sur-le-champ au Trésor public, afin que la distribution des secours dont je parle puisse commencer *dès maintenant*.

J'ai l'honneur d'être, avec un profond respect, monsieur le ministre,

de Votre Excellence,
le très-humble et très-obéissant serviteur,

Richard WALLACE.

Le ministre a adressé à M. Richard Wallace la réponse suivante :

Monsieur,

J'accepte avec reconnaissance votre offre généreuse, et vous prie, au nom du gouvernement, au nom de la ville de Paris, dont je me fais l'interprète, de recevoir l'expression de nos sentiments de gratitude. Déjà vous avez puissamment contribué à soulager les souffrances que le siége nous impose.

Votre présence au milieu de nous, vos abondantes libéralités feront bénir votre nom par la population parisienne. La conscience du grand devoir qu'elle accomplit la fait rester calme devant les violences de l'ennemi; elle puisera une nouvelle force dans la certitude d'un secours efficace auquel tous les hommes de cœur s'associeront, et dont ils vous remercieront, monsieur, d'avoir pris la première initiative.

Veuillez, monsieur, agréer l'assurance des sentiments de haute considération avec lesquels j'ai l'honneur d'être,

Votre très-humble et très-obéissant serviteur,

JULES FAVRE.

Conformément au vœu exprimé par M. Wallace, une souscription a été ouverte au profit des familles victimes du bombardement.

Nos quarante moblots.

Nos moblots sont un peu gourmands; dans les loisirs du campement, une bonne partie de leur attention se porte sur la confection du *rata*. Mais pour confectionner un *rata*, encore faut-il de la viande. Or, quelques compagnies de mobiles de la Seine, campées en avant de Créteil, en étaient réduites depuis deux ou trois jours au riz et au biscuit réglementaires.

Ces deux substances, fort saines d'ailleurs, sont d'un goût peu relevé pour les palais de nos moblots. L'un d'entre eux ouvre un avis : celui de pousser une reconnaissance vers Bonneuil.

En avant de ce village, il existe un poste de cavaliers prussiens, et si on pouvait les surprendre et leur tuer un ou deux chevaux, il y aurait là de quoi faire bombance pendant une semaine entière.

L'avis est mis aux voix et adopté à l'unanimité. On partira le soir, à l'heure du premier sommeil, qui doit être dur et ferme pour les Allemands.

L'heure venue, on se compte : quarante, tout compris. On s'avance dans le plus profond silence; le brouillard et l'absence de la lune favorisent nos *quarante moblots*.

Arrivés enfin en vue de la sentinelle du poste de cavalerie, on hésite un instant. Le bâtiment est immense, il peut renfermer deux cents chevaux et autant de uhlans, car ce sont bien des uhlans. Pour couper court à toute réflexion, un des moblots, que l'odeur du cheval avait sans doute excité plus que la prudence ne l'exigeait, vise la sentinelle et l'abat du coup.

Nos quarante moblots se précipitent aussitôt vers les entrées des écuries en poussant des cris de sauvages. Les uhlans, surpris, n'ont que le temps de fuir sans s'occuper de leurs montures. Quelques coups lâchés sur les fuyards ne font que redoubler leur vitesse.

Nos moblots restent maîtres de la place; mais ils avaient compté sans la complaisante précipitation de l'ennemi; et au lieu de un ou deux chevaux qu'ils convoitaient, en voilà près d'une cinquantaine. Que faire? Nos moblots ne sont pas embarrassés pour si peu de chose : chacun d'eux enfourche une monture; puis, le plus lettré de la troupe se ravisant, détache les quatre ou cinq chevaux qui restent et les lâche à grands coups de fouet sur les traces des fuyards pour leur porter la nouvelle de la capture de leurs frères de harnais.

Rentrés au campement, nos moblots furent félicités du succès de leur expédition, et pour les encourager à continuer à bien faire, on leur laissa le plus gras et le plus beau des chevaux capturés.

Anniversaire de la naissance de Molière.

Le 15 janvier, le Théâtre-Français a fêté, comme si nous étions en pleine paix, le 249e anniversaire de la naissance de Molière. Nous reproduisons un à-propos de M. Edmond Gondinet que Coquelin a récité avec beaucoup de verve :

A MOLIÈRE.

En quel temps serions-nous plus jaloux de nos gloires?
Il semble que jamais ton nom n'avait jeté
Tant d'éclat, ô poëte! et leurs sombres victoires
Nous font plus grande encor ton immortalité!

31.

Mais ce n'est plus Paris souriant et sceptique,
Qui va fêter Agnès, Alceste ou Scapin, — non!
C'est Paris prisonnier, meurtri, blessé, stoïque,
Qui fête le génie au bruit de leur canon.

En s'élevant à toi, l'âme se rassérène;
Jamais l'esprit français n'a résonné si fort,
Et dans le doux pays où ton rêve nous mène,
Nous nous sentons plus loin de ces hordes du Nord.

Nous cherchions la bataille audacieuse et fière.
Mais eux, patiemment, sourdement, par les bois,
Ils ont versé sur nous leur Allemagne entière,
Pour nous vaincre sans gloire, écrasés sous leur poids.

Comme ils nous voient vivants dans leurs savantes trames,
Comme notre agonie à leur gré tarde un peu,
Pour tuer au hasard des enfants et des femmes
Ils font passer sur nous des ouragans de feu.

Vous disiez que Paris appartenait au monde,
Stupides nations! Paris est bien à nous.
Nous le sentons enfin à la haine profonde
Qui, mieux que nos remparts, nous sépare de vous!

Ils traînent avec eux le meurtre et la souillure;
Ils ont tout dévasté dans leurs plis insultants.
Sur notre sol béni qu'enchante la nature,
Ils ont peur de laisser une place au printemps.

Ils brûlent nos palais, ils campent à Versailles,
Ce Versailles, Molière, où tout parle de toi.
Plein de notre passé, vivant de nos batailles,
Ils croient que nos splendeurs peuvent grandir leur roi.

Qu'ils refassent un trône au maître qui les mène,
Qu'ils fixent à son front la couronne de fer;
Qu'ils se courbent encore et qu'ils rivent leur chaine
Jusqu'à ce que l'anneau pénètre dans la chair !

Qu'ils aillent, promenant, par la ville muette,
Des fantômes de rois pour se faire une cour.
O sublime railleur, ô penseur, ô poëte !
Qu'ils te semblent petits, ces conquérants d'un jour !

Que ce vieil empereur, triomphateur inerte,
Prépare à son tombeau de superbes lambris,
La pourpre ne vaut pas la tombe toujours verte
Du dernier des soldats qui meurt pour son pays.

Bénissons nos revers. Que l'Europe assombrie
S'agenouille à loisir sous le droit du plus fort.
Nous avons retrouvé l'amour de la Patrie,
Le mépris du succès et l'orgueil de la mort.

Nous vivons follement, dédaigneux de conquêtes,
Jetant notre existence aux dieux que nous aimons.
Et les peuples jaloux se ruaient à nos fêtes
Pour voir ce qu'il restait de sang à nos poumons.

Ce sont les battements de nos cœurs que tu comptes,
Roi Guillaume ! Eh bien ! va, compte-les jusqu'au bout.
La France, d'un coup d'aile, a secoué ses hontes,
Et ses envahisseurs la retrouvent debout.

Debout, le front baigné de gloire et de lumière,
Et montrant sa blessure au monde épouvanté,
Plus belle que jamais, plus ardente, plus fière,
Dominant tous les bruits des cris de liberté !

Edgard de Saisset.

Le 18 janvier ont eu lieu, à la Madeleine, les obsèques du lieutenant de marine Edgard de Saisset, tué la veille au fort de Montrouge.

Un piquet de la garde nationale faisait le service d'honneur. Huit marins ont porté à bras le cercueil, du corbillard dans l'église. Un grand nombre d'officiers de marine, de marins de tous grades, de militaires de toutes armes, étaient venus donner à cette mort prématurée un suprême témoignage de sympathie. Les détails suivants ont été publiés sur ce jeune et vaillant officier :

Le 17, à six heures du soir, au plus fort de la canonnade, sur la plate-forme du fort de Montrouge, un officier de marine a été traversé par un obus prussien : c'était le lieutenant de vaisseau Edgard de Saisset, âgé de vingt-quatre ans !... et promu pour sa belle conduite par décret du 11 janvier 1871 !

Le vice-amiral Saisset n'avait que ce fils, qui était aussi tout l'amour et tout l'espoir de sa mère, l'une des plus dignes femmes de la société parisienne.

Leur cher fils revenait de la Nouvelle-Calédonie à la fin d'août dernier ; il rentrait dans Paris le 10 septembre, huit jours avant l'investissement.

Sorti en 1866 de l'École navale, il avait passé ses quatre années à la mer, et vite il demande à figurer dans la défense de Paris ; il souhaite, après ces années d'éloignement, de servir auprès de son père, le vice-amiral Saisset, dans son état-major, sans penser que dans la marine, à défaut de règlement, il y a l'usage prévoyant et pieux, qui défend de faire partager les mêmes chances sur mer ou d'associer à un même péril le frère et le frère, non plus que le père et le fils.

Le jeune officier fut attaché à l'amiral Pothuau, et, après quatre mois d'un service plein de fatigues et de continuelle attention qu'il dépensait tout entière pour les autres, il a été frappé à mort, et du même coup le cœur de chacun de ceux qui le connaissaient a été atteint.

L'affreuse nouvelle fut adressée aussitôt au ministère de la marine, et tous en furent atterrés. On n'allait pas avoir le courage de télégraphier au père la mort de son fils unique.

L'amiral de Dompierre d'Hornoy, ministre par intérim, se récusa, selon les règlements, et le général Trochu, commandant en chef devant l'ennemi, dut accomplir son devoir, en différant jusqu'à ce matin.

Pendant toute la journée, au ministère, on était en proie à une affliction véritable, mais on était reconnaissant au gouverneur de Paris des termes affectueux et touchants qui lui avaient servi à apprendre son malheur à l'amiral Saisset. On nous laissa transcrire cette dépêche pleine de cœur envers l'ami et de respect envers le malheur :

17 janvier 1871, 8 h. 55 minutes.
Le gouverneur de Paris au vice-amiral Saisset, au fort de Noisy-le-Sec.

« Très-digne et malheureux ami, je remplis auprès de
« vous, avec un cœur profondément attristé, mon devoir

« de commandant en chef en vous annonçant que votre
« fils est mort devant l'ennemi.

« C'est un bien cruel sacrifice, et je le fais avec vous.

« Adieu ; vous et moi rejoindrons un jour ou l'autre ce
« regretté jeune homme ; il faut que nous y soyons pré-
« parés.

« Supportez cette affreuse douleur avec le courage
« que je vous sais.

« TROCHU. »

Sur la tombe du jeune lieutenant de vaisseau, M. le contre-amiral Touchard a prononcé quelques paroles d'adieu que nous sommes heureux de reproduire :

« Encore un deuil, encore une mort ajoutée à toutes ces morts glorieuses, à ce long martyrologe de la défense de Paris !

« Chaque jour, officiers et matelots, matelots et officiers, tombent côte à côte, unis dans la mort comme ils le sont dans la vie, par une étroite solidarité de péril et d'honneur ; ils tombent, et la patrie reconnaissante recueille leurs noms pour les garder, pour les honorer dans l'histoire de cette lutte suprême.

« Adieu, jeune et généreuse victime d'une cause juste et sainte ! Dieu a des miséricordes infinies pour les défenseurs du pays qui tombent sur le champ de bataille. Déjà il vous a recueilli dans son sein. Implorez-le à l'heure présente, implorez sa bonté et sa justice pour le triomphe de la cause que vous avez vaillamment défendue.

« Messieurs,

« En présence du cercueil qui renferme tant de jeunesse et d'espérances anéanties d'un seul coup, mon cœur est saisi d'une indicible tristesse ; mais il s'en dégage en même temps ce cri d'énergique espoir et d'ardent patriotisme : Dieu sauve la France ! »

Opérations militaires (9 janvier).

Du côté de la Malmaison, il y a eu, dans l'après-midi d'hier, plusieurs engagements. Ce matin, l'ennemi a renouvelé une attaque contre la maison Crochard et sur le poste des Carrières, à gauche de Rueil. Les francs-tireurs de la mobile de la Loire-Inférieure et les tirailleurs de l'Aisne ont repoussé l'ennemi après lui avoir fait éprouver des pertes.

Toute la nuit les Prussiens ont tiré sur la ville.

(10 janvier.)

La nuit dernière deux opérations ont été faites contre les avant-postes prussiens.

La première, au nord, avait pour but de reconnaître les forces de l'ennemi sur les positions occupées par lui le long du chemin de fer de Strasbourg, et de détruire les maisons qui abritaient des troupes.

Le colonel Comte, avec les francs-tireurs Poulizac, trente cavaliers de la République, les francs-tireurs de la division Faron, et la compagnie de volontaires du capitoine de Luxer, quittant nos lignes à onze heures du soir, tournaient silencieusement la position par la droite et par la gauche.

Assailli par une vive fusillade à 150 mètres, le colonel Comte fit charger à la baïonnette l'ennemi, qui lâcha pied devant cette vigoureuse attaque.

Les maisons furent immédiatement minées, et quelques Prussiens, qui refusèrent de se rendre et continuaient à tirer sur nous du toit de l'une des maisons, sautèrent avec elles.

La colonne rentra dans nos lignes, l'opération terminée, ramenant deux prisonniers, un grand nombre de casques, de fusils, de couvertures et d'objets de campement. Nous n'avons eu que sept blessés, dont un seul grièvement.

La seconde opération, au sud, avait pour but la destruction des ouvrages entrepris par l'ennemi au Moulin-de-Pierre, en avant du fort d'Issy.

Le colonel Porion, avec un détachement de marins, 150 gardes nationaux mobilisés, des détachements de gardiens de la paix, de mobiles du 5e bataillon de la Seine, et une compagnie du génie, quittant nos lignes à 3 heures du matin, abordait la position sans tirer un coup de fusil, et surprenait les postes prussiens, chargés de défendre les travailleurs.

Le capitaine Saint-Vincent et ses sapeurs s'occupèrent

immédiatement de détruire les travaux existants, pendant que les marins, poussant en avant, découvraient une batterie en construction, mais peu avancée.

Les postes ennemis de Clamart ouvrirent un feu nourri sur nos marins, que les troupes de soutien vinrent appuyer. Les travaux de destruction n'en ont pas moins continué, et la colonne du colonel Porion, l'opération terminée, rentrait dans nos lignes avant le jour, ramenant vingt et un prisonniers.

Nous n'avons eu qu'un homme tué et trois blessés, dont un officier, le capitaine Picault, des gardiens de la paix.

Dans l'une et l'autre opération, les troupes se sont parfaitement comportées.

La nuit dernière, une compagnie du 4e bataillon de la garde nationale mobilisée a fait une reconnaissance très-bien conduite par le capitaine de Vresse, pendant la nuit, en avant de nos lignes de Vitry. Un garde a été blessé.

Dans la presqu'île de Gennevilliers, les Prussiens ont renouvelé des tentatives de conversation avec nos troupes; ils ont été reçus comme ils auraient toujours dû l'être, par des coups de fusil.

Le bombardement des forts de Vanves et de Montrouge a continué aujourd'hui avec la même vivacité que d'habitude, mais l'ennemi a concentré ses efforts sur le fort d'Issy, qui a été canonné violemment.

Les 6e, 7e 8e et 9e secteurs ont reçu également un assez grand nombre d'obus. Partout nos batteries ripostent avec une égale vigueur.

Opérations militaires (11 janvier).

Pendant la nuit, l'ennemi a continué à bombarder Paris. Dans la journée le feu a repris avec une violence extrême contre les forts du Sud, principalement contre le fort d'Issy.

(12 janvier.)

La nuit dernière, le commandant Blanc, avec une compagnie de mobiles du Morbihan, a fait une reconnaissance sur le plateau d'Avron. Les postes prussiens ont été vigoureusement chassés, et la petite colonne est rentrée avant le jour, après avoir enlevé six prisonniers.

Le bombardement a continué pendant la nuit dernière sur la ville et sur des établissements déjà signalés. Depuis minuit jusqu'à deux heures du matin, il est tombé environ un projectile par minute dans le quartier Saint-Sulpice.

Les forts de Vanves, Issy et Montrouge ont été canonnés avec violence, mais nos batteries extérieures ont ouvert un feu nourri qui paraît avoir causé d'assez grands ravages dans les batteries prussiennes. A partir de trois heures et demie, l'ennemi avait beaucoup ralenti son tir et ne lançait plus que des projectiles de petit calibre.

Les villages de Nogent et de Fontenay ont été canonnés d'une façon continue, mais très-lentement.

Nos forts de l'Est ont vigoureusement tiré pendant la nuit, principalement vers une heure du matin, sur toute la ligne des positions prussiennes.

La boucle de la Marne a été également bombardée pendant la nuit, mais sans aucun accident à signaler.

A Créteil, calme absolu aujourd'hui ; hier, un sous-lieutenant de garde nationale a été tué aux avant-postes de ce côté.

(13 janvier.)

Dans la boucle de la Marne, toujours même bombardement, violent et persistant, sans plus d'effet que les jours précédents. Le général commandant supérieur de Vincennes se loue beaucoup de la tenue sous le feu des troupes et de la garde nationale chargées de la défense de nos positions de ce côté.

Toute la journée l'ennemi a tiré lentement sur les villages de Nogent et de Plaisance.

Le bombardement de la ville a été incessant et est devenu très-vif de dix heures à minuit, principalement sur le 8e secteur. Les forts du Sud ont été canonnés moins violemment. Les Prussiens ont fait pendant la nuit plusieurs tentatives sur divers points des tranchées qui relient les forts entre eux. Ils ont été partout repoussés. Plusieurs de leurs blessés ont été recueillis par nous.

(14 janvier.)

Hier soir, vers dix heures, une reconnaissance prussienne s'est avancée pour inquiéter les travaux qui sont actuellement en voie d'exécution près de la Suifrie, sur la route de Flandre.

Prévenu par les sentinelles de l'approche de l'ennemi, l'officier du génie qui dirigeait les travailleurs leur fit abandonner momentanément leur ouvrage pour les conduire dans les tranchées creusées en arrière. L'ennemi profita de ce moment pour diriger une vive fusillade sur ces hommes presque à découvert ; heureusement aucun d'eux ne fut atteint.

Les troupes de ligne et de la garde nationale, qui garnissaient à droite et à gauche les tranchées, ripostèrent immédiatement, et le feu devint bientôt d'une extrême vivacité.

Les Prussiens, qui pensaient nous surprendre, durent se replier, protégés, d'une part, par des pièces de campagne amenées derrière le chemin de fer de Soissons, et les pièces de siége situées du côté de Dugny, et dont les obus étaient dirigés contre nos tranchées, la barricade de la rue de Flandre et la Suifrie ; d'autre part, par un feu de mousqueterie très-violent, provenant des troupes qui occupaient le Bourget.

Malgré la vivacité du feu le tir de l'ennemi a été peu efficace ; nous avons eu 4 blessés et un officier légèrement contusionné.

Cette première attaque ne dura guère qu'une demi-heure ; mais à deux reprises différentes, entre onze heures et onze heures et demie, l'ennemi, craignant probablement une attaque de notre côté, recommença la fusillade, mais chaque fois seulement pendant quelques minutes. A minuit tout était terminé.

Le feu d'Aubervilliers et celui de la batterie de la Croix-de-Flandre sur le Bourget ont puissamment contribué à arrêter la marche de l'ennemi ; plusieurs maisons fortement crénelées et occupées par les Prussiens ont été détruites.

(15 janvier.)

Depuis ce matin la canonnade est extrêmement violente sur toutes les positions du Sud. Elle n'avait pas encore atteint ce degré d'intensité depuis le commencement du bombardement.

Les forts, l'enceinte et toutes les batteries extérieures répondent avec une égale vigueur et tiennent en échec certaines batteries de l'ennemi.

Cette nuit, le général Ducrot a fait une sortie et a rasé les maisons et les murs qui restaient encore au parc de Beauséjour. Quelques prisonniers sont restés entre nos mains.

(16 janvier.)

Pendant la journée, l'horizon était beaucoup moins brumeux que précédemment ; l'artillerie de l'enceinte a pu bien distinguer les batteries de l'ennemi et les a contrebattues ; elle a pu soulager avec une grande efficacité les forts de Montrouge, Vanves et Issy. Les batteries de Châtillon ont tiré contre nous beaucoup moins vivement que d'habitude. Ce feu a été continu, mais lent, et sans aucun résultat sur le fort de Nogent. Ce matin, vers huit heures, nos troupes ont repoussé une attaque faite sur la maison Millaud ; le fort de Montronge a pu tirer à bonne distance sur les hommes qui étaient sortis de Bagneux pour concourir à cette attaque.

(17 janvier.)

Le feu ennemi, qui s'était ralenti cette nuit, a repris ce matin avec une nouvelle violence. Ce matin, à 8 heures, le fort de Vanves a ouvert le feu sur la batterie de la Plâtrière, qui n'a répondu que par quelques coups ; les batteries de Châtillon ont alors recommencé à tirer, sans causer jusqu'à cette heure un dommage réel.

L'enceinte a repris son tir ce matin, et le combat d'artillerie se continue sur tous les points.

L'ennemi a tenté une attaque contre Bondy, pendant

la nuit ; il a été repoussé : il avait massé des troupes en avant de Créteil, mais la pluie ayant rendu la plaine impraticable, il n'y a pas eu d'attaque contre nos tranchées.

Contre Montrouge, le feu n'a pas été très-vif, cette nuit ; nous avons eu cependant un officier de marine tué : M. Saisset, fils du vice-amiral.

La ville a reçu un grand nombre d'obus, qui ont atteint les mêmes quartiers que les jours précédents.

(18 janvier.)

Le feu des batteries ennemies, dans le Sud, a été continu. Les forts, les batteries de Vaugirard et du Point-du-Jour, et surtout le fort de Vanves, ont canonné sans relâche et avec succès les positions prussiennes. Le 6e secteur a même complétement éteint le feu de la **batterie des Châlets**. Nogent a subi un feu très-vif : pendant toute la nuit, la ville a été bombardée, et un commencement d'incendie s'est déclaré à la halle aux vins. On s'en est rendu promptement maître, grâce au concours empressé de la population.

Les ambulances et les secours aux blessés.

Nous devons, dans cet ouvrage, réserver une page d'honneur aux services rendus à nos blessés pendant le siége de Paris. Aux hommes désintéressés et intelligents qui se sont inclinés avec tendresse sur la couche douloureuse des victimes de la guerre ; aux chefs de communautés et de collèges qui ont ouvert aux malades les vastes salles de leurs établissements ; à toutes les âmes généreuses et délicates dont les secours, les visites, les consolations ont été un adoucissement à tant de souffrances ; à tous les bons citoyens enfin, le pays adresse l'hommage de son admiration et de son inaltérable reconnaissance.

Jusqu'au XVIe siècle, les blessés de guerre furent généralement abandonnés sur les champs de combat. Leur lit d'honneur était le profond fossé où, d'après La Noue, une arquebusade les avait jetés.

Le chirurgien-barbier, Ambroise Paré, tenta le premier la guérison des soldats blessés qui tombaient à ses côtés. Il les pansait, les plaçait sur des charrettes, et Dieu les sauvait, selon son dire. Cet homme de cœur fonda ainsi les premières ambulances volantes ; il était âgé de trente-six ans et en avait passé dix-sept à la guerre. Pendant le siége de Paris, en 1590, le dévouement de Paré fut héroïque et efficace. Saluons, à notre tour, cet infatigable bienfaiteur de l'humanité.

Institué au XVIIe siècle, le service de santé militaire ne fut véritablement organisé qu'au XVIIIe siècle ; chacun connaît les prodiges d'activité et de dévouement dont fut remplie, pendant les guerres de la République et de l'Empire, la carrière du célèbre Larrey. La statue, élevée en son honneur, dans la cour de l'hôpital du Val-de-Grâce, porte en inscription ces mots du testament de Napoléon Ier :

Larrey est l'homme le plus vertueux que j'aie connu.

Jusqu'à nos jours, le service de santé militaire, notablement amélioré dans les détails, a néanmoins toujours laissé beaucoup à désirer, et cela par suite de son assujettissement absolu à l'administration militaire. Le pouvoir dictatorial, souvent arbitraire, de l'intendance en cette matière, est, de l'avis de tous les hommes spéciaux, incompatible avec la dignité de la science et la liberté du dévouement. Le service de santé ne sera jamais à la hauteur de sa mission tant que les membres du corps médical ne jouiront pas de l'autorité et de la considération dont-ils ont été privés jusqu'ici. En nous élevant contre l'autocratie de l'intendance, nous servons les intérêts de la science et de l'humanité. Au combat de Chevilly, des blessés ont été abandonnés une demi-journée sur le champ de bataille, alors qu'avec un peu d'organisation et de bon vouloir on pouvait les relever ou les *laisser relever*, sitôt la fusillade terminée.

Les travaux de plusieurs chirurgiens illustres et l'insuffisance des services de santé, en temps de guerre, ont donné naissance à la convention de Genève, et aux sociétés de secours aux blessés. C'est à M. Dunant, de Genève, qu'est dû l'honneur d'avoir mené à bonne fin le projet d'un Français—M. Arrault: la convention internationale pour la neutralisation des ambulances et la fondation de sociétés libres de secours aux blessés. Grâce à l'œuvre de Genève, une foule de chirurgiens, d'aumôniers, d'infirmiers, de brancardiers s'est levée dans toutes les parties de l'Europe. L'armée du dévouement, revêtue d'un caractère inviolable, sera désormais de tous les combats. La convention de Genève a été signée à Genève le 22 août 1864 par les délégués d'Angleterre, de Bade, de Belgique, du Danemark, d'Espagne, des États-Unis, de France, de Hesse, d'Italie, des Pays-Bas, du Portugal, de Prusse, de Russie, de Suède, de Suisse, du Wurtemberg. Elle déclare *neutres* : 1° les *lieux* de *traitement* des blessés ; 2° le *personnel* des hôpitaux et ambulances, intendance, service de santé, d'administration, de transport et les aumôniers ; 3° le *matériel* des ambulances, mais non celui des hôpitaux fixes ; 4° les *habitants du pays* qui portent secours aux blessés ; 5° les militaires blessés ou malades eux-mêmes pendant la durée du séjour à l'hôpital ou à l'ambulance ; 6° le drapeau et le brassard portant la croix rouge sur fond blanc, adopté comme signe distinctif et uniforme pour marquer la neutralité des lieux, des personnes et des choses.

Ratifiée de 1864 à 1868 par toutes les puissances chrétiennes et même par la Turquie, la convention oblige les vingt-deux gouvernements suivants : Autriche, Bade, Bavière, Belgique, Danemark, Espagne, États-Romains, France, Grande-Bretagne, Grèce, Hesse, Italie, Mecklembourg-Schwerin, Pays-Bas, Portugal, Prusse, Russie, Saxe, Suède, Suisse, Turquie, Wurtemberg.

Le 20 octobre 1868, quinze articles additionnels complétèrent l'œuvre glorieuse de 1864 en précisant quelques-unes des stipulations et en étendant les avantages de la convention aux armées de mer.

La Société internationale française de secours aux blessés, sous la présidence du comte de Flavigny, a rendu, pendant la guerre de 1870, des services mémorables à l'armée et à la nation. Elle a fait suivre nos armées de seize ambulances organisées et équipées. Elle a fondé dans Paris des milliers de lits destinés aux blessés ; ces lits ont été répartis entre plus de deux cents ambulances fixes ; elle a distribué du linge, des vivres, de l'argent, des secours de toutes sortes, et le bien qu'elle a fait est grand. Nous devons ajouter toutefois, pour rendre hommage à la vérité, qu'avec les sommes considérables que l'Internationale a dépensées, elle aurait pu arriver à d'immenses résultats. Elle s'est laissé envahir par l'esprit de coterie et n'a pas atteint complétement le but que, dans le principe, elle s'était proposé d'atteindre. Très-souvent, dans la répartition des malades, on n'a pas agi dans l'intérêt réel des malades. Des ambulances, bien situées, répondant à toutes les exigences de l'hygiène et de la science, se sont vu enlever de chers blessés qu'on espérait guérir et, cela, il faut le dire, pour les motifs les plus futiles. Dans la répartition des secours, l'Internationale a quelquefois manqué de discernement. Elle a également trop rétribué ses chirurgiens et ses aides chirurgiens qui auraient dû s'estimer heureux d'être dispensés du service militaire. Sur ce point, les ambulances de la Presse ont agi avec plus de sagesse : leurs chirurgiens ne recevaient une modique rétribution que les jours de service actif. Mais hâtons-nous d'oublier ce côté défectueux d'une société que nous eussions voulu surtout honorer.

Il nous a été donné de contempler de nos yeux le sublime de la résignation dans la souffrance en face du sublime du dévouement dans la piété.

Il y a des choses et des noms qu'on ne devrait écrire qu'avec une plume d'or. C'est pour nous un besoin du cœur de dire un mot de ce que nous savons sur l'ambulance établie par les dominicains en leur collége Albert-le-Grand, d'Arcueil. Dans les temps malheureux que nous traversons, il est bon d'enregistrer les actes enfantés par la piété et le dévouement catholiques. C'est à l'œuvre que s'appuie le mérite des institutions, et nous tenons à montrer une fois de plus que le christianisme illumine les plus nobles élans de l'humanité.

Ce fut avec beaucoup de peine que les RR. PP. dominicains parvinrent à établir, dans leur collége d'Arcueil, une ambulance de première ligne.

Placée sous le feu croisé des forts de Montrouge, de Bicêtre et de la redoute des Hautes-Bruyères, leur maison inspirait des craintes à la Société internationale de secours aux blessés. Néanmoins, à la suite de nombreuses et pénibles démarches, le drapeau de l'Internationale flotta, le 11 septembre 1870, sur les toits d'Albert-le-Grand.

Vers la fin de juillet, les élèves de ce magnifique établissement avaient fait le sacrifice de leurs prix et voté une somme de 5,000 francs pour les blessés de nos armées. Les chers enfants ne se doutaient pas alors que leurs salles d'études seraient, deux mois plus tard, transformées en salles d'ambulance, et que là où ils avaient grandi, travaillé et vécu heureux, de pauvres soldats gémiraient sous le poids des souffrances et rendraient de dernier soupir.

Quelques jours avant la bataille de Châtillon, l'ambulance dominicaine donnait l'hospitalité à la 8ᵉ ambulance, qui venait de Beaumont.

Les premiers blessés soignés à l'école Albert-le-Grand, y avaient été transportés après la déroute de Châtillon. A partir de ce jour, les blessés et les malades des avant postes furent accueillis par les Dominicains.

Aux combats de Chevilly et de l'Hay, l'ambulance se signala par son zèle à secourir les blessés étendus sur le champ de bataille. Le R. P. Cotrault alla jusque dans les lignes prussiennes, prodiguer ses soins à ceux de nos soldats que la mitraille avait frappés, et présider à l'enterrement de nos morts. Cent dix-huit blessés, dont le lieutenant Martin, furent transportés à l'école Albert-le-Grand. Avant le soir, cinquante d'entre eux avaient rendu le dernier soupir et étaient enterrés dans le cimetière de la localité. Le jeune de Caen, lieutenant au 9ᵉ chasseurs, blessé d'une balle au cœur, ne put être conservé à la vie. L'ambulance se trouvait également au combat de Bagneux et recevait une cinquantaine de blessés, dont le commandant de Dampierre, du 14ᵉ de marche, frappé à la tête de ses troupes, d'une balle qui lui traversa la poitrine. Le lendemain, pendant la suspension d'armes, l'ambulance ramassait et ensevelissait les morts.

Le 29 novembre, à la nouvelle attaque de l'Hay, l'ambulance a recueilli une quarantaine de blessés, dont le lieutenant-colonel Mimerel, le jeune sous-lieutenant de

Salsac, décoré et fait lieutenant pour sa belle conduite devant l'ennemi.

Pendant le bombardement, plusieurs blessés, parmi lesquels le brave sous-lieutenant de Tavernier, atteint au fortin de la maison Millaud, ont été portés à l'école Albert-le-Grand. Nous devons ajouter que les Prussiens n'ont pas tiré sur l'ambulance et que les obus tombés dans le parc avaient l'air de projectiles égarés.

Environ douze cents malades ou blessés, dont quatre Prussiens, ont reçu les soins de l'ambulance dominicaine d'Arcueil.

L'école Albert-le-Grand, déjà illustre par ses succès, son esprit libéral, sa discipline ferme et paternelle, comme aussi par les souvenirs scientifiques qui s'attachent à son origine, a été enfin sacrée dans le patriotisme et le dévouement. Elle s'est entourée d'une auréole étincelante ; et cette auréole illuminera longtemps les voies dans lesquelles de nombreuses générations passeront pour arriver au bien, à l'honneur et à la liberté.

CHAPITRE XVI.

Bataille du 19 janvier.
Montretout. — La Bergerie. — Buzenval.

Des grandes opérations militaires engagées, le peuple attendait le commencement de la délivrance et du salut ; malheureusement, l'attaque entreprise par nos troupes a échoué. Paris est triste, mais non découragé.

Au moment où le général Trochu entrait en campagne, la proclamation suivante était adressée aux habitants de Paris :

« Citoyens,

« L'ennemi tue nos femmes et nos enfants ; il nous bombarde jour et nuit ; il couvre d'obus nos hôpitaux. Un cri : Aux armes! est sorti de toutes les poitrines.

Ceux d'entre nous qui peuvent donner leur vie sur le champ de bataille marcheront à l'ennemi ; ceux qui restent, jaloux de se montrer dignes de l'héroïsme de leurs frères, accepteront au besoin les plus durs sacrifices comme un autre moyen de se dévouer pour la patrie.

« Souffrir et mourir, s'il le faut ; mais vaincre !

« Vive la République !

« *Les membres du gouvernement,*

« Jules Favre, Jules Ferry, Jules Simon, Emmanuel Arago, Ernest Picard, Garnier-Pagès, Eugène Pelletan.

« *Les ministres,*

« Général Le Flô, Dorian, J. Magnin.

« *Les secrétaires du gouvernement,*

« Hérold, Lavertujon, Durier, Dréo. »

D'autre part, le ministre de la guerre publiait l'ordre ci-après :

« Un ordre du Gouvernement de la défense nationale m'a investi, en l'absence du gouverneur de Paris, le général Trochu, du commandement des troupes de la garde nationale, de la garde mobile et de l'armée, qui restent chargées de la défense de Paris, des forts et des ouvrages avancés.

« J'entre, à dater de ce jour, en possession de ce commandement. Le commandant en chef de Saint-Denis, les commandants en chef du génie et de l'artillerie, les chefs d'états-majors généraux de la garde nationale et de l'armée, tous les généraux de division et de brigade chargés de commandements supérieurs, les commandants des divers groupes des forts et des secteurs passent, en conséquence, sous mes ordres directs. Ils devront se mettre, pour toutes les questions d'ensemble ou de détail qui intéressent la défense et les divers services, en relations directes avec moi.

« Les commandants en chef du génie et de l'artillerie, le chef d'état-major général de l'armée et celui de la garde nationale, un officier de l'état-major de chaque arrondissement de commandement, le général commandant la 1re division et l'intendant de cette même division se réuniront aujourd'hui, au ministère de la guerre, à une heure de l'après-midi.

« Cette réunion constituera le rapport quotidien.

« Paris, 19 janvier 1871.

« *Le ministre de la guerre gouverneur de Paris par intérim,*

« Général Le Flô. »

« Et les enfants ont bu l'haleine des aïeux,
« Comme un vin fraternel dans une coupe pleine,
« Car voici qu'affolés, ils courent par la plaine,
« De lourds fusils au poing et des éclairs aux yeux. »

La ligne d'opérations s'étendait de Garches à la Jonchère, sur tout le terrain compris entre les deux bras de la Seine. Les Prussiens, cantonnés à droite sur Saint-Cloud, à gauche sur Bougival, fermaient l'entrée de la presqu'île par l'importante position de la Bergerie, étagée sur deux contre-forts moins élevés : Buzenval et la Jonchère.

L'armée était partagée en trois colonnes principales, composées de troupes de ligne, de garde mobile et de garde nationale mobilisée incorporée dans les brigades.

Celle de gauche, sous les ordres du général Vinoy, devait enlever la redoute de Montretout, les maisons de Béarn, Pozzo di Borgo, Armengaud et Zimmermann.

Celle du centre, général de Bellemare, avait pour objectif la partie Est du plateau de la Bergerie.

Celle de droite, commandée par le général Ducrot, devait opérer sur la partie Ouest du parc de Buzenval, en même temps qu'elle devait attaquer Longboyau, pour se porter sur le haras Lupin.

Toutes les voies de communication ayant accès dans la presqu'île de Gennevilliers, y compris les chemins de fer, ont été employées pour la concentration de ces forces considérables, et, comme l'attaque devait avoir lieu dès le matin, la droite, qui avait un chemin extrêmement long (12 kilomètres) à parcourir au milieu de la nuit, sur une voie ferrée qui se trouva obstruée, et sur une route qu'occupait une colonne d'artillerie égarée, ne put parvenir à son point de réunion qu'après l'attaque commencée à gauche et au centre.

Dès onze heures du matin, la redoute de Montretout et les maisons indiquées précédemment avaient été conquises sur l'ennemi, qui laissa entre nos mains soixante prisonniers.

Le général de Bellemare était parvenu sur la crête de la Bergerie, après s'être emparé de la maison dite du Curé ; mais en attendant que sa droite fût appuyée, il dut employer une partie de sa réserve pour se maintenir sur les positions dont il s'était emparé.

Pendant ce temps, la colonne du général Ducrot entrait en ligne. Sa droite, établie à Rueil, fut canonnée de l'autre côté de la Seine par des batteries formidables contrebattues par l'artillerie qu'elle avait à sa disposition et par le Mont-Valérien.

L'action s'engagea vivement sur la porte de Longboyau, où elle rencontra une résistance acharnée, en arrière de murs et de maisons crénelés qui bordent le parc. Plusieurs fois de suite, le général Ducrot ramena à l'attaque les troupes de ligne et la garde nationale, sans pouvoir gagner du terrain de ce côté.

Vers quatre heures, un retour offensif de l'ennemi entre le centre et la gauche de nos positions, exécuté avec une violence extrême, fit reculer nos troupes, qui cependant se reportèrent en avant vers la fin de la journée. La crête fut encore une fois reconquise ; mais la nuit arrivait, et l'impossibilité d'amener de l'artillerie, pour constituer un établissement solide sur des terrains déformés, arrêta nos efforts.

Dans cette situation, il devenait dangereux d'attendre, sur ces positions si chèrement acquises, une attaque de l'ennemi, qui, amenant des forces de toutes parts, ne devait pas manquer de se produire dès le lendemain matin.

Les troupes étaient harassées par douze heures de combat et par les marches des nuits précédentes, employées à dérober les mouvements de concentration ; on se retira alors en arrière, dans les tranchées, entre les maisons Crochard et le Mont-Valérien.

Nos pertes sont sérieuses ; mais, d'après le récit des prisonniers prussiens, l'ennemi en a subi de considérables. Il ne pouvait en être autrement après une lutte acharnée qui, commencée au point du jour, n'était pas encore terminée à la nuit close.

C'est la première fois que l'on a pu voir, réunis sur un même champ de bataille, en rase campagne, des groupes de citoyens unis à des troupes de ligne, marchant contre un ennemi retranché dans des positions aussi difficiles ; la garde nationale de Paris partage avec l'armée l'honneur de les avoir abordées avec courage, au prix de sacrifices dont le pays leur sera profondément reconnaissant.

Si la bataille du 19 janvier n'a pas donné les résultats que Paris en pouvait attendre, elle est l'un des événements les plus considérables du siége, l'un de ceux qui témoignent le plus hautement de la virilité des défenseurs de la capitale.

Nos pertes s'élèvent à environ trois mille hommes, tués ou blessés.

Les prisonniers de la Loire-Inférieure au combat du 19 janvier.

L'épisode du bataillon de la Loire-Inférieure, commandé par M. de Lareinty, est un des plus douloureux du combat du 19 janvier.

Le bataillon avait été chargé d'occuper la maison Zimmermann, située sur la route de Saint-Cloud à Versailles, juste en face de la propriété du duc Pozzo di Borgho. Les ordres donnés portaient aussi l'injonction d'occuper le parc Pozzo, séparé par la route, de la propiété Zimmermann.

Trois cent cinquante hommes à peu près, sous les ordres du commandant de Lareinty, un officier des plus vigoureux, des plus énergiques et d'une valeur tout à fait chevaleresque, occupèrent la maison, tandis que, pour se relier aux forces qui tenaient le parc Pozzo, cent cinquante autres, postés en réserve, servaient de communication.

M. de Lareinty, tout d'abord, ne rencontra pas l'ennemi, ou plutôt ne le rencontra pas en forces. Quelques coups de feu isolés partaient des maisons environnantes ; il les fit fouiller, en délogea quelques tirailleurs isolés et se mit en devoir d'occuper solidement. L'ennemi, surpris tout d'abord, avait à sa disposition un piquet de dragons qui stationnait près de la route impériale, passant facilement de là dans le parc réservé et se mettant en relation avec Versailles.

Les cavaliers se mirent en mouvement, portèrent à Versailles la nouvelle de la prise de Montretout et des hauteurs de Garches, et ramenèrent des colonnes considérables qui se séparèrent, se portant, les unes par Vaucresson sur Garches et les crêtes, les autres par le bas de Saint-Cloud sur les derrières de la maison Zimmermann. En même temps, un détachement passant entre les deux s'avançait par la route impériale, occupant les maisons de campagne qui la bordent, accédant au parc Pozzo, par les jardins mitoyens à la maison Zimmermann, par le cimetière et le square Saint-Nicolas.

Le premier soin de cette colonne fut de couper les relations entre les forces qui occupaient la maison Pozzo et celles qui occupaient la maison Zimmermann, et cette opération ne présentait aucun danger, puisqu'il suffisait de *canarder* simplement le passage de la route impériale, afin d'empêcher qui que ce fût de la franchir.

Tous les mouvements étaient simultanés. Pendant qu'ils effectuaient cette occupation de la route, ils occupaient les jardins environnants et le parc de Montretout ; et, en même temps, un autre mouvement beaucoup plus considérable, l'attaque sur Garches et les crêtes occupées par nous, se produisait avec une grande impétuosité.

M. de Lareinty était coupé dans sa ligne de retraite, qui était le parc Pozzo et la redoute ; et lorsque vers les cinq heures le général Trochu, qui, de sa personne, s'était porté vers les hauteurs, eut donné directement l'ordre au général de Beaufort et au général Noël d'évacuer les positions devenues intenables par le feu énorme de l'artillerie et l'offensive des colonnes d'attaque de troupes fraîches, il s'ensuivit une difficulté réelle, à un moment aussi pressant, de dégager ces postes avancés.

Un sergent de francs-tireurs des Ternes, jeune homme énergique et dévoué, se glissa jusqu'au commandant, et lui fit comprendre la position ; mais M. de Lareinty, qui avait reçu une consigne et voulait l'exécuter, même au prix de la mort, lui demanda s'il avait un ordre écrit de battre en retraite. D'ailleurs, la lutte allait s'engager ; il était déjà presque impossible de battre en retraite sans sacrifier une partie de son effectif. Le commandant fit face à la situation, ne se croyant pas entouré comme il l'était réellement.

Ce n'est que vers le soir qu'on se préoccupa de ce bataillon qui ne s'était pas replié et dont on n'avait pas de nouvelles. La nuit se passa sans que l'ennemi osât attaquer franchement, et vers les deux heures de l'après-midi, le commandant des francs-tireurs des Ternes, M. Des Vertus vint proposer de tenter de dégager M. de Lareinty, assuré de le faire si on lui donnait trois cents hommes de soutien.

L'opération, si dangereuse qu'elle fût, était résolue ; les mobiles du bataillon qui restaient libres s'apprêtaient à se joindre à cette expédition, quand le général Noël fit savoir qu'un jardinier du pays qui faisait office de brancardier et avait accompagné le commandant jusqu'à Ville-d'Avray, lui avait remis un papier signé de M. de Lareinty, annonçant que, faute de vivres et de munitions, il se voyait forcé de se rendre.

Un capitaine pour nous commander.

Au combat du 19, une compagnie de la garde mobile, décimée par la mitraille, avait perdu tous ses chefs ; après s'être battue vaillamment, elle se replie derrière la seconde ligne d'attaque ; le général Trochu, qui l'aperçoit, court au devant de ces braves soldats qui l'acclament et crient :
« Un capitaine pour nous commander ! »

— Moi ! s'écrie le général Trochu, qui marche à leur tête et reconduit cette compagnie à l'ennemi.

Une médaille bien gagnée.

Si vous rencontrez aujourd'hui le convoi de Félix Sauton, caporal-fourrier du 106e (1re compagnie), saluez, citoyens ! c'était un noble cœur, un vaillant patriote. Il est mort à vingt-deux ans, dans ce parc de Buzenval où les baïonnettes de nos gardes nationaux faisaient héroïquement, follement, ce qu'aurait dû faire notre artillerie de campagne.

Félix Sauton avait reçu la Médaille militaire ; c'était la récompense de sa noble conduite à la Gare-aux-Bœufs, dans la matinée du 29 octobre.

Il ne la portait pas, cette médaille ; ses chefs et ses camarades le lui reprochaient amicalement.

— Bah ! disait-il, cela viendra plus tard, je n'ai pas assez fait encore pour la patrie !

A Buzenval, devant l'ennemi, le garde F... lui parlait encore de cette médaille, bien gagnée pourtant !

— Bon ! reprit Sauton, je la mettrai dimanche !

Cinq minutes après, une balle lui fracassait le coude et pénétrait jusqu'au cœur.

F... se pencha vers le mourant, et recueillit ces dernières paroles :

— *Elle* est là, dans ma poche, tu peux me la mettre maintenant !

Un bouquet de fleurs.

On a beaucoup parlé du cadeau fait par le Gouvernement de la défense à M. Richard Wallace, des deux camélias du Jardin des Plantes, seuls survivants d'une serre qui renfermait pour plusieurs millions de plantes rares.

Voici une autre histoire de fleurs : le fait auquel elle se rapporte, pour s'être passé dans des sphères plus modestes, n'en est pas moins touchant.

Vis-à-vis d'une des grandes ambulances du 9ᵉ arrondissement demeure une fleuriste, dont le petit et propret magasin, suffisamment achalandé en temps ordinaire, est à peu près vide en ce moment.

Qui songe à acheter des fleurs aujourd'hui ?

Il y a quelques jours, vers le soir, un corbillard de pauvres s'arrêta devant l'ambulance. La porte s'ouvrit, deux hommes sortirent et vinrent déposer un cercueil dans le corbillard. Sur le cercueil ils étendirent la capote déchirée d'un garde mobile.

Le cocher de la voiture funèbre jeta un regard vers la porte de l'ambulance, et voyant qu'il ne venait personne, se disposa à se mettre en marche.

Alors, la fleuriste, les yeux gonflées de larmes, sortit de chez elle et traversa la rue. Elle avait à la main un petit bouquet de quelques roses toutes fraîches; elle l'attacha sur la capote du militaire, à la place où se met la croix d'honneur, quand celui qui meurt est un officier ou un personnage connu, et le pauvre enfant du Finistère, de Bourgogne ou d'ailleurs, partit pour le cimetière.

Et la bouquetière, qui n'avait plus rien à vendre, ferma son magasin.

Le 16ᵉ régiment de la garde nationale à Buzenval.

Après tout un jour et toute une nuit d'attente anxieuse, de marche intermittente, de stationnements plus fatigants que la marche, la tête de colonne approchait enfin des positions ennemies. On touchait au parc de Buzenval.

— Entrez dans le parc, dit le général commandant la brigade au colonel du 16ᵉ.

— Je n'ai qu'un bataillon; les autres sont loin encore.

— Il faut entrer!

— Allons! fit le colonel de Brancion; et le bataillon pénétra dans le parc.

C'était le 69ᵉ, un bataillon des quartiers riches, *ou qui l'ont été*, du 8ᵉ arrondissement, des intelligences réfléchies, des *raisonneurs*.

Lorsque ces quelques centaines d'hommes se virent seuls dans ce parc immense aux futaies fourmillantes d'ennemis, ils ne reculèrent pas, mais ils jugèrent.

Le colonel s'en aperçut. Il dit à son officier d'ordonnance :

— Allez voir si les tirailleurs du régiment de ligne qui nous appuie sur la droite se relient bien aux nôtres.

L'officier alla et revint.

— Mon colonel, le régiment n'y est pas.

— Vous n'êtes pas allé assez loin, retournez !

L'officier comprit. Un moment après :

— Mon colonel, le régiment y est.

Le 69e tint ferme ; mais les moments semblaient bien longs à son chef.

Enfin parut un second de nos bataillons du 16e. C'était celui qui, le premier de toute la garde nationale mobilisée, avait vu le feu, le 24 novembre, à Bondy.

— En avant, mon 72e ! cria le colonel. En avant, les bons camarades !

Et, sous l'impétueuse attaque des deux bataillons réunis, l'ennemi lâcha pied et courut de toutes parts se réfugier derrière le retranchement que fermait le haut du parc.

De la barricade crénelée jaillit un déluge de feux. Nos gardes nationaux s'élancèrent sous la pluie des balles. Le capitaine Couchot sauta, le sabre à la main, sur la barricade. Il tomba le cœur traversé d'une balle. Un de ses hommes se précipita pour le relever ; il tomba à son tour. Un second accourut ; lui aussi tomba.

Là, moururent aussi, du 72e, le sous-lieutenant Bouy, le lieutenant Sarra et bien d'autres.

Le 69ᵉ fit une perte bien cruelle, le fils du savant chimiste Regnault, le jeune peintre dont la *Salomé*, à la dernière Exposition, avait promis à la France un grand artiste de plus.

Une jeune cantinière, Mᵐᵉ Philippe, bien connue du 72ᵉ pour son dévouement et son courage, voit tomber son beau-père à son côté. Elle ramasse le fusil du mort, et se bat jusqu'à la fin du jour au premier rang des plus intrépides. Elle passe ensuite toute la nuit à soigner les blessés.

La lutte désespérée se poursuit entre des hommes combattant poitrine découverte et leurs ennemis invisibles. On continua d'attaquer de front la position que d'autres devaient tourner; mais les autres n'arrivèrent pas.

Tout le régiment était réuni. Il y avait là un bataillon dont quelques-uns avaient douté comme consistance militaire; il n'avait pas toujours été un modèle de tempérance et de discipline.

— Républicains de Montmartre, leur cria le colonel, voulez-vous sauver la République? En avant!

Ils marchèrent comme un seul homme et furent magnifiques jusqu'au bout.

Le 4ᵉ bataillon du régiment (faubourg Saint-Honoré), composé d'éléments bien différents, ne se signala pas moins.

La barricade fut enfin emportée au prix de tant de sang. Nos bataillons victorieux virent par-delà, vers la Bergerie, un grand ébranlement se produire dans l'infanterie ennemie. La cavalerie prussienne refoulait sa propre infanterie pour la ramener au combat. La cavalerie venait sur nous.

On l'attendit avec la fermeté des plus vieilles troupes. Elle n'aborda pas.

Si dans ce moment l'aile droite de notre armée, si fatalement en retard, eût paru et eût pris en flanc la Bergerie, que nous prenions en face, la clef de toute la position était à nous, et le succès de la journée achevé.

Un autre régiment de garde nationale avait rejoint le 16°. Les deux colonels se concertèrent.

— Nous n'avons pas d'ordres ; donnons-nous des ordres à nous-mêmes, dit le colonel de Brancion au colonel Langlois. — Voulez-vous tourner, pendant que j'attaquerai de front ?

— J'y vais, dit le brave Langlois.

Et il commença le mouvement.

Un fatal coup de feu le mit hors de combat, et fit manquer l'opération que lui seul pouvait conduire.

L'aile droite, après de longues heures, vint trop tard ! Mais nos bataillons gardèrent jusqu'à la nuit la position qu'ils avaient conquise, et ne la quittèrent que sur le mouvement général de retraite.

Quels que puissent être les malheurs de la patrie, de telles choses ne s'oublieront jamais. On ne rira jamais plus du *citoyen soldat*. Ce qu'a fait notre 16e, d'autres l'ont fait comme lui.

Dans d'autres régiments, comme dans le nôtre, les conditions diverses, les opinions diverses d'hier ont mêlé leur sang. Bataillons ouvriers, bataillons bourgeois, ceux qui naguère se défiaient les uns des autres à titre de conservateurs ou de socialistes, ne sont plus aujourd'hui que des Français, des frères qui combattent ensemble et souffrent ensemble. Quelles que puissent être les horreurs du présent, cette génération qui se sacrifie expie le passé et assure l'avenir.

Les fureurs de quelques insensés, les viles menées de quelques perfides agents du régime passé n'ôteront pas à ce noble peuple l'honneur, qu'il laissera, quoi qu'il arrive, intact à ses enfants.

Les hommes ont fait leur devoir; les femmes les ont poussés à le faire. C'est là le signe que la nation est refaite. Nous conduisions hier au champ de repos un de nos vaillants officiers du 72e. Qui menait le cortége? La veuve, dévorant stoïquement ses larmes, marchant à pied en tête des compagnons d'armes de son mari, et suivant jusqu'au bord de la fosse les restes de celui qu'elle sait retrouver ailleurs, là où sont les âmes des héros de la patrie.

Les fortes croyances renaissent comme les fortes actions! Nous le répétons, PAR UN ACTE DE FOI ENTIER, ABSOLU : La force matérielle, armée de la science, nous a pris par surprise et peut nous écraser pour un jour; elle n'a pas d'avenir, et demain est à nous ou à nos fils.

Le colonel de Rochebrune.

En avant de Rueil, nos troupes, sous le feu nourri des Prussiens, tenaient, et bravement ; mais il était impossible de laisser nos soldats exposés aux balles ennemies : mieux valait emporter à la baïonnette des positions qu'à première vue on ne jugeait pas inaccessibles.

Le colonel de Rochebrune voit la situation. Il met le sabre à la main, et, se tournant vers le front de son régiment :

— En avant ! s'écrie-t-il.

Au même moment éclate une vive fusillade, et une balle prussienne, frappant le colonel à l'omoplate, ressort par la poitrine après avoir traversé le cœur.

Le colonel est tombé comme frappé de la foudre.

Ainsi est mort, pour le salut de la patrie, M. de Rochebrune, qui, dans la dernière guerre de Pologne, s'était fait un renom de bravoure et de science militaire.

Son corps, ramené dans la soirée à Paris, par des gardes de son bataillon, d'abord déposé à l'ambulance des Variétés, a été transporté à son domicile, boulevard Richard-Lenoir. Le lendemain, ont eu lieu les obsèques de l'ancien général de l'armée polonaise de Langiewicz. Une foule compacte se pressait aux abords de la maison mortuaire. Le cortége prit religieusement le chemin de l'église Saint-Ambroise, où fut célébré le service funèbre. Caparaçonné de deuil, la tête basse, son cheval bai Mazeppa, suivait immédiatement le corps ; derrière venaient, conduisant la triste cérémonie, le général Clément Thomas, le colonel chef d'état-major Moutaigu, de nombreux officiers supérieurs délégués des bataillons de Paris.

Arrivé au Père-Lachaise, le corps fut placé dans un caveau provisoire, et quelques paroles d'adieu furent adressées au mort héroïque par son ami, son frère, son vieux compagnon d'armes, le colonel Silvestre.

Les officiers se sont ensuite séparés en se serrant la

main et en se donnant, devant l'ennemi, un rendez-vous auquel nul ne manquera ; il y a pour eux une revanche à prendre et un ami mort à venger.

Le peintre Regnault.

Le peintre Regnault a été tué devant le murs du parc de Buzenval. Il appartenait au 69ᵉ bataillon.

Un membre des ambulances, explorant le champ de bataille, crut le reconnaître ; il ouvrit la capote de drap marron que portent les gardes de ce bataillon, et lut sur une étiquette cousue à la doublure :

REGNAULT, PEINTRE,

Fils de Regnault, de l'Institut.

Et au-dessous son adresse.

L'ambulancier coupa un collier qu'il portait, et auquel une médaille était suspendue, puis partit, se promettant de revenir chercher bientôt le corps de l'artiste. Quand il revint, ce corps avait disparu.

Au début de la séance de l'Académie des sciences, M. Faye, vice-président, et M. Elie de Beaumont, ont déploré, dans des termes empreints de la plus vive émotion, cette déplorable nouvelle.

« Henri Regnault, a dit M. Faye, était l'espoir de la peinture française. Tout l'Institut sera vivement affecté d'une pareille perte.

« Mourir à vingt-sept ans ! à l'aurore d'un talent marqué d'une grande originalité et d'une éclatante puissance ! Pauvre Regnault ! Les arts viennent de faire en lui une perte irréparable ! »

Gustave Lambert.

Après Henri Regnault, Gustave Lambert. Hier l'artiste, aujourd'hui le savant, homme de pensée et d'action, qui se proposait d'étendre le domaine de la science et d'en vérifier les prévisions au péril de sa vie.

Gustave Lambert avait pris le fusil pour défendre la France envahie ; il est tombé, comme le plus obscur des soldats dans ce funeste combat du 19 janvier, où, une fois encore, le dévouement et le courage ont été écrasés par le nombre, par la tactique, par cette étude sérieuse de toutes les conditions du succès, qui rend nos ennemis si redoutables.

Blesssé grièvement, Gustave Lambert a été tué autant par le mal moral que par le mal physique. Ce cœur qui sentait en double, n'a pu supporter l'amertume de nos revers et la désolante pensée que Paris allait capituler faute de pain.

Et maintenant, que va-t-il advenir de l'œuvre à laquelle Gustave Lambert s'était voué ? Qui abordera cette mer libre du pôle à laquelle les savants croient avec lui ? Qui parcourra la route jalonnée par ses calculs et dont il avait reconnu les abords sur un navire baleinier ?

Le sous-lieutenant de Cambray.

Le baron de Cambray, sous-lieutenant des mobiles du Loiret, cité à l'ordre du jour de l'armée pour sa conduite héroïque, décoré de la Légion d'honneur à vingt-quatre ans, et que l'on croyait encore, il y a quelques jours, pouvoir sauver et rendre à son père, a succombé à ses cruelles blessure. Il avait supporté l'amputation de la cuisse, et le bras allait mieux. Les accidents survenus après dix jours de souffrances patiemment supportées, grâce aux soins les plus tendres de ses parents, la comtesse et l'abbé d'Hulst, ont amené sa fin. Il est mort en chrétien, et nous venons de conduire à l'église les restes de cet honnête et vaillant jeune homme, si digne d'être loué, chéri, pleuré.

M. Adrien Peloux.

M. Peloux, bâtonnier de l'ordre des avocats de Valence, engagé volontaire dans les mobiles de la Drôme, a été tué à l'attaque de Montretout, à la tête d'une compagnie de ce bataillon qui l'avait élu capitaine. Des lettres, des portraits, l'*imitation de Jésus-Christ*, placés sur le cœur d'Adrien Peloux ont été pieusement recueillis par M. Augustin Cochin... Saluons le citoyen devenu soldat, la province défendant Paris.

Le lieutenant Bouissounous.

C'était le 19, près de Montretout, vers le matin, alors que les zouaves s'avançaient pour enlever les positions de Garches.

Un obus éclate à quelques pas en avant du lieutenant Bouissounous et lui fracasse le col du fémur droit en même temps qu'il broie en menus fragments l'avant-bras droit.

Le capitaine Gaillac s'avance pour lui porter secours et lui adresse quelques paroles bienveillantes.

— Merci, mon capitaine, c'est inutile ; j'ai mon compte. Laissez-moi et ne vous occupez pas de moi. D'ailleurs, je serai long à mourir. Le râle va me prendre ; allez vous-en, car ce n'est pas *drôle*.

Et comme le capitaine insistait pour le faire porter à l'ambulance :

— Non, vous dis-je, car vous n'avez pas vu ça.

De la main gauche il déboutonne sa capote et découvre une horrible plaie béante par laquelle s'échappent les entrailles du malheureux officier, en entraînant le second éclat d'obus qui était resté dans le corps.

Une heure après, le lieutenant Bouissounous rendait le dernier soupir dans des souffrances atroces, et le capitaine Gaillac tombait frappé d'une balle au cœur sans proférer une plainte.

Le général Vinoy, commandant supérieur de l'armée de Paris (22 janvier).

Le Gouvernement de la défense nationale a rendu une décision qui modifie la direction militaire. Le général Trochu reste président du gouvernement ; le général Vinoy prend le commandement en chef de l'armée.

Cette mesure donne satisfaction à ceux qui pensaient qu'il était bon de séparer des pouvoirs qui doivent se servir et se contrôler mutuellement.

Le titre et les fonctions de gouverneur de Paris sont supprimés.

Ordre du jour du général Vinoy à l'armée de Paris.

Le Gouvernement de la défense nationale vient de me placer à votre tête ; il fait appel à votre patriotisme et à mon dévouement : je n'ai pas le droit de m'y soustraire. C'est une charge bien lourde ; je n'en veux accepter que le péril, et il ne faut pas se faire d'illusions.

Après un siége de plus de quatre mois, glorieusement soutenu par l'armée et par la garde nationale, virilement supporté par la population de Paris, nous voici arrivés au moment critique.

Refuser le dangereux honneur du commandement dans une semblable circonstance, serait ne pas répondre à la confiance qu'on a mise en moi. Je suis soldat, et ne sais pas reculer devant les dangers que peut entraîner cette grande responsabilité.

A l'intérieur, le parti du désordre s'agite, et cependant le canon gronde. Je veux être soldat jusqu'au bout : j'accepte ce danger, bien convaincu que le concours des bons citoyens, celui de l'armée et de la garde nationale ne me feront pas défaut pour le maintien de l'ordre et le salut commun.

Général VINOY.

Lettre trouvée sur le cadavre d'un soldat prussien.

Ma chère mère,

Je vous ai déjà écrit par ce courrier, mais j'avais peu de temps alors devant moi; je profite de quelques instants de répit pour vous envoyer encore quelques lignes.

Ma chère, ma bien chère mère, ne vous tourmentez pas à cause de moi. Que la volonté de Dieu soit faite ! Si je dois être enseveli dans un coin quelconque de la terre étrangère, j'y serai toujours assez bien, du moment que ce sera Dieu lui-même qui aura désigné ma tombe. Il sait bien mieux que nous ce qu'il nous faut.

Quand je monte ma faction, tout seul, la nuit, au milieu des champs dévastés, à quelques pas seulement des sentinelles ennemies, mes pensées sont avec vous. Qu'une balle vienne interrompre mon rêve en me frappant au cœur, je resterai là, couché sur la terre glacée, personne autour de moi, aucun ami pour me relever, aucun secours à espérer, et pourtant je ne m'en attristerai pas : j'entrerai tout joyeux dans la demeure que le Père éternel nous a préparée depuis l'origine des siècles.

Que ma destinée s'accomplisse ! Notre Père, qui est aux cieux, sait faire à chacun sa part : ses arrêts sont ceux de la sagesse suprême.

Je termine en vous envoyant encore mille baisers, ma bien chère mère. A vous aussi, mes chers amis, à vous tous mes derniers saluts ; adieu, ma mère, et je signe du nom que tu m'as donné.

FRÉDÉRIC.

Le soldat de Rueil.

Le 19 janvier, une voiture d'ambulance s'est arrêtée non loin de Rueil, qu'il a fallu évacuer sous une pluie d'obus. Les brancardiers font autour d'eux, à la torche, cette recherche des blessés, d'un intérêt si saisissant, qu'on n'oublie jamais pareil spectacle quand on y a assisté une fois.

Survient un jeune lignard, deux fusils en bandoulière — le sien et celui de son camarade tué à ses côtés ; la veste à moitié ouverte, et dans l'ouverture la main droite entourée d'un mouchoir.

— Monsieur, dit-il de sa voix enrouée par la fatigue à l'un des ambulanciers, vous me paraissez avoir bon cœur... Eh bien, ça n'est pas pour moi que je vous dérange, au moins !... Je suis un peu égratigné, mais c'est rien. Seulement, il y a là auprès des hommes bien malades ; ils ont le corps troué, ceux-là. Je vous en prie, dites qu'on les enlève, car ceux-là, vrai, n'ont pas le temps d'attendre.

L'ambulancier avait bon cœur, en effet, comme l'avait jugé notre soldat. Il court, guidé par celui-ci : il fait enlever les blessés, et, sous sa direction, on les charge dans une des dernières voitures disponibles. Après quoi, songeant à cette *égratignure* dont on vient de lui parler :

— Mais vous aussi, mon ami, vous êtes blessé... Qu'avez-vous au juste ?.. Montrez...

Le soldat tire sa main de sa veste, dénoue son mouchoir : trois doigts pendaient horriblement mutilés, et quelques instants plus tard les chirurgiens militaires étaient obligés de procéder à l'amputation !

C'est ce que le brave troupier appelait une égratignure !

Le nom de ce brave, nous l'ignorons. On l'a surnommé « le soldat de Rueil. »

Le marquis de Coriolis.

Les obsèques du marquis de Coriolis d'Espinouse, tué au combat de Buzenval, dans les rangs des volontaires de la garde nationale du 15ᵉ bataillon, ont été célébrées au milieu d'un immense concours d'amis et de camarades. Le marquis de Coriolis était né en 1804. Élève de

Saint-Cyr, il avait, avant 1830, pris part aux campagnes d'Espagne, de Grèce, d'Alger. Il avait alors donné sa démission, brisé sa carrière et enseveli volontairement sa vie dans l'honneur sans tache de son premier serment. La fidélité fut la passion de son âme, car nul ne fut plus fidèle à ses convictions, à Dieu, à la France, à ses amis. Les Anglais enferment toutes ces qualités dans le beau nom de *loyauté*. Le marquis de Coriolis était un homme loyal. Il semble que la Providence ait voulu le récompenser d'avoir si bien honoré sa jeunesse en le conservant toujours jeune. A soixante-sept ans, il était fort, actif, gai, comme à trente ans. Comme on aimait à le voir entrer avec sa grosse tête barbue, sa démarche solide, son fin regard et sa franche poignée de main ! Cet homme, volontairement inutile, était utile à tous, à la politique, dont il a si souvent aidé à aplanir les difficultés par son esprit conciliant ; à la bonne société, qui le recherchait et le consultait ; aux pauvres gens, dont il était, quoique pauvre lui-même, le bienfaiteur infatigable ; à ses amis surtout, à ses chers amis, qui ne pourront jamais se consoler de ne l'avoir pas revu. Le devoir l'avait ramené à Paris, parce que la patrie allait y livrer son plus rude combat. On votait ; il fut des plus actifs à soutenir les bonnes listes pour l'élection des maires. On donnait ; il se fit quêteur à domicile. On se battait ; il s'enrôla dans la garde nationale, et s'il eût été le maître, il serait rentré dans les rangs du 35ᵉ de ligne. Quand la garde nationale fut conduite au feu, il marcha en avant, près du parc de Boispreau, à côté de la Malmaison, et là, deux balles le frappèrent, l'une à la tête, l'autre au cœur, toutes les deux en face et au bon endroit. Quelle noble vie et quelle noble mort pour récompense !

Le marquis de Coriolis restera un type et un exemple. Il était vieux, et il a donné l'exemple aux jeunes gens, auxquels il aurait volontiers répété :

Donnez-moi vos vingts ans, si vous n'en faites rien.

Il était de grande naissance, et il est mort simple citoyen et simple soldat. Il était légitimiste inébranlable, mais aimé des hommes des partis les plus divers, et quand la République a tenu le drapeau dans la guerre nationale, il a suivi le drapeau. Il était de ce faubourg Saint-Germain, que les Prussiens couvrent de bombes et les Bellevillois d'injures, et il a montré aux prétendus maîtres de l'avenir ce que vaut la vieille France. Il était, de plus, et sans le montrer, un ami passionné des arts et de la littérature et un solide chrétien.

Le capitaine de Bellefonds.

Le 24 janvier, vers midi, a été célébré, à l'église Sainte-Marie des Batignolles, avec les honneurs militaires, le service funèbre de M. Pissonnet de Bellefonds, capitaine commandant la 2e compagnie de guerre du 33e bataillon de la garde nationale, mort victime d'un déplorable accident, dans la nuit du 21 janvier, aux avant-postes de Vitry.

Revenu malade à la fin de décembre du plateau d'Avron,

le capitaine de Bellefonds n'avait pu, à son grand regret, reprendre le commandement de sa compagnie, et force lui avait été de demeurer dans ses foyers, lorsque, vers les premiers jours de janvier, son bataillon effectuait une nouvelle sortie dans la direction de Vitry. Mais l'inertie pesait à ce brave officier : aussi, bravant les prescriptions du docteur, il avait pris sur lui, bien que gravement indisposé encore, de rejoindre son régiment, et arriva au campement à la nuit tombante, le 21.

Les hommes étaient de tranchée, c'est-à-dire à plus de trois quarts de lieue en avant, en face de Choisy-le-Roy et tout près des Prussiens. A peine débarqué, M. de Bellefonds demanda à aller retrouver, tout de suite et sans coup férir, ses camarades. C'est à peine si on put l'obliger à se reposer un instant à dîner.

Pendant le repas, une vive fusillade se fait entendre du côté de Choisy ; c'était une attaque des Prussiens dirigée sur la maison de l'amiral Pothuau. De Bellefonds n'y peut tenir davantage ; il souhaite de partager le danger commun. Comme le son du clairon anime et transporte un cheval de bataille, il veut s'élancer, il demande à partir ; il insiste, il « exige » qu'on le conduise aux avant-postes. La nuit est obscure ; le chemin lui est inconnu. Des amis que leur service maintenait à l'arrière-garde se chargent de le conduire ; il prend le bras de M. Cathelotte, chirurgien aide-major ; derrière suivent M. Leroy, caporal infirmier, et M. Legendre, sergent-fourrier.

On marche en avant : deux routes conduisent aux tranchées, l'une plus longue, mais plus sûre à travers la plaine ; l'autre plus courte, mais boueuse, incommode, détrompée par la pluie et longeant la Seine. C'est cette dernière que, malgré les représentations qui lui sont faites, veut prendre le capitaine. On obéit. La fusillade redouble, on hâte le pas. Bientôt un double cri se fait entendre : MM. de Bellefonds et Cathelotte ont disparu. Trompés par la nuit et la réverbération de l'eau, les malheureux avaient mis le pied dans le vide et venaient de tomber dans la Seine, de deux mètres de haut, dans une écluse.

Au signal de détresse, leurs compagnons se précipitent pour leur porter secours. La berge est escarpée, l'obscurité profonde, et, au milieu du clapotement de l'eau, on a peine à distinguer deux masses confuses qui se débattent contre le courant. MM. Leroy et Legendre font preuve d'un dévouement sans bornes : ils se penchent au-dessus de l'écluse, véritable abîme, et, s'accrochant l'un à l'autre, font la courte échelle et tendent l'extrémité d'un fusil aux malheureux naufragés. Deux fois le capitaine de Bellefonds saisit cette arme de sauvetage, deux fois ses mains, enveloppées de gros gants de peau, la laissent échapper. Puis, à bout de forces, épuisé, ne sachant nager, il disparaît.

Pendant ce temps, un garde national faisant escorte donnait l'alarme dans le voisinage et réveillait les matelots et les marins de la canonnière Farcy, tout proche de là. Des secours arrivent enfin ; mais seul le chirurgien Cathelotte, plus jeune, plus agile, plus vigoureux, a pu surnager et se maintenir à la surface de l'eau, malgré le poids de ses vêtements qui l'entraînent, malgré le capuchon de son caban qui se remplit d'eau, et sa valise surchargée qui l'alourdit : il saisit la gaffe qui lui est tendue et gagne la terre ferme.

Ce n'est qu'au bout d'une grande demi-heure que les marins repêchent le corps de l'infortuné de Bellefonds, malgré le temps écoulé, ses amis se refusent à croire que tout espoir n'est pas absolument perdu. Ils transportent le capitaine dans la cabane de l'éclusier. Un grand feu est allumé, et là, chacun s'évertue à rendre à la vie le corps encore chaud et souple. Le docteur Cathelotte, qui vient d'échanger ses vêtements contre ceux d'un marin, est le premier à prodiguer ses soins empressés au camarade qui a couru le même danger que lui. Il est intelligemment secondé par M. Villary de Fajac, jeune homme riche et distingué qui, par son zèle et son dévouement, s'est constitué ambulancier du 33e bataillon, et par M. Leroy, qui, d'étudiant en médecine à sa troisième inscription, est devenu caporal d'ambulance d'une compagnie de guerre. Mais tous les soins sont, hélas! devenus superflus. Pendant cette lugubre scène, le canon du fort d'Ivry s'était joint à la fusillade, et l'attaque des Prussiens était repoussée.

Fils d'un officier supérieur de l'armée, ancien élève de l'école de Saint-Cyr, ayant fait campagne en Afrique et en Crimée, M. de Bellefonds était un des plus braves capitaines de cette milice citoyenne, si cruellement éprouvée depuis quelque temps. D'un tempérament impressionnable et nerveux, c'était un homme d'une rare énergie, sachant allier au courage militaire les qualités d'une nature aimable et bonne. Aussi était-il universellement aimé, non-seulement de ses collègues et des hommes de sa compagnie, mais encore de tout son bataillon.

Le lieutenant d'Estourmel.

Le jeune comte d'Estourmel, lieutenant de la garde nationale de la 2ᵉ compagnie du 17ᵉ bataillon de marche, se trouvait le 19 au combat de Buzenval. Il s'offrit pour porter un ordre pendant la nuit, rencontra un poste prussien et tomba horriblement frappé. La balle lui brisa le coude et traversa tout le corps. On l'apporta à la ferme de la Fouilleuse, où il fallut passer la nuit sur le pavé d'une écurie ouverte à tous les vents. Un prêtre, heureusement, se trouvait là et put lui donner quelques soins, comme aux autres blessés qui encombraient leur misérable asile. La nuit fut longue; M. d'Estourmel en supporta patiemment les atroces douleurs. De temps et temps, pour se délasser, il reposait sa tête sur les genoux du prêtre. Profitant d'un moment de répit, il se confessa avec une admirable tranquillité d'âme et une parfaite résignation à la volonté de Dieu.

Tout secours matériel manquait; son charitable infirmier ne put trouver à lui donner qu'un peu d'eau saumâtre : et lui, non moins charitable envers celui qui se désolait de ne pouvoir mieux le servir, lui rendit grâce de ce peu d'eau dont il ne voulut point avouer l'amertume. Encore que la douleur lui arrachât quelques gémissements, il ne se plaignait de rien.

Enfin, les voitures d'ambulance arrivèrent plusieurs

heures après le jour. Le prêtre y put installer son cher blessé, et suivit à pied par des chemins effroyables. Il fallait arrêter souvent pour que le malade n'expirât point dans la violence des tortures. Ce voyage, après une telle nuit, dura jusqu'aux approches du soir. C'est là, nous disait le prêtre, que l'on voit et que l'on sent ce qu'est la guerre.

M. d'Estourmel avait demandé d'être conduit à l'ambulance du séminaire des Missions étrangères, à laquelle appartient le prêtre que la miséricorde divine lui avait fait rencontrer, M. Guerrin, l'un des directeurs de cette sainte et illustre congrégation. L'on vit tout de suite que son état était désespéré. Lui n'en parlait point. Il reçut avec courtoisie la visite de son colonel et celle de plusieurs autres officiers de son bataillon, leur disant quelques mots et leur serrant la main. Mais le lendemain matin, vers dix heures, il fit éloigner les personnes qui l'entouraient et dit à M. Guerrin : « Messieurs, le temps presse. Je sens que je m'en vais. Si vous voulez bien me donner l'extrême onction, je suis prêt. » Il se confessa de nouveau et reçut le sacrement qu'il avait demandé, comme un tel homme devait le recevoir.

Il pria ensuite M. Guerrin de lui mettre au cou une médaille de la sainte Vierge, et depuis ce moment, il ne prononça plus que de rares paroles, en se contentant de lever un regard plein de douceur et de sérénité vers ceux qui le veillaient. Il expira ainsi, vers trois heures, paisiblement endormi dans le contentement d'avoir fait son devoir et d'aller à Dieu.

Il n'a eu ni délire, ni fièvre, pas même de sueurs. Il

s'est endormi, et mort, il semblait dormir. Son visage ne portait aucune trace de douleur ou de fatigue ; il goûtait le bon sommeil qui suit le bon combat.

Le comte d'Estourmel avait appartenu à l'armée. Il venait de donner sa démission pour se marier, et le jour de cette union était marqué lorsque la guerre éclata. Dès que l'on put prévoir que Paris serait assiégé, il quitta sa province dans l'intention de s'offrir à la défense commune. Il n'en eût pas moins fait quand il eût su qu'il y laisserait la vie.

Ainsi, il a mérité d'abandonner la vie comme le voyageur qui s'éloigne avec indifférence du point de vue dont la beauté l'a charmé un instant, car son cœur est déjà au bout de sa course, et rien n'égale la beauté du foyer paternel où il se sent appelé.

L'attentat du 22 janvier.

L'attentat du 22 janvier était prévu. Pendant quatre mois, on n'a cessé d'enhardir, par des concessions répétées, les hommes de désordre. On a presque tout accordé à ceux à qui il fallait tout refuser. Le jour est venu où, à force d'avoir cédé, il a fallu résister, et ce jour a été celui où le Gouvernement avait le plus grand besoin de son autorité.

Dans la soirée du 21, une émotion, plus grande encore qu'à l'ordinaire, s'était manifestée dans différents clubs. *La Commune ! la déchéance !* tel était le cri indicateur de l'émeute préparée pour le lendemain. Voici le récit que donne de la journée du 22 le *Journal officiel* :

La nuit dernière, au moment même où le Gouvernement de la défense nationale achevait de délibérer sur les nouvelles mesures dont le *Journal officiel* a, ce matin, informé le public, on apprenait que la prison de Mazas venait d'être forcée par une poignée d'agitateurs. Plusieurs prévenus politiques, parmi lesquels M. Flourens, avaient été mis de vive force en liberté.

Après ce premier acte de violence, les émeutiers, en assez petit nombre, se sont portés sur la mairie du 20e arrondissement, dans le but d'y installer le quartier général de l'insurrection. Leur entreprise n'a pas obtenu un succès de longue durée. Néanmoins, elle s'est assez prolongée pour qu'ils aient pu commettre les actes les plus blâmables.

Les insurgés, en effet, au risque de livrer au supplice de la faim toute la population indigente de Belleville, se sont emparés de deux mille rations de pain. Ils ont en outre bu une barrique de vin réservée aux nécessiteux, et dévalisé un épicier du voisinage.

M. Flourens s'est retiré en déclarant qu'on n'était point en nombre et qu'on reviendrait.

Le commandant du 2e secteur, aussitôt qu'il a été avisé de l'envahissement de la mairie, a envoyé quelques compagnies de garde nationale, et la mairie a été évacuée sans effusion de sang. A six heures et demie l'ordre était complétement rétabli à Belleville.

Pendant la matinée, la ville semblait calme, tout danger de tumulte paraissait écarté. Le conseil du Gouvernement, constitué en permanence, délibérait avec le nouveau commandant en chef, dont on venait d'afficher la proclamation.

Une autre réunion avait lieu au ministère de l'instruction publique; elle se composait de MM. Dorian et Jules Simon, membres du Gouvernement; de MM. François Favre, Henri Martin, Arnaud (de l'Ariége), Clémenceau, Bonvalet, Tirard et Hérisson, maires de divers arrondissements de Paris ; enfin, de neuf officiers, parmi lesquels on comptait un général, huit colonels et trois chefs d'escadron.

Deux des colonels présents appartenaient à la garde nationale. Cette réunion a donné lieu à une discussion des plus intéressantes, et tous les assistants, tour à tour consultés, ont apporté au débat le tribut de leur expérience et de leur patriotisme.

A l'heure même de cette réunion, les émeutiers, vaincus le matin à la mairie de Belleville, reprenaient courage. La place de l'Hôtel de Ville se garnissait de groupes nombreux et animés, sans qu'il y eût pourtant à prévoir aucune tentative de violence.

Deux députations avaient été successivement introduites auprès des membres de la municipalité: le colonel Vabre, commandant militaire, les reconduisait jusqu'à la grille extérieure, lorsque cent ou cent cinquante gardes nationaux appartenant pour la plupart au 101e bataillon de marche, avec officiers et tambours, débouchèrent sur la place de l'Hôtel de Ville.

Il n'y avait à ce moment aucune troupe au dehors, on avait même retiré les factionnaires de l'extérieur. Seuls, le commandant de l'Hôtel de Ville et les officiers du bataillon du Finistère étaient sur le trottoir, entre la grille et la façade, parlant à la foule et l'exhortant au calme. Tout à coup les gardes nationaux qui venaient d'arriver et qui s'étaient disposés, non en masse mais par petits groupes répandus selon un certain ordre, sur toute l'étendue de la place, mirent le genou en terre et firent feu sur trois ou quatre officiers de la garde mobile placés auprès de la porte de la mairie, sans les atteindre.

Le colonel Vabre, qui était devant l'autre porte, celle du Gouvernement, les interpelle avec indignation. Un individu en bourgeois qui paraissait donner des ordres aux gardes nationaux, et qui se vantait d'être un commandant révoqué, donna l'ordre de faire feu cette fois sur le colonel. Une centaine de coups sont tirés. Un des officiers de la garde mobile, l'adjudant-major Bernard, est grièvement blessé aux deux bras et à la tête. C'est seulement en le voyant tomber que les gardes mobiles font feu à leur tour, et la place se trouve instantanément vidée.

Néanmoins tout n'était pas terminé.

La fusillade recommença. Elle partait des encoignures des rues qui font face à la place, des angles du quai et de la rue de Rivoli; elle partait surtout des fenêtres de deux maisons voisines du bâtiment de l'Assistance publique. Le feu des assaillants était dirigé contre les fenêtres du premier étage de l'Hôtel de Ville, dont tous les carreaux furent brisés. Malgré l'emploi des balles explosibles et de petites bombes fulminantes qu'on a ramassées en grand nombre au dedans et au dehors de l'Hôtel de Ville, nul n'a été blessé dans l'intérieur.

Au bout de quelques minutes, l'arrivée des gardes républicains mettait en fuite les émeutiers.

Une vingtaine d'individus ont été fait prisonniers dans les maisons d'où la fusillade était partie.

Ce triste combat, engagé au bruit des obus prussiens qui pleuvaient sur la rive gauche et sur la ville de Saint-Denis, n'a pas duré plus de vingt minutes. Le capitaine du 101e a été arrêté. D'après les renseignements recueillis jusqu'à présent, il y aurait cinq morts et dix-huit blessés.

Dans la soirée du 23, la proclamation suivante était adressée aux citoyens :

« Un crime odieux vient d'être commis contre la patrie et contre la République.

« Il est l'œuvre d'un petit nombre d'hommes qui servent la cause de l'étranger.

« Pendant que l'ennemi nous bombarde, ils ont fait couler le sang de la garde nationale et de l'armée sur lesquelles ils ont tiré.

« Que ce sang retombe sur ceux qui le répandent pour satisfaire leurs criminelles passions.

« Le Gouvernement a le mandat de maintenir l'ordre, l'une de nos principales forces en face de la Prusse.

« C'est la cité tout entière qui réclame la répression sévère de cet acte audacieux et la ferme exécution des lois.

« Le Gouvernement ne faillira pas à son devoir. »

Par décret, de même date, les clubs sont supprimés, jusqu'à la fin du siège, et les journaux le *Réveil* et le

Combat, qui contiennent, chaque jour, des excitations à la guerre civile, sont supprimés.

Les suites du 22 janvier.

Le 23 janvier, Paris a repris sa physionomie habituelle.

Rien n'est changé aux abords de l'Hôtel de Ville, et sans les taches blanches dont les balles, en éraillant la pierre, ont marqué la façade de l'édifice, on ne trouverait aucune trace de l'émeute. Il n'y a pas eu moins de soixante-dix carreaux brisés, tant à l'entre-sol qu'au premier et au deuxième étage de l'Hôtel de Ville. C'est la partie de la façade qui se trouve comprise entre les deux grandes portes d'entrée qui a été surtout le plus endommagée par les projectiles.

La porte située à gauche de la statue de Henri IV a été percée par vingt-sept balles. La seconde porte à droite a été trouée par onze projectiles.

La statue de saint Vincent de Paul a été atteinte à la hauteur de l'épaule droite et près du ventre. Une balle a fait éclater un morceau de la niche.

La statue d'Aubriot a reçu une balle près de la poignée de l'épée sur laquelle sont posées les deux mains du personnage.

Le manteau de saint Landry a été atteint au côté droit.

Le cou du cheval de la statue de Henri IV a été percé par deux balles.

L'angle droit du chambranle de la niche qui renferme la statue de Sully est écorné.

La poitrine et le ventre de la statue de Juvénal des Ursins, ainsi que le chambranle de la niche dans sa partie supérieure et inférieure, portent les traces de quatre coups de feu.

Le bas de la robe de Paul de Viole a été brisé.

Plusieurs balles ont frappé la statue de Laillier à la hauteur de la poitrine, à la ceinture et en bas de la robe, à droite.

Au-dessous de la statue de Mathieu Molé, une balle a brisé l'angle d'une fenêtre.

Le bras droit de Rollin a été entièrement enlevé. En outre, une balle a atteint le manteau du personnage à la hauteur du cœur. Deux autres balles ont brisé l'extrémité inférieure du chambranle de la niche. Un entablement de fenêtre près de la statue de l'abbé de l'Epée est abîmé.

On remarque sur la façade du pavillon de droite, près du jardin réservé, les traces d'une vingtaine de projectiles qui ont plus ou moins atteint les statues de Colbert, Catinat, Condorcet et Lafayette. Sur le pavillon de gauche, les niches qui renferment les statues de Mansard, Voyer d'Argenson, ont reçu également quelques balles. Les vingt autres statues sont intactes.

Le bâtiment de l'Assistance publique, voisin de la rue de Rivoli, porte les traces d'une quinzaine de balles, et le bâtiment de l'Assistance, voisin du quai de Gêvres, en a reçu une dizaine.

Du côté opposé, le café de l'Horloge, situé vis-à-vis de

l'Hôtel de Ville, a été atteint par une quarantaine de balles, dont dix ont pénétré dans la salle commune. C'est entre ce café et la maison voisine que l'ex-commandant Sapia a été frappé d'une balle. En face de la porte d'entrée du café, de l'autre côté de la chaussée, on remarque quelques pelletées de sable formant un léger exhaussement. Ce sable cache une mare de sang. Parmi les prisonniers faits dans une maison neuve de l'avenue Victoria, on cite une femme que l'on aurait saisie le chassepot à la main et ayant les poches pleines de cartouches.

L'armée assiégeante.

(23 janvier.)

Le bombardement sur Vaugirard, Grenelle et nos forts du Sud a repris avec plus de vigueur. A l'Est, les Prussiens ont établi, à 5,000 mètres du fort de Charenton, une batterie de six embrasures, reliée par une tranchée à Montmesly. Au Nord, le bombardement de Saint-Denis a été d'une grande violence. A l'Ouest, le feu a été sans importance pendant une partie de la journée.

(24 janvier.)

L'activité de l'ennemi se remarque sur tous les points de la ligne d'investissement. Le fort de Montrouge a réparé les dégâts qu'il avait subis. L'énergie des défenseurs de ce fort, terriblement éprouvé, augmente avec les difficultés. A l'Est, bombardement très-lent. Au Nord, des mouvements de troupes sont observés. A Saint-Denis, le bombardement a continué avec violence. Nos pièces ripostent avec succès.

(25 janvier.)

Le feu de l'ennemi a été très-violent dans la journée contre le fort d'Issy, les ouvrages de Vincennes et les ouvrages de Saint-Denis. La lutte d'artillerie a été sérieuse entre les ouvrages de Champigny et Villiers. L'activité des travaux prussiens à Montmesly, au Bourget, à Villetaneuse et au viaduc de Meudon, s'est fait encore remarquer aujourd'hui. De nombreux convois sont toujours entendus à l'Est et au Nord surtout.

Nos blessés sont peu nombreux : 1 à Issy; 4 à Montrouge; 5 au 8e secteur; 2 à la Faisanderie; 7 à Vincennes et batteries annexes; 1 à Nogent; 2 à la Double-Couronne; 7 au fort de l'Est, et 3 la Briche.

La population de Saint-Denis, mal protégée contre les effets des projectiles, a dû, en grande partie, se replier vers l'enceinte de la ville, et a rencontré quelques difficultés sérieuses, inévitables dans les conditions où elle se déplaçait.

Le fort de Rosny a reçu 45 obus pour sa 30e journée de bombardement.

Saint-Cloud est en flammes.

(26 janvier 1871.)

Le tir de l'ennemi s'est encore sensiblement ralenti cette nuit sur les fronts Sud et Est de l'enceinte et des forts, mais il a continué avec la plus grande vigueur sur les forts du Nord.

Malgré la brume épaisse qui a régné dans la journée du 25 et la matinée du 26, et gêné nos vues, nos batteries ont profité de quelques éclaircies pour tirer sur les travaux ennemis poussés très-activement : à Saint-Cloud, Garches et Montretout, où nos obus ont allumé plusieurs incendies ; à Mesly, Montmesly, chaussée de Valenton et chemin de fer de Lyon, et en face le Drancy, où les travailleurs ennemis ont dû s'enfuir précipitamment ; sur la route de Pierrefitte, où le canon de la Double-Couronne a démoli la barricade prussienne.

Les forts de Vanves, Issy et Montrouge, violemment bombardés dans la journée du 25, ont de nouveau réparé leurs dégâts matériels, pendant la nuit. Ils ont eu deux tués et trois blessés. Une petite reconnaissance faite en avant de leurs lignes a rejeté, avec vigueur, un détachement prussien sur ses batteries.

Les Hautes-Bruyères ont éteint le feu de l'Hay et de Chevilly qui attaquaient cette redoute avec vigueur.

Sur les fronts de l'Est, un combat violent d'artillerie a eu lieu toute la journée, sans aucun résultat fâcheux de notre côté.

Les défenses du Nord, depuis le Drancy jusqu'au fort la Briche, sont l'objet d'un bombardement très-actif. On ne signale qu'un tué et 18 blessés. Les dégâts n'offrent aucun danger sérieux ; d'ailleurs, chacun déploie la plus grande activité pour réparer les avaries.

Les garnisons des forts du Nord se montrent, par leur dévouement et leur vigueur, à la hauteur de celles des forts du Sud, éprouvées, depuis longtemps déjà, par un feu des plus terribles.

Résultats du bombardement.

Voici les résultats officiellement connus du bombardement de Paris, à partir du 5 janvier, jour où le bombardement a commencé à atteindre la population civile. Ces résultats, constatés par MM. les commissaires de police, ont été déclarés par eux à la préfecture :

Du 5 au 6 janvier.

Pendant la nuit du 5 au 6, les batteries de l'ennemi, dirigées jusque-là sur les forts, ont bombardé les quartiers de Montrouge, de l'Observatoire, du Luxembourg, du Val-de-Grâce, du Panthéon. Le boulevard Saint-Michel, la rue Saint-Jacques, la rue Gay-Lussac, le cimetière de Montrouge, le Champ-d'Asile, la rue d'Enfer, la chaussée du Maine ont reçu beaucoup d'obus, et il en est également tombé un grand nombre entre les ponts d'Auteuil et de Grenelle, sur la route de Versailles, à la villa Caprice, rue Boileau, rue Hérold, rue de la Municipalité.

Plusieurs maisons se sont effondrées, et des dégâts plus ou moins sérieux ont été constatés dans vingt-six propriétés.

Il y a eu cette nuit-là dix victimes dont cinq morts.

***

Du 6 au 7.

Le bombardement a continué pendant la nuit du 6 au 7 sur l'intérieur de Paris. Les quartiers qui ont particulièrement souffert sont ceux du Val-de-Grâce, de Notre-Dame-des-Champs, de Plaisance, de Javel, de Grenelle et d'Auteuil. Il y a eu cette nuit-là encore d'importants dégâts dans beaucoup de propriétés particulières, et dix habitants ont été atteints, dont quatre mortellement.

***

Du 7 au 8.

A partir de sept heures du soir les projectiles ont recommencé à tomber dans l'intérieur de Paris. Les batteries de Châtillon dirigeaient leur feu sur le Panthéon, et celles de Meudon sur le quartier de Grenelle. Aux abords des Invalides et de l'Ecole militaire, il est tombé une centaine d'obus, et un grand nombre d'autres près de l'Observatoire, dans le jardin du Luxembourg, rue de Fleurus, rue de Madame, boulevard Saint-Michel, rue du Bac; puis, d'un autre côté, à Grenelle et à Auteuil. De sept à neuf heures et demie du soir, on a compté 120 coups de canon par heure. Beaucoup de propriétés ont été endommagées, et il y a eu dans la nuit quinze victimes, dont deux morts.

Du 8 au 9.

Dans la nuit du 8 au 9 et la matinée du 9 janvier, les projectiles sont tombés en très-grand nombre sur la rive gauche. Les guetteurs de nuit ont compté, point à point, 900 coups de canon partis des batteries ennemies, de neuf heures du soir à cinq heures du matin, dont les projectiles ont atteint principalement le Ve arrondissement (Panthéon), VIe (Odéon), VIIe (Invalides), XIVe (Observatoire), XVe (Vaugirard). Des dégâts ont été constatés dans soixante immeubles particuliers. Parmi les édifices publics atteints, on citera le Val-de-Grâce, la Sorbonne, la bibliothèque Saint-Geneviève, les églises Saint-Étienne-du-Mont, Sainte-Geneviève, Saint-Sulpice et de Vaugirard, la prison de la Santé, la caserne du Vieux-Colombier, le dépôt de la Compagnie des omnibus ; enfin, des projectiles sont arrivés dans le jardin du Luxembourg, et jusqu'à la rue Clément, à 550 mètres du pont Neuf.

Il y a eu, dans la nuit, 59 victimes : 22 morts et 37 blessés.

Du 9 au 10.

Le bombardement a redoublé d'intensité pendant la nuit du 9 au 10. On a compté plus de 300 obus qui sont venus tomber dans les quartiers Saint-Victor, Jardin-des-Plantes, du Val-de-Grâce, Notre-Dame-des-Champs, de l'Ecole-Militaire, de la Maison-Blanche, de Montparnasse et de Plaisance. En deux heures, il en est tombé 50 aux abords du Panthéon, et ils ont causé sur plusieurs points des dommages importants. Un incendie qui a éclaté dans un chantier de bois du quartier de la Gare a pu être circonscrit promptement. Diverses maisons de refuge et des ambulances ont été atteintes, notamment l'hôpital de la Pitié, la maison de Sainte-Pélagie, la maison des frères de la Doctrine chrétienne. Le nombre des victimes s'est élevé cette nuit à 48 : 12 morts et 36 blessés.

Du 10 au 11.

Pendant la nuit du 10 au 11, le bombardement de la rive gauche a été très-intense. Les obus ont principalement atteint les quartiers des Invalides, du Panthéon, de Saint-Sulpice, de la Sorbonne, du Jardin-des-Plantes. Ceux de Vaugirard et de Grenelle en ont été litéralement criblés, ainsi que le constate le rapport des guetteurs de nuit (poste des Invalides) qui ont compté, de neuf heures du soir à trois heures du matin, 239 coups tirés par les batteries prussiennes, 89 obus ayant éclaté sur Vaugirard, et 38 sur Grenelle et le faubourg Saint-Germain, jusqu'au haut du quartier Mouffetard. Les objectifs semblaient être le palais du Luxembourg, le Panthéon et le Val-de-Grâce, en raison du grand nombre de projectiles tombés dans le jardin (23 obus) et dans les rues avoisinantes de Fleurus, de Madame, d'Enfer, de l'Ecole-de-Médecine, du Val-de-Grâce, des Feuillantines.

Les édifices atteints sont l'Ecole polytechnique, l'Ecole pratique de médecine, le couvent du Sacré-Cœur, l'hospice de la Salpêtrière, le bâtiment principal de l'assistance publique, l'usine Cail, la maison du docteur Blanche. Enfin, 8 incendies se sont déclarés, et 50 propriétés particulières ont été plus ou moins sérieusement dégradées.

Du 11 au 12.

Le bombardement a continué pendant la nuit du 11 au 12 ; 250 coups de canon ont été tirés par les batteries prussiennes, et 125 obus ont éclaté sur divers points de la rive gauche, notamment dans les quartiers du Val-de-Grâce, Notre-Dame-des-Champs, Ecole militaire, Montparnasse, Plaisance ; rues Mouffetard, Monge, Port-Royal, Notre-Dame-des-Champs, boulevard des Invalides, rue Nationale, avenue d'Italie, chaussée du Maine.

Les édifices atteints sont l'Ecole normale, l'église Saint-Nicolas, l'institution des Jeunes Aveugles (5 victimes), les hospices de l'Enfant-Jésus et de la Maternité (5 élèves sages-femmes blessées), la boulangerie des hospices. trois incendies, éteints grâce à la promptitude des secours, se sont déclarés, et on a compté 45 immeubles dégradés.

Du 12 au 13.

Malgré un épais brouillard qui n'a pas permis de constater tous les effets du bombardement, on a compté 250 obus qui ont éclaté sur Paris, et dont les quartiers du Jardin-des-Plantes, Notre-Dame-des-Champs et Croulebarbe ont principalement subi les effets.

Beaucoup d'obus sont tombés dans le Jardin-des-Plantes, ainsi que sur la Boulangerie centrale située rue Scipion ; divers établissements publics ont été atteints ; l'institution des Jeunes Aveugles, l'hôpital de Lourcine, l'Ambulance de Sainte-Périne, celle des dames augustines, la Compagnie des petites voitures ; cinquante-huit maisons particulières ont été fortement endommagées, notamment rue de Lourcine et boulevard Arago. Enfin on compte 13 victimes, 2 tués et 11 blessés.

Du 13 au 14.

Dès huit heures du soir le bombardement a commencé avec une extrême vigueur, et a d'abord frappé les quartiers de la Gare et du Panthéon. Il s'est un peu ralenti lors de l'action engagée du côté d'Issy, puis il a continué toute la nuit et pendant la journée du 14.

Plus de 500 obus sont tombés sur les quartiers du Val-de-Grâce, de la Sorbonne, du Jardin-des-Plantes, Necker, de l'École-Militaire, Croulebarbe et Javel. D'autres en ont également reçu, entre autres celui de Saint-Thomas-d'Aquin, qui n'avait pas été éprouvé jusqu'à présent. De deux à cinq heures du matin, les batteries ennemies tiraient 100 obus à l'heure.

Les édifices et établissements publics atteints sont : la Boulangerie centrale, rue Scipion, qui semble servir de point de mire ; la prison de Sainte-Pélagie, l'hôpital de la Pitié, l'école des Sœurs, rue de Blainville ; le jardin du Luxembourg, les ambulances des sœurs bénédictines, de la rue de Varennes, de la rue Blomet, des dames augustines ; la maison des religieuses de Saint-Vincent-de-Paul et le dôme des Invalides, frappé d'un éclat de projectile.

On a constaté des dégâts à 103 immeubles particuliers. Quelques incendies causés par des obus ont été éteints, grâce à la promptitude des secours.

Du 14 au 15.

Pendant la nuit du 14 au 15, la canonnade ennemie a été dirigée avec la plus grande vigueur tant sur nos forts que sur la ville de Paris, qui a reçu, de huit heures du soir à sept heures du matin, plus de 500 obus, dirigés sur les quartiers de l'Observatoire, du Jardin-des-Plantes, de l'École-Militaire, du Val-de-Grâce, de l'Odéon, Saint-

Victor, de la Gare, de Grenelle et du Point-du-Jour. Un grand nombre de projectiles sont tombés sur les rues Daguerre, Lecourbe, Mouffetard, Monge, de Poliveau. Soixante-quinze immeubles ont été endommagés.

Les édifices et établissements atteints sont : le Muséum du Jardin des Plantes, le Luxembourg, la prison de Sainte-Pélagie, l'hôpital de la Pitié, les casernes Mouffetard, de Lourcine, l'hôpital du Val-de-Grâce, les dômes du Panthéon et de la Sorbonne, le presbytère de l'église Saint-Etienne-du-Mont, le collége Henri IV, l'église Saint-Sulpice, l'hôtel des Invalides, la manufacture des Gobelins, les ambulances de Sainte-Périne et de la rue de la Gaieté, le marché Saint-Germain, l'abattoir de Grenelle. Quatre incendies se sont déclarés : rues de Poliveau, de Lourmel, de Notre-Dame-des-Champs et boulevard de l'Hôpital ; ils ont pu être promptement éteints. Le bombardement a continué avec une véritable fureur pendant la journée du 15.

Du 15 au 16.

Une canonnade très-vive a été dirigée, dans la nuit du 15 au 16, sur nos forts, ainsi que sur les 5e, 6e, 13e et 16e arrondissements, notamment sur le Point-du-Jour, la route de Versailles, le boulevard de Grenelle, les rues du Commerce et Letellier. De sept heures du soir à neuf heures du matin, on a constaté la projection de 300 obus, dont deux sont tombés sur les quartiers de l'Ile-Saint-

Louis et de la Monnaie, qui n'avaient pas encore été atteints.

Les édifices et principaux établissements qui ont reçu des projectiles sont : l'hôtel des Invalides, le collége Rollin, le couvent des religieuses de la rue de Vaugirard, le pont Notre-Dame, dont une des arches a été touchée ; l'Entrepôt général des vins, la Boulangerie centrale, le Jardin des Plantes, la caserne de la rue Mouffetard, le dépôt des omnibus, rue d'Ulm, la Compagnie des petites voitures, la gare de l'Ouest et l'usine Cail. Cinq obus sont tombés dans ce dernier établissement, sans causer ni accident ni dégâts importants.

Du 16 au 17.

Le bombardement a été un peu moins violent pendant la nuit du 16 au 17 ; 189 obus ont éclaté sur la ville, tandis que la nuit précédente on avait constaté 204 projections. Les arrondissements qui ont le plus souffert sont le 5e, le 6e, et surtout le 13e. Le tir de l'ennemi n'a pas subi de variation sensible, puisqu'il continue à agir dans un rayon déterminé et à frapper les mêmes quartiers du Jardin-des-Plantes, de la Salpêtrière, des Gobelins, de Necker, de Montrouge, de Grenelle et du Point-du Jour. Cependant un projectile est tombé pour la première fois dans le quartier de l'Arsenal, près la place de la Bastille, et un autre dans le quartier Saint-Germain-des-Prés.

Malgré le ralentissement du feu, plusieurs édifices et un grand nombre d'établissements publics ont été atteints.

On citera notamment : l'hôtel des Invalides, les hôpitaux de la Salpêtrière et de la Pitié, le collége Rollin, le presbytère de l'église Saint-Germain-des-Prés, les casernes de Lourcine, Dupleix et Babylone, la Halle aux cuirs, les abattoirs de Grenelle, l'usine Cail.

Trente-cinq propriétés particulières ont été endommagées, quelques-unes assez fortement. Un seul incendie s'est déclaré : il a été promptement éteint.

Quatorze victimes signalées du 16 au 17.

Du 17 au 18.

Le bombardement, qui s'était ralenti hier, a été un peu plus vif pendant la nuit du 17 au 18 janvier. Les projectiles ont continué à frapper les mêmes arrondissements, principalement les 5e, 6e, 15e et 16e. De sérieux dégâts ont été constatés dans le quartier Notre-Dame-des-Champs. Cinq maisons du boulevard Montparnasse et sept de la rue de Rennes ont été atteintes ; une trentaine d'autres propriétés privées ont été plus ou moins endommagées.

Plusieurs édifices et établissements publics ont reçu des obus : entre autres les dépendances de l'hôtel des Invalides, l'Entrepôt des vins, le Jardin des Plantes, la Boulangerie centrale, qui paraît être un des points de mire ; les abattoirs de Grenelle et la gare d'Orléans, où trois projectiles sont tombés à peu de distance, et dans un court espace de temps.

Quatre incendies, causés par le bombardement se sont

déclarés dans des maisons particulières; ils ont été facilement éteints. Un autre, qui a éclaté hier, vers onze heures du soir, à l'Entrepôt des vins, menaçait de prendre des proportions considérables ; mais le service des sapeurs-pompiers l'a promptement maîtrisé. Enfin, le 18, à une heure de l'après-midi, le feu s'est déclaré, par suite de la projection d'un obus, dans les abattoirs de Grenelle; on s'en est rendu maître après deux heures de travail, et l'on n'a pas eu d'accident à déplorer.

Vingt victimes signalées du 17 au 18 janvier.

Du 18 au 19.

Quelques obus sont tombés sur la rive gauche. Aucun accident n'a été signalé. Une grande bataille va s'engager en avant du Mont-Valérien.

Du 19 au 20.

La canonnade ennemie dirigée sur Paris a subi depuis hier de notables variations. Très-faible pendant la soirée du 19, elle s'est accentuée à partir de minuit, a continué assez vive ce matin, et s'est de nouveau ralentie cette après-midi. Les projectiles, dont un grand nombre n'ont pas éclaté, ont frappé, comme d'ordinaire, les quartiers de la rive gauche, et ils sont tombés, à peu d'exceptions près, dans la plupart des rues et sur les édifices ou établissements déjà atteints, entre autres : l'Entrepôt des vins, l'École polytechnique, la Pitié, l'hospice des Incurables, le chemin de fer de l'Ouest (rive gauche), la caserne Babylone, le Luxembourg et le Jardin des Plantes. Ce dernier a reçu dix-huit obus, et l'un d'eux a causé des dégâts assez sérieux dans les galeries du Musée zoologique.

Quarante-quatre propriétés particulières ont été endommagées. On ne signale depuis hier qu'un incendie causé par la projection d'un obus qui, en pénétrant dans une cave, a fait éclater trois tonneaux de pétrole. On n'a pas eu d'accidents à déplorer, et le feu a été éteint au bout de quelques heures.

Neuf victimes signalées du 19 au 20 janvier.

Du 20 au 21.

Plus de 200 obus, partant presque exclusivement des batteries de Châtillon, ont été lancés sur la ville, et, le matin, le bombardement a encore redoublé d'intensité, frappant surtout les régions qui touchent aux remparts, 73 immeubles ont été atteints, ainsi que la plupart des établissements publics signalés les jours précédents. Les quartiers les plus éprouvés ont été ceux de Montparnasse et de Plaisance; quant aux autres circonscriptions de la rive gauche, elles ont moins souffert qu'à l'ordinaire. Un seul incendie a été signalé.

Du 21 au 22.

Le bombardement a continué avec une extrême violence dans les quartiers du Sud pendant la nuit du samedi au dimanche.

Le collége Rollin, l'École normale, le couvent de l'Enfant-Jésus, auraient éprouvé de grandes avaries, et les projectiles prussiens auraient fait de nombreuses victimes, surtout dans la rue du Fer-à-Moulin, boulevard Arago, rue des Cordeliers et rue du Port-Royal.

Les Prussiens ont fait pleuvoir, dans la journée de samedi, une quantité d'obus sur l'église de Montrouge, qu'ils avaient épargnée jusqu'ici. Pendant une heure entière, l'église aurait été visée par les artilleurs ennemis avec un acharnement incroyable.

A Saint-Denis, le bombardement de la ville et des forts qui la couvrent a été terrible dans la nuit du 21 au 22. Les batteries prussiennes de la butte Pinson, Stains, Orgemont, Drancy, Groslay et Garches ont fait pleuvoir sur la ville une véritable grêle d'obus. Les habitants se sont réfugiés dans les caves. Plusieurs incendies se sont déclarés et ont pu être heureusement maîtrisés. La cathédrale, qui est naturellement le principal objectif des batteries prussiennes, a reçu un très-grand nombre de projectiles. Plusieurs usines ont été fort endommagées : 17 obus sont venus successivement frapper celle de M. Loversière et y mettre le feu.

L'autorité militaire a invité la population civile de Saint-Denis à se retirer à Paris.

Du 21 au 22, neuf victimes ont été signalées à Saint-Denis : quatre tuées et cinq blessées.

Dans les quartiers du Sud de Paris, il y a eu, du 21 au 22, quatorze victimes : une tuée et treize blessées.

Du 22 au 23.

La canonnade dirigée sur Paris s'est un peu ralentie depuis hier, et les 5ᵉ et 16ᵉ arrondissements seuls ont reçu beaucoup de projectiles. Quoique plusieurs édifices et plusieurs immeubles privés aient été atteints, les dégâts matériels sont relativement peu importants. Il n'y a eu qu'une seule personne blessée, et l'on n'a pas eu de mort à déplorer.

A Saint-Denis, au contraire, le bombardement sévit avec une extrême violence. Cette nuit, dans l'espace d'une heure, 120 obus sont tombés dans la ville, surtout aux abords de la cathédrale, qui sert principalement de point de mire aux feux convergents des batteries prussiennes. La prison, en partie démolie, a dû être évacuée; un grand nombre de maisons particulières sont atteintes, et plusieurs se sont effondrées. Bien que les habitants se soient en partie réfugiés dans les caves, quinze personnes ont été tuées du 21 au 22, et le nombre des blessés, qui n'est pas encore exactement connu, est au moins égal.

Dans la nuit du 21, deux incendies ont été causés à Saint-Denis par le bombardement : l'un, très-grave, a complétement anéanti une fabrique de carton ; l'autre s'est déclaré rue des Ursulines, dans une maison particulière qui est en partie détruite.

Une seule victime, un homme blessé à Plaisance, a été signalée du 22 au 23 janvier.

Du 23 au 24.

Les rapports qui rendent compte des observations faites durant la nuit ne signalent point une accentuation marquée dans la canonnade dirigée sur la rive gauche. Cent vingt-huit obus sont tombés sur les mêmes quartiers, notamment ceux du Val-de-Grâce, du Luxembourg, Saint-Jacques, du Panthéon, des Invalides et de Montrouge.

Il est à remarquer que le 16e arrondissement (Auteuil et la Muette), sur lequel l'ennemi concentrait il y a quelque temps ses efforts, est très-peu éprouvé depuis plusieurs jours, et que l'action des batteries d'attaque semble se porter maintenant sur Saint-Denis et sur Aubervilliers.

Dans les régions du Sud, 41 immeubles privés ont subi des dommages. Peu de monuments ont été atteints, et il n'y a eu à constater que deux incendies dont on s'est promptement rendu maître.

Douze victimes ont été signalées du 23 au 24 janvier, savoir : un homme, trois femmes et un enfant tués ; une femme et quatre hommes blessés.

Du 24 au 25.

Les quartiers atteints sont ceux de Grenelle, de Vaugirard, du Luxembourg, de la Glacière et de Montparnasse. Soixante-neuf obus sont tombés sur l'asile Sainte-Anne. La rue Darreau en a reçu vingt-cinq. Rue de la Glacière et rue Clisson, deux incendies se sont déclarés. Quarante-neuf propriétés ont été endommagées. A Saint-Denis, le bombardement redouble de violence, et il est peu de maisons qui ne soient détériorées. Une partie de la population entassée dans les caves, n'y est même pas toujours en sûreté. Les victimes sont nombreuses ; plusieurs même restent sans sépulture. Le cimetière est tellement criblé d'obus qu'on ne peut y pénétrer. La cathédrale a reçu un grand nombre de projectiles ; sa flèche est sérieusement endommagée.

Vingt deux victimes ont été signalées du 24 au 25, dont seize tuées.

Du 25 au 26.

Le nombre des projectiles qui ont éclaté sur la rive gauche s'est élevé à cent trente-sept. Quinze obus sont tombés sur l'hôpital du Val-de-Grâce, ainsi que sur l'asile Sainte-Anne. Pour la première fois, l'usine à gaz de la Villette a reçu des projectiles. Quarante-sept propriétés particulières ont été endommagées.

Trois incendies se sont déclarés. L'ennemi a de nouveau dirigé ses batteries sur Auteuil et sur le Point-du-Jour. A Saint-Denis, quelques obus et des boulets pleins sont tombés sur la ville ; trois personnes ont été mortellement atteintes. La gare du chemin de fer a été sérieusement éprouvée : une dizaine de projectiles, en éclatant principalement sur les salles de marchandises, y ont causé des dégâts assez sérieux.

Du 26 au 27.

Le 26, de sept à onze heures du soir, la canonnade ennemie a été très-vive, et un grand nombre de projectiles ont éclaté sur les quartiers du Montparnasse, du Luxembourg, du Panthéon, du Val-de-Grâce, de Grenelle, de Montrouge et de Necker. Ce dernier a principalement souffert et on y compte neuf victimes.

Deux projectiles tombés sur le gazomètre situé à la Chapelle ont déterminé l'explosion du régulateur et occasionné un incendie dont on s'est promptement rendu maître.

Trente-six propriétés privées ont été atteintes par des obus, et quelques-unes ont éprouvé des dommages assez sérieux.

A partir de onze heures, le feu des batteries ennemies s'est sensiblement ralenti, et, une heure après, il a cessé complétement.

Treize victimes, dont quatre tuées.

Les derniers obus prussiens (28 janvier).

Hier soir, vers neuf heures, des dépêches partant du ministère de la guerre étaient expédiées aux commandants des neuf secteurs, des forts, et aux officiers des postes avancés. Ces dépêches renfermaient l'ordre de cesser le feu. Et dès onze heures, sur toute la ligne investie, le feu avait cessé. L'ennemi a néanmoins continué le sien pendant une heure. Le dernier obus est tombé à minuit, derrière le Panthéon.

A l'heure où nous traçons ces lignes, Saint-Cloud est en feu.

Outre les maisons antérieurement dévastées, dont il ne reste plus que les quatre murs noircis ou des monceaux de décombres, on voit de tous côtés sortir d'épais tourbillons par les fenêtres et à travers la toiture. Entre autres bâtiments en flammes, nous avons remarqué les communs du palais de Saint-Cloud, la gare, la caserne, la mairie, le bureau de la navigation, etc.

Le restaurant de la Tête-Noire, qu'on avait annoncé par erreur avoir été détruit, est en feu. A deux heures, les flammes s'échappant par les fenêtres du premier étage léchaient les murs et s'élevaient jusqu'à la toiture. La maison contiguë brûlait également ; enfin, tout le pâté de maisons situé sur le quai ne sera plus demain qu'un amas de ruines.

Des nuages de fumée s'élèvent de toutes parts, chassés par le vent du nord ; l'air en est obscurci.

Quelques maisons ont été jusqu'à présent épargnées, notamment celle appartenant à des Anglais ; mais peut-être sont-elles habitées par les Prussiens, qui les brûleront en les quittant.

Depuis qu'il est question d'armistice, ils ont détruit de deux cent cinquante à trois cents habitations. Et c'est au moment où il y a suspension d'armes qu'ils incendient nos villes, et c'est en les incendiant qu'ils exigent une indemnité de guerre !

Pendant que, montés sur la barricade élevée en face le pont de Saint-Cloud, nous assistions à cette œuvre de destruction, un de ces misérables n'a pu résister à la tentation de tirer sur nous. La balle a sifflé à notre tête et est allé s'amortir à cinq mètres derrière.

On apercevait aussi des lueurs au-dessus des arbres de Montretout. Il est certain que les Allemands, qui ont déjà laissé tant de traces de leur passage en France, ne se borneront pas à détruire Saint-Cloud, et que d'autres localités subiront le même sort.

Le Mont-Valérien assiste morne et silencieux à ce spectacle navrant.

L'Armistice (28 janvier).

Les événements se précipitent. Les nouvelles navrantes reçues de province, rapprochées de l'état de nos approvisionnements, ont le triste avantage de dissiper tous les doutes qui pouvaient exister sur la possibilité de continuer la résistance, non-seulement à Paris, mais en France.

« Tout est perdu, fors l'honneur ! » La province se trouve être à bout de ses forces au moment où Paris est à bout de ses vivres. Le ministre des affaires étrangères s'est rendu à Versailles. L'armistice est signé. Subissons en silence les conditions de l'ennemi sans les discuter. Adressons une parole de sympathie douloureuse à la mobile, à la ligne et aux troupes de marine qui vont être obligées de déposer les armes, tandis que nous, gardes nationaux, nous conserverons les nôtres. C'est l'armée qui a supporté la plus lourde part dans le fardeau de la défense; c'est elle qui surporte à présent la plus grande part des sacrifices.

Voici le texte de la convention arrêté entre J. Favre et le ministre de Prusse. Le gouvernement la fait précéder de quelques réflexions que nous ne croyons pas devoir supprimer :

« C'est le cœur brisé de douleur que nous déposons les armes. Ni les souffrances ni la mort dans le combat n'auraient pu contraindre Paris à ce cruel sacrifice. Il ne cède qu'à la faim. Il s'arrête quand il n'a plus de pain. Dans cette cruelle situation, le gouvernement a fait tous ses efforts pour adoucir l'amertume d'un sacrifice imposé par la nécessité. Depuis lundi il négocie; ce soir a été signé un traité qui garantit à la garde nationale tout entière son organisation et ses armes; l'armée, déclarée prisonnière de guerre, ne quittera point Paris.

« Les officiers garderont leur épée. Une Assemblée nationale est convoquée. La France est malheureuse, mais elle n'est pas abattue. Elle a fait son devoir; elle reste maîtresse d'elle-même.

« Voici le texte de la Convention signée ce soir à huit

heures, et rapportée par le ministre des affaires étrangères. Le gouvernement s'est immédiatement occupé de régler toutes les conditions du ravitaillement, et d'expédier les agents, qui partiront dès demain matin. »

CONVENTION

Entre . le comte de Bismark, chancelier de la Confédération germanique, stipulant au nom de S. M. l'empereur d'Allemagne, roi de Prusse, et M. Jules Favre, ministre des affaires étrangères du Gouvernement de la défense nationale, munis de pouvoirs réguliers,

Ont été arrêtées les conventions suivantes :

ARTICLE PREMIER.

Un armistice général, sur toute la ligne des opérations militaires en cours d'exécution entre les armées allemandes et les armées françaises, commencera pour Paris aujourd'hui même, pour les départements dans un délai de trois jours ; la durée de l'armistice sera de vingt et un jours, à dater d'aujourd'hui, de manière que, sauf le cas où il serait renouvelé, l'armistice se terminera partout le dix-neuf février, à midi.

Les armées belligérantes conserveront leurs positions respectives qui seront séparées par une ligne de démarcation. Cette ligne partira de Pont-l'Évêque, sur les côtes du département du Calvados, se dirigera sur Lignières, dans le nord-est du département de la Mayenne, en passant entre Briouze et Fromentel ; en touchant au département de la Mayenne à Lignières, elle suivra la limite qui sépare ce département de celui de l'Orne et de la Sarthe, jusqu'au nord de Morannes, et sera continuée de manière à laisser à l'occupation allemande les départements de la Sarthe, Indre-et-Loire, Loir-et-Cher, du Loiret, de l'Yonne, jusqu'au point où, à l'est de Quarré-les-Tombes, se touchent les départements de la Côte-d'Or, de la Nièvre et de l'Yonne.

A partir de ce point, le tracé de la ligne sera réservé à une entente qui aura lieu aussitôt que les parties contractantes seront renseignées sur la situation actuelle des opérations militaires en exécution dans les départements de la Côte-d'Or, du Doubs et du Jura. Dans tous les cas, elle traversera le territoire composé de ces trois départements, en laissant à l'occupation allemande les départements situés au nord, à l'armée française ceux situés au midi de ce territoire.

Les départements du Nord et du Pas-de-Calais, les forteresses de Givet et de Langres, avec le terrain qui les entoure à une distance de dix kilomètres, et la péninsule du Havre, jusqu'à une ligne à tirer d'Étretat, dans la direction de Saint-Romain, resteront en dehors de l'occupation allemande.

Les deux armées belligérantes et leurs avant-postes de part et d'autre se tiendront à une distance de dix kilomètres au moins des lignes tracées pour séparer leurs positions.

Chacune des deux armées se réserve le droit de maintenir son autorité dans le territoire qu'elle occupe, et d'employer les moyens que ses commandants jugeront nécessaires pour arriver à ce but.

L'armistice s'applique également aux forces navales des deux pays, en adoptant le méridien de Dunkerque comme ligne de démarcation, à l'ouest de laquelle se tiendra la flotte française, et à l'est de laquelle se retireront, aussitôt qu'ils pourront être avertis, les bâtiments de guerre allemands qui se trouvent dans les eaux occidentales. Les captures qui seront faites après la conclusion et avant la notification de l'armistice, seront restituées, de même que les prisonniers qui pourraient être faits de part et d'autre, dans des engagements qui auraient eu lieu dans l'intervalle indiqué.

Les opérations militaires sur le terrain des départements du Doubs, du Jura et de la Côte-d'Or, ainsi que le siége de Belfort, se continueront indépendamment de l'armistice, jusqu'au moment où on se sera mis d'accord sur la ligne de démarcation dont le tracé à travers les trois départements mentionnés a été réservé à une entente ultérieure.

Art. 2.

L'armistice ainsi convenu a pour but de permettre au Gouvernement de la défense nationale de convoquer une Assemblée librement élue qui se prononcera sur la question de savoir : si la guerre doit être continuée, ou à quelles conditions la paix doit être faite.

L'Assemblée se réunira dans la ville de Bordeaux.

Toutes les facilités seront données par les commandants

des armées allemandes pour l'élection et la réunion des députés qui la composeront.

Art. 3.

Il sera fait immédiatement remise à l'armée allemande, par l'autorité militaire française, de tous les forts formant le périmètre de la défense extérieure de Paris, ainsi que de leur matériel de guerre. Les communes et les maisons situées en dehors de ce périmètre ou entre les forts pourront être occupées par les troupes allemandes, jusqu'à une ligne à tracer par des commissaires militaires. Le terrain restant entre cette ligne et l'enceinte fortifiée de la ville de Paris sera interdit aux forces armées des deux parties. La manière de rendre les forts et le tracé de la ligne mentionnée formeront l'objet d'un protocole à annexer à la présente Convention.

Art. 4.

Pendant la durée de l'armistice, l'armée allemande n'entrera pas dans la ville de Paris.

Art. 5.

L'enceinte sera désarmée de ses canons, dont les affûts seront transportés dans les forts à désigner par un commissaire de l'armée allemande (1).

---

(1) Dans le protocole, cette condition du transport des affûts dans les forts a été abandonnée par les commissaires allemands, sur la demande des commissaires français.

Art. 6.

Les garnisons (armée de ligne, garde mobile et marins) des forts de Paris seront prisonnières de guerre, sauf une division de douze mille hommes que l'autorité militaire dans Paris conservera pour le service intérieur.

Les troupes prisonnières de guerre déposeront leurs armes, qui seront réunies dans des lieux désignés et livrées suivant règlement par commissaires suivant l'usage; ces troupes resteront dans l'intérieur de la ville, dont elles ne pourront pas franchir l'enceinte pendant l'armistice. Les autorités françaises s'engagent à veiller à ce que tout individu appartenant à l'armée et à la garde mobile reste consigné dans l'intérieur de la ville. Les officiers des troupes prisonnières seront désignés par une liste à remettre aux autorités allemandes.

A l'expiration de l'armistice, tous les militaires appartenant à l'armée consignée dans Paris auront à se constituer prisonniers de guerre de l'armée allemande, si la paix n'est pas conclue jusque-là.

Les officiers prisonniers conserveront leurs armes.

Art. 7.

La garde nationale conservera ses armes; elle sera chargée de la garde de Paris et du maintien de l'ordre. Il en sera de même de la gendarmerie et des troupes assimilées, employées dans le service municipal, telles que garde républicaine, douaniers et pompiers ; la totalité de cette catégorie n'excédera pas trois mille cinq cents hommes.

Tous les corps de francs-tireurs seront dissous par une ordonnance du Gouvernement français.

Art. 8.

Aussitôt après la signature des présentes et avant la prise de possession des forts, le commandant en chef des armées allemandes donnera toutes facilités aux commissaires que le Gouvernement français enverra, tant dans les départements qu'à l'étranger, pour préparer le ravitaillement et faire approcher de la ville des marchandises qui y sont destinées.

Art. 9.

Après la remise des forts et après le désarmement de l'enceinte et de la garnison stipulés dans les articles 5 et 6, le ravitaillement de Paris s'opérera librement par la circulation sur les voies ferrées et fluviales. Les provisions destinées à ce ravitaillement ne pourront être puisées dans le terrain occupé par les troupes allemandes, et le Gouvernement français s'engage à en faire l'acquisition en dehors de la ligne de démarcation qui entoure les positions des armées allemandes, à moins d'autorisation contraire donnée par les commandants de ces dernières.

Art. 10.

Toute personne qui voudra quitter la ville de Paris devra être munie de permis réguliers délivrés par l'autorité militaire française, et soumis au visa des avant-postes allemands. Ces permis et visa seront accordés de plein droit aux candidats à la députation en province et aux députés à l'Assemblée.

La circulation des personnes qui auront obtenu l'autorisation indiquée ne sera admise qu'entre six heures du matin et six heures du soir.

Art. 11.

La ville de Paris payera une contribution municipale de guerre de la somme de deux cents millions de francs. Ce payement devra être effectué avant le quinzième jour de l'armistice. Le mode de payement sera déterminé par une commission mixte allemande et française.

Art. 12.

Pendant la durée de l'armistice, il ne sera rien distrait des valeurs publiques pouvant servir de gages au recouvrement des contributions de guerre.

Art. 13.

L'importation dans Paris d'armes, de munitions ou de

matières servant à leur fabrication, sera interdite pendant la durée de l'armistice.

Art. 14.

Il sera procédé immédiatement à l'échange de tous les prisonniers de guerre qui ont été faits par l'armée française depuis le commencement de la guerre. Dans ce but, les autorités françaises remettront, dans le plus bref délai, des listes nominatives des prisonniers de guerre allemands aux autorités militaires allemandes à Amiens, au Mans, à Orléans et à Vesoul. La mise en liberté des prisonniers allemands s'effectuera sur les points les plus rapprochés de la frontière. Les autorités allemandes remettront en échange, sur les mêmes points, et dans le plus bref délai possible, un nombre pareil de prisonniers français, de grades correspondants, aux autorités militaires françaises.

L'échange s'étendra aux prisonniers de condition bourgeoise, tels que les capitaines de navires de la marine marchande allemande, et les prisonniers français civils qui ont été internés en Allemagne.

Art. 15.

Un service postal pour des lettres non cachetées sera organisé entre Paris et les départements, par l'intermédiaire du quartier général de Versailles.

En foi de quoi les soussignés ont revêtu de leurs signatures et de leur sceau les présentes Conventions.

Fait à Versailles, le vingt-huit janvier mil huit cent soixante et onze.

Signé : Jules Favre.

Bismark.

Les subsistances (Note officielle).

Le gouvernement a annoncé qu'il donnerait la preuve irréfragable que Paris a poussé la résistance jusqu'aux extrêmes limites du possible. Hier encore il y avait inconvénient grave à publier des informations de ce genre. Aujourd'hui que la convention relative à l'armistice est signée, le gouvernement peut remplir sa promesse.

Il faut d'abord se remettre en mémoire ce que trop de personnes semblent avoir oublié, c'est qu'au début de l'investissement, les plus optimistes n'osaient pas croire à un siège de plus de six ou sept semaines.

Lorsque, le 8 septembre, le *Journal officiel*, répétant une déclaration affichée sur les murailles par M. Magnin, ministre du commerce, affirmait que les approvisionnements en viandes, liquides et objets alimentaires de toute espèce, seraient largement suffisants pour assurer l'alimentation d'une population de deux millions d'âmes pendant deux mois, cette assertion était généralement accueillie par un sourire d'incrédulité. Or, quatre mois et vingt jours se sont écoulés depuis le 8 septembre.

Au milieu des plus dures privations, devenues, pendant ces dernières semaines, de cruelles souffrances, Paris a résisté aussi longtemps qu'il a pu raisonnablement espérer le secours des armées extérieures, aussi longtemps qu'un morceau de pain lui est resté pour nourrir ses habitants et ses défenseurs. Il ne s'est arrêté que lorsque les nouvelles venues de province lui ont arraché tout espoir, en même temps que l'état de ses subsistances lui montrait la famine imminente et inévitable.

Le 27 janvier — c'est-à-dire huit jours après la dernière bataille livrée sous nos murs et presque au moment où nous apprenions les insuccès de Chanzy et de Faidherbe — il restait en magasin 42,000 quintaux métriques de blé, orge, seigle, riz et avoine, ce qui, réduit en farine, représente, à cause du faible rendement de l'avoine, 35,000 quintaux métriques de farine panifiable. Dans cette quantité sont compris 11,000 quintaux de blé et 6,000 quintaux de riz, cédés par l'administration de la guerre, laquelle ne possède plus que dix jours de vivres pour les troupes, si on les traite comme des troupes en campagne, savoir : 12,000 quintaux de riz, blé et farine, et 20,000 quintaux d'avoine. Telle était la situation de nos approvisionnements en céréales à l'heure de l'ouverture des négociations.

En temps ordinaire, Paris emploie à sa subsistance 8,000 quintaux de farine par jour, c'est-à-dire 2 millions de livres de pain ; mais, du 22 septembre au 18 janvier, sa consommation a été réduite à une moyenne de 6,360 quintaux de farine par jour, et, depuis le 18 janvier, c'est-à-dire depuis le rationnement, cette consommation est descendue à 5,300 quintaux, soit un sixième de moins environ que la quantité habituelle, nous pourrions dire nécessaire.

En partant de ce chiffre de 5,300 quintaux, le total de nos approvisionnements représente une durée de sept jours.

A ces sept jours, on peut ajouter *un* jour d'alimentation fournie par la farine actuellement distribuée aux boulangers; *trois* ou *quatre* jours auxquels subviendront les quantités de blé enlevées aux détenteurs par tous les moyens qu'il a été possible d'imaginer, et l'on arrive ainsi à reconnaître que nous avons du pain pour huit jours au moins, pour douze jours au plus.

Il n'est pas inutile de dire que, depuis trois semaines, il n'existe plus de provision en farine. Nos moulins ne fournissent chaque jour que la farine nécessaire au lendemain. Il eût suffi de quelques obus, tombant sur l'usine Cail, pour mettre instantanément en danger l'alimentation de toute la ville.

En ce qui concerne la viande, la situation peut se caractériser par un seul mot: depuis l'épuisement de nos réserves de boucherie, nous avons vécu en mangeant du cheval. Il y avait 100,000 chevaux à Paris. Il n'en reste plus que 33,000, en comprenant dans ce chiffre les chevaux de la guerre.

Ces 33,000 chevaux, d'ailleurs, ne sauraient être tous abattus sans les plus graves inconvénients. Plusieurs services indispensables à la vie seraient suspendus : ambulances, transport des grains, des farines et des combustibles ; services de l'éclairage et des vidanges, pompes funèbres, etc. Il nous faudra, d'autre part, beaucoup de chevaux pour le camionnage, quand le ravitaillement commencera. En réalité, une fois ces diverses nécessités satisfaites, le nombre des animaux disponibles pour la boucherie ne dépassera pas 22,000 environ.

En ce moment, nous consommons, avec l'armée, 650 chevaux par jour, soit 25 à 30 grammes par habitant, après le prélèvement des hôpitaux, des ambulances et des fourneaux. *Vingt-cinq* grammes de viande de cheval, *trois cents* grammes de pain, voilà la nourriture dont Paris se contente à l'heure qu'il est. Dans dix jours, quand nous n'aurons plus de pain, nous aurons consommé 6,500 chevaux de plus, et il ne nous en restera que 26,500.

Nous pouvons, il est vrai, y joindre 3,000 vaches réservées pour le dernier moment, parce qu'elles fournissent du lait aux malades et aux nouveau-nés. Mais, alors, comme il faudra remplacer le pain absent, la ration de viande devra être quadruplée, et nous serons obligés de tuer 3,000 chevaux par jour. Nous vivrions ainsi pendant une semaine environ.

Mais nous n'en viendrons pas à cette extrémité, précisément parce que le Gouvernement de la défense nationale s'est décidé à négocier. On dira peut-être : « Pourquoi avoir tant tardé ? Pourquoi n'avoir pas révélé plus tôt ces vérités terribles ? » A cette question, il y a à répondre que le devoir était de prolonger la résistance jusqu'aux dernières limites, et que la révélation de semblables détails eût été la fin de toute résistance.

Mais le ravitaillement marchera assez vite pour que

nous ne restions pas un seul jour sans pain. Toutes les mesures que la prudence pouvait suggérer ont été prises, et, pourvu que chacun comprenne son devoir, pourvu que les agitations intérieures ne viennent pas troubler la reprise de l'activité industrielle et commerciale, de nouveaux approvisionnements nous arriveront juste au moment où nous aurons épuisé ceux qui nous restent.

Nous avons le ferme espoir, nous avons la certitude que la famine sera épargnée à deux millions d'hommes, de femmes, de vieillards et d'enfants. Le devoir sacré de pousser la résistance aussi loin que les forces humaines le comportent, nous a obligés de tenir tant que nous avons eu un reste de pain. Nous avons cédé, non pas à l'avant-dernière heure, mais à la dernière.

Élections à l'Assemblée nationale (30 janvier).

Le *Journal officiel* contient le décret réglant les élections à l'Assemblée nationale.

En voici les dispositions principales :

Les électeurs du département de la Seine sont convoqués pour le dimanche 5 février.

Les électeurs des autres départements pour le 8 février.

Les électeurs des départements occupés par les armées allemandes sont également convoqués.

Dans les départements où une cause quelconque retardera les élections, les électeurs seront convoqués par décision des préfets.

Si un second tour de scrutin est nécessaire, il aura lieu trois jours après le premier.

L'Assemblée nationale se réunira le 12 février à Bordeaux.

Les soldats des troupes composant les armées françaises voteront dans les localités où ils se trouvent, mais pour les départements auxquels ils appartiennent.

Les élections auront lieu au scrutin de liste, conformément à la loi de 1849. Les fonctionnaires seront éligibles.

L'Assemblée nationale se composera de 753 membres.

Le département de la Seine a 43 députés à élire.

La remise des forts (29 janvier).

AU FORT D'ISSY.

On avait espéré un moment que la convention qui désarmait nos troupes ne serait applicable que dans Paris et qu'on déposerait les fusils dans des magasins français, aux Invalides et à Vincennes. Le désappointement et la douleur ont été extrêmes lorsqu'on a vu qu'il fallait laisser aux forts les fusils et les canons et tout le matériel de guerre. On s'est mis en marche à une heure. L'artillerie du fort marchait en tête. L'infanterie de ligne et le 5ᵉ bataillon de la mobile de la Seine suivaient; ensuite venait l'état-major du fort, le général Guichard et ses officiers à pied. Il n'est resté à l'intérieur du fort qu'un officier, chargé de le rendre à l'ennemi. Nos malheureux camarades ont eu la douleur de défiler devant une avant-garde prussienne, qui attendait à cent mètres que le dernier homme de la garnison eût disparu. Le gros des troupes prussiennes, dans un état de tenue brillante et tout flambant neuf, gants fourrés en mains, casque en tête, s'était arrêté à la gare de Clamart. Quand le sacrifice eut été achevé, un capitaine, auquel il avait fallu intimer quatre fois l'ordre d'accomplir cette pénible mission, alla prévenir l'état-major du génie prussien qu'il pouvait entrer. A peine entrés, dans le plus grand ordre et dans le plus grand silence, on disposa les troupes prussiennes en bataille dans la cour du fort, et tout aussitôt on commença à détacher de nombreuses escouades qui, sans désemparer, se mirent à creuser sur les bastions, les chemins couverts, et jusque dans le fossé, de petites tranchées dans le dessein de découvrir les fils qui auraient été destinés à conduire l'électricité jusqu'à des mines ou à des torpilles. Défiance excitée chez nos ennemis par la connaissance qu'ils ont de la haine qu'ils nous inspirent.

Si nous leur avions laissé au fort nos armes, ce fort que nous leur laissions n'est même plus une conquête ; c'est une ruine. Le fort d'Issy a reçu, du 5 janvier à huit heures du matin au 24 à minuit, 38,000 obus et bombes. Une grande partie de ces projectiles pesaient 100 kilogrammes. Les casernes n'existent plus.

La brèche est faite sur dix points de l'escarpe des bastions 1 et 2 devant Châtillon et Clamart. Elle est praticable sur deux points. Les casemates n'ont pu contenir leurs défenseurs que par des miracles d'énergie. Des sacs à terre, par centaines de mille, avaient dû être disposés pour la consolidation. Soldats, mobiles, artilleurs ont creusé le sol de ces casemates jusqu'à 3 mètres de profondeur afin de remplir ces sacs. Les quelques heures que, pendant ces vingt-deux jours, les malheureux défenseurs du fort d'Issy ont pu consacrer au repos, ils ont dormi sur les pierres de ces excavations.

Traverses, poudrières, embrasures, travaux d'art, tout est détruit, défoncé : les pièces seules avaient pu, par des prodiges d'audace, continuer leur feu à découvert. Les nombreux affûts brisés gisent au milieu du fort. Çà et là, une énorme pièce de 24, qu'un seul obus a envoyé à 40 mètres en arrière, gît les roues en l'air. Cette cour est littéralement pavée de fer : les paréclats sont démolis ; jamais plus effroyable désordre n'a étonné le regard ; enfin il fallait pour défendre et il faut pour regretter ce fort un patriotisme dont les Allemands n'ont pas besoin, et nous cherchons en vain où leurs troupes si bien habillées pourront trouver les conditions d'installation confortables dont elles paraissent avoir une si douce habitude.

La garnison du fort d'Issy, composée de 900 à 1,000 hommes, a eu 130 hommes tués ou blessés pendant le bombardement. Un tiers des hommes était à l'hôpital, un autre tiers exténué par des fatigues inouïes : la tâche de la défense, de la garde et de la réparation des ouvrages incombait au dernier tiers.

On avait dit aux mobiles que c'était un poste d'honneur. On ne les avait pas trompés.

Montrouge.

Ce grand navire démâté restera célèbre entre tous les forts de Paris. Il a reçu plus de 12,000 obus, dont le plus gros pesait 137 kil., *et pas une de ses embrasures n'a été détruite, pas une de ses pièces n'a été endommagée ;* un seul affût a été mis hors de service. De ses deux casernes, l'une s'est effondrée ; ses murs de rez-de-chaussée sont encore à peu près debout. L'autre a perdu l'une de ses faces, celle qui est tournée du côté de l'ennemi. Quant aux hangars, aux baraques, ce ne sont plus que des amas de débris dans un pêle-mêle inimaginable. Trois casemates ont été percées ; le magasin des vivres a particulièrement souffert ; une fois on a dû y combattre un commencement d'incendie.

La batterie de Châtillon et de Bagneux a fait brèche — ce que les Prussiens ignoraient sans doute — car cette brèche est dans la façade *regardant Paris*. En effet, de ce côté, le moins exposé à un assaut, le mur, épais de plus d'un mètre, s'élève isolé sans être garanti intérieurement par un remblai de terre. Au contraire, toute l'escarpe qui regarde Vanves, bien que criblée de projectiles qui la battaient en écharpe, n'offre aucun dommage sérieux.

Au lieu d'un sol uni, la cour intérieure offre une succession de fondrières, au fond desquelles sont incrustés des morceaux de fonte énormes, tels que je n'en avais jamais vus. Çà et là de gros boulets épars. Ce sont les nôtres, et j'aperçois, au coin de la cour, les piles symétriques d'où les obus prussiens les ont fait jaillir comme des grains de sable.

Voilà le lugubre tableau qu'un photographe prenait aujourd'hui pour le livrer bientôt à la curiosité attristée du public.

Mais ce qui est resté absolument intact, au milieu des ruines du fort, c'est le moral des marins, ses défenseurs.

Ce sont des hommes de fer. Plusieurs d'entre eux, après être restés dix-sept heures à leur pièce, refusaient de se laisser relever et voulaient continuer leur service. C'est dur d'abandonner le fort aux Prussiens. Le commandant pleurait en le quittant, et, quand un marin pleure, il faut qu'il y ait de quoi. Pendant quatre mois, l'armée de mer, amenée à Paris, a toujours été au poste le plus périlleux; elle n'a pas à se reprocher une défaillance; elle a eu ce rare mérite de se montrer à l'œuvre au-dessus de sa réputation même.

Le Mont-Valérien.

A neuf heures, un parlementaire prussien se présenta à la redoute des Galets, où il fut reçu par un officier d'état-major qui, après lui avoir bandé les yeux, l'introduisit dans le fort. Le général Noël vérifia les pouvoirs du parlementaire et lui remit la forteresse.

A dix heures, le général, suivi de son état-major, des marins et de la garnison, quittait cette magnifique place de guerre qu'il avait su rendre imprenable.

L'émotion était grande ; pas de cris, pas de récriminations, pas de vaines et impuissantes colères ; une résignation farouche assombrissait les figures, une sourde rage broyait les cœurs.

Les marins surtout faisaient peine à voir ; les pauvres gens, qui jusqu'au bout ont fait leur devoir, que l'on a toujours trouvés les premiers sur la brèche et au feu, semblaient éviter les regards ; ils avaient bien tort, car ils pouvaient lever hautement la tête, quoique obligés de rendre leur fort ; ils n'en étaient pas moins les glorieux défenseurs, puisque aucun effort de l'ennemi n'avait réussi à le leur enlever.

Soit excès de douleurs patriotiques ou émotions bien naturelles, les mobiles étaient plus bruyants, moins réservés ; on voyait qu'ils ressentaient plus vivement l'affront fait à nos armes, et quelques défaillances faisaient supposer qu'ils avaient cherché à se consoler.

Les artilleurs de Nanterre, les francs-tireurs Turgot ont été très-dignes ; dans un mouvement de colère bien légitime, ils ont brisé leurs armes.

A onze heures et demie, le fort était à peu près évacué, il n'y restait plus qu'un détachement de gendarmes à cheval chargé d'attendre l'arrivée des troupes prussiennes, et pour empêcher les curieux de s'y introduire.

Cette précaution n'a pas été inutile ; des gardes mobiles de 1848, pris tout à coup d'un beau zèle et surexcités violemment, voulurent au dernier moment faire le coup de fusil avec l'ennemi et l'empêcher de mettre garnison au Mont-Valérien. Les gendarmes eurent beaucoup de peine à faire comprendre à ces braves gens que leurs velléités belliqueuses pouvaient avoir des conséquences épouvantables.

Ils réussirent à les disperser, juste au moment où les troupes allemandes faisaient leur entrée dans le fort.

Les Prussiens n'ont fait entendre ni chant, ni cris de joie; ils sont entrés tranquillement, ont placé leurs factionnaires et leurs grand'gardes. A une heure tout était terminé.

Nos marins.

Le brave amiral Saisset s'est distingué entre tous, pendant le siége de Paris, par son dévouement à la patrie et par sa confiance inébranlable dans le salut de la France.

M. Saisset est l'idole de ses marins ; sur un mot, sur un geste, ils iront tous résolument à la mort, et pourtant l'amiral est très-sévère pour la discipline. Mais comme il est bon, vigilant pour ses soldats, ses enfants !

L'amiral a eu la douleur de perdre son fils, mort devant l'ennemi. Ce jour-là, l'amiral n'était pas seul affligé ; on a remarqué que, dès lors, les marins chargeaient leurs canons avec plus de rage et de fureur que par le passé.

Nous le vengerons, disaient-ils. Le père sera content de nous.

Et l'amiral voyait, à l'aide de sa lorgnette, les Prussiens tomber sous nos obus.

La nouvelle de l'armistice fut pour ses braves un coup de foudre. La vengeance ne serait pas complète !

Pâles, attristés, ces matelots intrépides se réunirent ; l'un d'eux, un vieux loup de mer, prit la parole :

— Quand nous sommes en mer, dit-il, et qu'après une lutte acharnée, inégale, nous allons tomber au pouvoir de l'ennemi, que devons-nous faire ?

— Couler bas le vaisseau, le pavillon français haut et fier, répondit une voix.

— Très-bien ! c'est cela, ajoutèrent en chœur les matelots, souvenons-nous du *Vengeur*.

Ces braves se le tinrent pour dit.

Une heure après, on les convoquait à l'ordre. L'amiral, maîtrisant à peine son émotion, leur dit :

— Mes enfants, comme toujours, vous avez bien fait votre devoir, vous êtes des braves, et la France est fière de vous !... Maintenant, vous savez la nouvelle ; on négocie... l'honneur est sauf... Soumettons-nous. Nous allons rentrer à Paris.

Les matelots, eux, se taisaient ; ils écoutaient respectueusement leur chef ; mais ensuite, ils revinrent se placer près de leurs pièces.

Lorsque l'heure de la retraite fut arrivée, ils restaient immobiles à leurs postes. Ils murmuraient : « Déserter, abandonner la place à l'ennemi, amener son pavillon, oh ! jamais ! jamais ! »

L'amiral, lui, n'eut pas le courage de les blâmer, mais il leur dit :

— Non, mes enfants, nous ne nous rendons pas, nous ne désertons pas ; on nous relève seulement de notre poste, et c'est la garde mobile qui vient vous remplacer...

Les marins ont obéi, et ils ont défilé la tête haute, sous le commandement de leur chef aimé ; ils cédaient la place à des frères d'armes.

Et l'on dit que la Prusse, envieuse de notre flotte, la première du monde, l'exige comme rançon !

Salut à nos marins ! — *Fluctuat nec mergitur*

Les inséparables.

Nos boulevards, nos rues, nos places publiques sont remplies de soldats de toutes armes. Les uns reviennent avec un air allégé ; les autres rentrent dans la capitale le cœur gros et pleurent de rage.

Ce sont surtout ces braves marins qui ont pris une si large part à la défense, qui ont gardé notre drapeau avec tant d'honneur, qui se ressentent le plus de la terrible catastrophe.

Le *National* raconte que ces hommes ont quitté leurs canons en pleurant comme des enfants. Le fait n'a rien d'étonnant, car quiconque a vu ces braves à l'œuvre peut se souvenir avec quelle fierté ils desservaient nos grandes pièces de marine.

On nous cite, entre mille, une scène des plus touchantes :

A la batterie de la Folie de Nanterre étaient placés deux canons de campagne et deux pièces de marine. Parmi les marins de cette batterie, se trouvait un vieillard de près de soixante-cinq ans. Cet homme, vieux Breton, avait quitté Brest pour venir défendre Paris qu'il n'avait jamais vu, mais « dont il avait beaucoup entendu parler », selon son expression.

En même temps que lui, arrivait un vieux et excellent canon que l'on avait enlevé au port de Brest où il se trouvait depuis des temps infinis.

Le vieux canon et le vieux marin arrivent donc à Paris. Un peu après l'investissement, les deux sont envoyés à la batterie de Nanterre. Le brave marin, qui est un excellent pointeur, demandait à être le servant spécial de son « gros compatriote ».

Naturellement on le lui accorde, et depuis quatre mois les Prussiens qui étaient à Bezons ont passé de mauvais quarts d'heure. Le marin aimait tellement sa pièce, qu'il couchait à côté d'elle, qu'il ne la quittait jamais. Il lui avait juré fidélité et lui avait promis de ne jamais la quitter et de rentrer avec elle à Brest.

Mais lorsque hier on vint lui dire de se retirer et de rentrer à Paris, ses premières paroles furent :

— Et les canons ?

Mais ils viendront après, répondit-on.

La ruse n'eut pas de prise et le vieillard ne voulut pas partir.

On lui fit comprendre que c'était refuser un ordre supérieur et commettre acte d'indiscipline.

— Vous avez raison, répondit-il ; mais j'aime mieux mourir que de quitter mon vieux canon.

Et ce brave parmi les braves se mit à pleurer, à se lamenter, regrettant de n'avoir pu mourir à côté de son vieux canon qui allait tomber en possession des Prussiens.

Les Braves à l'ordre du jour (30 janvier).

Le général commandant supérieur met à l'ordre les noms des officiers, sous-officiers et gardes qui se sont signalés par leur bravoure devant l'ennemi, le 19 janvier 1871.

MM.

Prestat, chef du 13e bataillon. — Martin, chef du 127e bataillon. Bernard, capitaine au 12e bataillon, officier de la Légion d'honneur. — Fernagu, capitaine adjudant-major au 48e bataillon. — De Coriolis, volontaire au 15e bataillon (67 ans), tué à l'ennemi.

2e régiment. — Rajois, lieutenant au 7e bataillon. — Geudet, adjudant sous-officier au 6e bataillon. — Paccart, fourrier au 34e bataillon. — Douvergne, fourrier au 36e bataillon. — Waldener, fourrier au 36e bataillon — Gardien, clairon au 7e bataillon. — Hernys, garde au 6e bataillon. — Klipsch, garde au 6e bataillon. — Froust, garde au 6e bataillon.

3e régiment. — Batelier, capitaine au 54e bataillon. — Naudé, capitaine au 8e bataillon. — Huntzniger, lieutenant au 8e bataillon. — Taine, lieutenant au 10e bataillon. — Robin, lieutenant au 10e bataillon — Denisse, sous-lieutenant au 10e bataillon. — Mouquin, garde au

10e bataillon. — Alagnier, garde au 18e bataillon. — Chanée, garde au 10e bataillon. — Chanée, garde au 10e bataillon. — Igonel, caporal au 8e bataillon.

5e régiment. — Brochard, capitaine au 5e bataillon. — Schnell, adjudant sous-officier au 5e bataillon. — Heringer, sergent-fourrier au 58e bataillon. — Liout, caporal au 86e bataillon. — Chauvin, clairon au 86e bataillon. — Pellé, garde au 5e bataillon, tué à l'ennemi. — Gribbin, garde au 5e bataillon, tué à l'ennemi. — Daman, garde au 5e bataillon, tué à l'ennemi. — Voilmain, garde au 5e bataillon, tué à l'ennemi. — Bourdet, garde au 5e bataillon, tué à l'ennemi. — Disnard, garde au 5e bataillon, tué à l'ennemi. — Mantenat, garde au 5e bataillon, tué à l'ennemi. — Morlan, garde au 5e bataillon, tué à l'ennemi. — Luzier, garde au 11e bataillon, tué à l'ennemi. — Boussard, garde au 58e bataillon, tué à l'ennemi. — Hébert, garde au 58e bataillon, tué à l'ennemi. — Destrées, garde au 5e bataillon, tué à l'ennemi. — Collard, garde au 5e bataillon. — Chaigneau, garde au 11e bataillon. — Coutzen, garde au 11e bataillon. — Rosalas, garde au 58e bataillon. — Besse, garde au 58e bataillon. — Huvet, capitaine adjudant-major au 86e bataillon. — Champeaux, lieutenant au 5e bataillon. — Ricordeau, tambour au 38e bataillon.

6e régiment. — Albert, capitaine au 111e bataillon. — Barbe, lieutenant au 13e bataillon. — Chazot, lieutenant au 13e bataillon. — Fontrin, lieutenant au 111e bataillon. — Guenot, lieutenant au 113e bataillon. — Blanchon, aide-major au 113e bataillon. — Daviller, sous-lieutenant, officier d'ordonnance. — Butier, sous-lieutenant au 13ᵉ bataillon. — Bourgueil, sous-lieutenant au 113ᵉ bataillon. — Rognon, sergent-major au 13ᵉ bataillon. — Lamouroux (Émile), sergent au 13ᵉ bataillon. — Lamouroux (Charles), sergent au 13ᵉ bataillon. — Godet, caporal au 13ᵉ bataillon. — Duchesne, garde au 13ᵉ bataillon. — Prugnot, garde au 13ᵉ bataillon. — Parent, infirmier au 111ᵉ bataillon.

8ᵉ régiment. — Joubert, chef du 165ᵉ bataillon. — Vicogne, capitaine au 15ᵉ bataillon. — Lemaître, capitaine au 15ᵉ bataillon. — Vrignault, lieutenant au 16ᵉ bataillon. — Videl, sergent au 15ᵉ bataillon. — Clément, sergent au 15ᵉ bataillon. — Roudières, clairon au 15ᵉ bataillon. — De Durfert, garde au 15ᵉ bataillon.

9ᵉ régiment. — Dufour, capitaine au 17ᵉ bataillon. — De la Jaille, capitaine au 17ᵉ bataillon. — Dediquenille, capitaine au 17ᵉ bataillon. — Taponier, lieutenant au 105ᵉ bataillon. — Gicquel, lieutenant au 17ᵉ bataillon. — Duhamel, lieutenant au 17ᵉ bataillon. — De Senevas, sous-lieutenant au 17ᵉ bataillon. — Magniat, sergent-major au 17ᵉ bataillon. — Chevalier, sergent au 17ᵉ bataillon. — Sazerac de Forges, sergent au 17ᵉ bataillon. — Saint-Raymond, sergent au 17ᵉ bataillon. — Masson, sergent au 17ᵉ bataillon. — Legrand, sergent au 17ᵉ bataillon. — Lenepveu, caporal au 17ᵉ bataillon. — De Choiseul, garde au 17ᵉ bataillon. — Larnac, garde au 17ᵉ bataillon. — Dupeyrat, garde au 17ᵉ bataillon. — Ricard, garde au 17ᵉ bataillon. — Nicouin, garde au 17ᵉ bataillon. — Lebeau, garde au

17e bataillon. — Mathebs, capitaine au 82e bataillon. — Bazalgette, aide-major au 82e bataillon. — Copin, lieutenant au 82e bataillon, tué à l'ennemi. — Bauvois, capitaine au 105e bataillon.—Moissonnier, lieutenant au 105e bataillon.—Durat, lieutenant au 105e bataillon.—Viellet, sous-lieutenant au 105e bataillon. — Masson, sergent-major au 105e bataillon.—Noël, sergent au 105e bataillon. — Vigogne, caporal-fourrier au 105e bataillon. —Valette, caporal au 105e bataillon. — Detelin, garde au 105e bataillon. — Pain, garde au 105e bataillon.—Perillat, garde au 105e bataillon.— Teuvenit, garde au 105e bataillon.—Calcher, garde au 195e bataillon. — Cherrier, élève tambour (11 ans) au 105e bataillon. — Versar, garde (blessé) au 105e bataillon. — Mme Persil, cantinière au 105e bataillons. — Mme Gillet, vivandière du 105e. — Dasnos, chirurgien-major au 17e bataillon. — Guérin-Méneville, chirurgien-major au 17e bataillon. — Parisel, chirurgien-major au 105e bataillon. — Rebout, chirurgien-major au 105e bataillon.

10e régiment. — Moreau, sergent au 83e bataillon. — Auger, clairon au 83e bataillon. — Legrand, garde au 83e bataillon. — Lauriot, garde au 83e bataillon. — Roux, garde au 83e bataillon.—Cayeux, garde au 18e bataillon, tué à l'ennemi. — Genaille, garde au 18e bataillon, tué à l'ennemi. — Leblond, garde au 18e bataillon, tué à l'ennemi.—Garsonnet, garde au 19e bataillon.

11e régiment. — Lecluse, sergent au 183e bataillon.— Walbert, sergent au 183e bataillon. — Grunenwald, caporal au 183ᵉ bataillon. — Garnier, garde au 24ᵉ bataillon. — Landreville, garde au 107ᵉ bataillon. — Somon, garde au 107ᵉ bataillon. — Doublet, garde au 24ᵉ bataillon.— Roux, garde au 24ᵉ bataillon.— Rochat, garde au 183ᵉ bataillon. — Cappeau, garde au 183ᵉ bataillon. — Cappeau, garde au 183ᵉ bataillon. — Goujat, garde au 183ᵉ bataillon.

14ᵉ régiment.— Guyot, chef du 51ᵉ bataillon.— Vayssaire, chef du 200ᵉ bataillon. — Dubois, sous-lieutenant au 52ᵉ bataillon. — D'Hostingues, sergent-major au 50ᵉ bataillon. — Delisle, sergent au 52ᵉ bataillon. — Brumeaud, sergent au 200ᵉ bataillon. — Berthrey, sergent-fourrier au 200ᵉ bataillon. — Jacquemin, caporal au 52ᵉ bataillon. — Gibert, caporal au 50ᵉ bataillon. — Benon, garde au 52ᵉ bataillon. — Desbordes, garde au 52ᵉ bataillon. — Rupp, garde au 50ᵉ bataillon.— Chaussade, garde au 50ᵉ bataillon. — Betbeder, garde au 50ᵉ bataillon.—Sautereau, garde au 50ᵉ bataillon.

16ᵉ régiment. — Couchot, capitaine au 72ᵉ bataillon, tué à l'ennemi. — Hetsant, capitaine au 72ᵉ bataillon.— Steinmetz, capitaine au 69ᵉ bataillon.—Cellier, capitaine au 71ᵉ bataillon. — Chenu, capitaine au 27ᵉ bataillon. — Tirecuis, capitaine au 78ᵉ bataillon. — Duris, capitaine adjudant-major au 69ᵉ bataillon. — Raynaud, lieutenant au 72ᵉ bataillon. — Caron, lieutenant au 78ᵉ bataillon.— Bouvet, lieutenant au 78ᵉ bataillon. — Regnier, sous-lieutenant au 71ᵉ bataillon. — Beaus, sous-lieutenant au 72ᵉ bataillon.—Gerfaud, sous-lieutenant au 78ᵉ bataillon.

— Bell, sergent au 71ᵉ bataillon. — Lepetit, sergent au 72ᵉ bataillon.—Prudhomme fils, sergent au 72ᵉ bataillon. — Achard, sergent au 78ᵉ bataillon. — Boutron, caporal-tambour au 71ᵉ bataillon. — Leroy, garde au 69ᵉ bataillon. — Pélissier, garde au 72ᵉ bataillon. — Buisson, garde au 72ᵉ bataillon.—Aussère, garde au 78ᵉ bataillon. —Hèbre, garde au 78ᵉ bataillon. — Dubray (Vital), capitaine au 72ᵉ bataillon.

17ᵉ régiment. — Boularon, chef du 136ᵉ bataillon, tué à l'ennemi. — D'Esfours, capitaine au 106ᵉ bataillon. — Robaglia, capitaine adjudant-major au 43ᵉ bataillon. — Jousset, chirurgien-major. — Templier, lieutenant officier d'ordonnance. — Legendre, sous-lieutenant au 63ᵉ bataillon, tué à l'ennemi. — Petion, sous-lieutenant au 106ᵉ bataillon.— Sempe, adjudant d'ordre.—Lallemand, sergent-major au 43ᵉ bataillon. — Rottée, sergent-major au 106ᵉ bataillon.— Capellani, sergent-major au 136ᵉ bataillon. — Lefebvre, sergent au 136ᵉ bataillon.—Appelt, sergent au 106ᵉ bataillon. — Lavin, sergent au 106ᵉ bataillon. — Geyer, sergent au 193ᵉ bataillon. — Calmet, sergent au 193ᵉ bataillon. — Roux, caporal au 136ᵉ bataillon. — Vijean, caporal au 106ᵉ bataillon. — Maye, caporal au 106ᵉ bataillon. —Chabanette, caporal au 106ᵉ bataillon. — Gourier, garde au 44ᵉ bataillon. — Baumgarther, garde au 106ᵉ bataillon. — Boordin, garde au 193ᵉ bataillon. — Gallien, garde au 43ᵉ bataillon. — Bazille, garde au 106ᵉ bataillon. — Thorrey, garde au 106ᵉ bataillon, tué à l'ennemi. — Ducros, garde au 106ᵉ bataillon. — Dubreuil, clairon au 193ᵉ bataillon. — Goëb, capitaine adjudant-major au 35e bataillon, tué à l'ennemi.— Faivre, capitaine au 35e bataillon, tué à l'ennemi. — Lallemand, capitaine au 211e bataillon. — Debacker, lieutenant au 116e bataillon. — Ambacher, lieutenant au 116e bataillon, tué à l'ennemi.— Camagny, lieutenant au 212e bataillon. — De Schryver, lieutenant au 211e bataillon. — Versini, lieutenant au 211e bataillon. — Aury, sous-lieutenant au 212e bataillon. — De Gennes, sergent au 35e bataillon. — Guiral, sergent au 116e bataillon. — Zudrice, sergent au 211e bataillon. — Delalande, sergent au 211e bataillon. — Desouches, caporal au 211e bataillon, tué à l'ennemi. — Mila, caporal au 211e bataillon.— Degout, clairon au 35e bataillon. — Montignon, tambour au 211e bataillon. — Legrand, garde au 35e bataillon. — Mettrot, garde au 35e bataillon.— Guérin, garde au 116e bataillon. —Roguet, garde au 211e bataillon. — Lehodey, garde au 116e bataillon, tué à l'ennemi.

19e régiment. — Demantilly, capitaine au 140e bataillon. — Muret, lieutenant au 140e bataillon. — Keravel, sous-aide-major au 140e bataillon. — Dubosc, sergent-major au 140e bataillon. — Guy, sergent-major au 140e bataillon. — Matifas, sergent au 48e bataillon. — Baron, sergent au 140e bataillon. — Lamoureux, sergent au 190e bataillon. — Lemarié, caporal au 190e bataillon. — Labarre, caporal au 140e bataillon, tué à l'ennemi. Richard, caporal au 140e bataillon.—Pariset, caporal au 48e bataillon. — Schuyteu, caporal au 48e bataillon.—Rousseau, sous-lieutenant au 140e bataillon. — Taupmann, clairon au 140e bataillon. —Robert, garde au 190e bataillon. —

Martal, garde au 190e bataillon. — Givet, garde au 190e bataillon.—Joublot, garde au 190e bataillon.—Demante, garde au 140e bataillon. — Mordacq, garde au 140e bataillon. — Boissier, garde au 140e bataillon. — Nivoy, garde au 140e bataillon. — Faivre, garde au 48e bataillon. — Marchand, garde au 48e bataillon. — Paillard, garde au 48e bataillon. — Gouillard, garde au 48e bataillon. — Gremillet, garde au 48e bataillon. — Nansoz, garde au 48e bataillon.

42e régiment. — Leroux, capitaine au 84e bataillon.— Jourdain, lieutenant au 84e bataillon. — Plin, lieutenant au 84 bataillon. — Plecq, sous-lieutenant au 84e bataillon. — Plecq, sous-lieutenant au 84e bataillon. — Teston, sous-lieutenant au 84e bataillon. — Moutier, sergent au 84e bataillon. — Lanoue, sergent au 84e bataillon.— Lecoq, caporal au 84e bataillon. — Paulet, caporal au 84e bataillon. — Philbert, caporal au 84e bataillon. — Brossard, caporal au 84e bataillon. — Bompicaut, caporal au 84e bataillon. — Madelaine, capitaine au 84e bataillon.— Colomby, garde au 84e bataillon.— Moulin, garde au 84e bataillon. — Guérin, garde au 84e bataillon. — Marest, garde au 84e bataillon. — Laurin, garde au 84e bataillon. — Heriney, garde au 84e bataillon. — Bourgeot, garde au 84e bataillon.—Conty, garde au 84e bataillon.—Vandre, garde au 84e bataillon. — Gribius, garde au 84e bataillon. — Aubriot, garde au 84e bataillon. — Gaveau, garde au 84e bataillon, tué à l'ennemi. — Fouché, adjudant sous-officier au 84e bataillon. — Maugas, capitaine au 97e bataillon. — Bujardin Baumetz, chirurgien-major au 97ᵉ bataillon. — Closange, lieutenant au 97ᵉ bataillon. — Brocchi, aide-major au 97ᵉ bataillon. — Lehmann, sergent au 97ᵉ bataillon. — Toutain, caporal au 97ᵉ bataillon.

53ᵉ régiment. — Romieu, sergent-major aux volontaires de Montrouge. — Delabachellerie, sergent aux volontaires de Montrouge. — Hullin, sergent aux volontaires de Montrouge. — Glaude, caporal aux volontaires de Montrouge. — Thibaut, garde aux volontaires de Montrouge. — Bertin, garde aux volontaires de Montrouge. — Carlier, garde aux volontaires de Montrouge. — Champion, garde aux volontaires de Montrouge. — Moreau, garde aux volontaires de Montrouge.

A l'armée de Paris.

Soldats, marins et gardes mobiles,

Tant qu'une bouchée de pain a été assurée à Paris, vous avez défendu cette grande cité qui a été, pendant cinq mois, le boulevard de la France; vous l'avez défendue au prix de votre sang, qui a coulé à pleins bords.

Aujourd'hui que des malheurs inouïs, que votre courage et vos sacrifices n'ont pu conjurer, vous ramènent dans son enceinte, de nouveaux devoirs, non moins sacrés que ceux que vous avez accomplis déjà, vous sont imposés.

A tout prix vous devez donner à tous l'exemple de la

discipline, de la bonne tenue, de l'obéissance. Vous le devez par respect de vous-mêmes, par respect pour notre patrie en deuil, dans l'intérêt de la sécurité publique.

Vous ne faillirez pas, j'espère, à cette obligation sacrée; y manquer serait plus qu'une faute, ce serait un crime.

Officiers, sous-officiers, soldats, restez unis dans un sentiment commun de patriotisme passionné ; soutenez-vous, fortifiez-vous les uns les autres, afin qu'après avoir versé tant de sang pour l'honneur de Paris et les plus grands intérêts de la patrie, vous méritiez qu'on vous dise : Ils ne sont pas seulement de braves soldats, ils sont aussi de bons citoyens.

Paris, le 30 janvier 1871.

Le Ministre de la guerre,

Général LE FLO.

Au peuple français.

(4 février 1871.)

Le gouvernement a compris la nécessité de désavouer les actes déplorables de la délégation de Bordeaux. Un décret de cette délégation frappait d'inéligibilité : 1° les individus qui, depuis le 1er décembre 1851, jusqu'au 4 septembre 1870, ont accepté les fonctions de ministre, de sénateur, de conseiller d'État et de préfet; 2° les individus qui, aux Assemblées législatives qui ont eu lieu depuis le 2 décembre 1851 jusqu'au 4 septembre 1870, ont accepté la candidature officielle et dont les noms ont figuré au *Moniteur officiel* avec les mentions de *candidats du gouvernement*.

Il était impossible que le gouvernement donnât son adhésion à une pareille mesure, , restrictive du droit des électeurs, et créât une véritable candidature officielle par exclusion. Le gouvernement, en rendant le décret ci-dessous, a maintenu dans son intégrité la liberté du suffrage des électeurs. Trois de ses membres, MM. Garnier-Pagès, Pelletan et Arago quittent Paris, à la suite de M. J. Simon, et se rendent à Bordeaux pour y faire triompher l'esprit de conciliation et de fermeté qui doit animer, à cette heure suprême, ceux qui ont l'honneur de préparer la manifestation solennelle des volontés du pays. M. de Bismark a exigé la révocation du décret de la délégation de Bordeaux. M. Gambetta et les Jacobins, qui nous ont attiré cette humiliation ont menacé notre indépendance nationale, en fournissant à la Prusse un prétexte pour intervenir dans les affaires intérieures de notre pays. Voici la proclamation qui annule le décret de la délégation de Bordeaux :

Français,

Paris a déposé les armes à la veille de mourir de faim.
On lui avait dit : Tenez quelques semaines, et nous vous délivrerons. Il a résisté cinq mois, et, malgré d'héroïques efforts, les départements n'ont pu le secourir.

Il s'est résigné aux privations les plus cruelles. Il a accepté la ruine, la maladie, l'épuisement. Pendant un mois, les bombes l'ont accablé, tuant les femmes, les enfants. Depuis plus de six semaines, les quelques grammes de mauvais pain qu'on distribue à chaque habitant suffisent à peine à l'empêcher de mourir.

Et quand, ainsi vaincue par la plus inexorable nécessité, la grande cité s'arrête pour ne pas condamner deux millions de citoyens à la plus horrible catastrophe; quand, profitant de son reste de force, elle traite avec l'ennemi au lieu de subir une reddition à merci, au dehors, on accuse le Gouvernement de la défense nationale de coupable légèreté, on le dénonce, on le rejette.

Que la France nous juge, nous et ceux qui nous comblaient hier de témoignages d'amitié et de respect, et qui aujourd'hui nous insultent!

Nous ne relèverions pas leurs attaques si le devoir ne nous commandait de tenir jusqu'à la dernière heure, d'une main ferme, le gouvernail que le peuple de Paris nous a confié au milieu de la tempête. Ce devoir, nous l'accomplirons.

Lorsqu'à la fin de janvier, nous nous sommes résignés à essayer de traiter, il était bien tard. Nous n'avions plus de farine que pour dix jours, et nous savions que la dévastation du pays rendait le ravitaillement tout à fait incertain. Ceux qui se lèvent aujourd'hui contre nous ne connaîtront jamais les angoisses qui nous agitaient.

Il fallait cependant les cacher, aborder l'ennemi avec résolution, paraître encore prêts à combattre et munis de vivres.

Ce que nous voulions, le voici :

Avant tout, n'usurper aucun droit. A la France seule

appartient celui de disposer d'elle-même. Nous avons voulu le lui réserver. Il a fallu de longues luttes pour obtenir la reconnaissance de sa souveraineté. Elle est le point le plus important de notre traité.

Nous avons conservé à la garde nationale sa liberté et ses armes.

Si, malgré nos efforts, nous n'avons pu soustraire l'armée et la garde mobile aux lois rigoureuses de la guerre, au moins les avons-nous sauvées de la captivité en Allemagne et de l'internement dans un camp retranché, sous les fusils prussiens.

On nous reproche de n'avoir pas consulté la délégation de Bordeaux! On oublie que nous étions enfermés dans un cercle de fer que nous ne pouvions briser.

On oublie, d'ailleurs, que chaque jour rendait plus probable la terrible catastrophe de la famine, et, cependant, nous avons disputé le terrain pied à pied, pendant six jours, alors que la population de Paris ignorait ou devait ignorer sa situation véritable, et, qu'entraînée par une généreuse ardeur, elle demandait à combattre.

Nous avons donc cédé à une nécessité fatale.

Nous avons, pour la convocation de l'Assemblée, stipulé un armistice, alors que les armées qui pouvaient nous venir en aide étaient refoulées loin de nous.

Une seule tenait encore, nous le croyons du moins. La Prusse a exigé la reddition de Belfort. Nous l'avons refusée, et, par là même, pour protéger la place, nous avons pour quelques jours réservé la liberté d'action de son armée de secours. Mais, ce que nous ignorions, il était trop tard. Coupé en deux par les armées allemandes, Bourbaki, malgré son héroïsme, ne pouvait plus résister, et, après l'acte de généreux désespoir auquel il s'abandonnait, sa troupe était forcée de passer la frontière.

La convention du 28 janvier n'a donc compromis aucun intérêt, et Paris seul a été sacrifié.

Il ne murmure pas. Il rend hommage à la vaillance de ceux qui ont combattu loin de lui pour le secourir. Il n'accuse pas même celui qui est aujourd'hui si injuste et si téméraire, M. le ministre de la guerre, qui a arrêté le général Chanzy voulant marcher au secours de Paris, et lui a donné l'ordre de se retirer derrière la Mayenne.

Non! tout était inutile, et nous devions succomber. Mais notre honneur est debout, et nous ne souffrirons pas qu'on y touche.

Nous avons appelé la France à élire librement une Assemblée qui, dans cette crise suprême, fera connaître sa volonté.

Nous ne reconnaissons à personne le droit de lui en imposer une, ni pour la paix ni pour la guerre.

Une nation attaquée par un ennemi puissant lutte jusqu'à la dernière extrémité ; mais elle est toujours juge de l'heure à laquelle la résistance cesse d'être possible.

C'est ce que dira le pays consolé sur son sort.

Pour que son vœu s'impose à tous comme une loi respectée il faut qu'il soit l'expression souveraine du libre suffrage de tous. Or, nous n'admettons pas qu'on puisse imposer à ce suffrage des restrictions arbitraires.

Nous avons combattu l'Empire et ses pratiques; nous n'entendons pas les recommencer instituant des candidatures officielles par voie d'élimination.

Que de grandes fautes aient été commises, que de lourdes responsabilités en dérivent, rien n'est plus vrai ; mais le malheur de la patrie efface tout sous son niveau ; et, d'ailleurs, en nous rabaissant au rôle d'hommes de parti pour proscrire nos anciens adversaires, nous aurions la douleur et la honte de frapper ceux qui combattent et versent leur sang à nos côtés.

Se souvenir des dissensions passées quand l'ennemi foule notre sol ensanglanté, c'est rapetisser par ses rancunes la grande œuvre de la délivrance de la patrie. Nous mettons les principes au-dessus de ces expédients.

Nous ne voulons pas que le premier décret de convocation de l'Assemblée républicaine en 1871 soit un acte de défiance contre les électeurs.

A eux appartient la souveraineté ; qu'ils l'exercent sans faiblesse, et la patrie pourra être sauvée.

Le Gouvernement de la défense nationale repousse donc et annule au besoin le décret illégalement rendu par la délégation de Bordeaux, et il appelle tous les Français à voter, sans catégories, pour les représentants qui leur paraîtront les plus dignes de défendre la France.

Vive la République ! Vive la France !

Paris, le 4 février 1871.

Les Membres du Gouvernement,

Général Trochu, Jules Favre, Emmanuel Arago, Jules Ferry, Garnier-Pagès, Eugène Pelletan, Ernest Picard, Jules Simon.

Les Ministres :

Dorian, général Le Flô, J. Magnin, F. Hérold.

DERNIERS ÉCHOS.

Lettre de Pie IX à l'archevêque de Tours.

Pie IX a écrit, le 12 novembre, à l'évêque de Tours une noble et touchante lettre dont le texte ne nous arrive qu'aujourd'hui. Nous publions cette lettre avec un tendre et filial respect :

PIE IX, PAPE.

Vénérable Frère, salut et bénédiction apostolique.

Malgré la situation douloureuse, rendue chaque jour plus grave et plus dure, où la malice des hommes nous a réduit, nous et ce siége apostolique, il ne nous est pas possible d'oublier les malheurs et les calamités dont la France est en ce moment si cruellement affligée. Plein du souvenir des marques éclatantes de dévouement et d'affection filiale que cette généreuse nation nous a prodigués en toutes circonstances et jusque dans nos plus grandes tribulations, nous avons prié ardemment le Dieu des miséricordes de nous faire connaître comment nous pourrions nous acquitter un peu envers elle de la dette de notre reconnaissance pour ses importants services, et par quel genre de soulagement il nous serait possible de de lui venir en aide dans ses épreuves.

En agitant cette pensée dont notre cœur a été vivement préoccupé, nous sommes demeuré persuadé qu'il n'y avait pas pour nous de moyen plus opportun et plus efficace de témoigner notre gratitude à cette grande nation catholique que de tenter, sous l'impulsion de notre charité personnelle, de l'amener à des conseils de paix et de la faire ainsi rentrer au sein d'une heureuse et parfaite tranquillité.

Plaise à Dieu, Vénérable Frère, qu'il soit donné à notre humble personne de réaliser une œuvre si salutaire et si universellement désirée par les hommes sages ! Nos actions de grâces envers la divine bonté n'auraient pas de bornes si elle daignait se servir de notre ministère et de notre coopération pour procurer à la France un si grand bien.

Mais pour atteindre ce but désiré, et pouvoir, au gré de nos vœux, faire cesser de trop longues et trop cruelles calamités, il est nécessaire que les esprits s'ouvrent avec docilité aux vues de notre paternelle sollicitude, et que, mettant de côté toute animosité réciproque, on en vienne de part et d'autre aux sentiments de concorde et d'une mutuelle confiance.

Et qui donc pourrait ôter au Vicaire de Jésus-Christ l'espérance de voir un vœu si légitime pleinement accompli, et, par suite, une partie si considérable de l'Europe rendue au calme de la paix ?

Voilà pourquoi nous nous sommes adressé à vous, Vénérable Frère, qui êtes l'évêque titulaire de la ville même où réside une partie des chefs du gouvernement chargé de présider aux destinées de la France. Nous vous exhortons, aussi instamment qu'il nous est possible, à vous charger auprès des chefs de ce gouvernement, avec tout le zèle pastoral qui vous distingue, d'une affaire si urgente et d'un intérêt si haut.

Nous avons aussi confiance que vos collègues dans l'épiscopat uniront leurs efforts aux vôtres, et vous seconderont avec ardeur dans une cause si digne de leur caractère et de leur vertu, où il s'agit d'un éminent service à rendre aussi bien à la religion qu'à la patrie.

Mettez-vous donc à l'œuvre sans retard, Vénérable Frère ; employez la persuasion auprès des hommes, recourez à la prière auprès de Dieu, enflammez, en vous joignant à eux, le zèle déjà si vif et si bien connu des évêques vos frères. Nous avons, de notre côté, la ferme assurance que Dieu donnera la grâce de la force à vos paroles, et qu'avec son secours les cœurs reviendront à leur générosité naturelle, et que, par amour pour le bien public, ils ne refuseront pas d'entrer dans nos vues et de seconder nos désirs.

Et ici, Vénérable Frère, il est une prière et une exhortation que nous sommes obligé, avec tout le zèle et toute la sollicitude d'une tendresse paternelle, de vous adresser devant Dieu, à vous et à tous les autres évêques de France : c'est que vous ne manquiez pas de donner à cette noble nation, dont l'adversité n'a pu diminuer le caractère héroïque ni obscurcir l'éclat d'une valeur militaire immortalisée par tant de glorieux monuments, le prudent et sérieux conseil de ne pas prêter l'oreille aux pernicieuses doctrines qui tendent au renversement de l'ordre public, et que ne cessent de répandre et de propager dans son sein des hommes de désordre venus chez elle sous prétexte de lui prêter le secours de leurs armes. La diffusion de ces doctrines ne peut avoir d'autre résultat que d'accroître la discorde, de multiplier les calamités et de retarder le triomphe de la saine morale et de la justice, seule et unique base cependant sur laquelle puisse s'appuyer cette illustre nation pour faire revivre l'antique honneur de ses aïeux et y ajouter les rayons d'une gloire nouvelle.

Ce serait d'ailleurs, nous le savons, poursuivre en vain la grande œuvre qui nous préoccupe, si notre pacifique ministère ne trouvait pas un appui suffisant et des intentions favorables auprès de la justice et de l'élévation d'esprit du prince qui, sous le rapport militaire, a obtenu de si grands avantages. Aussi, n'avons-nous pas hésité, Vénérable Frère, à nous charger du soin d'écrire une lettre à Sa Majesté le roi de Prusse, et de recommander avec instance à son humanité ce ministère de paix que nous voulons remplir. Nous ne pouvons sans doute rien affirmer de certain sur l'issue de notre démarche officieuse auprès de Sa Majesté. Ce qui nous donne néanmoins quelque raison d'en bien espérer, c'est que ce monarque, en d'autres circonstances, a toujours fait preuve de beaucoup de bon vouloir à notre égard.

Vous confiant donc dans le secours d'en haut, Vénérable Frère, mettez tous vos soins à vous occuper de la grave et urgente mission qui vous est confiée; et en cela vous pouvez agir avec d'autant plus de facilité et de promptitude que vous exercez dans votre demeure épiscopale les devoirs de l'hospitalité envers ceux mêmes auprès desquels vous aurez à remplir en notre nom un ministère de paix si digne de votre auguste caractère.

Mais parce que, selon l'Écriture, ni celui qui plante, ni celui qui arrose ne sont rien, et que Dieu seul peut donner un heureux accomplissement à nos désirs, il faut, Vénérable Frère, qu'en toute humilité et confiance, prosternés devant la face de Dieu, nous sollicitions son divin cœur, source ineffable de miséricorde et de charité, et que d'un esprit contrit et repentant, de concert avec tout le peuple fidèle, nous ne cessions pas de crier : *Épargnez, Seigneur, épargnez votre peuple.*

En attendant ce bienfait de la miséricorde divine par notre assiduité dans la prière, nous vous donnons très-affectueusement et du fond de notre cœur, comme augure favorable de la mission qui vous est confiée et comme gage de notre bienveillance particulière, la bénédiction apostolique, à vous, Vénérable Frère, et à tous les fidèles de la catholique nation française.

Donné à Rome, près Saint-Pierre, le 12 novembre 1870, la 26ᵉ année de notre pontificat.

PIE IX, pape.

(8 janvier.)

La province est enfin délivrée du gouvernement aveugle et violent qu'on a justement appelé la *dictature de l'incapacité*. M. Gambetta a dû donner sa démission de membre du gouvernement, de ministre de l'intérieur et de ministre de la guerre. M. Em. Arago a été chargé à Bordeaux du portefeuille de l'intérieur. Le général Le Flô, ministre de la guerre, part pour prendre la direction des affaires militaires.

— La réquisition des graines et farines est levée. Il en est de même des chevaux. Par décret, le commerce des animaux de boucherie peut s'exercer librement.

— Le ravitaillement de Paris se fait par les soins des chemins de fer.

— Les citoyens de Londres ont voulu témoigner leurs sympathies envers la France. Des convois de vivres de toute espèce, envoyés gratuitement par un comité présidé par le lord maire, viennent d'arriver à Paris. Dans l'extrémité de notre malheur, la voix du peuple anglais a été la première qui nous ait porté l'expression des sympathies du dehors. Nous ne l'oublierons pas.

— Les élections pour la nomination des quarante-trois députés de la Seine se sont faites sans donner lieu à aucun accident. La population paraissait comprendre la gravité de l'acte qu'elle était appelée à accomplir.

(9 février.)

Il nous arrive par les journaux de Londres la protestation du comte de Chambord contre le bombardement de Paris. Nous publions ce document qui appartient à l'histoire :

« Il m'est impossible de me contraindre plus longtemps au silence.

« J'espérais que la mort de tant de héros tombés sur le champ de bataille, que la résistance énergique d'une capitale résignée à tout pour maintenir l'ennemi en dehors de ses murs, épargneraient à mon pays de nouvelles épreuves ; mais le bombardement de Paris arrache à ma douleur un cri que je ne saurais contenir.

« Fils des rois chrétiens qui ont fait la France, je gémis à la vue de ses désastres. Condamné à ne pouvoir les racheter au prix de ma vie, je prends à témoin les peuples et les rois, et je proteste comme je le puis, à la face de l'Europe, contre la guerre la plus sanglante et la plus lamentable qui fût jamais.

« Qui parlera au monde, si ce n'est moi, pour la ville de Clovis, de Clotilde et de Geneviève ; pour la ville de Charlemagne, de saint Louis, de Philippe-Auguste et de Henri IV ; pour la ville des sciences, des arts et de la civilisation ?

« Non ! je ne verrai pas périr la grande cité que chacun de mes aïeux a pu appeler : « Ma bonne ville de Paris. »

« Et puisque je ne puis rien de plus, ma voix s'élèvera du fond de l'exil pour protester contre les ruines de ma patrie ; elle criera à la terre et au ciel, assurée de rencontrer la sympathie des hommes et attendant tout de la justice de Dieu.

« HENRI.

« 7 janvier 1871. »

Le général Chanzy, appelé par le gouvernement, est arrivé à Paris. Il a eu une longue conférence avec les membres du gouvernement et les ministres. Il repart demain pour son quartier général à Laval.

(10 février.)

A partir d'aujourd'hui, le rationnement du pain cesse d'avoir lieu.

Le dépouillement du scrutin n'est pas encore terminé ; toutefois on connaît déjà les résultats probables du vote. C'est la liste ultra-radicale qui paraît devoir passer. Si la province votait comme Paris, les intérêts de la France seraient gravement compromis. Pardonnons aux aberrations électorales ; elles portent avec elles leur remède ou leur châtiment. La politique jacobine, opposée au droit et au sens commun, ne saurait avoir de succès. La justice seule a le patrimoine de l'avenir. La ville de Paris est autorisée, par décret, à emprunter la somme de 200 millions qui doit être payée à la Prusse, comme contribution municipale de guerre.

(11 février.)

L'Amérique, elle aussi, ouvre des souscriptions pour venir en aide aux indigents de Paris. A Saint-Pétersbourg et à Moscou des souscriptions sont également ouvertes en faveur des victimes de la guerre en France. Les grandes familles et les riches marchands russes ont versé des sommes importantes.

(12 février.)

Le ravitaillement s'effectue d'une manière régulière et sur de larges bases. Le relevé des arrivages donne aujourd'hui un total de : 6,920 bœufs ; 578 vaches ; 8,854 moutons ; 590 porcs ; 10,407,737 kil. de graines ; 23,944,448 kil. de farines ; 2,713,988 kil. de biscuits. Les conserves forment un total de : 2,199,532 kil. de bœuf ; 879,040 kil. de mouton ; 177,552 kil. de sel. A ces chiffres, il faut ajouter : 2,335,147 kil. de salaisons diverses ; 4,322,562 kil. de lard ; 60,090 kil. de poisson (marée), et 2,070,260 kil. de morue. Les vins, les alcools, le beurre, le fromage, l'huile, les légumes, les fruits, le fourrage, l'avoine et les combustibles arrivent également en quantités considérables. Les Allemands continuent à pousser vigoureusement tous les préparatifs en vue d'une reprise des hostilités ; des masses énormes de troupes sont concentrées sur la Loire. Nos lettres pour la province peuvent être cachetées à partir d'aujourd'hui.

Depuis la promulgation de l'armistice, la préfecture de police a délivré cent soixante-dix mille laisser-passer pour sortir de Paris.

On vient de découvrir la fabrique centrale des bombes infernales. On en a trouvé plus de 6,000 de construction différente. Il a fallu en submerger un très-grand nombre, la nuit, au pont de la Tournelle, et leur force était telle qu'elles faisaient explosion même dans l'eau.

(13 février.)

Un manifeste au peuple français, de l'empereur Napoléon III, nous arrive de Versailles. Les élections départementales sont une réponse à cette proclamation. A part quatre ou cinq des anciens candidats officiels, aucun des hommes qui avaient soutenu le régime impérial n'a trouvé accès dans l'Assemblée de Bordeaux. La première séance publique de l'Assemblée nationale a eu lieu aujourd'hui, sous la présidence de M. Benoît-d'Azy, président d'âge, dans la salle du théâtre de Bordeaux. A l'ouverture de la séance, M. Jules Favre a déposé entre les mains de l'Assemblée les pouvoirs confiés au Gouvernement de la défense et la démission de tous les ministres. Le général Garibaldi, élu dans plusieurs départements, a donné sa démission de député.

(14 février.)

Voici le résultat définitif des élections dans le département de la Seine :

MM.

1	Louis Blanc	216,471
2	Victor Hugo	214,169
3	Garibaldi	200,065
4	Edgar Quinet	199,008
5	Gambetta	191,211
6	Henri Rochefort	163,248
7	Vice-amiral Saisset	154,347
8	Delescluze	153,897
9	Joigneaux	153,314
10	Schœlcher	149,918
11	Félix Pyat	144,118
12	Henri Martin	139,155
13	Amiral Pothuau	138,142
14	Lockroy	134,635
15	Gambon	129,573
16	Dorian	128,197
17	Ranc	126,572
18	Malon	117,253
19	Brisson	115,710
20	Thiers	102,945
21	Sauvage	102,690
22	Martin Bernard	102,188

23	Marc Dufraisse	101,192
24	Greppo	101,001
25	Langlois	95,756
26	Général Frébault	95,235
27	Clémenceau	95,048
28	Vacherot	94,394
29	Jean Brunet	93,645
30	Floquet	93,438
31	Cournet	91,648
32	Tolain	89,160
33	Littré	87,780
34	Jules Favre	81,126
35	Arnaud (de l'Ariége)	79,710
36	Ledru-Rollin	76,736
37	Léon Say	75,939
38	Tirard	75,178
39	Razoua	74,415
40	Ed. Adam	73,217
41	Millière	73,145
42	Peyrat	72,243
43	Farcy	69,798

(15 février.)

L'armistice a été prorogé au 24, avec faculté de renouveler cet armistice, si les circonstances l'exigent. M. Thiers a été élu député dans vingt-huit départements.

Le prix du kilogramme de pain est taxé à cinquante centimes

(16 février.)

5 ou 6 millions de lettres, de toute date, depuis septembre à février, sont entrées à Paris ces jours derniers. Nous publions la lettre adressée par M. le comte de Chambord à Mme la comtesse de Bouillé. On remarquera le langage plein d'élévation et de désintéressement du chef de la maison de Bourbon :

« Madame la comtesse,

« C'est au moment où j'étais rempli d'espoir pour vos chers blessés que j'apprends l'affreux malheur qui vient de vous frapper. Bien digne du sang des Bonchamps qui coulait dans ses veines, votre fils a couronné par une mort héroïque et chrétienne une vie toute de dévouement et de fidélité.

« Quelle douleur pour votre cœur de mère ! quelle affliction pour votre belle-fille et pour vos deux petites-filles qui ne vivent, comme vous, depuis un long mois, que d'angoisses et de larmes !

« Quant à moi, justement fier de l'admirable conduite de ces trois volontaires de l'Ouest, qui, à la voix et à l'exemple de Charette, sont tombés sur le champ de bataille en défendant notre malheureuse patrie envahie par l'étranger, je pleure avec vous cet ami pour lequel vous connaissez ma sincère gratitude et mon bien vif attachement. Que ne m'a-t-il été donné d'être avec eux dans cette glorieuse et fatale journée et de verser comme eux mon sang pour la France !

« Vous puiserez, dans l'élévation de vos sentiments, dans l'ardeur de votre foi et dans l'énergie de votre grande âme, la force nécessaire pour supporter un coup aussi cruel et pour soutenir le courage des pauvres affligées qui vous entourent. Dites-leur que je suis constamment avec elles, comme avec vous, par la pensée et par le cœur.

« Je prie Dieu de vous conserver votre petit-fils qui se montre si fidèle à toutes les traditions de sa famille. Je le prie aussi de rendre bientôt à la tendresse de votre petite-fille, Édouard de Casenove, pour qui je sens redoubler mon amitié.

« Comptez plus que jamais, madame la comtesse, sur mes sentiments les plus affectueux.

« HENRI. »

(18 février.)

M. Grévy a été nommé président de la Chambre par 519 voix sur 536. M. Thiers a été nommé chef du pouvoir exécutif de la République française. M. Keller, dont le dévouement et le patriotisme ne sauraient être trop loués, a porté devant l'Assemblée de Bordeaux la protestation de l'Alsace demandant à demeurer française. Que la Prusse y songe ! L'Alsace annexée serait, comme la

Pologne partagée, une perpétuelle menace pour l'Allemagne. De l'autre côté de la Manche, de généreux efforts sont encore faits pour venir en aide aux populations françaises qui ont le plus souffert de la guerre actuelle.

(19 février.)

Par décret, les gardes nationaux qui touchent l'allocation de 1 fr. 50 c., et qui en auront encore besoin, devront en faire la demande par écrit. Ils auront à justifier du défaut de ressources et de travail.

Le nouveau gouvernement est constitué. M. Thiers, chef du pouvoir exécutif, a composé le ministère de la manière suivante :

Justice, M. Dufaure ;
Affaires étrangères, M. Jules Favre ;
Intérieur, M. Ernest Picard ,
Instruction publique, M. Jules Simon ;
Travaux publics, M. de Larcy ;
Agriculture et commerce, M. Lambrecht ;
Guerre, général Le Flô ;
Marine, vice-amiral Pothuau ;
Finances, M. Buffet.

M. Thiers a prononcé un discours qui est un acte de patriotisme. Il a dit qu'il ne s'agissait pas de tracer un programme de gouvernement, et qu'il ne pouvait y avoir qu'une seule politique, faire cesser le plus tôt et le plus complétement possible l'occupation étrangère au moyen d'une paix courageusement débattue, et qui ne sera acceptée que si elle est honorable. Une fois la France rendue à elle-même, elle se prononcera en connaissance de cause sur ses destinées.

M. Thiers, M. Jules Favre et quinze commissaires, choisis pour négocier la paix, sont partis de Bordeaux.

(20 février.)

Les 80,000 Français qui ont passé en Suisse, pour échapper aux Prussiens, ont été reçus par nos voisins comme des amis. Catholiques et protestants ont rivalisé d'empressement pour recueillir nos malheureux compatriotes épuisés par la faim, le froid, les fatigues et les maladies. Honneur aux Suisses! Honneur aussi à nos frères prisonniers, dont la douceur, la politesse, la discrétion, la reconnaissance et la résignation dans la souffrance ont été hautement admirées.

(22 février.)

Le gouvernement a été reconnu par l'Angleterre, l'Autriche, l'Italie, l'Espagne, le Portugal, la Suisse et la Turquie.

Les négociations se poursuivent à Versailles, entre M. Thiers et M. de Bismark. M. Thiers a obtenu une prolongation d'armistice de deux jours. La France, inquiète et silencieuse, attend, les yeux fixés sur Versailles, la dure loi du vainqueur.

Mgr Frappel, évêque d'Angers et d'origine alsacienne, vient d'adresser au roi du Prusse la lettre suivante, qui restera dans les annales du patriotisme :

« Sire,

« Au moment où l'Assemblée nationale va délibérer à Bordeaux sur les conditions de la paix, permettez à un évêque français, enfant de l'Alsace, d'élever la voix pour plaider auprès de Votre Majesté la cause de sa patrie. Je cède à un besoin du cœur, comme je remplis un devoir de conscience en faisant une démarche à laquelle je me sens autorisé par mon origine et par mon caractère.

« La guerre a été favorable à vos armes ; vous avez eu, Sire, la plus haute fortune militaire qui puisse échouer à un souverain, celle de vaincre les armées de la France. Ne soyez pas surpris d'entendre dire à un ministre de l'Évangile qu'il vous reste à vous vaincre vous-même. Autant le succès peut flatter une âme guerrière, autant la modération après la victoire a de quoi séduire un cœur généreux. L'Écriture sainte l'a dit : « Celui qui sait se dominer est supérieur à celui qui prend des villes. » Dans la vie des peuples, d'ailleurs, la guerre ne saurait être qu'un accident ; c'est à leur procurer le bienfait d'une paix durable que doivent tendre les efforts de ceux qui les gouvernent.

« Il semble résulter de plusieurs documents que la cession de l'Alsace serait l'une des conditions proposées pour la paix future. Si telle était votre pensée, Sire, je supplierais Votre Majesté de renoncer à un projet non moins funeste à l'Allemagne qu'à la France. Croyez-en un évêque qui vous le dit devant Dieu et la main sur la conscience : l'Alsace ne vous appartiendra jamais. Vous pourrez chercher à la réduire sous le joug ; vous ne la dompterez pas. Ne vous laissez pas induire en erreur par ceux qui voudraient faire naître dans votre esprit une pareille illusion : j'ai passé en Alsace vingt-cinq années de ma vie ; je suis resté depuis lors en communauté d'idées et de sentiments avec tous ses enfants ; je n'en connais pas un qui consente à cesser d'être Français.

« Catholiques ou protestants, tous ont sucé avec le lait de leurs mères l'amour de la France ; cet amour a été, comme il demeurera, l'une des passions de leur vie. Pasteur d'un diocèse où, certes, le patriotisme est ardent, je n'ai pas trouvé, je puis le dire à Votre Majesté, un attachement à la nationalité française plus vif ni plus profond que dans ma province natale. Le même esprit vivra, soyez-en sûr, dans la génération qui s'élève comme dans celles qui suivront : rien ne pourra y faire, les séductions pas plus que les menaces. Car, pour s'en dépouiller, il leur faudrait oublier, avec leurs devoirs et leurs intérêts, la mémoire et jusqu'au nom de leurs pères, qui, pendant deux cents ans, ont vécu, combattu, triomphé et souffert à côté des fils de la France ; et ces choses-là ne s'oublient point : elles sont sacrées comme la pierre du temple et la tombe de l'ancêtre. Les épreuves de l'heure présente ne feront que resserrer des liens scellés une fois de plus par des sacrifices réciproques.

« L'union de l'Alsace avec la France n'est pas, en effet, l'une de ces alliances factices ou purement conventionnelles, qui peuvent se rompre avec le temps et par le hasard des événements : il y a, entre l'une et l'autre, identité complète de tendances, d'aspirations nationales, d'esprit civil et politique. Que la langue allemande se soit conservée dans une partie du peuple, peu importe, si, depuis deux siècles, cette langue ne sait plus exprimer que des sentiments français ! Le Breton du Finistère est-il Anglais perce que son langage ressemble à celui des pays de Galles et de Cornouailles? Les descendants de Guillaume Tell cessent-ils d'être Suisses parce qu'ils ont gardé l'idiome de leurs vainqueurs d'autrefois? Votre Majesté connaît trop l'histoire pour s'arrêter à un fait dont on abuse étrangement, à savoir, que l'Alsace a été incorporée pendant des siècles à l'empire d'Allemagne ; car personne ne devrait ignorer que la priorité historique est en faveur de la domination française, et que, sous la première dynastie de nos rois, du sixième au dixième siècle, l'Alsace n'avait jamais cessé de faire partie du royaume des Francs.

« Mais qu'importent encore une fois des questions qui appartiennent désormais au domaine de la linguistique et de l'archéologie? Les Alsaciens, et c'est le point capital, sont des Français de cœur et d'âme ; et quoi que l'on puisse faire dans l'avenir, les petits-fils des Kléber, des Kellermann et des Lefebvre n'oublieront jamais le sang qui coule dans leurs veines. Et dès lors, Sire, j'ose demander à Votre Majesté de quel profit pourrait être pour l'Allemagne la possession d'une province sans cesse attirée vers la mère-patrie par ses souvenirs, par ses affections, par ses espérances et ses vœux ? Ne serait-ce pas là une cause d'affaiblissement plutôt qu'un élément de force? un sujet permanent de troubles et d'inquiétudes, au lieu d'une garantie de paix et de tranquillité?

« Et la France, Sire, la France qui peut être vaincue, mais non anéantie, acceptera-t-elle dans l'avenir une situation qu'on la forcerait de subir aujourd'hui? Pour elle, céder l'Alsace, équivaut au sacrifice d'une mère à laquelle on arrache l'enfant qui ne veut pas se séparer d'elle. Ce sacrifice, l'Assemblée nationale le fera ou ne le fera pas : elle est souveraine, et je m'incline d'avance. Mais ce qu'elle ne pourra pas faire, malgré son bon vouloir, c'est de détruire dans l'âme des Alsaciens leur attachement à la mère-patrie ; ce qu'elle ne fera jamais, c'est de fermer une plaie qui restera saignante au cœur de la France.

« Votre Majesté a trop de pénétration d'esprit pour ne pas voir, avec toute l'Europe, qu'un pareil démembrement ouvrirait la voie à des revendications perpétuelles. Au lieu d'opérer un rapprochement qui est dans les vœux de tous, on ne ferait qu'allumer entre deux grands peuples des haines irréconciliables. Il est impossible de se le dissimuler, une si grave atteinte portée à l'intégrité du territoire français, laisserait dans les cœurs des ferments de colère qui éclateraient tôt ou tard et ramèneraient la guerre avec toutes ses horreurs. Quelle triste perspective pour les deux pays ! Serions-nous donc condamnés à revoir des guerres de trente ans à une époque où les progrès de la civilisation et la multiplicité des relations industrielles et commerciales semblaient avoir rendu impossible à jamais le retour de ces luttes fratricides ! Et qui donc voudrait assumer devant Dieu et devant les hommes la responsabilité d'un pareil avenir ?

« L'histoire enseigne que les paix durables sont celles qui profitent au vainqueur sans exaspérer le vaincu. Si Votre Majesté ne cède pas à l'idée de vouloir séparer de la France une province qui ne veut être allemande à aucun prix, elle peut assurer la paix pour longtemps. Car, dans ce cas, nous n'hésitons pas à le dire, il n'y aurait aucun motif pour la France de reprendre les armes : son passé lui permet d'avouer sans honte qu'elle a été surprise ; et ce qu'elle a pu faire depuis quatre mois, au milieu d'une désorganisation sans pareille, montre assez de quoi elle serait capable avec une meilleure direction de ses forces. Mais, Votre Majesté l'avouera sans peine, la raison et l'intérêt commandent de ne pas infliger à l'amour-propre national des blessures incurables. Ce sera notre devoir à nous, ministres de l'Evangile, d'apaiser des ressentiments qui n'auraient plus de raison d'être ; mais en exigeant que la France se mutile de ses propres mains, vous nous rendriez, Sire, la tâche impossible. Tous nos efforts échoueraient contre le poids d'une humiliation intolérable, lors même que la foi et le patriotisme ne nous feraient pas une obligation de conseiller la mort plutôt que le déshonneur.

Sire, les événements vous ont fait une situation telle, qu'un mot de votre part peut décider pour l'avenir la question de la paix ou de la guerre en Europe. Ce mot, je le demande à Votre Majesté, comme Alsacien, pour mes compatriotes qui tiennent à la patrie française par le fond de leur cœur. Je vous le demande pour la France et pour l'Allemagne, également lasses de s'entre-tuer sans profit ni pour l'une ni pour l'autre.

J'ose enfin vous le demander au nom de Dieu, dont la volonté ne saurait être que les nations, faites pour s'entr'aider dans l'accomplissement de leurs destinées, se poursuivent de leurs haines réciproques et s'épuisent dans des luttes sanglantes.

Or, laissez-moi, en terminant, le répéter avec tout homme qui sait réfléchir : la France laissée intacte, c'est la paix assurée pour de longues années ; la France mutilée, c'est la guerre dans l'avenir, quoi que l'on dise et quoi que l'on fasse.

Entre ces deux alternatives, Votre Majesté, justement préoccupée des intérêts de l'Allemagne, ne saurait hésiter un instant.

C'est dans cet espoir que j'ai l'honneur d'être, Sire,
de Votre Majesté,

le très-humble serviteur,

† Charles-Emile FREPPEL, *évêque d'Angers.*

(23 février.)

MM. Bonvalet, Murat, Francolin et un certain nombre de libres penseurs fanatiques, installés dans la mairie du

3ᵉ arrondissement, viennent de prendre un arrêté pour rendre l'instruction obligatoire dans les limites de cet arrondissement. Ils s'avisent d'édicter des peines contre les pères de famille qui ne tiendront pas compte de leur arrêté. Cet arrêté est nul. Si ceux qui l'ont porté connaissaient les bornes de leur pouvoir, ils sauraient qu'il faut une loi votée par la France entière pour résoudre la question qu'ils tranchent avec toute l'impertinence d'une passion aveugle et d'une ignorance honteuse chez des administrateurs.

(24 février.)

M. Buffet n'a pas accepté le ministère des finances. M. Pouyer-Quertier est nommé à sa place.

Les Hongrois signent des pétitions à l'empereur François-Joseph, auquel ils demandent d'intervenir pour empêcher le démembrement de la France. Aujourd'hui, manifestation républicaine sur la place de la Bastille. Plusieurs bataillons de la garde nationale ont apporté des drapeaux et des couronnes d'immortelles au pied de la colonne, en souvenir du 24 février 1848.

(26 février.)

Le nouveau gouvernement a été reconnu par le pape et la Russie. Pendant toute la journée d'aujourd'hui, l'affluence a été considérable au pied de la colonne de Juillet. Depuis 10 heures du matin jusqu'à 6 heures du soir, on n'a pas cessé de voir défiler des détachements de gardes nationaux, accompagnés de leurs officiers, précédés les uns de la musique du bataillon, les autres des tambours et des clairons. Ces manifestations bouffonnes et hors de circonstance n'auraient pas dû être tolérées par la population parisienne; il fallait siffler les manifestants comme faisant acte de mauvais citoyens. Un agent de la paix publique a été attaché sur une planche, jeté dans la Seine, et, pendant qu'il s'efforçait de gagner la rive, repoussé à coups de pierre et de crocs au milieu du fleuve où il a trouvé la mort. Un magistrat venu à son secours a été obligé de se réfugier dans une caserne. Un peu plus tard un employé d'une compagnie de chemin de fer a failli être la victime de misérables qui affectaient de le prendre pour un ancien sergent de ville.

Il y a une certaine presse qui fait constamment appel aux mauvaises passions de la foule; elle spécule sur les malheurs communs et tire profit de flatter l'erreur. Les jacobins de la presse sont plus coupables que les égarés de la rue.

(27 février.)

Les préliminaires de la paix ont été signés hier à Versailles, à une heure de l'après-midi. Les conditions sont: cession de l'Alsace, de la Loraine allemande : arrondissement de Sarrebourg, de Château-Salins, la ville de Metz.

L'indemnité à payer est de cinq milliards. Les Prussiens entreront à Paris, mercredi 1er mars, à dix heures du matin. Ils occuperont l'espace compris entre la Seine et la rue du Faubourg-Saint-Honoré, à partir de la place de la Concorde jusqu'au quartier des Ternes. L'effectif des troupes introduites ne dépassera pas 30,000 hommes. L'évacuation aura lieu immédiatement après la ratification des préliminaires par l'Assemblée nationale. L'armée allemande pourvoira elle-même à sa subsistance et ne fera aucune réquisition. On nous a offert, dans la négociation, si nous voulions céder Belfort, d'épargner à Paris le chagrin de voir entrer une partie de l'armée prussienne dans ses murs. C'est à M. Thiers que la France devra la conservation de Belfort, entrée des Gaules, bouclier de Besançon et de Langres, sentinelle de la Suisse.

Notre douleur, notre humiliation sont inexprimables à la pensée de l'entrée des Allemands sur un point de notre capitale. Au nom du patriotisme, sachons porter notre deuil avec dignité, avec calme, avec noblesse. Au nom de la France, déjà si ruinée et si déchirée, n'aggravons pas nos désastres. Les défenseurs de Paris ont fait bravement leur devoir de soldat devant l'ennemi; le vrai courage consistera maintenant à être maître de soi-même, à s'abstenir d'inutiles provocations envers le vainqueur et à éviter que son passage soit marqué par d'irréparables malheurs.

Les directeurs de presque tous les journaux de Paris ont résolu de suspendre, pendant l'occupation prussienne, la publication des feuilles qu'ils dirigent.

Les Prussiens dans Paris.

(1er mars.)

Aujourd'hui à dix heures du matin, aux termes des stipulations arrêtées entre l'autorité militaire française et l'autorité militaire allemande, des détachements de l'armée d'investissement sont entrés dans Paris, ont descendu l'avenue des Champs-Élysées, et occupé l'espace expressément déterminé par la convention.

Les officiers et les soldats de ces détachements ont été logés dans le Palais de l'Industrie, dans le Cirque, dans la rotonde du Panorama.

A ceux qui n'ont pas trouvé place dans ces édifices, des maisons particulières ont été assignées. Il n'a pas été possible d'affranchir de cette charge les appartements des étrangers très-nombreux dans le quartier des Champs-Élysées et du faubourg Saint-Honoré.

Un cordon de nos troupes marque la limite dans laquelle les troupes allemandes sont tenues de se renfermer.

L'accès des points occupés par elles n'est point interdit; mais la population presque tout entière s'est d'elle-même imposé la loi de ne pas user de la liberté de circulation qui lui a été laissée.

La Bourse n'a point ouvert ses portes. Sur les quais, sur les boulevards, dans les quartiers les plus reculés, les magasins et les boutiques sont fermés. Paris a volontairement suspendu sa vie.

Il sent la responsabilité qui pèse sur lui en ces jours douloureux. Il comprend qu'il dépend de lui de ne pas ajouter aux malheurs qui accablent la patrie des malheurs plus terribles et peut-être irréparables ; il comprend qu'il se doit à lui-même et à tous ceux qui dans le monde entier lui ont témoigné et lui témoignent tous les jours tant de respect et de si touchantes sympathies, de supporter avec une dignité fière cette nouvelle épreuve ; il comprend enfin qu'après ces derniers mois où il a été héroïque devant le danger, devant la faim, devant les misères de toutes sortes, il lui restait à se montrer capable d'un courage plus difficile encore : Paris est calme.

Vote de l'Assemblée nationale.

(1ᵉʳ mars.)

L'Assemblée a ratifié les préliminaires de la paix : 546 voix pour la ratification ; 107 contre. M. Thiers, à un moment n'a pu retenir ses larmes ; il a arraché l'admiration même de ses adversaires. Demain, 2 mars, le ministre des affaires étrangères se rendra à Versailles pour demander l'évacuation immédiate des troupes allemandes, en vertu de l'article 3 des préliminaires.

Nous avons bien souffert ! Le fer chaud a été appliqué brutalement sur notre chair frémissante. Mais notre honneur, le vieil honneur de la France, est intact. Nous gardons toutes nos espérances, et le soleil se lèvera radieux derrière les champs où fut versé le sang de nos martyrs.

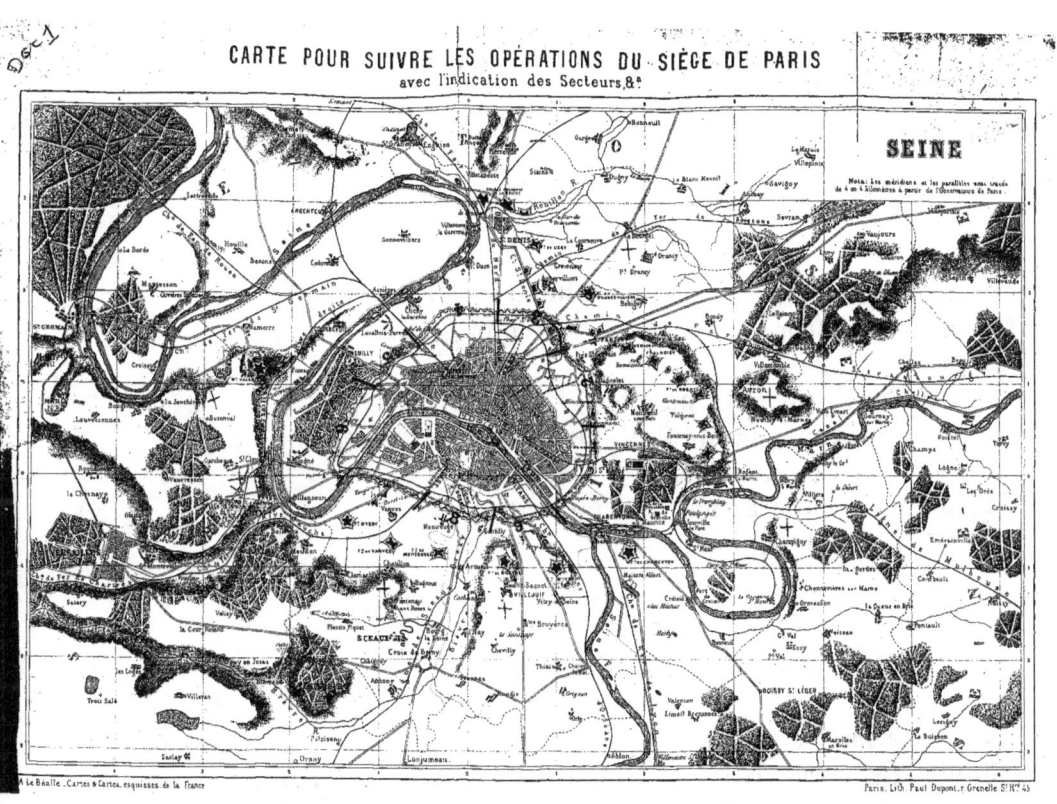

TABLE DES MATIÈRES

PAGES.

PRÉFACE.   V

CHAPITRE PREMIER.

Proclamation du conseil des ministres.   1
Séance du Corps législatif (4 septembre 1870)   2
La déchéance   9
Séance du Sénat (4 septembre) 26
Proclamation de la République à l'Hôtel de Ville (4 septembre). 27
Départ de l'Impératrice (4 septembre) 30
Séance du soir (4 septembre) 45

CHAPITRE II.

Proclamations 54
Circulaire du Ministre de l'intérieur 59
Circulaire de Ministre des affaires étrangères. 61
Premiers décrets du Gouvernement de la défense nationale. 66
La République française reconnue par les Etats-Unis. . . . 72
Au combat (7 septembre). 74
La retraite du général Vinoy. 75
La garde mobile de province à Paris 76
L'incendie des bois autour de Paris. 78
Revue de la garde nationale et mobile (14 septembre) . . 80

Chapitre III.

	PAGES.
La mission de M. Thiers	84
Organisation de la défense	85
Les caricatures	87
La statue de Strasbourg sur la place de la Concorde	93
Le troisième fils	96
Le patriotisme	97
Marche des Prussiens sur Paris	98
Jules Favre à Ferrières	100

Chapitre IV.

Le premier combat sous Paris (17 septembre)	118
Rencontre de Mesly (18 septembre)	119
Combat de Châtillon (19 septembre)	120
Les Bretons au combat de Châtillon	124
La garde des remparts	124
L'anniversaire du 21 septembre	127
Combat de Villejuif (23 septembre)	128
Un fils vengé par son père	130
Le concert aux remparts	132

Chapitre V.

Combat de Chevilly (30 septembre)	135
De Villejuif à l'Hay, après la bataille	139
Strasbourg	145
Obsèques du général Guilhem (5 octobre)	149
Le sous-lieutenant de Castries	151
Le clocher de Chevilly	152
Pas plus malin que ça	153
Le capitaine Favre	154
Confiance (5 octobre)	154
Le caporal Ardit	157
Surprise d'un convoi prussien	158
Manifestation du 8 octobre à l'Hôtel de Ville	159

	PAGES.
Opérations militaires.	164
Départ de M. Gambetta (7 octobre)	172
Manifestation des femmes.	174
Le voyage de Gambetta.	174

Chapitre VI.

Combat de Châtillon (13 octobre)	176
Le comte Picot de Dampierre.	180
Les trois blessés.	181
A 4,000 mètres	182
La dernière poignée de main	182
La plus enviée des récompenses.	182
L'armement de Paris.	184
§ 1er. — Génie	185
§ 2e. — Artillerie	188
§ 3e. — Ministère des travaux publics.	191
L'évasion du général Ducrot	197
Réponse du général Trochu.	202
Opérations militaires.	203
Mobilisation de la garde nationale sédentaire.	210
Quinze jours au fond d'une carrière.	211

Chapitre VII.

Combat de Rueil (21 octobre).	214
Les prisonniers du lieutenant Haas	219
Une mère.	220
Châteaudun.	221
Le convoi du capitaine.	222
Le capitaine Rondet.	223
Les Prussiens artistes	225
Le plan Bazaine (28 octobre).	226
L'occupation du Bourget (28 octobre)	228
Reprise du Bourget (journée du 30 octobre).	231

Chapitre VIII.

PAGES.

Journée du 31 octobre. — La Commune. — Envahissement de l'Hôtel de Ville 236
Le 31 octobre, d'après MM. Blanqui et Flourens 247

Chapitre IX.

Le programme des Jacobins. 266
Le général Trochu aux gardes nationales. 267
Appel au scrutin du 3 novembre. 270
Vote du 3 novembre 270
Le jour des Morts 273
Le bon voisin 274
Un guerrier de quinze ans 275
Au moulin de Cachan (les descendants de Vercingétorix). . . 277
Le rejet de l'armistice (17 novembre) 278
Circulaire de M. Jules Favre aux agents diplomatiques du gouvernement français 278
Rapport de M. Thiers 284
La lutte à outrance (18 novembre). 292
Les funérailles de Maxime Frièse (10 novembre) 294
Un bel exemple 296
Au mot de ralliement. 296
Opérations militaires (9 novembre) 298
Proclamation du général Trochu 300
La victoire d'Orléans. 303
Un coup d'audace 305

Chapitre X.

Le troisième mois de siége (18 novembre) 307
Départ du ballon *Le Général-Uhrich* 308
Les Châtiments, à l'Opéra 310
Stella 311
Les Amis de la France 19 novembre) 312

	PAGES.
Ordre du jour du général Trochu	314
Horreurs commises par les Prussiens à Ablis.	315
La folle de Cachan aux avant-postes de Bagneux	317
Le caractère français	319
Le pigeon blessé	321
A ceux qui ont bien mérité de la patrie	324
Deux amis ennemis	342
Gambetta à Jules Favre (dépêche de Tours)	344
La civilisation prussienne	345
Le patriotisme et la religion	346
Les francs-tireurs	347
Les héroïques volontaires	348

Chapitre XI.

Sortie des armées de Paris	354
Le Gouvernement de la défense nationale à la population de Paris	357
Combats des 29 et 30 novembre et 2 décembre	358
Une visite au champ de bataille	363
Le jour et la nuit d'une bataille	368
L'enterrement des morts à Champigny	378
L'église de Créteil dans la nuit du 30 novembre au 1er décembre	379
Le capitaine de frégate Eugène Desprez, tué à la tête d'un bataillon de marins, le 30 novembre	382
Les frères des écoles chrétiennes	384
Le général Ducrot	385
Le général Renault	386
Le général Ladreit de la Charrière	389
Le colonel Prévault	390
Le commandant Franchetti	390
Le comte de Néverlée	392
Le colonel de Grancey	393
M. Verschneider	394
Le capitaine de Plazanet	394
Les zouaves	395
Le sous-lieutenant Houel	396

Chapitre XII.

	PAGES.
Je veux tuer mon Prussien.	397
Une balle inoffensive.	398
Ce que l'on mange.	399
La cantinière du 106ᵉ bataillon de la garde nationale.	400
Une mère.	400
M. Bomsel. — Leçon de charité.	402
Tolérance religieuse.	403
Le plus bête pays du monde.	404
Un boulet en pleine poitrine.	405
Les inséparables.	405
La crosse en l'air.	406
Une revanche.	409
Un Anglais charitable.	411
Lettre de faire part.	411
Les braves à l'ordre du jour.	412
Première armée.	414
Deuxième armée.	415
Troisième armée.	425
Corps d'armée de Saint-Denis.	429

Chapitre XIII.

Bataille de Paris (20 décembre).	431
La nuit du 20 décembre.	432
Bataille de Paris (21 décembre).	434
Les dix lieues du champ de bataille.	436
Les marins au Bourget (21 décembre).	438
Le combat de Drancy id	441
Occupation de la villa Evrard et de la Maison-Blanche (21 décembre).	447
Le drame de la villa Evrard.	449
Le général Blaise.	452
Un marin au Bourget.	455
Le frère Néthelme.	457
Le bon capitaine.	459

	PAGES.
Le sous-lieutenant Lamouroux.	461
Un bonhomme de neige.	462
Attaque du plateau d'Avron. — Bombardement des forts de l'Est (27 décembre).	463
Deuxième attaque du plateau d'Avron (28 décembre).	464
Journée du 29 décembre.	465
Journée du 30 décembre.	467
Proclamation du général Trochu à la population de Paris (31 décembre).	467
Horreurs prussiennes.	469
Une dernière messe.	471
Castor et Pollux (30 décembre).	474

Chapitre XIV.

Dernier jour de l'année (31 décembre).	477
Alimentation publique : prix des produits de toute nature.	479
Les Écoles des Frères.	481
Les bois des environs de Paris.	484
Deux lettres.	486
Le Gouvernement de la défense à la population parisienne (2 janvier)	489
La permission.	493
Le bombardement.	495
Bombardements célèbres dans l'histoire.	499
Un héros inconnu.	501
Une reconnaissance sur l'Hay.	506
Le docteur Maurice Reynaud.	513
Un marin au fort de Rosny.	513
Lettres d'un prisonnier prussien.	514
L'âne du saltimbanque.	516
Vente de charité.	517
La dette de la patrie.	518
Pour les pauvres, S. V. P.	519

Chapitre XV.

Le bombardement de la ville.	521
Les armées de province (9 janvier).	522
Dépêche de Gambetta.	523

	PAGES
Dépêche de Faidherbe	525
Un gamin de Paris	525
Les marins à Clamart	526
Les victimes du nouvel Hérode	528
La conférence de Londres	531
Aux Bouffes-Parisiens. — Le sacre de Paris	541
Un obus chez l'abbé Moigno	543
Encore l'Anglais charitable	545
Nos quarante moblots	547
Anniversaire de la naissance de Molière : Un à-propos	549
Edgard de Saisset	552
Opérations militaires (9 janvier)	555
Opérations militaires (11 janvier)	558
Les ambulances et les secours aux blessés	563

Chapitre XVI.

Bataille du 19 janvier : Montretout, La Bergerie, Buzenval	574
Les prisonniers de la Loire-Inférieure au combat du 19 janvier	577
Un capitaine pour nous commander	580
Une médaille bien gagnée	580
Un bouquet de fleurs	581
Le 16e régiment de la garde nationale à Buzenval	582
Le colonel de Rochebrune	586
Le peintre Regnault	588
Gustave Lambert	589
Le sous-lieutenant de Cambray	590
M. Adrien Peloux	590
Le lieutenant Bouissounous	591
Le général Vinoy, commandant supérieur de l'armée de Paris (22 janvier)	592
Ordre du jour du général Vinoy à l'armée de Paris	592
Lettre trouvée sur un soldat prussien	593
Le soldat de Rueil	594
Le marquis de Coriolis	595
Le capitaine de Bellefonds	597
Le lieutenant d'Estournel	601
L'attentat du 22 janvier	603

	PAGES.
Les suites du 22 janvier	608
L'armée assiégeante	610
Résultats du bombardement	613
Les derniers obus prussiens (28 janvier)	630
L'armistice (28 janvier)	631
Convention	633
Les subsistances	641
Elections à l'Assemblée nationale (30 janvier)	645
La remise des forts (au fort d'Issy)	646
Montrouge	649
Le Mont-Valérien	650
Nos marins	652
Les inséparables	654
Les braves à l'ordre du jour (30 janvier)	656
A l'armée de Paris	664
Au peuple français	665

Derniers échos.

Lettre de Pie IX à l'archevêque de Tours	671
Démission de Gambetta	676
Sympathies des Anglais envers la France	676
Elections de Paris	676
Protestation du comte de Chambord contre le bombardement de Paris	677
Souscriptions en Amérique et en Russie	679
Le ravitaillement de Paris	679
Ouverture de l'Assemblée de Bordeaux	680
Les députés de Paris	681
Le comte de Chambord à la comtesse de Bouillé	683
Constitution d'un nouveau gouvernement	684
Nos prisonniers en Suisse	686
Lettre de Mgr Freppel au roi de Prusse	687
L'enseignement obligatoire dans le 3ᵉ arrondissement	692
Manifestation à la Bastille	693
Signature des préliminaires de la paix	694
Les Prussiens dans Paris	696
Vote de l'Assemblée nationale	697

Paris, imprimerie Paul Dupont, 41, rue J.-J.-Rousseau (430.2.71).

www.ingramcontent.com/pod-product-compliance
Lightning Source LLC
Chambersburg PA
CBHW061949300426
44117CB00010B/1279